Valdeci dos Santos

A POETISA 'ARRETADA' QUE ATRAVESSOU O OCEANO

UMA NARRATIVA FOTOBIOGRÁFICA

A POETISA 'ARRETADA' QUE ATRAVESSOU O OCEANO
UMA NARRATIVA FOTOBIOGRÁFICA

Valdeci dos Santos

1ª edição, Sarvier, 2025

Impressão e Acabamento
Digitop Gráfica Editora

Direitos Reservados
Nenhuma parte pode ser duplicada ou
reproduzida sem expressa autorização do Editor.

sarvier

Sarvier Editora de Livros Médicos Ltda.
Rua Rita Joana de Sousa, nª 138 – Campo Belo
CEP 04601-060 – São Paulo – Brasil
Telefone (11) 5093-6966
sarvier@sarvier.com.br
www.sarvier.com.br

Dados Internacionais de Catalogação na Publicação (CIP)
(Câmara Brasileira do Livro, SP, Brasil)

Santos, Valdeci dos
   A poetisa arretada que atravessou o oceano :
uma narrativa fotobiográfica / Valdeci dos Santos.
-- 1. ed. -- São Paulo : Sarvier Editora, 2025.

   ISBN 978-65-5686-054-1

   1. Fotografias – Coletâneas 2. Memórias
autobiográficas 3. Narrativas pessoais 4. Poesia
brasileira I. Título.

25-267895   CDD-779

Índices para catálogo sistemático:

1. Narrativas pessoais : Fotografias   779
Eliete Marques da Silva – Bibliotecária – CRB-8/9380

VALDECI DOS SANTOS

A POETISA 'ARRETADA' QUE ATRAVESSOU O OCEANO

UMA NARRATIVA FOTOBIOGRÁFICA

1ª Edição

Brasil, 8 de março de 2025

sarvier

Josinete Maria da Silva
(Colaboradora)

O **título da obra** corresponde ao poema **"A poetisa 'arretada' que atravessou o oceano"**, dedicado a Valdeci dos Santos, em dia 19 de julho de 2019, pela escritora cordelista Josinete Maria da Silva (carinhosamente chamada de Jú) (Fotografias: 785, 786, 787, 788, 789, 790, 791, 792, 793 e 794). A palavra 'arretada', do regionalismo nordestino brasileiro, é usada com vários sentidos, geralmente com sentido positivo, para enfatizar uma característica boa de algo ou alguém: 'um encontro arretado'; 'uma pessoa arretada'.

A obra possui quatro poemas de Josinete Maria da Silva dedicados a Valdeci dos Santos. São eles: 1. **A poetisa 'arretada' que atravessou o oceano** (2019) – uma homenagem à trajetória pessoal-acadêmico-profissional de Valdeci dos Santos, em especial, pela iniciativa de residir em Portugal pós-aposentadoria, e declaração de amizade; 2. **Um olhar sobre Valdeci dos Santos** (2020) – olhar emitido por Josinete Maria da Silva sobre Valdeci dos Santos, em 14 de julho de 2020, em atenção ao convite para participação do projeto de construção do sétimo livro/filho epistêmico **'Simplesmente olhares de ressignificação'** (ISBN 978-65-00-25096-1 – no prelo) da autora, destacando os núcleos de significados: *determinação, foco, força e garra*, dentre tantas, percepções traduzidas em *palavras que cuidam/curam*; 3. **Feliz aniversário, amiga!** (2021) – uma homenagem a Valdeci dos Santos, pela proximidade do aniversário de 60 (sessenta) de existência; e, 4. **Cordeando Valdeci dos Santos** (2024).

A autora, em expressão de gratidão, reconhece a escritora cordelista Josinete Maria da Silva como colaboradora da obra.

O poema **A poetisa 'arretada' que atravessou o oceano** evidencia, também, o perfil da Josinete Maria da Silva: uma escritora/poeta-poetisa/cordelista sensível; que traduz histórias de vida em versos fecundos de poesia, fluidez, generosidade e amorosidade. Uma mulher resiliente, amorosa, empoderada, AMIGA.

Este livro foi escrito por uma mulher que fez a escalada da Montanha da Vida removendo pedras e plantando flores.

(Cora Coralina, 1965)

O encontro do sujeito com seus limites implica o fortalecimento de seu vigor enquanto indivíduo, pois somente aí ele depara com seu estilo e faz dele uma linha de força; um olhar, logo uma forma de ser, está implicado neste encontro e nesta busca. O limite, neste caso, não é uma limitação, mas um ponto de partida, a partir do qual o sujeito, advertido de seu destino, vivencia uma abertura nova para a experiência do mundo.

(Guilherme Castelo Branco, 1995)

[...] a força do olhar é isomorfa à força do desejo. Se o olhar exprime a força do desejo, portanto, ele indica uma relação de força com a força. Não existe olhar sem uma indicação de combate entre olhares. [...].

(Guilherme Castelo Branco, 1995)

SUMÁRIO

PREFÁCIOS i

    1 Prefácio por Aldeniza Cardoso de Lima.. i

    2 Prefácio por Claudia Freitas... iii

    3 Prefácio por Iraci Gama Santa Luzia... iv

    4 Prefácio por José Milton Pinheiro de Souza... vii

    5 Prefácio por Judite Sant'Anna Lima x

    6 Prefácio por Maria Celeste Costa Valverde... xi

    7 Prefácio por Neila da Silva Reis.. xiii

    8 Prefácio por Roque da Silva Mota xv

    9 Prefácio por Suzi de Almeida Vasconcelos Barboni xvii

    10 Prefácio por Tatiana Maria Lefundes de Souza.. xx

    11 Prefácio por Tatiene Silva de Souza Lima xxi

    12 Prefácio por Terezinha Maria Feuser.. xxiii

    13 Prefácio por Vera Lúcia Chalegre de Freitas xxv

    14 Prefácio por Wanderleia Azevedo Medeiros Leitão xxxiii

PREÂMBULO xxxv

    SOBRE A OBRA... xxxv

    POEMAS DE JOSINETE MARIA DA SILVA DEDICADOS
        A VALDECI DOS SANTOS... xxxviii

    A POETISA 'ARRETADA' QUE ATRAVESSOU O OCEANO xxxviii

        UM OLHAR SOBRE VALDECI DOS SANTOS.. xlii

        FELIZ ANIVERSÁRIO, AMIGA!... xliii

        CORDEANDO VALDECI DOS SANTOS xliv

Capítulo 1

PISTAS SOBRE A POETISA 'ARRETADA' 1

Fotografia 1 – Valdeci dos Santos (61 anos). Feira de Santana – Bahia – Brasil, 22/dez./2022

     página 1

Figura 1 – Mapa conceitual de matizes da atuação profissional de Valdeci dos Santo

     página 2

PROJETO 'FILHOS EPISTÊMICOS' 3

Fotografia 2 – Logotipo da escritora Valdeci dos Santos

     página 3

Fotografia 3 – Projeto 'Filhos Epistêmicos'. Lançamento das obras: Memórias de uma professora-bióloga: desejos, olhares e espelhos (ISBN 978-85-914455-0-9); Iconografia de tessituras formativas (ISBN 978-85-444-0390-7); O silencioso homem da lança: o sonho como porta-voz do inconsciente (ISBN 978-85-444-0570-3), no III Colóquio de Prática Pedagógica e Estágio, da Universidade do Estado da Bahia – UNEB/Campus II. Alagoinhas – Bahia – Brasil, 22/out./2015

     página 4

Fotografia 4 – Projeto 'Filhos Epistêmicos'. Valdeci dos Santos (56 anos) e seus filhos epistêmicos. Feira de Santana – Bahia – Brasil, 22/dez./2017

     página 4

Fotografia 5 – Projeto 'Filhos Epistêmicos'. Valdeci dos Santos (58 anos) e os filhos epistêmicos. Feira de Santana – Bahia – Brasil, 3/dez./2019

     página 4

Fotografia 6 – Projeto 'Filhos Epistêmicos'. Valdeci dos Santos em lançamento de livros na 9ª Feira do Livro – Festival Literário e Cultural de Feira de Santana. Feira de Santana – Bahia – Brasil, 23/set./2016

     página 4

Fotografia 7 – Projeto 'Filhos Epistêmicos'. Valdeci dos Santos em lançamento de livros na 9ª Feira do Livro – Festival Literário e Cultural de Feira de Santana. Feira de Santana – Bahia – Brasil, 23/set./2016

     página 4

MEMÓRIAS DE UMA PROFESSORA-BIÓLOGA: DESEJOS, OLHARES E ESPELHOS

     página 4

Fotografia 8 – Projeto 'Filhos Epistêmicos'. Capa do livro Memórias de uma professora-bióloga: desejos, olhares e espelhos (ISBN 978-85-914455-0-9)

     página 5

Fotografia 9 – Projeto 'Filhos Epistêmicos'. Valdeci dos Santos, no lançamento da obra 'Memórias de uma professora-bióloga: desejos, olhares e espelhos' (ISBN 978-85-914455-0-9), no Salão Nobre da Faculdade de Educação da Universidade Estadual de Campinas – UNICAMP, no IV Seminário de Epistemologia e Teorias da Educação. Campinas – São Paulo – Brasil, 5/dez./2012

     página 5

Fotografia 10 – Projeto 'Filhos Epistêmicos'. Lançamento da obra 'Memórias de uma professora-bióloga: desejos, olhares e espelhos' (ISBN 978-85-914455-0-9), no Centro Educacional Governador Luiz Viana Filho. Valdeci dos Santos e sua 'primeira professora' Zilair Almeida Gomes. Feira de Santana – Bahia – Brasil, 15/dez./2012

     página 5

Fotografia 11 – Projeto 'Filhos Epistêmicos'. Valdeci dos Santos e o livro Memórias de uma professora-bióloga: desejos, olhares e espelhos (ISBN 978-85-914455-0-9). Feira de Santana – Bahia – Brasil, 10/abr./2018

     página 6

ICONOGRAFIA DE TESSITURAS FORMATIVAS

     página 6

Fotografia 12 – Projeto 'Filhos Epistêmicos'. Lançamento da obra Iconografia de tessituras formativas (ISBN 978-85-444-0390-7), na Associação de Apoio à Pessoa com Câncer – AAPC. Eu, Valdeci dos Santos, expresso GRATIDÃO, aos presentes no lançamento da obra; à minha FAMÍLIA por ser o oceano basilar de experiências formativas iniciais e continuadas, sobretudo, aos meus pais, Lourival Pereira dos Santos (*In memoriam*) e Maria Sebastiana dos Santos, por terem construído um Núcleo Familiar ancorado no Princípio de Autonomia, tornando-nos dependentes de múltiplas possibilidades para um trânsito significativo no Existir; aos Amigos pelo sentido intersubjetivo das experiências, aprendizados e ressignificações que os ENCONTROS mobilizam através das aventuras objetivo-subjetivas, na tessitura da trama subjetiva chamada AMIZADE. À Associação de Apoio à Pessoa com Câncer — AAPC, dentre tantos: Roque Mota da Silva (Presidente), Maria Emília Santos de Azevedo (Vice-Presidente), Djanira Maria Araújo Torres (Coordenadora), Carla Bastos de Lima (Psicóloga), Maria Betânia Knoedt, Elia Cristina S. Borges, Eliana Maria Teixeira Vinhas. Feira de Santana — Bahia — Brasil, 4/dez./2015

página **6**

Fotografia 13 — Projeto 'Filhos Epistêmicos'. Valdeci dos Santos e a obra Iconografia de tessituras formativas (ISBN 978-85-444-0390-7). Feira de Santana — Bahia — Brasil, 10/abr./2018

página **6**

UM CASO DE ASSÉDIO MORAL NO TRABALHO: SILÊNCIOS RUIDOSOS

página **7**

Fotografia 14 — Projeto 'Filhos Epistêmicos'. Lançamento da obra 'Um caso de assédio moral no trabalho: silêncios ruidosos' (ISBN 978-85-444-0639-7), na Reunião Técnica do Grupo de Pesquisa Memória da Educação na Bahia — PROMEBA, da Universidade do Estado da Bahia — UNEB/Campus I) — Coordenação Dra. Jaci Maria Ferraz de Menezes. Salvador — Bahia — Brasil, 15, 16 e 17/dez./2015

página **7**

Fotografia 15 — Projeto 'Filhos Epistêmicos'. Valdeci dos Santos e o livro Um caso de assédio moral no trabalho: silêncios ruidosos (ISBN 978-85-444-0639-7). Feira de Santana — Bahia — Brasil, 3/dez./2019

página **7**

O SILENCIOSO HOMEM DA LANÇA: O SONHO COMO PORTA-VOZ DO INCONSCIENTE

página **7**

Fotografia 16 — Projeto 'Filhos Epistêmicos'. Lançamento das obras: Memórias de uma professora-bióloga: desejos, olhares e espelhos (ISBN 978-85-914455-0-9); Iconografia de tessituras formativas (ISBN 978-85-444-0390-7); O silencioso homem da lança: o sonho como porta-voz do inconsciente (ISBN 978-85-444-0570-3), no III Colóquio de Prática Pedagógica e Estágio, da Universidade do Estado da Bahia — UNEB/Campus II. Alagoinhas — Bahia — Brasil, 22/out./2015

página **8**

Fotografia 17 — Projeto 'Filhos Epistêmicos'. Projeto 'Psicanálise'. Valdeci dos Santos no lançamento da obra 'O silencioso homem da lança: o sonho como porta-voz do inconsciente', na Sociedade de Estudos Psicanalíticos e Hipnose Aplicada — SEPHIA. Feira de Santana — Bahia — Brasil, 14/nov./2015

página **8**

Fotografia 18 — Projeto 'Filhos Epistêmicos'. Projeto 'Psicanálise'. Valdeci dos Santos e Selma dos Santos no lançamento da obra 'O silencioso homem da lança: o sonho como porta-voz do inconsciente', na Sociedade de Estudos Psicanalíticos e Hipnose Aplicada — SEPHIA. Feira de Santana — Bahia — Brasil, 14/nov./2015

página **8**

Fotografia 19 — Projeto 'Filhos Epistêmicos'. Projeto 'Psicanálise'. Valdeci dos Santos e Izabela Dórea Brandão de Cerqueira no lançamento da obra 'O silencioso homem da lança: o sonho como porta-voz do inconsciente', na Sociedade de Estudos Psicanalíticos e Hipnose Aplicada — SEPHIA. Feira de Santana — Bahia — Brasil, 14/nov./2015

página **8**

Fotografia 20 — Projeto 'Filhos Epistêmicos'. Projeto 'Psicanálise'. Valdeci dos Santos, Yvone Matos Cerqueira e Antônio Carlos Cerqueira no lançamento da obra 'O silencioso homem da lança: o sonho como porta-voz do inconsciente', na Sociedade de Estudos Psicanalíticos e Hipnose Aplicada — SEPHIA. Feira de Santana — Bahia — Brasil, 14/nov./2015

página **8**

Fotografia 21 — Projeto 'Filhos Epistêmicos'. Projeto 'Psicanálise'. Eu, Valdeci dos Santos, expresso GRATIDÃO, aos presentes no lançamento da obra 'O silencioso homem da lança: o sonho como porta-voz do inconsciente' (ISBN 978-85-444-0570-3), na Sociedade de Estudos Psicanalíticos e Hipnose Aplicada — SEPHIA. Agradeço, em especial, a Psicanalista Yvone Matos Cerqueira (Presidente da SEPHIA e prefaciadora da obra), Izabela Dórea Brandão de Cerqueira, Antonio Carlos Sampaio Cerqueira (pelo cuidado com o cenário, pelo registro da memória do evento, pela frutífera AMIZADE), Danielle Gomes Soares Klein (Psicanalista e Cerimonialista), Isamara Lakshmi (Psicanalista em Formação e Cantora), Luana (Psicanalista em Formação, Cantora/Música). Feira de Santana — Bahia — Brasil, 14/nov./2015

página **8**

BIO-TANATO-EDUCAÇÃO: INTERFACES FORMATIVAS
página **9**

Fotografia 22 – Projeto 'Filhos Epistêmicos'. Eu, Valdeci dos Santos, expresso GRATIDÃO, aos presentes no lançamento da obra 'Bio-tanato-educação: interfaces formativas' (ISBN 978-85-444-1088-2), no Museu de Arte Contemporânea Raimundo Oliveira – MAC. Compreendo que o EXISTIR é um MOVIMENTO de construção/(des)construção/(re)construção. Que o DEUS de vossas compreensões, habitante em vossos corpos-mentes-espíritos, propicie-lhes Saúdes (Física, Espiritual, Intelectual, Familiar, Social, Profissional e Financeira), Serenidade, Sabedoria e Ânimos para os enfrentamentos que dizem de vossas singularidades no MOVIMENTO do EXISTIR. Feira de Santana – Bahia – Brasil, 30/set./2016
página **9**

Fotografia 23 – Projeto 'Filhos Epistêmicos'. Eu, Valdeci dos Santos, expresso GRATIDÃO, aos amigos da Loja Carmem Steffens pelo acolhimento fraterno-epistêmico, em especial, à amiga Simone Saturnino, pela aquisição de minhas obras. Feira de Santana – Bahia – Brasil, 20/abr./2017
página **9**

Fotografia 24 – Projeto 'Filhos Epistêmicos'. Valdeci dos Santos e o livro Bio-tanato-educação: interfaces formativas (ISBN 978-85-444-1088-2). Feira de Santana – Bahia – Brasil, 10/abr./2018
página **10**

MACRAMÊ PSICANALÍTICO
página **10**

Fotografia 25 – Projeto 'Filhos Epistêmicos'. Cartaz de lançamento da obra Macramê psicanalítico (ISBN 978-85-914455-3-0), de Valdeci dos Santos. Feira de Santana – Bahia – Brasil, 2018
página **10**

Fotografia 26 – Projeto 'Filhos Epistêmicos'. Eu, Valdeci dos Santos, expresso GRATIDÃO, em especial, aos prefaciadores da obra 'Macramê psicanalítico' (ISBN 978-85-914455-3-0) presentes no lançamento da obra, no Museu de Arte Contemporânea Raimundo Oliveira – MAC: Dra. Celeste Maria Pacheco de Andrade, Esp./Psicanalista Jussara Secondino do Nascimento, e Dra. Zoraya Maria de Oliveira Marques. Feira de Santana – Bahia – Brasil, 13/jul./2018
página **10**

Fotografia 27 – Projeto 'Filhos Epistêmicos'. Eu, Valdeci dos Santos, expresso GRATIDÃO, ao Frater Agnaldo Boaventura pelo acolhimento fraterno-epistêmico e indicação do Músico Uruguaio Antonio Guillermo Vidal Ponciolo – Antonio Vidal (*In memoriam*), para participação artística, no lançamento da obra 'Macramê psicanalítico' (ISBN 978-85-914455-3-0), no Museu de Arte Contemporânea Raimundo Oliveira – MAC. Feira de Santana – Bahia – Brasil, 13/jul./2018
página **11**

Fotografia 28 – Projeto 'Filhos Epistêmicos'. Eu, Valdeci dos Santos, expresso GRATIDÃO, aos presentes no lançamento da obra 'Macramê psicanalítico' (ISBN 978-85-914455-3-0), no Museu de Arte Contemporânea Raimundo Oliveira – MAC. Compreendo que o EXISTIR é um MOVIMENTO de construção/(des)construção/(re)construção. Feira de Santana – Bahia – Brasil, 13/jul./2018
página **11**

Fotografia 29 – Projeto 'Filhos Epistêmicos'. Eu, Valdeci dos Santos, expresso GRATIDÃO, ao Músico Uruguaio Antonio Guillermo Vidal Ponciolo – Antonio Vidal (*In memoriam*), pela participação artística, no lançamento da obra 'Macramê psicanalítico' (ISBN 978-85-914455-3-0), no Museu de Arte Contemporânea Raimundo Oliveira – MAC. O programa musical foi composto por: Aria de la Suite n. 3, de Johann Sebastian BACH; Concerto para Laud RV 93 segundo movimento largo, de Antonio Lucio Vivaldi; Prelúdio n. 3, de Heitor Villas Lobo. E, OBRAS de Antonio Guillermo Vidal Ponciolo – Antonio Vidal, em especial: PRELÚDIOS ANGÉLICOS: Alfiel e Celestel; PRELÚDIO MÍSTICO: Travessia; PRELÚDIO dedicado à memória do mestre Heitor Villa-Lobos: laxitud. Feira de Santana – Bahia – Brasil, 13/jul./2018
página **11**

PROJETO 'PSICANÁLISE'
página **11**

Fotografia 30 – Projeto 'Psicanálise'. Memória da disciplina 'Metodologia da pesquisa', do curso Psicanálise Clínica, da Sociedade de Estudos Psicanalíticos e Hipnose Aplicada – SEPHIA. Feira de Santana – Bahia – Brasil, 20 e 21/set./2013
página **12**

Fotografia 31 – Projeto 'Psicanálise'. Memória da disciplina 'Interpretação dos sonhos', do curso Psicanálise Clínica, da Sociedade de Estudos Psicanalíticos e Hipnose Aplicada – SEPHIA. Feira de Santana – Bahia – Brasil, 22 e 23/nov./2013

página **12**

Fotografia 32 – Projeto 'Psicanálise'. Valdeci dos Santos e Yvone Matos Cerqueira: memória da disciplina 'interpretação dos sonhos', do curso Psicanálise Clínica, da Sociedade de Estudos Psicanalíticos e Hipnose Aplicada – SEPHIA. Feira de Santana – Bahia – Brasil, 22 e 23/nov./2013

página **13**

Fotografia 33 – Projeto 'Psicanálise'. Memória da disciplina 'Psicofarmacologia', do curso Psicanálise Clínica, da Sociedade de Estudos Psicanalíticos e Hipnose Aplicada – SEPHIA. Feira de Santana – Bahia – Brasil, 13 e 14/dez./2013

página **13**

Fotografia 34 – Projeto 'Psicanálise'. Memória da disciplina 'Psicossomática', do curso Psicanálise Clínica, da Sociedade de Estudos Psicanalíticos e Hipnose Aplicada – SEPHIA. Feira de Santana – Bahia – Brasil, 17 e 18/jan./2014

página **13**

Fotografia 35 – Projeto 'Psicanálise'. Memória da disciplina 'Psicopatologia', do curso Psicanálise Clínica, da Sociedade de Estudos Psicanalíticos e Hipnose Aplicada – SEPHIA. Feira de Santana – Bahia – Brasil, 21 e 22/mar./2014

página **13**

Fotografia 36 – Projeto 'Psicanálise'. Memória da disciplina 'Ética psicanalítica', do curso Psicanálise Clínica, da Sociedade de Estudos Psicanalíticos e Hipnose Aplicada – SEPHIA. Feira de Santana – Bahia – Brasil, 4 e 5/abr./2014

página **13**

Fotografia 37 – Projeto 'Psicanálise'. Memória da disciplina 'Ética psicanalítica', do curso Psicanálise Clínica, da Sociedade de Estudos Psicanalíticos e Hipnose Aplicada – SEPHIA. Feira de Santana – Bahia – Brasil, 4 e 5/abr./2014

página **13**

Fotografia 38 – Projeto 'Psicanálise'. Memória da disciplina 'Pós-freudianos', do curso Psicanálise Clínica, da Sociedade de Estudos Psicanalíticos e Hipnose Aplicada – SEPHIA. Feira de Santana – Bahia – Brasil, 15 e 16/abr./2016

página **14**

Fotografia 39 – Projeto 'Psicanálise'. Memória do curso 'Hipnose Clínica Avançada', ministrado pela Sociedade de Estudos Psicanalíticos e Hipnose Aplicada – SEPHIA. Feira de Santana – Bahia – Brasil, 5 e 6/maio/2017

página **14**

Capítulo 2

VOOS E SOBREVOOS EM SOLOS ESTRANGEIROS **15**

Fotografia 40 – Valdeci dos Santos (56 anos). Feira de Santana – Bahia – Brasil, 22/dez./2017

página **15**

Fotografia 41 – Valdeci dos Santos (6 anos) – Jardim de Infância (1968) – Colégio Estadual Coriolano Carvalho. Feira de Santana – Bahia – Brasil, 1968

página **15**

Fotografia 42 – Valdeci dos Santos na última reunião de colegiado antes da publicação da sua aposentadoria. Universidade do Estado da Bahia – UNEB/Campus II. Presentes: Mara Rojane B. de Matos, Emanuel Santana, Vera Lúcia Costa Vale, Lisovaldo Nascimento da Paixão, Cláudia Regina Teixeira de Souza, Gracineide Selma Santos de Almeida, Maria Rosileide Bezerra de Carvalho, Magnólia Queiroz. Alagoinhas – Bahia – Brasil, 20/mar./2018

página **16**

Fotografia 43 – Homenagem do Departamento de Ciências Exatas e da Terra, da Universidade do Estado da Bahia – UNEB/*Campus* II a Professora-Doutora Valdeci dos Santos, pelos anos dedicados ao trabalho em prol da Educação e do crescimento Institucional. Alagoinhas – Bahia – Brasil, 12/dez./2018

página **16**

Fotografia 44 – Homenagem do Departamento de Ciências Exatas e da Terra, da Universidade do Estado da Bahia – UNEB/*Campus* II a Professora-Doutora Valdeci dos Santos, pelos anos dedicados ao trabalho em prol da Educação e do crescimento Institucional. Alagoinhas – Bahia – Brasil, 12/dez./2018

página **16**

Fotografia 45 – Homenagem do Departamento de Ciências Exatas e da Terra, da Universidade do Estado da Bahia – UNEB/ *Campus* II a Professora-Doutora Valdeci dos Santos, pelos anos dedicados ao trabalho em prol da Educação e do crescimento Institucional. Alagoinhas – Bahia – Brasil, 12/dez./2018

página **17**

Fotografia 46 – Homenagem do Departamento de Ciências Exatas e da Terra, da Universidade do Estado da Bahia – UNEB/ *Campus* II a Professora-Doutora Valdeci dos Santos, pelos anos dedicados ao trabalho em prol da Educação e do crescimento Institucional. Alagoinhas – Bahia – Brasil, 12/dez./2018

página **17**

Fotografia 47 – Homenagem de Amigos do Departamento de Educação, da Universidade do Estado da Bahia – UNEB/*Campus* II a Professora-Doutora Valdeci dos Santos, pelos anos dedicados ao trabalho em prol da Educação e do crescimento Institucional. Alagoinhas – Bahia – Brasil, 12/dez./2018

página **17**

Fotografia 48 – Mapa do continente europeu

página **18**

Fotografia 49 – Projeto 'Voos e sobrevoos em solos estrangeiros'. Mapa de Portugal

página **19**

Fotografia 50 – Projeto 'Voos e sobrevoos em solos estrangeiros'. Mapa da Itália

página **19**

Fotografia 51 – Projeto 'Voos e sobrevoos em solos estrangeiros'. Mapa da Espanha

página **19**

PORTUGAL – MOMENTO 1

página **20**

METÁFORA POÉTICA 2: VENTO, VENTANIA

página **22**

Fotografia 52 – Projeto 'Voos e sobrevoos em solos estrangeiros'. Portugal. Valdeci dos Santos visitando o Oceanário de Lisboa. Lisboa, 8/set./2018

página **22**

Fotografia 53 – Projeto 'Voos e sobrevoos em solos estrangeiros'. Portugal. Valdeci dos Santos visitando o Oceanário de Lisboa. Lisboa, 8/set./2018

página **22**

Fotografia 54 – Projeto 'Voos e sobrevoos em solos estrangeiros'. Portugal. Valdeci dos Santos visitando o Museu Nacional do Azulejo. Lisboa, 8/set./2018

página **22**

Fotografia 55 – Projeto 'Voos e sobrevoos em solos estrangeiros'. Portugal. Valdeci dos Santos visitando o Museu Nacional do Azulejo. Lisboa, 8/set./2018

página **23**

Fotografia 56 – Projeto 'Voos e sobrevoos em solos estrangeiros'. Portugal. Valdeci dos Santos visitando o Museu Nacional do Azulejo: Igreja Madre de Deus. Lisboa, 8/set./2018

página **23**

Fotografia 57 – Projeto 'Voos e sobrevoos em solos estrangeiros'. Portugal. Valdeci dos Santos visitando o Museu Nacional do Azulejo: Igreja Madre de Deus. Lisboa, 8/set./2018

página **23**

METÁFORA POÉTICA 3: FOI DEUS QUEM FEZ VOCÊ

página **23**

Fotografia 58 – Projeto 'Voos e sobrevoos em solos estrangeiros'. Portugal. Valdeci dos Santos visitando o Museu da Marinha. Lisboa, 9/set./2018

página **23**

Fotografia 59 – Projeto 'Voos e sobrevoos em solos estrangeiros'. Portugal. Valdeci dos Santos visitando o Planetário Calouste Gulbenkian, localizado ao lado do Mosteiro dos Jerónimos, na freguesia de Santa Maria de Belém, cidade e Distrito de Lisboa. Lisboa, 9/set./2018

página **23**

Fotografia 60 – Projeto 'Voos e sobrevoos em solos estrangeiros'. Portugal. Valdeci dos Santos visitando o Museu Nacional dos Coches. Lisboa, 13/set./2018

página **24**

Fotografia 61 – Projeto 'Voos e sobrevoos em solos estrangeiros'. Portugal. Valdeci dos Santos visitando o Museu Nacional dos Coches. Lisboa, 13/set./2018

página **24**

Fotografia 62 – Projeto 'Voos e sobrevoos em solos estrangeiros'. Portugal. Valdeci dos Santos visitando o Museu Nacional de História Natural e da Ciência, da Universidade de Lisboa. Lisboa, 14/set./2018

página **24**

METÁFORA POÉTICA 4: CIO DA TERRA

página **24**

Fotografia 63 – Projeto 'Voos e sobrevoos em solos estrangeiros'. Portugal. Valdeci dos Santos visitando a Igreja de São Roque – Capelas laterais. Lisboa, 16/set./2018

página **24**

Fotografia 64 – Projeto 'Voos e sobrevoos em solos estrangeiros'. Portugal. Valdeci dos Santos visitando o Museu de São Roque e Igreja da Santa Casa de Misericórdia de Lisboa. Lisboa, 16/set./2018

página **24**

Fotografia 65 – Projeto 'Voos e sobrevoos em solos estrangeiros'. Portugal. Valdeci dos Santos e Placedina Maria Cruz Reis (Portuguesa que encontrei no autocarro e resolveu acompanhar-me à igreja. Estava em luto pela morte do marido, que foi atropelado por um autocarro. O nosso encontro foi fraterno e acolhedor.) visitando a Igreja do Convento de São Pedro de Alcântara. Lisboa, 16/set./2018

página **25**

METÁFORA POÉTICA 5: O HOMEM

página **25**

Fotografia 66 – Projeto 'Voos e sobrevoos em solos estrangeiros'. Portugal. Valdeci dos Santos em lançamento de Livros no 4º Colóquio Luso-Afro-Brasileiro de Questões Curriculares. Instituto de Educação da Universidade de Lisboa. Lisboa, 10 a 12/set./2018

página **25**

Fotografia 67 – Projeto 'Voos e sobrevoos em solos estrangeiros'. Portugal. Valdeci dos Santos em lançamento de Livros no 4º Colóquio Luso-Afro-Brasileiro de Questões Curriculares. Instituto de Educação da Universidade de Lisboa. Lisboa, 10 a 12/set./2018

página **25**

Fotografia 68 – Projeto 'Voos e sobrevoos em solos estrangeiros'. Portugal. Valdeci dos Santos no 4o Colóquio Luso-Afro-Brasileiro de Questões Curriculares. Instituto de Educação da Universidade de Lisboa. Lisboa, 10 a 12/set./2018

página **25**

Fotografia 69 – Projeto 'Voos e sobrevoos em solos estrangeiros'. Portugal. Valdeci dos Santos em confraternização com a amiga Zoraya Maria de Oliveira Marques, no 4º Colóquio Luso-Afro-Brasileiro de Questões Curriculares. Instituto de Educação da Universidade de Lisboa. Lisboa, 11/set./2018.

página **25**

METÁFORA POÉTICA 6: DE JANEIRO A JANEIRO

página **26**

Fotografia 70 – Projeto 'Voos e sobrevoos em solos estrangeiros'. Portugal. Valdeci dos Santos visitando o Mosteiro Dos Jerônimos. Lisboa, 18/set./2018

página **26**

Fotografia 71 – Projeto 'Voos e sobrevoos em solos estrangeiros'. Portugal. Valdeci dos Santos visitando a Torre de São Vicente (Torre de Belém). Lisboa, 18/set./2018
página **26**

Fotografia 72 – Projeto 'Voos e sobrevoos em solos estrangeiros'. Portugal. Valdeci dos Santos visitando o Jardim Amália Rodrigues, na cidade de Lisboa. Obra 'Maternidade' (Fernando Botero, 1989). Lisboa, 18/set./2018
página **26**

Fotografia 73 – Projeto 'Voos e sobrevoos em solos estrangeiros'. Portugal. Valdeci dos Santos visitando 'Monumento de Evocação ao 25 de Abril' – As colunas quebradas e desordenadas sustentadas por uma pilha de blocos de concreto simbolizam poderosamente a restauração da ordem após a confusão e o caos da "revolução dos cravos" de 25 de abril de 1974, quando Portugal se livrou de um ditador de longa data –, no Miradouro do Parque Eduardo VII, na cidade de Lisboa. Lisboa, 18/set./2018
página **26**

Fotografia 74 – Projeto 'Voos e sobrevoos em solos estrangeiros'. Portugal. Valdeci dos Santos visitando Estoril. Estoril, 18/set./2018
página **27**

Fotografia 75 – Projeto 'Voos e sobrevoos em solos estrangeiros'. Portugal. Valdeci dos Santos visitando Sintra. Sintra, 18/set./2018
página **27**

METÁFORA POÉTICA 7: O SEGUNDO SOL
página **27**

Fotografia 76 – Projeto 'Voos e sobrevoos em solos estrangeiros'. Portugal. Valdeci dos Santos visitando esculturas de areia em Albufeira (Distrito de Faro). Albufeira, 19/set./2018
página **27**

Fotografia 77 – Projeto 'Voos e sobrevoos em solos estrangeiros'. Portugal. Valdeci dos Santos visitando a Marina de Lagos (Distrito de Faro). Lagos, 19/set./2018
página **27**

Fotografia 78 – Projeto 'Voos e sobrevoos em solos estrangeiros'. Portugal. Valdeci dos Santos visitando Lagos (Distrito de Faro). Lagos, 19/set./2018
página **27**

Fotografia 79 – Projeto 'Voos e sobrevoos em solos estrangeiros'. Portugal. Valdeci dos Santos visitando esculturas marinhas com conchas no farol do Cabo de São Vicente "O fim do mundo" para os romanos. (Freguesia De Sagres). Cabo de São Vicente, 19/set./2018
página **28**

Fotografia 80 – Projeto 'Voos e sobrevoos em solos estrangeiros'. Portugal. Valdeci dos Santos visitando a Fortaleza de Sagres construída no século XV. Sagres, 19/set./2018
página **28**

METÁFORA POÉTICA 8: METAMORFOSE AMBULANTE
página **28**

Fotografia 81 – Projeto 'Voos e sobrevoos em solos estrangeiros'. Portugal. Valdeci dos Santos visitando o Monumento Arco da Vila. Faro, 20/set./2018
página **28**

Fotografia 82 – Projeto 'Voos e sobrevoos em solos estrangeiros'. Portugal. Valdeci dos Santos visitando a marina de Faro. Faro, 20/set./2018
página **28**

Fotografia 83 – Projeto 'Voos e sobrevoos em solos estrangeiros'. Portugal. Valdeci dos Santos visitando o Museu de Mértola Cláudio Torres. Mértola (Distrito De Beja), 20/set./2018
página **28**

Fotografia 84 – Projeto 'Voos e sobrevoos em solos estrangeiros'. Portugal. Valdeci dos Santos visitando a Praça do Giraldo. Évora, 20/set./2018
página **29**

Fotografia 85 – Projeto 'Voos e sobrevoos em solos estrangeiros'. Portugal. Valdeci dos Santos visitando a Igreja de São Francisco (Arquitetura Gótica e Barroca, Capela dos Ossos). Évora, 20/set./2018
página **29**

Fotografia 86 – Projeto 'Voos e sobrevoos em solos estrangeiros'. Portugal. Valdeci dos Santos visitando o Templo Romano de Évora (Conhecido por Templo De Diana). Évora, 20/set./2018
página **29**

METÁFORA POÉTICA 9: PRA VOCÊ GUARDEI O AMOR
página **29**

Fotografia 87 – Projeto 'Voos e sobrevoos em solos estrangeiros'. Portugal. Valdeci dos Santos visitando o Castelo de Marvão. Marvão, 21/set./2018
página **29**

Fotografia 88 – Projeto 'Voos e sobrevoos em solos estrangeiros'. Portugal. Valdeci dos Santos visitando o Castelo de Castelo de Vide (Distrito Portalegre). Castelo de Vide, 21/set./2018
página **29**

Fotografia 89 – Projeto 'Voos e sobrevoos em solos estrangeiros'. Portugal. Valdeci dos Santos visitando o Convento de Cristo. Tomar, 21/set./2018
página **30**

Fotografia 90 – Projeto 'Voos e sobrevoos em solos estrangeiros'. Portugal. Valdeci dos Santos visitando o Santuário de Nossa Senhora do Rosário de Fátima. Fátima, 21/set./2018
página **30**

Fotografia 91 – Projeto 'Voos e sobrevoos em solos estrangeiros'. Portugal. Valdeci dos Santos visitando o Santuário de Nossa Senhora do Rosário de Fátima. Fátima, 21/set./2018
página **30**

METÁFORA POÉTICA 10: CATEDRAL
página **30**

Fotografia 92 – Projeto 'Voos e sobrevoos em solos estrangeiros'. Portugal. Valdeci dos Santos visitando a Sé Catedral do Porto. Porto, 22/set./2018
página **31**

METÁFORA POÉTICA 11: AS PALAVRAS
página **31**

Fotografia 93 – Projeto 'Voos e sobrevoos em solos estrangeiros'. Portugal. Valdeci dos Santos visitando o Santuário de Bom Jesus dos Montes. Braga, 23/set./2018
página **31**

Fotografia 94 – Projeto 'Voos e sobrevoos em solos estrangeiros'. Portugal. Encontro de Valdeci dos Santos e Fernanda Harumi Kamonseki em Guimarães. Guimarães, 23/set./2018
página **31**

Fotografia 95 – Projeto 'Voos e sobrevoos em solos estrangeiros'. Portugal. Valdeci dos Santos visitando o Palácio de Mateus. Vila Real, 23/set/2018
página **31**

METÁFORA POÉTICA 12: SENHORITA
página **32**

Fotografia 96 – Projeto 'Voos e sobrevoos em solos estrangeiros'. Portugal. Valdeci dos Santos visitando o Mosteiro de Santa Maria da Vitória (Conhecido como Mosteiro da Batalha). Batalha (Distrito de Leiria), 24/set/2018
página **32**

Fotografia 97 – Projeto 'Voos e sobrevoos em solos estrangeiros'. Portugal. Valdeci dos Santos visitando Óbidos (Distrito de Leiria). Óbidos, 24/set./2018

página **32**

ITÁLIA

página **32**

METÁFORA POÉTICA 13: PARABÉNS PRA VOCÊ

página **33**

Fotografia 98 – Projeto 'Voos e sobrevoos em solos estrangeiros'. Itália. Valdeci dos Santos fazendo giro no saco do touro – ritual supersticioso. Tradição afirma que girar sobre o calcanhar direito, dando três voltas completas sobre os genitais do touro traga sorte. Galleria Vittorio Emanuele II. Milão, 26/set./2018

página **34**

Fotografia 99 – Projeto 'Voos e sobrevoos em solos estrangeiros'. Itália. Valdeci dos Santos, em andanças. Milão, 26/set./2018

página **34**

Fotografia 100 – Projeto 'Voos e sobrevoos em solos estrangeiros'. Itália. Valdeci dos Santos, Bianca Zucchelli, Alda Santana e Vilma Zucchelli visitando o terraço da Basílica Catedral Metropolitana da Natividade da Bem-Aventurada Virgem Maria, de Milão. Milão, 26/set./2018

página **34**

Fotografia 101 – Projeto 'Voos e sobrevoos em solos estrangeiros'. Itália. Valdeci dos Santos e Alda Santana visitando a Basílica Catedral Metropolitana da Natividade da Bem-Aventurada Virgem Maria, de Milão. Milão, 26/set./2018

página **34**

Fotografia 102 – Projeto 'Voos e sobrevoos em solos estrangeiros'. Itália. Valdeci dos Santos e Bianca Zucchelli visitando a Basílica Catedral Metropolitana da Natividade da Bem-Aventurada Virgem Maria, de Milão. Milão, 26/set./2018

página **35**

Fotografia 103 – Projeto 'Voos e sobrevoos em solos estrangeiros'. Itália. Valdeci dos Santos visitando a 'Madonnina' – possui mais de 108,5 metros de altura –, que está sobre a mais alta torre da Basílica Catedral Metropolitana da Natividade da Bem-Aventurada Virgem Maria, de Milão. Milão, 26/set./2018

página **35**

METÁFORA POÉTICA 14: MALUCO BELEZA

página **35**

Fotografia 104 – Projeto 'Voos e sobrevoos em solos estrangeiros'. Itália. Valdeci dos Santos visitando a Capela Sistina de Milão: Igreja San Maurizio. Milão, 26/set./2018

página **35**

Fotografia 105 – Projeto 'Voos e sobrevoos em solos estrangeiros'. Itália. Valdeci dos Santos, Bianca Zucchelli, Alda Santana e Solange Santana visitando a Capela Sistina de Milão: Igreja San Maurizio. Milão, 26/set./2018

página **35**

Fotografia 106 – Projeto 'Voos e sobrevoos em solos estrangeiros'. Itália. Valdeci dos Santos visitando a Fontana Di Piazza Castello. Milão, 26/set./2018

página **36**

Fotografia 107 – Projeto 'Voos e sobrevoos em solos estrangeiros'. Itália. Valdeci dos Santos, Solange Santana e Alda Santana visitando a Fontana Di Piazza Castello. Milão, 26/set./2018

página **36**

Fotografia 108 – Projeto 'Voos e sobrevoos em solos estrangeiros'. Itália. Valdeci dos Santos em explosão de Gratidão e Felicidade visitando o Castello Sforzesco, inaugurado em 1360. Atualmente acolhe várias coleções dos Museus e Galerias de Arte de Milão. Milão, 26/set./2018

página **36**

Fotografia 109 – Projeto 'Voos e sobrevoos em solos estrangeiros'. Itália. Valdeci dos Santos em andanças por Milão. Milão, 26/set./2018

página **36**

METÁFORA POÉTICA 15: GIZ
página **36**

Fotografia 110 – Projeto 'Voos e sobrevoos em solos estrangeiros'. Itália. Valdeci dos Santos, Bianca Zucchelli, Alda Santana e Solange Santana visitando espaços de Milão. Milão, 26/set./2018
página **37**

Fotografia 111 – Projeto 'Voos e sobrevoos em solos estrangeiros'. Itália. Valdeci dos Santos, Bianca Zucchelli, Alda Santana e Solange Santana visitando espaços de Milão. Milão, 26/set./2018
página **37**

Fotografia 112 – Projeto 'Voos e sobrevoos em solos estrangeiros'. Itália. Valdeci dos Santos, Bianca Zucchelli, Alda Santana, Manuela e Solange Santana visitando espaços de Milão. Milão, 26/set./2018
página **37**

Fotografia 113 – Projeto 'Voos e sobrevoos em solos estrangeiros'. Itália. Valdeci dos Santos, Bianca Zucchelli, Alda Santana e Solange Santana visitando espaços de Milão. Milão, 26/set./2018
página **37**

METÁFORA POÉTICA 16: ENQUANTO ENGOMA A CALÇA
página **37**

Fotografia 114 – Projeto 'Voos e sobrevoos em solos estrangeiros'. Itália. Valdeci dos Santos, Bianca Zucchelli e Alda Santana visitando a cidade de Bérgamo. Bérgamo, 27/set./2018
página **37**

Fotografia 115 – Projeto 'Voos e sobrevoos em solos estrangeiros'. Itália. Valdeci dos Santos visitando a Basílica de Santa Maria Maggiore, igreja construída na segunda metade do século XII. Bérgamo, 27/set./2018
página **38**

Fotografia 116 – Projeto 'Voos e sobrevoos em solos estrangeiros'. Itália. Valdeci dos Santos, Bianca Zucchelli e Alda Santana visitando a cidade de Bérgamo. Estátua de um dinossauro. Bérgamo, 27/set./2018
página **38**

METÁFORA POÉTICA 17: VELHA ROUPA COLORIDA
página **38**

Fotografia 117 – Projeto 'Voos e sobrevoos em solos estrangeiros'. Itália. Valdeci dos Santos, Bianca Zucchelli, Solange Santana, Alda Santana e Antonio Nericcio visitando a cidade de Piuro. Piuro, 29/set./2018
página **38**

Fotografia 118 – Projeto 'Voos e sobrevoos em solos estrangeiros'. Itália. Valdeci dos Santos, Bianca Zucchelli, Solange Santana, Alda Santana e Antonio Nericcio visitando a cidade de Piuro. Piuro, 29/set./2018
página **38**

Fotografia 119 – Projeto 'Voos e sobrevoos em solos estrangeiros'. Itália. Valdeci dos Santos, Bianca Zucchelli, Solange Santana, Alda Santana e Antonio Nericcio visitando a cidade de Piuro. Piuro, 29/set./2018
página **39**

METÁFORA POÉTICA 18: CHORANDO E CANTANDO
página **39**

Fotografia 120 – Projeto 'Voos e sobrevoos em solos estrangeiros'. Itália. Valdeci dos Santos em passeio de barco. Lago di Garda, Sirmione, 30/set./2018
página **39**

Fotografia 121 – Projeto 'Voos e sobrevoos em solos estrangeiros'. Itália. Valdeci dos Santos visitando o Castello Scaligero Di Sirmione. Lago di Garda, Sirmione, 30/set./2018
página **39**

Fotografia 122 – Projeto 'Voos e sobrevoos em solos estrangeiros'. Itália. Valdeci dos Santos visitando o Castello Scaligero Di Sirmione. Lago di Garda, Sirmione, 30/set./2018
página **39**

Fotografia 123 – Projeto 'Voos e sobrevoos em solos estrangeiros'. Itália. Valdeci dos Santos visitando as Cavernas de Catulo. Lago di Garda, Sirmione, 30/set./2018

página **39**

Fotografia 124 – Projeto 'Voos e sobrevoos em solos estrangeiros'. Itália. Valdeci dos Santos visitando a Igreja de Santa Maria Maggiore. Lago de Garda, Sirmione, 30/set./2018

página **39**

METÁFORA POÉTICA 19: NO SEU LUGAR

página **40**

Fotografia 125 – Projeto 'Voos e sobrevoos em solos estrangeiros'. Itália. Valdeci dos Santos visitando a arena de Verona (Construída no século I d.C.). Verona, 30/set./2018

página **40**

Fotografia 126 – Projeto 'Voos e sobrevoos em solos estrangeiros'. Itália. Valdeci dos Santos visitando o Palazzo Barbieri. Verona, 30/set./2018

página **40**

METÁFORA POÉTICA 20: A LETRA "A"

página **40**

Fotografia 127 – Projeto 'Voos e sobrevoos em solos estrangeiros'. Itália. Valdeci dos Santos em passeio noturno em Veneza. Veneza, 30/set./2018

página **40**

Fotografia 128 – Projeto 'Voos e sobrevoos em solos estrangeiros'. Itália. Valdeci dos Santos em passeio noturno em Veneza. Veneza, 30/set./2018

página **40**

Fotografia 129 – Projeto 'Voos e sobrevoos em solos estrangeiros'. Itália. Valdeci dos Santos em passeio noturno em Veneza. Veneza, 30/set./2018

página **41**

Fotografia 130 – Projeto 'Voos e sobrevoos em solos estrangeiros'. Itália. Valdeci dos Santos em passeio matinal em Veneza. Veneza, 1/out./2018

página **41**

Fotografia 131 – Projeto 'Voos e sobrevoos em solos estrangeiros'. Itália. Valdeci dos Santos em passeio matinal em Veneza. Veneza, 1/out./2018

página **41**

Fotografia 132 – Projeto 'Voos e sobrevoos em solos estrangeiros'. Itália. Valdeci dos Santos em passeio matinal em Veneza. Veneza, 1/out./2018

página **41**

Fotografia 133 – Projeto 'Voos e sobrevoos em solos estrangeiros'. Itália. Valdeci dos Santos, Adriana Paula Kovacs Meira, Ana Maria Kovacs Meira, Andrea Carvalho e Olga Maria Alves Martins em passeio matinal em Veneza. Veneza, 1/out./2018

página **41**

Fotografia 134 – Projeto 'Voos e sobrevoos em solos estrangeiros'. Itália. Valdeci dos Santos em passeio matinal em Veneza. Veneza, 1/out./2018

página **41**

Fotografia 135 – Projeto 'Voos e sobrevoos em solos estrangeiros'. Itália. Valdeci dos Santos em passeio matinal em Veneza. Veneza, 1/out./2018

página **42**

Fotografia 136 – Projeto 'Voos e sobrevoos em solos estrangeiros'. Itália. Valdeci dos Santos em passeio matinal em Veneza. Veneza, 1/out./2018

página **42**

Fotografia 137 – Projeto 'Voos e sobrevoos em solos estrangeiros'. Itália. Valdeci dos Santos em passeio matinal em Veneza. Veneza, 1/out./2018

página **42**

Fotografia 138 – Projeto 'Voos e sobrevoos em solos estrangeiros'. Itália. Valdeci dos Santos em passeio matinal em Veneza. Veneza, 1/out./2018

página **42**

Fotografia 139 – Projeto 'Voos e sobrevoos em solos estrangeiros'. Itália. Valdeci dos Santos em passeio matinal em Veneza. Veneza, 1/out./2018

página **42**

Fotografia 140 – Projeto 'Voos e sobrevoos em solos estrangeiros'. Itália. Valdeci dos Santos em passeio matinal em Veneza. Veneza, 1/out./2018

página **43**

METÁFORA POÉTICA 21: COMPANHEIRA DE ALTA-LUZ

página **43**

Fotografia 141 – Projeto 'Voos e sobrevoos em solos estrangeiros'. Itália. Valdeci dos Santos visitando a Basílica de Santo Antônio de Pádua. Pádua, 2/out./2018

página **43**

Fotografia 142 – Projeto 'Voos e sobrevoos em solos estrangeiros'. Itália. Valdeci dos Santos visitando a cidade de Pádua. Pádua, 2/out./2018

página **43**

Fotografia 143 – Projeto 'Voos e sobrevoos em solos estrangeiros'. Itália. Valdeci dos Santos visitando a Basílica de Santa Giustina (século XVI). Pádua, 2/out./2018

página **43**

Fotografia 144 – Projeto 'Voos e sobrevoos em solos estrangeiros'. Itália. Valdeci dos Santos visitando a Basílica de Santa Giustina (século XVI). Pádua, 2/out./2018

página **44**

Fotografia 145 – Projeto 'Voos e sobrevoos em solos estrangeiros'. Itália. Valdeci dos Santos no Castello Estense ou Castello Di San Michele. Ferrara, 2/out./2018

página **44**

Fotografia 146 – Projeto 'Voos e sobrevoos em solos estrangeiros'. Itália. Valdeci dos Santos no Castello Estense ou Castello Di San Michele. Ferrara, 2/out./2018

página **44**

METÁFORA POÉTICA 22: MONTE CASTELO

página **44**

Fotografia 147 – Projeto 'Voos e sobrevoos em solos estrangeiros'. Itália. Valdeci dos Santos, Adriana Paula Kovacs Meira, Ana Maria Kovacs Meira, Andrea Carvalho, e Olga Maria Alves Martins em passeio noturno por Florença. Florença, 2/out./2018

página **44**

Fotografia 148 – Projeto 'Voos e sobrevoos em solos estrangeiros'. Itália. Valdeci dos Santos visitando a Catedral de Santa Maria Del Fiore. Florença, 2/out./2018

página **45**

Fotografia 149 – Projeto 'Voos e sobrevoos em solos estrangeiros'. Itália. Valdeci dos Santos em passeio noturno por Florença. Florença, 2/out./2018

página **45**

Fotografia 150 – Projeto 'Voos e sobrevoos em solos estrangeiros'. Itália. Valdeci dos Santos, Adriana Paula Kovacs Meira, Ana Maria Kovacs Meira, Andrea Carvalho, e Olga Maria Alves Martins em passeio noturno na Praça da República de Florença. Florença, 2/out./2018

página **45**

Fotografia 151 – Projeto 'Voos e sobrevoos em solos estrangeiros'. Itália. Guia Turístico, Valdeci dos Santos, Adriana Paula Kovacs Meira, Ana Maria Kovacs Meira, Andrea Carvalho, Olga Maria Alves Martins, e José Alberto Caeiro Costa (*In memoriam*) explorando Florença. Florença, 3/out./2018

página **45**

Fotografia 152 – Projeto 'Voos e sobrevoos em solos estrangeiros'. Itália. Valdeci dos Santos em andanças nas ruas de Florença. Florença, 3/out./2018

página **46**

METÁFORA POÉTICA 23: ANDANÇA

página **46**

Fotografia 153 – Projeto 'Voos e sobrevoos em solos estrangeiros'. Itália. Valdeci dos Santos no trem rumo a Pisa. Pisa, 3/out./2018

página **46**

Fotografia 154 – Projeto 'Voos e sobrevoos em solos estrangeiros'. Itália. Valdeci dos Santos visitando o Batistério de Pisa, dedicado a São João Batista, na Piazza Dei Miracoli ou Praça dos Milagres. Pisa, 3/out./2018

página **46**

Fotografia 155 – Projeto 'Voos e sobrevoos em solos estrangeiros'. Itália. Valdeci dos Santos visitando a Torre Sineira (Campanile), na Piazza Dei Miracoli ou Praça dos Milagres. Pisa, 3/out./2018

página **47**

Fotografia 156 – Projeto 'Voos e sobrevoos em solos estrangeiros'. Itália. Valdeci dos Santos e Andrea Carvalho na Catedral de Pisa, dedicada à Virgem Maria, na Piazza Dei Miracoli ou Praça Dos Milagres. Pisa, 3/out./2018

página **47**

Fotografia 157 – Projeto 'Voos e sobrevoos em solos estrangeiros'. Itália. Valdeci dos Santos, Adriana Paula Kovacs Meira, Ana Maria Kovacs Meira, Andrea Carvalho na Torre Sineira (Campanile), na Piazza Dei Miracoli ou Praça dos Milagres. Pisa, 3/out./2018

página **47**

METÁFORA POÉTICA 24: OLHAR 43 (RPM)

página **47**

Fotografia 158 – Projeto 'Voos e sobrevoos em solos estrangeiros'. Itália. Valdeci dos Santos, Adriana Paula Kovacs Meira, Olga Maria Alves Martins e Andrea Carvalho, no Centro Histórico de Perúgia. Perúgia, 4/out./2018

página **48**

Fotografia 159 – Projeto 'Voos e sobrevoos em solos estrangeiros'. Itália. Valdeci dos Santos, visitando no Centro Histórico de Perúgia. Perúgia, 4/out./2018

página **48**

Fotografia 160 – Projeto 'Voos e sobrevoos em solos estrangeiros'. Itália. Valdeci dos Santos, Adriana Paula Kovacs Meira, Ana Maria Kovacs Meira, Andrea Carvalho, Casal de Málaga/Espanha, Companheiro do Chile, no Centro Histórico de Perúgia. Perúgia, 4/out./2018

página **48**

Fotografia 161 – Projeto 'Voos e sobrevoos em solos estrangeiros'. Itália. Valdeci dos Santos na Basílica de São Francisco de Assis, Igreja-Mãe da Ordem Franciscana e Patrimônio da Humanidade. Dia da Festa de São Francisco de Assis. Assis, 4/out./2018

página **48**

Fotografia 162 – Projeto 'Voos e sobrevoos em solos estrangeiros'. Itália. Valdeci dos Santos na Basílica de São Francisco de Assis, Igreja-Mãe da Ordem Franciscana e Patrimônio da Humanidade. Dia da Festa de São Francisco de Assis. Assis, 4/out./2018

página **48**

METÁFORA POÉTICA 25: EU QUERO SEMPRE MAIS

página **48**

Fotografia 163 – Projeto 'Voos e sobrevoos em solos estrangeiros'. Itália. Guia turístico, Valdeci dos Santos, Adriana Paula Kovacs Meira, Ana Maria Kovacs Meira, Andrea Carvalho, Olga Maria Alves Martins, e José Alberto Caeiro Costa (*In memoriam*) explorando Roma. Roma, 5/out./2018

página **49**

Fotografia 164 – Projeto 'Voos e sobrevoos em solos estrangeiros'. Itália. Valdeci dos Santos visitando o Templo de Júpiter Capitolino. Roma, 5/out./2018

página **49**

Fotografia 165 – Projeto 'Voos e sobrevoos em solos estrangeiros'. Itália. Valdeci dos Santos visitando o Templo de Júpiter Capitolino. Roma, 5/out./2018

página **49**

Fotografia 166 – Projeto 'Voos e sobrevoos em solos estrangeiros'. Itália. Valdeci dos Santos visitando o Coliseu (Anfiteatro Flaviano), Patrimônio da Humanidade, construído no século I (cerca de 70 d.C.). Roma, 5/out./2018
página **49**

Fotografia 167 – Projeto 'Voos e sobrevoos em solos estrangeiros'. Itália. Valdeci dos Santos visitando o Coliseu (Anfiteatro Flaviano), Patrimônio da Humanidade, construído no século I (cerca de 70 d.C.). Roma, 5/out./2018
página **49**

Fotografia 168 – Projeto 'Voos e sobrevoos em solos estrangeiros'. Itália. Valdeci dos Santos visitando o Coliseu (Anfiteatro Flaviano), Patrimônio da Humanidade, construído no século I (cerca de 70 d.C.). Roma, 5/out./2018
página **50**

Fotografia 169 – Projeto 'Voos e sobrevoos em solos estrangeiros'. Itália. Valdeci dos Santos visitando o Coliseu (Anfiteatro Flaviano), Patrimônio da Humanidade, construído no século I (cerca de 70 d.C.). Roma, 5/out./2018
página **50**

Fotografia 170 – Projeto 'Voos e sobrevoos em solos estrangeiros'. Itália. Valdeci dos Santos visitando o Panteão – Templo em Honra a Todos os Deuses. Roma, 5/out./2018
página **50**

Fotografia 171 – Projeto 'Voos e sobrevoos em solos estrangeiros'. Itália. Valdeci dos Santos visitando a Fontana Di Trevi. Roma, 5/out./2018
página **50**

METÁFORA POÉTICA 26: OS CEGOS DO CASTELO
página **51**

Fotografia 172 – Projeto 'Voos e sobrevoos em solos estrangeiros'. Cidade-Estado Vaticano. Sede da Igreja Católica Romana. Residência do Papa. Valdeci dos Santos visitando a Praça de São Pedro (Piazza Di San Pietro). Praça de São Pedro, 5/out./2018
página **51**

Fotografia 173 – Projeto 'Voos e sobrevoos em solos estrangeiros'. Cidade-Estado Vaticano. Sede da Igreja Católica Romana. Residência do Papa. Valdeci dos Santos, Adriana Paula Kovacs Meira, Ana Maria Kovacs Meira, Andrea Carvalho, Olga Maria Alves Martins, e José Alberto Caeiro Costa (*In memoriam*) Visitando a Praça de São Pedro (Piazza Di San Pietro). Praça de São Pedro, 5/out./2018
página **51**

Fotografia 174 – Projeto 'Voos e sobrevoos em solos estrangeiros'. Cidade-Estado Vaticano. Sede da Igreja Católica Romana. Residência do Papa. Valdeci dos Santos visitando a Praça de São Pedro (Piazza Di San Pietro). Praça de São Pedro, 5/out./2018
página **51**

Fotografia 175 – Projeto 'Voos e sobrevoos em solos estrangeiros'. Cidade-Estado Vaticano. Sede da Igreja Católica Romana. Residência do Papa. Valdeci dos Santos visitando a Praça de São Pedro (Piazza Di San Pietro). Praça de São Pedro, 5/out./2018
página **51**

METÁFORA POÉTICA 27: NÃO OLHE PRA TRÁS
página **51**

Fotografia 176 – Projeto 'Voos e sobrevoos em solos estrangeiros'. Itália. Valdeci dos Santos visitando Siena. Catedral de Santa Maria Assunta/Duomo de Siena. Siena, 6/out./2018
página **52**

Fotografia 177 – Projeto 'Voos e sobrevoos em solos estrangeiros'. Itália. Valdeci dos Santos visitando Siena. La Piazza del Palio. Siena, 6/out./2018
página **52**

Fotografia 178 – Projeto 'Voos e sobrevoos em solos estrangeiros'. Itália. Valdeci dos Santos visitando Siena. Palazzo Comunale de Siena/Palazzo Pubblico (construído no inicio do século XIV). Siena, 6/out./2018
página **52**

ESPANHA
página **52**

METÁFORA POÉTICA 28: ENQUANTO DURMO

página **53**

Fotografia 179 – Projeto 'Voos e sobrevoos em solos estrangeiros'. Espanha. Valdeci dos Santos e Edna Santiago visitando Toledo. Toledo, 11/out./2018

página **53**

Fotografia 180 – Projeto 'Voos e sobrevoos em solos estrangeiros'. Espanha. Valdeci dos Santos visitando Toledo. Toledo, 11/out./2018

página **54**

Fotografia 181 – Projeto 'Voos e sobrevoos em solos estrangeiros'. Espanha. Valdeci dos Santos visitando Toledo. Toledo, 11/out./2018

página **54**

Fotografia 182 – Projeto 'Voos e sobrevoos em solos estrangeiros'. Espanha. Valdeci dos Santos visitando Toledo. Toledo, 11/out./2018

página **54**

Fotografia 183 – Projeto 'Voos e sobrevoos em solos estrangeiros'. Espanha. Valdeci dos Santos visitando Toledo. Porta Nova de Bisagra de Toledo. Toledo, 11/out./2018

página **54**

Fotografia 184 – Projeto 'Voos e sobrevoos em solos estrangeiros'. Espanha. Valdeci dos Santos visitando Toledo. Estátua de Miguel de Cervantes. Toledo, 11/out./2018

página **54**

METÁFORA POÉTICA 29: POEMA

página **54**

Fotografia 185 – Projeto 'Voos e sobrevoos em solos estrangeiros'. Espanha. Valdeci dos Santos e Edna Santiago visitando o Museu Nacional de Ciências Naturais de Madrid. Madrid, 12/out./2018

página **55**

Fotografia 186 – Projeto 'Voos e sobrevoos em solos estrangeiros'. Espanha. Valdeci dos Santos visitando o Museu Nacional de Ciências Naturais de Madrid. Madrid, 12/out./2018

página **55**

Fotografia 187 – Projeto 'Voos e sobrevoos em solos estrangeiros'. Espanha. Valdeci dos Santos visitando o Museu Nacional de Ciências Naturais de Madrid. Madrid, 12/out./2018

página **55**

Fotografia 188 – Projeto 'Voos e sobrevoos em solos estrangeiros'. Espanha. Valdeci dos Santos visitando o Museu Nacional de Ciências Naturais de Madrid. Madrid, 12/out./2018

página **55**

METÁFORA POÉTICA 30: POR ONDE ANDEI

página **55**

Fotografia 189 – Projeto 'Voos e sobrevoos em solos estrangeiros'. Espanha. Valdeci dos Santos visitando Saragoça. Vista da Catedral-Basílica de Nossa Senhora do Pilar. Saragoça (Zaragoza), 14/out./2018

página **55**

Fotografia 190 – Projeto 'Voos e sobrevoos em solos estrangeiros'. Espanha. Valdeci dos Santos visitando Saragoça. Decoração da Festa de Nossa Senhora do Pilar (Celebração em 12 de outubro). Saragoça (Zaragoza), 14/out./2018

página **56**

Fotografia 191 – Projeto 'Voos e sobrevoos em solos estrangeiros'. Espanha. Valdeci dos Santos visitando Saragoça. Decoração da Festa de Nossa Senhora do Pilar (Celebração em 12 de outubro). Saragoça (Zaragoza), 14/out./2018

página **56**

Fotografia 192 – Projeto 'Voos e sobrevoos em solos estrangeiros'. Espanha. Valdeci dos Santos visitando o Museu Guggenheim Bilbao. Escultura 'El Gran Árbol y El Ojo' (Anish Kapoor, 2009). Bilbao, 15/out./2018

página **56**

Fotografia 193 – Projeto 'Voos e sobrevoos em solos estrangeiros'. Espanha. Valdeci dos Santos visitando o Museo Guggenheim Bilbao. Monumento Ramón Rubial Cavia (1906-1999). Bilbao, 15/out./2018

página **56**

METÁFORA POÉTICA 31: LAMBADA

página **57**

Fotografia 194 – Projeto 'Voos e sobrevoos em solos estrangeiros'. Espanha. Valdeci dos Santos visitando Santillana Del Mar. Santillana Del Mar, 16/out./2018

página **57**

Fotografia 195 – Projeto 'Voos e sobrevoos em solos estrangeiros'. Espanha. Valdeci dos Santos visitando Pereda Walk Santander. Santander, 16/out./2018

página **57**

Fotografia 196 – Projeto 'Voos e sobrevoos em solos estrangeiros'. Espanha. Valdeci dos Santos visitando a Basílica de Nossa Senhora de Covadonga. Astúrias, 16/out./2018

página **57**

Fotografia 197 – Projeto 'Voos e sobrevoos em solos estrangeiros'. Espanha. Valdeci dos Santos visitando Oviedo. Oviedo, 16/out./2018

página **57**

METÁFORA POÉTICA 32: VEJO FLORES EM VOCÊ

página **58**

Fotografia 198 – Projeto 'Voos e sobrevoos em solos estrangeiros'. Espanha. Valdeci dos Santos visitando Corunha, Rias Altas. Corunha, 17/out./2018

página **58**

Fotografia 199 – Projeto 'Voos e sobrevoos em solos estrangeiros'. Espanha. Valdeci dos Santos visitando Corunha, Rias Altas. Corunha, 17/out./2018

página **58**

Fotografia 200 – Projeto 'Voos e sobrevoos em solos estrangeiros'. Espanha. Valdeci dos Santos visitando a Igreja de São Francisco, em Betanzos. Betanzos – Galicia – Corunha, 17/out./2018

página **58**

Fotografia 201 – Projeto 'Voos e sobrevoos em solos estrangeiros'. Espanha. Valdeci dos Santos visitando a Torre de Hércules. Farol Romano construído no século II; Patrimônio da Humanidade. Corunha, 17/out./2018

página **58**

METÁFORA POÉTICA 33: A NAVE INTERIOR

página **58**

Fotografia 202 – Projeto 'Voos e sobrevoos em solos estrangeiros'. Espanha. Valdeci dos Santos visitando a Catedral de Santiago de Compostela. Santiago de Compostela, 18/out./2018

página **59**

Fotografia 203 – Projeto 'Voos e sobrevoos em solos estrangeiros'. Espanha. Valdeci dos Santos visitando a Catedral de Santiago de Compostela. Santiago de Compostela, 18/out./2018

página **59**

Fotografia 204 – Projeto 'Voos e sobrevoos em solos estrangeiros'. Espanha. Valdeci dos Santos visitando Santiago de Compostela. Santiago de Compostela, 18/out./2018

página **59**

Fotografia 205 – Projeto 'Voos e sobrevoos em solos estrangeiros'. Espanha. Valdeci dos Santos visitando o Museu das Peregrinações e de Santiago. Santiago de Compostela, 18/out./2018

página **59**

Fotografia 206 – Projeto 'Voos e sobrevoos em solos estrangeiros'. Espanha. Valdeci dos Santos visitando o Museu das Peregrinações e de Santiago. Santiago de Compostela, 18/out./2018

página **59**

Fotografia 207 – Projeto 'Voos e sobrevoos em solos estrangeiros'. Espanha. Valdeci dos Santos visitando o Museu das Peregrinações e de Santiago. Santiago de Compostela, 18/out./2018

página **59**

Fotografia 208 – Projeto 'Voos e sobrevoos em solos estrangeiros'. Espanha. Valdeci dos Santos visitando o Museu das Peregrinações e de Santiago. Santiago de Compostela, 18/out./2018

página **60**

METÁFORA POÉTICA 34: VOA, LIBERDADE

página **60**

Fotografia 209 – Projeto 'Voos e sobrevoos em solos estrangeiros'. Espanha. Valdeci dos Santos visitando Isla De La Toja (Ilha Da Toxa). Rias Baixas, 19/out./2018

página **60**

Fotografia 210 – Projeto 'Voos e sobrevoos em solos estrangeiros'. Espanha. Valdeci dos Santos passeando de Barco – em estado de GRATIDÃO e FELICIDADE, escutando músicas, bebendo vinho, comendo mexilhões –, pelas Rias Baixas. Galícia, 19/out./2018

página **60**

Fotografia 211 – Projeto 'Voos e sobrevoos em solos estrangeiros'. Espanha. Valdeci dos Santos passeando de Barco – em estado de GRATIDÃO e FELICIDADE, escutando músicas, bebendo vinho, comendo mexilhões –, pelas Rias Baixas. Galícia, 19/out./2018

página **60**

Fotografia 212 – Projeto 'Voos e sobrevoos em solos estrangeiros'. Espanha. Valdeci dos Santos passeando de Barco – em estado de GRATIDÃO e FELICIDADE, escutando músicas, bebendo vinho, comendo mexilhões –, pelas Rias Baixas. Galícia, 19/out./2018

página **61**

Fotografia 213 – Projeto 'Voos e sobrevoos em solos estrangeiros'. Espanha. Valdeci dos Santos passeando de Barco – em estado de GRATIDÃO e FELICIDADE, escutando músicas, bebendo vinho, comendo mexilhões –, pelas Rias Baixas. Galícia, 19/out./2018

página **61**

Fotografia 214 – Projeto 'Voos e sobrevoos em solos estrangeiros'. Espanha. Valdeci dos Santos concluindo o passeio de Barco pelas Rias Baixas. Galícia, 19/out./2018

página **61**

Fotografia 215 – Projeto 'Voos e sobrevoos em solos estrangeiros'. Espanha. Valdeci dos Santos visitando o Miradouro de "A Granxa". Galícia, 19/out./2018

página **61**

PORTUGAL – MOMENTO 2

página **61**

METÁFORA POÉTICA 35: CORAÇÃO SELVAGEM

página **62**

Fotografia 216 – Projeto 'Voos e sobrevoos em solos estrangeiros'. Portugal. Valdeci dos Santos chegando ao lar (20 a 28/out./2018) da Amiga Fernanda Harumi Kamonseki. Lanhelas, 20/out./2018

página **62**

METÁFORA POÉTICA 36: FREVO MULHER

página **62**

Fotografia 217 – Projeto 'Voos e sobrevoos em solos estrangeiros'. Portugal. Valdeci dos Santos visitando a Capela de São Bento. Seixas – Viana do Castelo, 21/out./2018

página **62**

Fotografia 218 – Projeto 'Voos e sobrevoos em solos estrangeiros'. Portugal. Valdeci dos Santos visitando a Igreja Matiz de Vila Nova de Cerveira/Igreja de São Cipriano. Vila Nova de Cerveira, 21/out./2018

página **62**

METÁFORA POÉTICA 37: ORQUÍDEA NEGRA

página **63**

Fotografia 219 – Projeto 'Voos e sobrevoos em solos estrangeiros'. Portugal. Valdeci dos Santos, Olga Maria Alves Martins e José Alberto Caeiro Costa (*In memoriam*) visitando o monumento ao rei de Portugal D. Pedro IV. Porto, 23/out./2018

página **63**

Fotografia 220 – Projeto 'Voos e sobrevoos em solos estrangeiros'. Portugal. Valdeci dos Santos, Olga Maria Alves Martins e José Alberto Caeiro Costa (*In memoriam*) visitando a Câmara Municipal do Porto. Porto, 23/out./2018

página **63**

Fotografia 221 – Projeto 'Voos e sobrevoos em solos estrangeiros'. Portugal. Valdeci dos Santos visitando a Igreja São Lourenço/Igreja dos Grilos. Porto, 23/out./2018

página **63**

Fotografia 222 – Projeto 'Voos e sobrevoos em solos estrangeiros'. Portugal. Valdeci dos Santos visitando o Palácio da Justiça do Porto. Porto, 23/out./2018

página **63**

Fotografia 223 – Projeto 'Voos e sobrevoos em solos estrangeiros'. Portugal. Valdeci dos Santos visitando azulejos da Capela das Almas/Capela de Santa Catarina. Porto, 23/out./2018

página **63**

Fotografia 224 – Projeto 'Voos e sobrevoos em solos estrangeiros'. Portugal. Valdeci dos Santos visitando a Avenida dos Aliados. Porto, 23/out./2018

página **64**

Fotografia 225 – Projeto 'Voos e sobrevoos em solos estrangeiros'. Portugal. Valdeci dos Santos visitando o Jardim de João Chagas/Jardim da Cordoaria. Escultura "Os treze a rir uns dos outros" (Juan Muñoz). Porto, 23/out./2018

página **64**

Fotografia 226 – Projeto 'Voos e sobrevoos em solos estrangeiros'. Portugal. Valdeci dos Santos, Olga Maria Alves Martins e José Alberto Caeiro Costa (*In memoriam*) visitando o painel de azulejos "O Infante Dom Henrique na conquista de Ceuta", na Estação de São Bento. Porto, 23/out./2018

página **64**

Fotografia 227 – Projeto 'Voos e sobrevoos em solos estrangeiros'. Portugal. Valdeci dos Santos agradecendo à amiga Olga Maria Alves Martins pelo acolhimento em seu país, Portugal. Conhecemo-nos na Itália. Ela disponibilizou-se, posteriormente, para ser referência de contato no processo de pedido de 'Visto de Residência em Portugal', junto ao Consulado Português. ETERNA GRATIDÃO. Porto, 23/out./2018

página **64**

Fotografia 228 – Projeto 'Voos e sobrevoos em solos estrangeiros'. Portugal. Valdeci dos Santos agradecendo ao amigo José Alberto Caeiro Costa (*In memoriam*) pelo acolhimento em seu país, Portugal. Conhecemo-nos na Itália. Ele disponibilizou-se, posteriormente, para ser referência de contato no processo de pedido de 'Visto de Residência em Portugal', junto ao Consulado Português. ETERNA GRATIDÃO. Porto, 23/out./2018

página **64**

METÁFORA POÉTICA 38: MUDANÇAS

página **65**

Fotografia 229 – Projeto 'Voos e sobrevoos em solos estrangeiros'. Portugal. Valdeci dos Santos e Fernanda Harumi Kamonseki visitando a Freguesia Vila Praia de Âncora (Distrito: Viana do Castelo; Município: Caminha). Vila Praia de Âncora, 24/out./2018

página **65**

Fotografia 230 – Projeto 'Voos e sobrevoos em solos estrangeiros'. Portugal. Valdeci dos Santos visitando a Freguesia Vila Praia de Âncora (Distrito: Viana do Castelo; Município: Caminha). Vila Praia de Âncora, 24/out./2018

página **65**

Fotografia 231 – Projeto 'Voos e sobrevoos em solos estrangeiros'. Portugal. Valdeci dos Santos visitando a Freguesia Vila Praia de Âncora (Distrito: Viana do Castelo; Município: Caminha). Vila Praia de Âncora, 24/out./2018

página **65**

Fotografia 232 – Projeto 'Voos e sobrevoos em solos estrangeiros'. Portugal. Valdeci dos Santos visitando a Freguesia Vila Praia de Âncora (Distrito: Viana do Castelo; Município: Caminha). Vila Praia de Âncora, 24/out./2018

página **65**

METÁFORA POÉTICA 39: PAVÃO MYSTERIOZO

página **66**

Fotografia 233 – Projeto 'Voos e sobrevoos em solos estrangeiros'. Espanha. Valdeci dos Santos e Fernanda Harumi Kamonseki
visitando o Castro de Santa Trega – Sítio Arqueológico. A Guarda (Província: Pontevedra), 26/out./2018

página **66**

Fotografia 234 – Projeto 'Voos e sobrevoos em solos estrangeiros'. Espanha. Valdeci dos Santos visitando o Castro de Santa Trega
– Sítio Arqueológico. A Guarda (Província: Pontevedra), 26/out./2018

página **66**

Fotografia 235 – Projeto 'Voos e sobrevoos em solos estrangeiros'. Espanha. Valdeci dos Santos visitando o Castro de Santa Trega
– Sítio Arqueológico. A Guarda (Província: Pontevedra), 26/out./2018

página **66**

Fotografia 236 – Projeto 'Voos e sobrevoos em solos estrangeiros'. Espanha. Valdeci dos Santos visitando o Castro de Santa Trega
– Sítio Arqueológico. A Guarda (Província: Pontevedra), 26/out./2018

página **66**

Fotografia 237 – Projeto 'Voos e sobrevoos em solos estrangeiros'. Espanha. Valdeci dos Santos visitando o Castro de Santa Trega
– Sítio Arqueológico. A Guarda (Província: Pontevedra), 26/out./2018

página **66**

Fotografia 238 – Projeto 'Voos e sobrevoos em solos estrangeiros'. Espanha. Valdeci dos Santos visitando o Castro de Santa Trega
– Sítio Arqueológico. A Guarda (Província: Pontevedra), 26/out./2018

página **66**

Fotografia 239 – Projeto 'Voos e sobrevoos em solos estrangeiros'. Espanha. Valdeci dos Santos visitando o Castro de Santa Trega
– Sítio Arqueológico. A Guarda (Província: Pontevedra), 26/out./2018

página **67**

METÁFORA POÉTICA 40: SUTILMENTE

página **67**

Fotografia 240 – Projeto 'Voos e sobrevoos em solos estrangeiros'. Portugal. Valdeci dos Santos visitando o Rio Minho. Lanhelas,
27/out./2018

página **67**

Fotografia 241 – Projeto 'Voos e sobrevoos em solos estrangeiros'. Portugal. Valdeci dos Santos visitando o Rio Minho. Lanhelas,
27/out./2018

página **67**

METÁFORA POÉTICA 41: CONTO DE AREIA

página **67**

Fotografia 242 – Projeto 'Voos e sobrevoos em solos estrangeiros'. Portugal. Valdeci dos Santos visitando a Universidade de
Coimbra. Coimbra, 29/out./2018

página **68**

Fotografia 243 – Projeto 'Voos e sobrevoos em solos estrangeiros'. Portugal. Valdeci dos Santos visitando o Portal da Capela de São
Miguel, da Universidade de Coimbra. Coimbra, 29/out./2018

página **68**

Fotografia 244 – Projeto 'Voos e sobrevoos em solos estrangeiros'. Portugal. Valdeci dos Santos visitando o Museu da Ciência da
Universidade de Coimbra: Laboratório Chimico. Coimbra, 29/out./2018

página **68**

Fotografia 245 – Projeto 'Voos e sobrevoos em solos estrangeiros'. Portugal. Valdeci dos Santos visitando o Museu da Ciência da
Universidade de Coimbra: Laboratório Chimico. Coimbra, 29/out./2018

página **68**

Fotografia 246 – Projeto 'Voos e sobrevoos em solos estrangeiros'. Portugal. Valdeci dos Santos visitando o Museu da Ciência da
Universidade de Coimbra: Laboratório Chimico. Coimbra, 29/out./2018

página **68**

Fotografia 247 – Projeto 'Voos e sobrevoos em solos estrangeiros'. Portugal. Valdeci dos Santos visitando o Museu da Ciência da Universidade de Coimbra: Laboratório Chimico. Coimbra, 29/out./2018

página **68**

METÁFORA POÉTICA 42: QUE ME VENHA ESSE HOMEM

página **69**

Fotografia 248 – Projeto 'Voos e sobrevoos em solos estrangeiros'. Portugal. Valdeci dos Santos visitando a Sé Velha de Coimbra. Coimbra, 29/out./2018

página **69**

Fotografia 249 – Projeto 'Voos e sobrevoos em solos estrangeiros'. Portugal. Valdeci dos Santos visitando o Museu Nacional de Machado de Castro. Coimbra, 30/out./2018

página **69**

METÁFORA POÉTICA 43: VAMOS FAZER UM FILME

página **69**

Fotografia 250 – Projeto 'Voos e sobrevoos em solos estrangeiros'. Portugal. Valdeci dos Santos visitando o 'Portugal dos Pequenitos'. Coimbra, 31/out./2018

página **69**

Fotografia 251 – Projeto 'Voos e sobrevoos em solos estrangeiros'. Portugal. Valdeci dos Santos visitando o Mosteiro de Santa Cruz. Coimbra, 3/nov./2018

página **69**

Fotografia 252 – Projeto 'Voos e sobrevoos em solos estrangeiros'. Portugal. Valdeci dos Santos visitando o Jardim da Manga. Coimbra, 3/nov./2018

página **70**

METÁFORA POÉTICA 44: SERÁ

página **70**

Fotografia 253 – Projeto 'Voos e sobrevoos em solos estrangeiros'. Portugal. Valdeci dos Santos visitando o Jardim Botânico da Universidade de Coimbra. Coimbra, 4/nov./2018

página **70**

METÁFORA POÉTICA 45: O QUE É, O QUE É?

página **70**

Fotografia 254 – Projeto 'Voos e sobrevoos em solos estrangeiros'. Portugal. Valdeci dos Santos em andanças por Lisboa. Lisboa, 9/nov./2018

página **71**

Fotografia 255 – Projeto 'Voos e sobrevoos em solos estrangeiros'. Portugal. O escritor e Missionário Comboniano Padre 'Manuel dos Anjos Martins'. Ele foi designado, em 1968, para servir em Moçambique. Resultou do convívio e escuta sensível da história oral do povo, dois livros de sua autoria: 1. Elementos de língua nyunge: gramatica e dicionário (nyungwe – português – nyungwe); 2. Elementos da língua ndau (sofala – moçambique): gramatica, literatura oral e dicionário (ndau – português – ndau). Foto tirada por Valdeci dos Santos, na Casa Provincial dos Missionários Combonianos em Portugal. Lisboa – Portugal, 9/nov./2018

página **71**

Fotografia 256 – Projeto 'Voos e sobrevoos em solos estrangeiros'. Portugal. Valdeci dos Santos e o escritor e Missionário Comboniano Padre 'Manuel dos Anjos Martins' (*In memoriam*). Lisboa – Portugal, 9/nov./2018

página **71**

BRASIL: CHEGADA AO LAR PÓS-VIAGEM A EUROPA

página **71**

Fotografia 257 – Projeto 'Voos e sobrevoos em solos estrangeiros'. Brasil. Valdeci dos Santos chegando a seu lar pós-viagem a Europa. Feira de Santana – Bahia, 13/nov./2018

página **72**

Fotografia 258 – Rafaela Germano da Conceição dos Santos (*In Memoriam*)
página **72**

Fotografia 259 – Brasil. Valdeci dos Santos celebrando aniversário de 57 anos, com sua mãe Maria Sebastiana dos Santos e, os amigos: Thelma Percy Couto Gonçalves de Souza, Márcio C. Gonçalves de Souza, Osvaldo Rubens Santos Oliveira, Sílvia Couto Gonçalves de Souza, Luísa Couto Gonçalves de Souza, e Maria Silva Santos. Salvador – Bahia, 21/dez./2018
página **72**

Fotografia 260 – Brasil. Valdeci dos Santos celebrando aniversário de 57 anos, com os amigos: Thelma Percy Couto Gonçalves de Souza, Márcio C. Gonçalves de Souza, Osvaldo Rubens Santos Oliveira, Luísa Couto Gonçalves de Souza, Maria Silva Santos, e Maria Celeste Costa Valverde. Feira de Santana – Bahia, 22/dez./2018
página **72**

Fotografia 261 – Brasil. Valdeci dos Santos celebrando aniversário de 57 anos, com os amigos: Thelma Percy Couto Gonçalves de Souza, Márcio C. Gonçalves de Souza, Osvaldo Rubens Santos Oliveira, Luísa Couto Gonçalves de Souza, e Maria Silva Santos. Salvador – Bahia, 24/dez./2018
página **72**

Fotografia 262 – Projeto 'Voos e sobrevoos em solos estrangeiros'. Brasil. Valdeci dos Santos vivenciando o processo de tramitação do processo de pedido de 'Visto de Residência' para moradia em Portugal. Feira de Santana – Bahia – Brasil, 14/jan./2019
página **72**

Capítulo 3

PROJETO 'MORADIA EM SOLO ESTRANGEIRO' **73**

MORADIA EM PORTUGAL
página **73**

METÁFORA POÉTICA 46: DIAS DE LUTA
página **73**

Fotografia 263 – Brasil. Valdeci dos Santos em partida do seu lar no Brasil rumo à moradia em Portugal, conforme 'Visto de Residência' do Consulado Português no Brasil. E, regularização do 'Título de Residência' no Serviço de Estrangeiros e Fronteiras (SEF). Feira de Santana – Bahia – Brasil, 23/mar./2019
página **73**

Fotografia 264 – Moradia em Portugal. Valdeci dos Santos chegando em Portugal, pelo Aeroporto de Lisboa Humberto Delgado. Missão inicial: Escolher cidade para fixar residência e iniciar regularização do 'Título de Residência em Portugal' no Serviço de Estrangeiros e Fronteiras (SEF), conforme 'Visto de Residência' do Consulado Português no Brasil. Lisboa, 24/mar./2019
página **74**

Fotografia 265 – Moradia em Portugal. Valdeci dos Santos visitando cidades para definir local de moradia. Jardim Botânico da Universidade de Coimbra. Coimbra, 28/mar./2019
página **74**

METÁFORA POÉTICA 47: FLOR DE CHEIRO
página **74**

Fotografia 266 – Moradia em Portugal. Valdeci dos Santos visitando cidades para definir local de moradia. Braga, 1/abr./2019
página **74**

Fotografia 267 – Moradia em Portugal. Valdeci dos Santos visitando cidades para definir local de moradia. Braga, 1/abr./2019
página **74**

Fotografia 268 – Moradia em Portugal. Valdeci dos Santos visitando cidades para definir local de moradia. Encontro com a amiga Fernanda Harumi Kamonseki. Braga, 1/abr./2019
página **74**

Fotografia 269 – Moradia em Portugal. Valdeci dos Santos visitando cidades para definir local de moradia. Braga, 1/abr./2019
página **75**

Fotografia 270 – Moradia em Portugal. Valdeci dos Santos visitando cidades para definir local de moradia. Coimbra, 2/abr./2019
página **75**

Fotografia 271 – Moradia em Portugal. Valdeci dos Santos visitando cidades para definir local de moradia. Viseu, 3/abr./2019
página **75**

Fotografia 272 – Moradia em Portugal. Valdeci dos Santos visitando cidades para definir local de moradia. Viseu, 4/abr./2019
página **75**

Fotografia 273 – Moradia em Portugal. Valdeci dos Santos visitando cidades para definir local de moradia. Aveiro, 5/abr./2019
página **75**

Fotografia 274 – Moradia em Portugal. Valdeci dos Santos visitando cidades para definir local de moradia. Primeiras leitoras: Obra de Santa Zita. Coimbra, 10/abr./2019
página **75**

METÁFORA POÉTICA 48: LENHA
página **76**

Fotografia 275 – Moradia em Portugal. Valdeci dos Santos rumo ao 'novo lar' na cidade de Viseu. Estação Rodoviária de Coimbra. Coimbra, 10/abr./2019
página **76**

Fotografia 276 – Moradia em Portugal. Valdeci dos Santos recebeu vista da Sra. Maria Fernanda Henriques Pereira. Viseu, 14/abr./2019
página **76**

Fotografia 277 – Moradia em Portugal. Valdeci dos Santos participando da missa de páscoa. Viseu, 21/abr./2019
página **76**

Fotografia 278 – Moradia em Portugal. Valdeci dos Santos visitando o monumento em homenagem ao escritor Aquilino Ribeiro. Viseu, 21/abr./2019
página **77**

Fotografia 279 – Moradia em Portugal. Valdeci dos Santos visitando o Museu do Quartzo: Centro de Ciência de Viseu. Viseu, 23/maio/2019
página **77**

Fotografia 280 – Moradia em Portugal. Valdeci dos Santos visitando o Museu do Quartzo: Centro de Ciência de Viseu. Viseu, 23/maio/2019
página **77**

Fotografia 281 – Moradia em Portugal. Valdeci dos Santos visitando o Museu do Quartzo: Centro de Ciência de Viseu. Viseu, 23/maio/2019
página **77**

Fotografia 282 – Moradia em Portugal. Valdeci dos Santos visitando o Museu do Quartzo: Centro de Ciência de Viseu. Viseu, 23/maio/2019
página **77**

Fotografia 283 – Moradia em Portugal. Valdeci dos Santos visitando o Museu do Quartzo: Centro de Ciência de Viseu. Viseu, 23/maio/2019
página **77**

Fotografia 284 – Moradia em Portugal. Valdeci dos Santos visitando a Casa de Lavoura e Oficina do Linho – Museu Etnográfico Museu de Várzea de Calde. Viseu, 24/maio/2019
página **78**

Fotografia 285 – Moradia em Portugal. Valdeci dos Santos visitando a Casa de Lavoura e Oficina do Linho – Museu Etnográfico Museu de Várzea de Calde. Viseu, 24/maio/2019
página **78**

Fotografia 286 – Moradia em Portugal. Valdeci dos Santos visitando a Casa de Lavoura e Oficina do Linho – Museu Etnográfico Museu de Várzea de Calde. Viseu, 24/maio/2019
página **78**

Fotografia 287 – Moradia em Portugal. Valdeci dos Santos visitando a Casa de Lavoura e Oficina do Linho – Museu Etnográfico Museu de Várzea de Calde. Viseu, 24/maio/2019

página **78**

Fotografia 288 – Moradia em Portugal. Valdeci dos Santos visitando o Jardim das Mães. Viseu, 27/maio/2019

página **78**

Fotografia 289 – Moradia em Portugal. Valdeci dos Santos recebeu dois belíssimos presentes. A visita da Lurdes Anciaes e, mimos traduzidos em uma linda caixa de cerejas, diretamente, do seu pomar. Nunca imaginei que comeria cerejas in natura. Uma explosão de sabores, cores e odores. Memórias de bem-estar, amizade e acolhimento fraterno. Viseu, 31/maio/2019

página **78**

Fotografia 290 – Moradia em Portugal. Valdeci dos Santos recebendo visita de Lurdes Anciaes. Sobre amizade e cerejas. Viseu, 31/maio/2019

página **79**

METÁFORA POÉTICA 49: MORENA TROPICANA

página **79**

Fotografia 291 – Moradia em Portugal. Valdeci dos Santos visitando o Jardim Botânico da Universidade de Coimbra. Coimbra, 4/jun./2019

página **79**

Fotografia 292 – Moradia em Portugal. Valdeci dos Santos visitando o Jardim Botânico da Universidade de Coimbra. Coimbra, 4/jun./2019

página **79**

Fotografia 293 – Moradia em Portugal. Valdeci dos Santos visitando o Jardim Botânico da Universidade de Coimbra. Coimbra, 4/jun./2019

página **80**

Fotografia 294 – Moradia em Portugal. Valdeci dos Santos visitando o Jardim Botânico da Universidade de Coimbra. Coimbra, 4/jun./2019

página **80**

Fotografia 295 – Moradia em Portugal. Valdeci dos Santos visitando o Jardim Botânico da Universidade de Coimbra. Coimbra, 4/jun./2019

página **80**

Fotografia 296 – Moradia em Portugal. Valdeci dos Santos visitando o Jardim Botânico da Universidade de Coimbra. Coimbra, 4/jun./2019

página **80**

Fotografia 297 – Moradia em Portugal. Valdeci dos Santos visitando o Jardim Botânico da Universidade de Coimbra. Coimbra, 4/jun./2019

página **80**

Fotografia 298 – Moradia em Portugal. Valdeci dos Santos visitando o Jardim Botânico da Universidade de Coimbra. Coimbra, 4/jun./2019

página **80**

Fotografia 299 – Moradia em Portugal. Valdeci dos Santos visitando o Jardim Botânico da Universidade de Coimbra. Coimbra, 4/jun./2019

página **81**

Fotografia 300 – Moradia em Portugal. Valdeci dos Santos visitando o Jardim Botânico da Universidade de Coimbra. Coimbra, 4/jun./2019

página **81**

METÁFORA POÉTICA 50: QUASE SEM QUERER

página **81**

Fotografia 301 – Moradia em Portugal. Valdeci dos Santos no Serviço de Estrangeiros e Fronteiras – SEF para regularização do 'Título de Residência em Portugal', conforme 'Visto de Residência' do Consulado Português no Brasil. Coimbra, 5/jun./2019

página **81**

Fotografia 302 – Moradia em Portugal. Valdeci dos Santos visitando o Santuário de Nossa Senhora do Rosário de Fátima. Fátima, 6/jun./2019

página **81**

Fotografia 303 – Moradia em Portugal. Valdeci dos Santos visitando o Santuário de Nossa Senhora do Rosário de Fátima. Fátima, 6/jun./2019

página **81**

Fotografia 304 – Moradia em Portugal. Valdeci dos Santos visitando o Santuário de Nossa Senhora do Rosário de Fátima. Fátima, 6/jun./2019

página **82**

Fotografia 305 – Moradia em Portugal. Valdeci dos Santos visitando o Santuário de Nossa Senhora do Rosário de Fátima. Fátima, 6/jun./2019

página **82**

Fotografia 306 – Moradia em Portugal. Valdeci dos Santos visitando o Santuário de Nossa Senhora do Rosário de Fátima. Fátima, 6/jun./2019

página **82**

Fotografia 307 – Moradia em Portugal. Valdeci dos Santos visitando o Santuário de Nossa Senhora do Rosário de Fátima. Fátima, 6/jun./2019

página **82**

Fotografia 308 – Moradia em Portugal. Valdeci dos Santos visitando o Santuário de Nossa Senhora do Rosário de Fátima. Fátima, 6/jun./2019

página **83**

Fotografia 309 – Moradia em Portugal. Valdeci dos Santos visitando o Santuário de Nossa Senhora do Rosário de Fátima. Fátima, 6/jun./2019

página **83**

Fotografia 310 – Moradia em Portugal. Valdeci dos Santos visitando o Santuário de Nossa Senhora do Rosário de Fátima. Fátima, 6/jun./2019

página **83**

Fotografia 311 – Moradia em Portugal. Valdeci dos Santos visitando o Santuário de Nossa Senhora do Rosário de Fátima. Fátima, 6/jun./2019

página **83**

Fotografia 312 – Moradia em Portugal. Valdeci dos Santos visitando a Espanha. Catedral de Santiago de Compostela. Santiago de Compostela, 8/jun./2019

página **84**

Fotografia 313 – Moradia em Portugal. Valdeci dos Santos visitando a Espanha. Catedral de Santiago de Compostela. Santiago de Compostela, 8/jun./2019

página **84**

Fotografia 314 – Moradia em Portugal. Valdeci dos Santos visitando a Espanha. Cabo Finisterra: Costa da Morte. Os romanos pensavam que este era o ponto mais ocidental da terra e, portanto, era aqui que o mundo acabava. Era o "finis terrae". Porque razão alguém viria ao fim do mundo? Talvez porque o Cabo Finisterra esconde o verdadeiro segredo da COSTA DA MORTE: paisagens agrestes e praias impressionantes, umas (ao abrigo do cabo) de águas tranquilas e outras de forte ondulação, como a MAR DE FORA, uma das praias mais selvagens da Galiza. E a grande atração de todos os tempos: o pôr-do-sol sobre a imensidão do oceano, o mar do fim do mundo. Galícia, 9/jun./2019

página **84**

Fotografia 315 – Moradia em Portugal. Valdeci dos Santos visitando a Espanha. Carnota: Costa da Morte. Galícia, 9/jun./2019

página **84**

Fotografia 316 – Moradia em Portugal. Valdeci dos Santos visitando a Espanha. Universidad Pontifícia de Salamanca. Salamanca, 22/jun./2019

página **85**

Fotografia 317 – Moradia em Portugal. Valdeci dos Santos visitando a Espanha. Universidad Pontifícia de Salamanca. Salamanca, 22/jun./2019

página **85**

Fotografia 318 – Moradia em Portugal. Valdeci dos Santos visitando a Espanha. Universidad Pontifícia de Salamanca. Salamanca, 22/jun./2019

página **85**

Fotografia 319 – Moradia em Portugal. Valdeci dos Santos visitando a Espanha. Universidad Pontifícia de Salamanca. Salamanca, 22/jun./2019

página **85**

Fotografia 320 – Moradia em Portugal. Valdeci dos Santos visitando a Espanha. Universidad Pontifícia de Salamanca. Salamanca, 22/jun./2019

página **86**

Fotografia 321 – Moradia em Portugal. Valdeci dos Santos visitando a Espanha. Biblioteca Pública "Casa das Conchas". Salamanca, 22/jun./2019

página **86**

Fotografia 322 – Moradia em Portugal. Valdeci dos Santos visitando a Espanha. Biblioteca Pública "Casa das Conchas". Salamanca, 22/jun./2019

página **86**

Fotografia 323 – Moradia em Portugal. Valdeci dos Santos visitando a Espanha. Biblioteca Pública "Casa das Conchas". Salamanca, 22/jun./2019

página **86**

Fotografia 324 – Moradia em Portugal. Valdeci dos Santos visitando a Espanha. Biblioteca Pública "Casa das Conchas". Salamanca, 22/jun./2019

página **86**

Fotografia 325 – Moradia em Portugal. Valdeci dos Santos visitando a Espanha. Museu da História do Automóvel. Salamanca, 23/jun./2019

página **87**

Fotografia 326 – Moradia em Portugal. Valdeci dos Santos visitando a Espanha. Procissão de *Corpus Christi*. Salamanca, 23/jun./2019

página **87**

Fotografia 327 – Moradia em Portugal. Valdeci dos Santos visitando a Espanha. Procissão de *Corpus Christi*. Salamanca, 23/jun./2019

página **87**

Fotografia 328 – Moradia em Portugal. Valdeci dos Santos visitando a Espanha. Procissão de *Corpus Christi*. Salamanca, 23/jun./2019

página **87**

Fotografia 329 – Moradia em Portugal. Valdeci dos Santos visitando a Espanha. Procissão de *Corpus Christi*. Salamanca, 23/jun./2019

página **87**

Fotografia 330 – Moradia em Portugal. Valdeci dos Santos visitando a Espanha. Procissão de *Corpus Christi*. Salamanca, 23/jun./2019

página **88**

Fotografia 331 – Moradia em Portugal. Valdeci dos Santos visitando a Espanha. Procissão de *Corpus Christi*. Salamanca, 23/jun./2019

página **88**

Fotografia 332 – Moradia em Portugal. Valdeci dos Santos visitando a Espanha. Procissão de *Corpus Christi*. Salamanca, 23/jun./2019

página **88**

Fotografia 333 – Moradia em Portugal. Valdeci dos Santos visitando a Espanha. Procissão de *Corpus Christi*. Salamanca, 23/jun./2019

página **88**

Fotografia 334 – Moradia em Portugal. Valdeci dos Santos visitando a Espanha. Procissão de *Corpus Christi*. Salamanca, 23/jun./2019

página **88**

Fotografia 335 – Moradia em Portugal. Valdeci dos Santos visitando a Espanha. Procissão de *Corpus Christi*. Salamanca, 23/jun./2019

página **88**

Fotografia 336 – Moradia em Portugal. Valdeci dos Santos visitando a Espanha. Procissão de *Corpus Christi*. Salamanca, 23/jun./2019

página **89**

Fotografia 337 – Moradia em Portugal. Valdeci dos Santos visitando a Espanha. Procissão de *Corpus Christi*. Salamanca, 23/jun./2019

página **89**

Fotografia 338 – Moradia em Portugal. Valdeci dos Santos visitando a Espanha. Procissão de *Corpus Christi*. Salamanca, 23/jun./2019

página **89**

Fotografia 339 – Moradia em Portugal. Valdeci dos Santos visitando a Espanha. Procissão de *Corpus Christi*. Salamanca, 23/jun./2019

página **89**

Fotografia 340 – Moradia em Portugal. Valdeci dos Santos visitando a Espanha. Museo Taurino. Salamanca, 25/jun./2019

página **89**

Fotografia 341 – Moradia em Portugal. Valdeci dos Santos visitando a Espanha. Museo Taurino. Salamanca, 25/jun./2019

página **89**

Fotografia 342 – Moradia em Portugal. Valdeci dos Santos visitando a Espanha. Monumento a Alberto Churriguera e ao Conde Francos. Salamanca, 25/jun./2019

página **90**

Fotografia 343 – Moradia em Portugal. Valdeci dos Santos visitando a Espanha. Praça Maior. Salamanca, 25/jun./2019

página **90**

Fotografia 344 – Moradia em Portugal. Valdeci dos Santos visitando a Espanha. Catedral Nova de Salamanca. Salamanca, 25/jun./2019

página **90**

Fotografia 345 – Moradia em Portugal. Valdeci dos Santos visitando a Espanha. Fachada da Universidad de Salamanca. Salamanca, 25/jun./2019

página **90**

Fotografia 346 – Moradia em Portugal. Valdeci dos Santos visitando a Sé Catedral do Porto. Porto, 30/jun./2019

página **91**

Fotografia 347 – Moradia em Portugal. Encontro de Valdeci Dos Santos, Maria Cecília de Paula Silva (Brasil) e Olga Maria Alves Martins (Portugal). Porto, 30/jun./2019

página **91**

Fotografia 348 – Moradia em Portugal. Valdeci dos Santos participando do Encontro Científico Educação e Formação de Jovens e Adultos em Diferentes Espaços de Vida: Diálogos Luso-Brasileiros. Faculdade de Psicologia e de Ciências da Educação da Universidade de Coimbra. Coimbra, 1-2/jul./2019

página **91**

Fotografia 349 – Moradia em Portugal. Valdeci dos Santos participando do Encontro Científico Educação e Formação de Jovens e Adultos em Diferentes Espaços de Vida: Diálogos Luso-Brasileiros. Faculdade de Psicologia e de Ciências da Educação da Universidade de Coimbra. Coimbra, 1-2/jul./2019

página **91**

Fotografia 350 – Moradia em Portugal. Valdeci dos Santos participando do Encontro Científico Educação e Formação de Jovens e Adultos em Diferentes Espaços de Vida: Diálogos Luso-Brasileiros. Faculdade de Psicologia e de Ciências da Educação da Universidade de Coimbra. Coimbra, 1-2/jul./2019

página **91**

Fotografia 351 – Moradia em Portugal. Valdeci dos Santos participando do Encontro Científico Educação e Formação de Jovens e Adultos em Diferentes Espaços de Vida: Diálogos Luso-Brasileiros. Faculdade de Psicologia e de Ciências da Educação da Universidade de Coimbra. Coimbra, 1-2/jul./2019

página **92**

Fotografia 352 – Moradia em Portugal. Valdeci dos Santos participando do Encontro Científico Educação e Formação de Jovens e Adultos em Diferentes Espaços de Vida: Diálogos Luso-Brasileiros. Faculdade de Psicologia e de Ciências da Educação da Universidade de Coimbra. Coimbra, 1-2/jul./2019
página **92**

Fotografia 353 – Moradia em Portugal. Valdeci dos Santos em andanças por Coimbra. Parque de Santa Cruz/Jardim da Sereia. Coimbra, 1-2/jul./2019
página **92**

Fotografia 354 – Moradia em Portugal. Valdeci dos Santos em andanças por Coimbra. Parque de Santa Cruz/Jardim da Sereia. Coimbra, 1-2/jul./2019
página **92**

Fotografia 355 – Moradia em Portugal. Valdeci dos Santos participando do Encontro Científico Educação e Formação de Jovens e Adultos em Diferentes Espaços de Vida: Diálogos Luso-Brasileiros. Faculdade de Psicologia e de Ciências da Educação da Universidade de Coimbra. Visita ao Estabelecimento Prisional de Coimbra. Coimbra, 1-2/jul./2019
página **92**

Fotografia 356 – Moradia em Portugal. Parque de Santa Cruz/Jardim da Sereia. Valdeci dos Santos com 'companheiras brasileiras' participantes do Encontro Científico Educação e Formação de Jovens e Adultos em Diferentes Espaços de Vida: Diálogos Luso-Brasileiros. Faculdade de Psicologia e de Ciências da Educação da Universidade de Coimbra. Coimbra, 1-2/jul./2019
página **93**

Fotografia 357 – Moradia em Portugal. Valdeci dos Santos participando do Encontro Científico Educação e Formação de Jovens e Adultos em Diferentes Espaços de Vida: Diálogos Luso-Brasileiros. Faculdade de Psicologia e de Ciências da Educação da Universidade de Coimbra. Coimbra, 1-2/jul./2019
página **93**

Fotografia 358 – Moradia em Portugal. Bate-Papo. Valdeci dos Santos participando do Encontro Científico Educação e Formação de Jovens e Adultos em Diferentes Espaços de Vida: Diálogos Luso-Brasileiros. Faculdade de Psicologia e de Ciências da Educação da Universidade de Coimbra. Coimbra, 1-2/jul./2019
página **93**

Fotografia 359 – Moradia em Portugal. Valdeci dos Santos participando do Encontro Científico Educação e Formação de Jovens e Adultos em Diferentes Espaços de Vida: Diálogos Luso-Brasileiros. Faculdade de Psicologia e de Ciências da Educação da Universidade de Coimbra. Jantar de Confraternização. Coimbra, 1-2/jul./2019
página **93**

Fotografia 360 – Moradia em Portugal. Companheiras da Obra de Santa Zita de Coimbra. Coimbra, 3/jul./2019
página **93**

Fotografia 361 – Moradia em Portugal. Despedida de Valdeci dos Santos e a da amiga Maria Cecília de Paula Silva (Brasil), na Estação Ferroviária de Coimbra. Coimbra, 3/jul./2019
página **93**

Fotografia 362 – Moradia em Portugal. Despedida de Valdeci dos Santos e a da amiga Maria Cecília de Paula Silva (Brasil), na Estação Ferroviária de Coimbra. Coimbra, 3/jul./2019
página **94**

Fotografia 363 – Moradia em Portugal. Valdeci dos Santos visitando a Igreja de Santiago (Construção românica, dos finais do século XII, sagrada em 1206.), em Coimbra. Coimbra, 3/jul./2019
página **94**

Fotografia 364 – Moradia em Portugal. Valdeci dos Santos visitando o monumento a Joaquim António de Aguiar. Coimbra, 3/jul./2019
página **94**

Fotografia 365 – Moradia em Portugal. Valdeci dos Santos em andanças por Coimbra. Coimbra, 3/jul./2019
página **94**

Fotografia 366 – Moradia em Portugal. Valdeci dos Santos visitando Coimbra. Coimbra, 3/jul./2019
página **95**

Fotografia 367 – Moradia em Portugal. Andanças em Coimbra. Coimbra, 3/jul./2019
página **95**

Fotografia 368 – Moradia em Portugal. Andanças em Coimbra. Coimbra, 3/jul./2019

página **95**

Fotografia 369 – Moradia em Portugal. Valdeci dos Santos assistiu celebração da missa do 'Dia De Rainha Santa Isabel', na Igreja da Rainha Santa Isabel do Mosteiro de Santa Clara-A-Nova. Coimbra, 4/jul./2019

página **95**

Fotografia 370 – Moradia em Portugal. Valdeci dos Santos assistiu celebração da missa do 'Dia De Rainha Santa Isabel', na Igreja da Rainha Santa Isabel do Mosteiro de Santa Clara-A-Nova. Coimbra, 4/jul./2019

página **95**

Fotografia 371 – Moradia em Portugal. Valdeci dos Santos e o Padre José de Oliveira Moço (*In memoriam*), residente na casa da Obra de Santa Zita em Coimbra. Coimbra, 4/jul./2019

página **96**

Fotografia 372 – Moradia em Portugal. Valdeci dos Santos recebeu a visita dos amigos Fernanda Harumi Kamonseki e Ricardo, diretamente da cidade de Braga, trazendo fluxo de amorosidade e alegria inerentes à AMIZADE. Um sábado divertido. Fizemos andanças em Viseu. Visitamos parques, igrejas museus, shopping, etc. Eis o movimento do existir... Conheci a Fernanda em junho de 2018, no Brasil. E, ela tornou-se minha Família brasileira em Portugal, minha "irmã-de-coração". Sou GRATA pelo acolhimento fraterno e aprendizados. Viseu, 28/jul./2019

página **96**

Fotografia 373 – Moradia em Portugal. Valdeci dos Santos apresentando Viseu à amiga Fernanda Harumi Kamonseki e Ricardo. Viseu, 28/jul./2019

página **96**

Fotografia 374 – Moradia em Portugal. Valdeci dos Santos apresentando Viseu à amiga Fernanda Harumi Kamonseki e Ricardo. Viseu, 28/jul./2019

página **96**

Fotografia 375 – Moradia em Portugal. Valdeci dos Santos apresentando Viseu à amiga Fernanda Harumi Kamonseki e Ricardo. Viseu, 28/jul./2019

página **96**

Fotografia 376 – Moradia em Portugal. Valdeci dos Santos visitando o Parque Urbano de Santiago. Viseu, 1/ago./2019

página **97**

Fotografia 377 – Moradia em Portugal. Valdeci dos Santos visitando o Parque Urbano de Santiago. Viseu, 1/ago./2019

página **97**

Fotografia 378 – Moradia em Portugal. Valdeci dos Santos visitando o Parque Urbano de Santiago. Viseu, 1/ago./2019

página **97**

Fotografia 379 – Moradia em Portugal. Valdeci dos Santos visitando o Parque Urbano de Santiago. Viseu, 1/ago./2019. Viseu, 1/ago./2019

página **97**

Fotografia 380 – Moradia em Portugal. Valdeci dos Santos visitando o Museu Quinta da Cruz: Centro de Arte Contemporânea de Viseu. Uma visita fantástica, repleta de cores, sons, aromas, beleza, acolhimento fraterno. Sou GRATA a Sra. Glória Cardoso pela escuta sensível e acolhimento fraterno. Viseu, 1/ago./2019

página **97**

Fotografia 381 – Moradia em Portugal. Valdeci dos Santos visitando o Museu Quinta da Cruz: Centro de Arte Contemporânea de Viseu. Viseu, 1/ago./2019

página **97**

Fotografia 382 – Moradia em Portugal. Valdeci dos Santos visitando o Museu Quinta da Cruz: Centro de Arte Contemporânea de Viseu. Viseu, 1/ago./2019

página **98**

Fotografia 383 – Moradia em Portugal. Valdeci dos Santos visitando o Museu Quinta da Cruz: Centro de Arte Contemporânea de Viseu. Viseu, 1/ago./2019

página **98**

Fotografia 384 – Moradia em Portugal. Valdeci dos Santos visitando o Museu Quinta da Cruz: Centro de Arte Contemporânea de Viseu. Viseu, 1/ago./2019

página **98**

Fotografia 385 – MORADIA EM PORTUGAL. MUSEU CASA DO MIRADOURO: COLEÇÃO ARQUEOLÓGICA JOSÉ COELHO. Viseu, 2/ago./2019

página **98**

Fotografia 386 – Moradia em Portugal. Valdeci dos Santos admirando peras (*Pyrus* sp) no jardim do Museu Casa do Miradouro: Coleção Arqueológica José Coelho. Viseu, 2/ago./2019

página **98**

Fotografia 387 – Moradia em Portugal. Valdeci dos Santos visitando o Museu Casa do Miradouro: Coleção Arqueológica José Coelho. Viseu, 2/ago./2019

página **98**

Fotografia 388 – Moradia em Portugal. Valdeci dos Santos visitando o Museu Casa do Miradouro: Coleção Arqueológica José Coelho. Viseu, 2/ago./2019

página **99**

Fotografia 389 – Moradia em Portugal. Valdeci dos Santos visitando o Museu Casa do Miradouro: Coleção Arqueológica José Coelho. Viseu, 2/ago./2019

página **99**

Fotografia 390 – Moradia em Portugal. Valdeci dos Santos visitando o jardim do Museu Casa do Miradouro: Coleção Arqueológica José Coelho. Viseu, 2/ago./2019

página **99**

Fotografia 391 – Moradia em Portugal. Valdeci dos Santos visitando o Museu Casa do Miradouro: Coleção Arqueológica José Coelho. Viseu, 2/ago./2019

página **99**

RETORNO AO BRASIL PARA 'TRATAMENTO DE SAÚDE'

página **100**

METÁFORA POÉTICA 51: TENTE OUTRA VEZ

página **100**

Fotografia 392 – Moradia em Portugal. Valdeci dos Santos no Aeroporto Francisco Sá Carneiro/Aeroporto do Porto, retornando ao Brasil para 'tratamento de saúde'. Porto, 8/ago./2019

página **100**

Fotografia 393 – Moradia em Portugal. Valdeci dos Santos em solo brasileiro para 'tratamento de saúde'. Cheguei a solo brasileiro, no dia 8 de agosto de 2019, para consultas médicas especializadas, na cidade de São Paulo. Gratidão, em especial, a amada amiga Biomédica Elaine Motta, pela fluidez fraterno-profissional nos encaminhamentos de agendamento de consultas. Gratidão, igualmente, a todos os amigos e familiares que reconhecerem minha demanda por proteção e acolhimento, estando "SEMPRE ALERTA PARA SERVIR". Grata pelo acolhimento na chegada a São Paulo, pela poesia sobre AMOR/AMIZADE/CARINHO/PROTEÇÃO traduzida em bolos, pães de queijo, sucos, diálogos, encontros e reencontros e, naturalmente, sessão de memórias – Fotografias. São Paulo – São Paulo – Brasil, 8/ago./2019

página **100**

Fotografia 394 – Moradia em Portugal. Valdeci dos Santos em solo brasileiro para 'tratamento de saúde'. Chegada em São Paulo, no Aeroporto Internacional Governador André Franco Montoro/Aeroporto de Guarulhos. Acolhimento dos amigos: Luciene Maria de Jesus, Silvio Cavalcante e Anelice Brito. São Paulo – São Paulo – Brasil, 8/ago./2019

página **100**

Fotografia 395 – Moradia em Portugal. Valdeci dos Santos em solo brasileiro para 'tratamento de saúde'. Acolhimento de Amigos, dentre tantos, Missionários Combonianos – Padre Enzo Santangelo; Luciene Maria de Jesus, Silvio Cavalcante, Helionice Freittas e Anelice Brito. São Paulo – São Paulo – Brasil, 8/ago./2019

página **100**

Fotografia 396 – Moradia em Portugal. Valdeci dos Santos em solo brasileiro para 'tratamento de saúde'. Acolhimento de Amigos, dentre tantos, Missionários Combonianos – Padre Enzo Santangelo, Luciene Maria de Jesus, Silvio Cavalcante, Helionice Freittas e Anelice Brito. São Paulo – São Paulo – Brasil, 8/ago./2019

página **100**

Fotografia 397 – Moradia em Portugal. Valdeci dos Santos em solo brasileiro para 'tratamento de saúde'. Acolhimento de Amigos, dentre tantos, Missionários Combonianos – Padre Enzo Santangelo, Padre Alcides Costa. São Paulo – São Paulo – Brasil, 8/ago./2019
página **101**

Fotografia 398 – Moradia em Portugal. Valdeci dos Santos em solo brasileiro para 'tratamento de saúde'. Acolhimento de Amigos, dentre tantos, Missionários Combonianos – Padre Enzo Santangelo, Padre Alcides –, Luciene Maria de Jesus, Silvio Cavalcante, Helionice Freittas e Anelice Brito. São Paulo – São Paulo – Brasil, 8/ago./2019
página **101**

Fotografia 399 – Moradia em Portugal. Valdeci dos Santos em solo brasileiro para 'tratamento de saúde'. Valdeci dos Santos e Mariza Augusta da Silva. Um encontro: um recado de Deus. São Paulo – São Paulo – Brasil, 9/ago./2019
página **101**

METÁFORA POÉTICA 52: NOITES TRAIÇOEIRAS
página **102**

Fotografia 400 – Moradia em Portugal. Valdeci dos Santos em solo brasileiro para 'tratamento de saúde'. Ida ao teatro: Valdeci dos Santos, Silvio Cavalcante, Luciene Maria de Jesus, Marta Miriam, Mariza Augusta da Silva, Elizabeth Alves de Oliveira, Helena e Equipe da ONG Teatro. São Paulo – São Paulo – Brasil, 11/ago./2019
página **102**

Fotografia 401 – Moradia em Portugal. Valdeci dos Santos em solo brasileiro para 'tratamento de saúde'. Ida ao teatro: Valdeci dos Santos, Silvio Cavalcante, Luciene Maria de Jesus, Marta Miriam, Mariza Augusta da Silva, Elizabeth Alves de Oliveira, Helena e Equipe da ONG Teatro. São Paulo – São Paulo – Brasil, 11/ago./2019
página **102**

Fotografia 402 – Moradia em Portugal. Valdeci dos Santos em solo brasileiro para 'tratamento de saúde'. Valdeci dos Santos, Dejacy Fernandes dos Santos, Dalva Fernandes, Diva Fernandes Lima e Maria Silva Santos, em confraternização na casa da Dejacy. São Paulo – São Paulo – Brasil, 14/ago./2019
página **102**

Fotografia 403 – Moradia em Portugal. Valdeci dos Santos em solo brasileiro para 'tratamento de saúde'. Valdeci dos Santos, Dejacy Fernandes dos Santos, Dalva Fernandes, Diva Fernandes Lima e Maria Silva Santos, em confraternização na casa da Dejacy. São Paulo – São Paulo – Brasil, 14/ago./2019
página **102**

Fotografia 404 – Moradia em Portugal. Valdeci dos Santos em solo brasileiro para 'tratamento de saúde'. Valdeci dos Santos, Dejacy Fernandes dos Santos, Dalva Fernandes, Diva Fernandes Lima e Maria Silva Santos, em confraternização na casa da Dejacy. São Paulo – São Paulo – Brasil, 14/ago./2019
página **103**

Fotografia 405 – Moradia em Portugal. Valdeci dos Santos em solo brasileiro para 'tratamento de saúde'. Confraternização com amigos da Biodança de São Paulo: Mariza Augusta da Silva, Elisete Barreiro (*In memoriam*), Helionice Freittas, Cícero, Elizabeth Alves de Oliveira, Luciene Maria de Jesus, Cidinha Silva e Silvio Cavalcante. São Paulo – São Paulo – Brasil, 17/ago./2019
página **103**

Fotografia 406 – Moradia em Portugal. Valdeci dos Santos em solo brasileiro para 'tratamento de saúde'. Confraternização com amigos da Biodança de São Paulo: Mariza Augusta da Silva, Elisete Barreiro (*In memoriam*), Helionice Freittas, Cícero, Elizabeth Alves de Oliveira, Luciene Maria de Jesus, Cidinha Silva e Silvio Cavalcante. São Paulo – São Paulo – Brasil, 17/ago./2019
página **103**

Fotografia 407 – Moradia em Portugal. Valdeci dos Santos em solo brasileiro para 'tratamento de saúde'. Confraternização com amigos da Biodança de São Paulo: Mariza Augusta da Silva, Elisete Barreiro (*In memoriam*), Helionice Freittas, Cícero, Elizabeth Alves de Oliveira, Luciene Maria de Jesus, Cidinha Silva e Silvio Cavalcante. São Paulo – São Paulo – Brasil, 17/ago./2019
página **103**

Fotografia 408 – Moradia em Portugal. Valdeci dos Santos em solo brasileiro para 'tratamento de saúde'. Confraternização com amigos da Biodança de São Paulo: Elisete Barreiro (*In memoriam*). São Paulo – São Paulo – Brasil, 17/ago./2019
página **103**

METÁFORA POÉTICA 53: ENTRE A SERPENTE E A ESTRELA

página **104**

Fotografia 409 – Moradia em Portugal. Valdeci dos Santos em solo brasileiro para 'tratamento de saúde'. Visita ao Instituto Butantan com Amigos Portugueses – Laurentina, Lurdes Anciaes, Abel Roque e Padre Vitor Anciaes. São Paulo – São Paulo – Brasil, 21/ago./2019

página **104**

Fotografia 410 – Moradia em Portugal. Valdeci dos Santos em solo brasileiro para 'tratamento de saúde'. Visita ao Instituto Butantan com Amigos Portugueses – Laurentina, Lurdes Anciaes, Abel Roque e Padre Vitor Anciaes. São Paulo – São Paulo – Brasil, 21/ago./2019

página **104**

Fotografia 411 – Moradia em Portugal. Valdeci dos Santos em solo brasileiro para 'tratamento de saúde'. Visita ao Instituto Butantan com Amigos Portugueses – Laurentina, Lurdes Anciaes, Abel Roque e Padre Vitor Anciaes. São Paulo – São Paulo – Brasil, 21/ago./2019

página **104**

Fotografia 412 – Moradia em Portugal. Valdeci dos Santos em solo brasileiro para 'tratamento de saúde'. Visita ao Instituto Butantan com Amigos Portugueses – Laurentina, Lurdes Anciaes, Abel Roque e Padre Vitor Anciaes. São Paulo – São Paulo – Brasil, 21/ago./2019

página **104**

Fotografia 413 – Moradia em Portugal. Valdeci dos Santos em solo brasileiro para 'tratamento de saúde'. Visita ao Santuário Nacional de Nossa Senhora Aparecida com Amigos Portugueses – Laurentina, Lurdes Anciaes, Abel Roque e Padre Vitor Anciaes. Aparecida – São Paulo – Brasil, 22/ago./2019

página **105**

Fotografia 414 – Moradia em Portugal. Valdeci dos Santos em solo brasileiro para 'tratamento de saúde'. Visita ao Santuário Nacional de Nossa Senhora Aparecida com Amigos Portugueses – Laurentina, Lurdes Anciaes, Abel Roque e Padre Vitor Anciaes. Aparecida – São Paulo – Brasil, 22/ago./2019

página **105**

Fotografia 415 – Moradia em Portugal. Valdeci dos Santos em solo brasileiro para 'tratamento de saúde'. Visita ao Santuário Nacional de Nossa Senhora Aparecida com Amigos Portugueses – Laurentina, Lurdes Anciaes, Abel Roque e Padre Vitor Anciaes. Aparecida – São Paulo – Brasil, 22/ago./2019

página **105**

Fotografia 416 – Moradia em Portugal. Valdeci dos Santos em solo brasileiro para 'tratamento de saúde'. Celebrando o Titulo de Doutora em Ciências, da Amiga Maria Elizângela Ramos Junqueira, pelo Programa de Pós-Graduação em Saúde Pública, Área de Concentração Epidemiologia da Faculdade de Saúde Pública da Universidade de São Paulo – USP. São Paulo – São Paulo – Brasil, 30/ago./2019

página **105**

Fotografia 417 – Moradia em Portugal. Valdeci dos Santos em solo brasileiro para 'tratamento de saúde'. Celebrando o Titulo de Doutora em Ciências, da Amiga Maria Elizângela Ramos Junqueira, pelo Programa de Pós-Graduação em Saúde Pública, Área de Concentração Epidemiologia da Faculdade de Saúde Pública da Universidade de São Paulo – USP. São Paulo – São Paulo – Brasil, 30/ago./2019

página **105**

Fotografia 418 – Moradia em Portugal. Valdeci dos Santos em solo brasileiro para 'tratamento de saúde'. Um encontro inesquecível: Valdeci dos Santos, Edna Maria de Souza, Mariza Augusta da Silva, Helionice Freittas. São Paulo – São Paulo, 31/ago./2019

página **106**

Fotografia 419 – Moradia em Portugal. Valdeci dos Santos em solo brasileiro para 'tratamento de saúde'. Um encontro inesquecível: Valdeci dos Santos, Edna Maria de Souza, Mariza Augusta da Silva, Helionice Freittas. São Paulo – São Paulo, 31/ago./2019

página **106**

Fotografia 420 – Moradia em Portugal. Valdeci dos Santos em solo brasileiro para 'tratamento de saúde'. No meu LAR brasileiro. Visitas de acolhimento das amigas AMORC: Edna, Ezelvir, Maria do Resgate, Mara Montenegro e Jacione Cedraz Cordeiro. Comes e bebes + fotos + bate-papo... Um dia fecundo em experiências e aprendizados significativos. Feira de Santana – Bahia, 11/set./2019

página **106**

Fotografia 421 – Moradia em Portugal. Valdeci dos Santos em solo brasileiro para 'tratamento de saúde'. Visita à Basílica Menor Nossa Senhora da Imaculada Conceição e Santa Ifigênia, com o Amigo Missionário Comboniano Pe. Francisco de Assis Colombi. São Paulo – São Paulo – Brasil, 16/out./2019
página **106**

METÁFORA POÉTICA 54: COMENTÁRIOS A RESPEITO DE JOHN
página **107**

Fotografia 422 – Moradia em Portugal. Valdeci dos Santos em solo brasileiro para 'tratamento de saúde'. Igreja Senhor dos Passos. Feira de Santana – Bahia, 23/set./2019
página **107**

Fotografia 423 – Moradia em Portugal. Valdeci dos Santos em solo brasileiro para 'tratamento de saúde'. ENTREVISTA com o folheteiro e cordelista Jurivaldo Alves da Silva; e com o Poeta, Cordelista, Declamador, Escritor e Músico Francisco Pedrosa Galvão, mais conhecido como *Chico Pedrosa* (83 anos), no Mercado de Arte Popular de Feira de Santana. Feira de Santana – Bahia, 23/set./2019
página **107**

Fotografia 424 – Moradia em Portugal. Valdeci dos Santos em solo brasileiro para 'tratamento de saúde'. O amado primo-amigo Antonio Balbino dos Santos Miranda (*In memoriam*) vitimado pela doença COVID-19, em 5 de junho de 2021. Feira de Santana – Bahia, 23/set./2019
página **107**

Fotografia 425 – Moradia em Portugal. Valdeci dos Santos em solo brasileiro para 'tratamento de saúde'. Visita ao Museu de Arte Contemporânea Raimundo de Oliveira – MAC. Gratidão a Sra. Ana Cláudia (funcionária do MAC), pelo registro da memória iconográfica Feira de Santana – Bahia – Brasil, 24/set./2019
página **107**

Fotografia 426 – Moradia em Portugal. Valdeci dos Santos em solo brasileiro para 'tratamento de saúde'. Valdeci dos Santos, Poeta Solange Durães da Silva Barbosa e Ana Lúcia Murici, na abertura da 12ª Edição FLIFS – Feira do Livro/Festival Literário e Cultural de Feira de Santana. Feira de Santana – Bahia – Brasil, 24/set./2019
página **107**

Fotografia 427 – Moradia em Portugal. Valdeci dos Santos em solo brasileiro para 'tratamento de saúde'. Visita do amigo biólogo André Moreira. Honrada pelo presente recebido: o livro 'Tolstói: a biografia', de Rosamund Bartlett (2013). Feira de Santana – Bahia, 31/out./2019
página **108**

Fotografia 428 – Moradia em Portugal. Valdeci dos Santos em solo brasileiro para 'tratamento de saúde'. Celebração do aniversário da amiga Maria Celeste Costa Valverde. Feira de Santana – Bahia – Brasil, 4/nov./2019
página **108**

METÁFORA POÉTICA 55: MULHER NOVA, BONITA E CARINHOSA FAZ
O HOMEM GEMER SEM SENTIR DOR
página **108**

Fotografia 429 – Moradia em Portugal. Valdeci dos Santos em solo brasileiro para 'tratamento de saúde'. II Sarau Beneficente do 'Versos de Mulher'. Feira de Santana – Bahia – Brasil, 8/nov./2019
página **108**

Fotografia 430 – Moradia em Portugal. Valdeci dos Santos em solo brasileiro para 'tratamento de saúde'. Valdeci dos Santos foi homenageada com o título 'Mulher Fenomenal', II Sarau Beneficente do 'Versos de Mulher'. Certificado entregue pela Poeta Solange Durães da Silva Barbosa. Feira de Santana – Bahia – Brasil, 8/nov./2019
página **108**

Fotografia 431 – Moradia em Portugal. Valdeci dos Santos em solo brasileiro para 'tratamento de saúde'. Valdeci dos Santos foi homenageada com o título 'Mulher Fenomenal', II Sarau Beneficente do 'Versos de Mulher'. Fundadora/Presidente do 'Versos de Mulher' Advogada Fabiana Machado e, a Poeta Solange Durães da Silva Barbosa. Feira de Santana – Bahia – Brasil, 8/nov./2019
página **109**

Fotografia 432 – Moradia em Portugal. Valdeci dos Santos em solo brasileiro para 'tratamento de saúde'. Valdeci dos Santos foi homenageada com o título 'Mulher Fenomenal', II Sarau Beneficente do 'Versos de Mulher'. Jussara Souza. Feira de Santana – Bahia – Brasil, 8/nov./2019
página **109**

Fotografia 433 – Moradia em Portugal. Valdeci dos Santos em solo brasileiro para 'tratamento de saúde'. Valdeci dos Santos foi homenageada com o título 'Mulher Fenomenal', II Sarau Beneficente do 'Versos de Mulher'. Luciene Lima e Lima, Valdemiro Lopes Marinho, Jecineide Mendes, Vandelice Gonzaga Barbosa, Arlene Rocha, Elizabeth Cerqueira. Feira de Santana – Bahia – Brasil, 8 nov./2019
página **109**

Fotografia 434 – Moradia em Portugal. Valdeci dos Santos em solo brasileiro para 'tratamento de saúde'. Valdeci dos Santos foi homenageada com o título 'Mulher Fenomenal', II Sarau Beneficente do 'Versos de Mulher'. Laura Ribeiro da Silva. Feira de Santana – Bahia – Brasil, 8/nov./2019
página **109**

Fotografia 435 – Moradia em Portugal. Valdeci dos Santos em solo brasileiro para 'tratamento de saúde'. Valdeci dos Santos foi homenageada com o título 'Mulher Fenomenal', II Sarau Beneficente do 'Versos de Mulher'. Jecineide Mendes, Vandelice Gonzaga Barbosa, Arlene Rocha, Elizabeth Cerqueira. Feira de Santana – Bahia – Brasil, 8/nov./2019
página **109**

Fotografia 436 – Moradia em Portugal. Valdeci dos Santos em solo brasileiro para 'tratamento de saúde'. Valdeci dos Santos foi homenageada com o título 'Mulher Fenomenal', II Sarau Beneficente do 'Versos de Mulher'. Evani Leal Sampaio Rocha (*In memoriam*), Antonio Carlos Lucena Rocha. Feira de Santana – Bahia – Brasil, 8/nov./2019
página **110**

Fotografia 437 – Moradia em Portugal. Valdeci dos Santos em solo brasileiro para 'tratamento de saúde'. Valdeci dos Santos foi homenageada com o título 'Mulher Fenomenal', II Sarau Beneficente do 'Versos de Mulher'. Evani Leal Sampaio Rocha (*In memoriam*), Antonio Carlos Lucena Rocha. Feira de Santana – Bahia – Brasil, 8/nov./2019
página **110**

Fotografia 438 – Moradia em Portugal. Valdeci dos Santos em solo brasileiro para 'tratamento de saúde'. Valdeci dos Santos foi homenageada com o título 'Mulher Fenomenal', II Sarau Beneficente do 'Versos de Mulher'. Luciene Lima e Lima, Gilberto, Sueli Oliveira. Feira de Santana – Bahia – Brasil, 8/nov./2019
página **110**

Fotografia 439 – Moradia em Portugal. Valdeci dos Santos em solo brasileiro para 'tratamento de saúde'. Valdeci dos Santos 'gestando voos' de retorno a Portugal. Feira de Santana – Bahia – Brasil, 28/nov./2019
página **110**

Fotografia 440 – Moradia em Portugal. Valdeci dos Santos em solo brasileiro para 'tratamento de saúde'. Feira de Santana – Bahia, 30/nov./2019
página **110**

RETORNO A PORTUGAL
página **111**

METÁFORA POÉTICA 56: O SOL
página **111**

CEIA NATALINA NA OBRA DE SANTA ZITA DE VISEU. CELEBRAÇÃO DO ANIVERSÁRIO DE 58 ANOS DE VALDECI DOS SANTOS
página **111**

Fotografia 441 – Moradia em Portugal. Ceia natalina na Obra de Santa Zita, de Viseu. Celebração do Aniversário de 58 anos de Valdeci dos Santos. Viseu, 21/dez./2019
página **111**

Fotografia 442 – Moradia em Portugal. Ceia natalina na Obra de Santa Zita, de Viseu. Celebração do Aniversário de 58 anos de Valdeci dos Santos. Viseu, 21/dez./2019
página **112**

Fotografia 443 – Moradia em Portugal. Ceia natalina na Obra de Santa Zita, de Viseu. Celebração do Aniversário de 58 anos de Valdeci dos Santos. Laurinda do Espírito Santo Costa. Viseu, 21/dez./2019
página **112**

Fotografia 444 – Moradia em Portugal. Ceia natalina na Obra de Santa Zita, de Viseu. Celebração do Aniversário de 58 anos de Valdeci dos Santos. Viseu, 21/dez./2019
página **112**

Fotografia 445 – Moradia em Portugal. Ceia natalina na Obra de Santa Zita, de Viseu. Celebração do Aniversário de 58 anos de Valdeci dos Santos. Recebi a visita da amiga Fernanda Harumi Kamonseki e do Ricardo. Viseu, 21/dez./2019
página **112**

Fotografia 446 – Moradia em Portugal. Ceia natalina na Obra de Santa Zita, de Viseu. Celebração do Aniversário de 58 anos de Valdeci dos Santos. Viseu, 21/dez./2019
página **112**

Fotografia 447 – Moradia em Portugal. Ceia natalina na Obra de Santa Zita, de Viseu. Celebração do Aniversário de 58 anos de Valdeci dos Santos. Viseu, 21/dez./2019
página **113**

Fotografia 448 – Moradia em Portugal. Ceia natalina na Obra de Santa Zita, de Viseu. Celebração do Aniversário de 58 anos de Valdeci dos Santos. Viseu, 21/dez./2019
página **113**

Fotografia 449 – Moradia em Portugal. Ceia natalina na Obra de Santa Zita, de Viseu. Celebração do Aniversário de 58 anos de Valdeci dos Santos. Viseu, 21/dez./2019
página **113**

Fotografia 450 – Moradia em Portugal. Ceia natalina na Obra de Santa Zita, de Viseu. Celebração do Aniversário de 58 anos de Valdeci dos Santos. Viseu, 21/dez./2019
página **113**

Fotografia 451 – Moradia em Portugal. Ceia natalina na Obra de Santa Zita, de Viseu. Celebração do Aniversário de 58 anos de Valdeci dos Santos. Viseu, 21/dez./2019
página **113**

Fotografia 452 – Moradia em Portugal. Ceia natalina na Obra de Santa Zita, de Viseu. Celebração do Aniversário de 58 anos de Valdeci dos Santos. Viseu, 21/dez./2019
página **113**

Fotografia 453 – Moradia em Portugal. Ceia natalina na Obra de Santa Zita, de Viseu. Celebração do Aniversário de 58 anos de Valdeci dos Santos. Viseu, 21/dez./2019
página **114**

Fotografia 454 – Moradia em Portugal. Ceia natalina na Obra de Santa Zita, de Viseu. Celebração do Aniversário de 58 anos de Valdeci dos Santos. Viseu, 21/dez./2019
página **114**

Fotografia 455 – Moradia em Portugal. Ceia natalina na Obra de Santa Zita, de Viseu. Celebração do Aniversário de 58 anos de Valdeci dos Santos. Viseu, 21/dez./2019
página **114**

Fotografia 456 – Moradia em Portugal. Ceia natalina na Obra de Santa Zita, de Viseu. Celebração do Aniversário de 58 anos de Valdeci dos Santos. Viseu, 21/dez./2019
página **114**

Fotografia 457 – Moradia em Portugal. Ceia natalina na Obra de Santa Zita, de Viseu. Celebração do Aniversário de 58 anos de Valdeci dos Santos. Viseu, 21/dez./2019
página **114**

Fotografia 458 – Moradia em Portugal. Ceia natalina na Obra de Santa Zita, de Viseu. Celebração do Aniversário de 58 anos de Valdeci dos Santos. Viseu, 21/dez./2019
página **114**

METÁFORA POÉTICA 57: ESQUADROS
página **115**

Fotografia 459 – Moradia em Portugal. Valdeci dos Santos retornou para Portugal. A saúde em condição ótima. Celebrando aniversário de 58 anos. Feliz pela existência. Viseu, 22/dez./2019
página **115**

Fotografia 460 – Moradia em Portugal. Valdeci dos Santos retornou para Portugal. A saúde em condição ótima. Celebrando aniversário de 58 anos com o amigo Poeta/Ator/Escritor "Zé dos Rios". Feliz pela existência. Viseu, 22/dez./2019
página **115**

Fotografia 461 – Moradia em Portugal. Valdeci dos Santos retornou para Portugal. A saúde em condição ótima. Celebrando aniversário de 58 anos. Feliz pela existência. Viseu, 22/dez./2019

página **115**

Fotografia 462 – Moradia em Portugal. Valdeci dos Santos retornou para Portugal. A saúde em condição ótima. Celebrando aniversário de 58 anos. Feliz pela existência. Viseu, 22/dez./2019

página **115**

Fotografia 463 – Moradia em Portugal. Valdeci dos Santos retornou para Portugal. A saúde em condição ótima. Celebrando aniversário de 58 anos. Feliz pela existência. Viseu, 22/dez./2019

página **116**

Fotografia 464 – Moradia em Portugal. Valdeci dos Santos retornou para Portugal. A saúde em condição ótima. Celebrando aniversário de 58 anos. Feliz pela existência. Viseu, 22/dez./2019

página **116**

Fotografia 465 – Moradia em Portugal. Valdeci dos Santos retornou para Portugal. A saúde em condição ótima. Celebrando aniversário de 58 anos. Feliz pela existência. Viseu, 22/dez./2019

página **116**

Fotografia 466 – Moradia em Portugal. Valdeci dos Santos (58 anos) PÓS-MISSA DO GALO, com amigas da Obra de Santa Zita de Viseu – Laurinda do Espírito Santo Costa. Missa do Galo é o nome dado pelos católicos à missa celebrada na Véspera de Natal que começa à meia noite do dia 24 para o dia 25 de dezembro. Viseu, 25/dez./2019

página **116**

Fotografia 467 – Moradia em Portugal. Valdeci dos Santos (58 anos) PÓS-MISSA DO GALO. Missa do Galo é o nome dado pelos católicos à missa celebrada na Véspera de Natal que começa à meia noite do dia 24 para o dia 25 de dezembro. Viseu, 25/dez./2019

página **116**

Fotografia 468 – Moradia em Portugal. Valdeci dos Santos em andanças no centro de Viseu. Viseu, 26/dez./2019

página **116**

Fotografia 469 – Moradia em Portugal. Valdeci dos Santos em andanças no centro de Viseu. Viseu, 26/dez./2019

página **117**

Fotografia 470 – Moradia em Portugal. Valdeci dos Santos em andanças no centro de Viseu. Viseu, 26/dez./2019

página **117**

Fotografia 471 – Moradia em Portugal. Valdeci dos Santos em andanças no centro de Viseu. Viseu, 26/dez./2019

página **117**

Fotografia 472 – Moradia em Portugal. Valdeci dos Santos em andanças no centro de Viseu. Visita a Catedral de Viseu – Igreja Paroquial de Santa Maria ou Igreja de Nossa Senhora da Assunção. Viseu, 26/dez./2019

página **117**

Fotografia 473 – Moradia em Portugal. Valdeci dos Santos em andanças no centro de Viseu. Igreja da Misericórdia de Viseu/Igreja da Santa Casa da Misericórdia de Viseu. Viseu, 26/dez./2019

página **117**

Fotografia 474 – Moradia em Portugal. Valdeci dos Santos em andanças no centro de Viseu. Decoração natalina. Viseu, 26/dez./2019

página **117**

Capítulo 4

EM TEMPOS DE PANDEMIA DA DOENÇA COVID-19 .... **118**

Fotografia 475 – BRASIL. Valdeci dos Santos chegando ao seu LAR brasileiro. Feira de Santana, 1 de janeiro de 2020

página **119**

Fotografia 476 – BRASIL. Valdeci dos Santos, em seu LAR, recebendo visita das amigas amadas: Ir Lígia Dallacorte, Cleide Santos Oliveira, Jozenizia de Lima e Telma Costa Lima. Comes e bebes + fotos + bate-papo... Um dia fecundo em experiências e aprendizados significativos. Feira de Santana, 4 de janeiro de 2020

página **119**

Fotografia 477 – NOVO CORONAVÍRUS (SARS-CoV-2)
página **119**

Fotografia 478 – Valdeci dos Santos a favor da campanha de vacinação contra a doença COVID- 19. Brasil, 15/jan./2021
página **120**

UM SONHO, EM TEMPOS DE PANDEMIA, INTITULADO 'SERPENTES'
página **123**

Fotografia 479 – Píton Bola (*Python regius*) – Museu Biológico do Instituto Butantan
página **124**

PROJETO 'FLORES NA PANDEMIA'/PROJETO 'POEMAS DE RESSIGNIFICAÇÃO'
página **124**

SAÚDE DO CORPO-MENTE-ESPÍRITO
página **124**

REFORMA DO LAR
página **124**

Fotografia 480 – Projeto 'Flores na pandemia'/Projeto 'Poemas de ressignificação'. Reforma do lar de Valdeci dos Santos. Feira de Santana – Bahia – Brasil, 2020
página **124**

Fotografia 481 – Projeto 'Flores na pandemia'/Projeto 'Poemas de ressignificação'. Reforma do lar de Valdeci dos Santos. Feira de Santana – Bahia – Brasil, 2020
página **124**

Fotografia 482 – Projeto 'Flores na pandemia'/Projeto 'Poemas de ressignificação'. Reforma do lar de Valdeci dos Santos. Feira de Santana – Bahia – Brasil, 2020
página **125**

Fotografia 483 – Projeto 'Flores na pandemia'/Projeto 'Poemas de ressignificação'. Reforma do lar de Valdeci dos Santos. Feira de Santana – Bahia – Brasil, 2020
página **125**

Fotografia 484 – Projeto 'Flores na pandemia'/Projeto 'Poemas de ressignificação'. Reforma do lar de Valdeci dos Santos. Feira de Santana – Bahia – Brasil, 2020
página **125**

Fotografia 485 – Projeto 'Flores na pandemia'/Projeto 'Poemas de ressignificação'. Reforma do lar de Valdeci dos Santos. Feira de Santana – Bahia – Brasil, 2020
página **125**

Fotografia 486 – Projeto 'Flores na pandemia'/Projeto 'Poemas de ressignificação'. Reforma do lar de Valdeci dos Santos. Feira de Santana – Bahia – Brasil, 2020
página **125**

Fotografia 487 – Projeto 'Flores na pandemia'/Projeto 'Poemas de ressignificação'. Reforma do lar de Valdeci dos Santos. Feira de Santana – Bahia – Brasil, 2020
página **125**

Fotografia 488 – Projeto 'Flores na pandemia'/Projeto 'Poemas de ressignificação'. Reforma do lar de Valdeci dos Santos. Feira de Santana – Bahia – Brasil, 2020
página **126**

Fotografia 489 – Projeto 'Flores na pandemia'/Projeto 'Poemas de ressignificação'. Reforma do lar de Valdeci dos Santos. Feira de Santana – Bahia – Brasil, 2020
página **126**

Fotografia 490 – Projeto 'Flores na pandemia'/Projeto 'Poemas de ressignificação'. Reforma do lar de Valdeci dos Santos. Feira de Santana – Bahia – Brasil, 2020

página **126**

Fotografia 491 – Projeto 'Flores na pandemia'/Projeto 'Poemas de ressignificação'. Reforma do lar de Valdeci dos Santos. Feira de Santana – Bahia – Brasil, 6/maio/2020

página **126**

Fotografia 492 – Projeto 'Flores na pandemia'/Projeto 'Poemas de ressignificação'. Reforma do lar de Valdeci dos Santos. Feira de Santana – Bahia – Brasil, 6/maio/2020

página **126**

Fotografia 493 – Projeto 'Flores na pandemia'/Projeto 'Poemas de ressignificação'. Reforma do lar de Valdeci dos Santos. Feira de Santana – Bahia – Brasil, 7/maio/2020

página **127**

Fotografia 494 – Projeto 'Flores na pandemia'/Projeto 'Poemas de ressignificação'. Reforma do lar de Valdeci dos Santos. Feira de Santana – Bahia – Brasil, 7/maio/2020

página **127**

Fotografia 495 – Projeto 'Flores na pandemia'/Projeto 'Poemas de ressignificação'. Reforma do lar de Valdeci dos Santos. Feira de Santana – Bahia – Brasil, 12/maio/2020

página **127**

Fotografia 496 – Projeto 'Flores na pandemia'/Projeto 'Poemas de ressignificação'. Reforma do lar de Valdeci dos Santos. Feira de Santana – Bahia – Brasil, 12/maio/2020

página **127**

Fotografia 497 – Projeto 'Flores na pandemia'/Projeto 'Poemas de ressignificação'. Reforma do lar de Valdeci dos Santos. Valdeci dos Santos retornando ao lar. Feira de Santana – Bahia – Brasil, 17 de maio de 2022

página **127**

VISITA DOS AMIGOS PORTUGUESES – LURDES MARTINS E JOÃO PAULO MARTINS

página **128**

Fotografia 498 – Projeto 'Flores na pandemia'/Projeto 'Poemas de ressignificação'. Valdeci dos Santos recebeu um maravilhoso e incrível presente: a visita dos amigos portugueses – Lurdes Martins e João Paulo Martins. Feira de Santana – Bahia – Brasil, 19/fev./2020

página **128**

Fotografia 499 – Projeto 'Flores na pandemia'/Projeto 'Poemas de ressignificação'. Valdeci dos Santos recebeu um maravilhoso e incrível presente: a visita dos amigos portugueses – Lurdes Martins e João Paulo Martins. Feira de Santana – Bahia – Brasil, 19/fev./2020

página **128**

PARCERIA COM 'VERSOS DE MULHER'

página **128**

Fotografia 500 – Projeto 'Flores na pandemia'/Projeto 'Poemas de ressignificação'. Valdeci dos Santos, em parceria com 'Versos de Mulher' na campanha de arrecadação de alimentos em prol de famílias em vulnerabilidade social, em especial, no período da pandemia da doença COVID-19. Feira de Santana – Bahia – Brasil, 2/abr./2020

página **128**

AVENTURAS BIOLÓGICAS

página **128**

Fotografia 501 – Projeto 'Flores na pandemia'/Projeto 'Poemas de ressignificação'. Valdeci dos Santos e os sobrinhos-amigos Ícaro (sete anos) e Lourival (sete anos), em aventuras biológicas. Feira de Santana – Bahia – Brasil, 30/out./2020

página **128**

Fotografia 502 – Projeto 'Flores na pandemia'/Projeto 'Poemas de ressignificação'. Valdeci dos Santos e os sobrinhos-amigos Ícaro (sete anos) e Lourival (sete anos), em aventuras biológicas. Feira de Santana – Bahia – Brasil, 1/nov./2020

página **129**

Fotografia 503 – Projeto 'Flores na pandemia'/Projeto 'Poemas de ressignificação'. Valdeci dos Santos e os sobrinhos-amigos Ícaro (sete anos) e Lourival (sete anos), em aventuras biológicas. Feira de Santana – Bahia – Brasil, 1/nov./2020
página **129**

Fotografia 504 – Projeto 'Flores na pandemia'/Projeto 'Poemas de ressignificação'. Valdeci dos Santos e os sobrinhos-amigos Ícaro (sete anos) e Lourival (sete anos), em aventuras biológicas. Feira de Santana – Bahia – Brasil, 1/nov./2020
página **129**

LEITURA DO ROMANCE 'O AMOR NOS TEMPOS DE CÓLERA'
página **129**

Fotografia 505 – Projeto 'Flores na pandemia'/Projeto 'Poemas de ressignificação'. Valdeci dos Santos realizando leitura do romance 'O amor nos tempos de cólera', de Gabriel Garcia Marquéz. Feira de Santana – Bahia – Brasil, 10/abr./2020
página **129**

ISOLAMENTO SOCIAL
página **130**

Fotografia 506 – Projeto 'Flores na pandemia'/Projeto 'Poemas de ressignificação'. Valdeci dos Santos em enfrentamentos, dentre tantos, o isolamento social. Dia Internacional da Mulher. Homenagem do Grupo 'Versos de Mulher'. Feira de Santana – Bahia – Brasil, 8/mar./2020
página **130**

Fotografia 507 – Projeto 'Flores na pandemia'/Projeto 'Poemas de ressignificação'. Valdeci dos Santos em enfrentamentos, dentre tantos, o isolamento social. Feira de Santana – Bahia – Brasil, 27/abr./2020
página **130**

Fotografia 508 – Projeto 'Flores na pandemia'/Projeto 'Poemas de ressignificação'. Valdeci dos Santos em enfrentamentos, dentre tantos, o isolamento social. Feira de Santana – Bahia – Brasil, 5/maio/2020
página **130**

Fotografia 509 – Projeto 'Flores na pandemia'/Projeto 'Poemas de ressignificação'. Valdeci dos Santos grata por vivenciar o indescritível processo de envelhecimento. Feira de Santana – Bahia – Brasil, 7/maio/2020
página **130**

Fotografia 510 – Projeto 'Flores na pandemia'/Projeto 'Poemas de ressignificação'. Valdeci dos Santos em enfrentamentos, dentre tantos, o isolamento social. Feira de Santana – Bahia – Brasil, 11/maio/2020
página **131**

Fotografia 511 – Projeto 'Flores na pandemia'/Projeto 'Poemas de ressignificação'. Valdeci dos Santos e o lúdico no enfrentamento de lutos. Feira de Santana – Bahia – Brasil, 14/maio/2020
página **131**

Fotografia 512 – Projeto 'Flores na pandemia'/Projeto 'Poemas de ressignificação'. Valdeci dos Santos, galinhas e quintais. Feira de Santana – Bahia – Brasil, 18/maio/2020
página **131**

Fotografia 513 – Projeto 'Flores na pandemia'/Projeto 'Poemas de ressignificação'. Valdeci dos Santos e a planta comestível taioba (*Xanthosoma sagittifolium*). Feira de Santana – Bahia – Brasil, 19/maio/2020
página **131**

Fotografia 514 – Projeto 'Flores na pandemia'/Projeto 'Poemas de ressignificação'. Valdeci dos Santos, nos arredores do seu lar. Feira de Santana – Bahia – Brasil, 25/maio/2020
página **132**

Fotografia 515 – Projeto 'Flores na pandemia'/Projeto 'Poemas de ressignificação'. Valdeci dos Santos e a poesia do existir. Feira de Santana – Bahia – Brasil, 10/jun.2020
página **132**

Fotografia 516 – Projeto 'Flores na pandemia'/Projeto 'Poemas de ressignificação'. Valdeci dos Santos em processo de capinagem. Feira de Santana – Bahia – Brasil, 12/jun./2020
página **132**

Fotografia 517 – Projeto 'Flores na pandemia'/Projeto 'Poemas de ressignificação'. Valdeci dos Santos e o simbólico são João em tempo de pandemia. Feira de Santana – Bahia – Brasil, 23 jun./2020
página **132**

Fotografia 518 – Projeto 'Flores na pandemia'/Projeto 'Poemas de ressignificação'. Valdeci dos Santos revisitando memórias no cajueiro (*Anacardium occidentale*). Feira de Santana – Bahia – Brasil, 26/jun./2020
página **133**

Fotografia 519 – Projeto 'Flores na pandemia'/Projeto 'Poemas de ressignificação'. Valdeci dos Santos em limpeza de terreno. Feira de Santana – Bahia – Brasil, 11/jul./2020
página **133**

Fotografia 520 – Projeto 'Flores na pandemia'/Projeto 'Poemas de ressignificação'. Valdeci dos Santos e a beleza das 'ervas daninhas'. Feira de Santana – Bahia – Brasil, 6/ago./2020
página **133**

Fotografia 521 – Projeto 'Flores na pandemia'/Projeto 'Poemas de ressignificação'. Valdeci dos Santos coletando na horta de Edna/Edvaldo. Feira de Santana – Bahia – Brasil, 25/ago./2020
página **133**

Fotografia 522 – Projeto 'Flores na pandemia'/Projeto 'Poemas de ressignificação'. Valdeci dos Santos e o cajueiro (*Anacardium occidentale*). Feira de Santana – Bahia – Brasil, 18/out./2020
página **134**

Fotografia 523 – Projeto 'Flores na pandemia'/Projeto 'Poemas de ressignificação'. Valdeci dos Santos e o lírio do campo (*Hippeastrum striatum*). Feira de Santana – Bahia – Brasil, 31/out./2020
página **134**

Fotografia 524 – Projeto 'Flores na pandemia'/Projeto 'Poemas de ressignificação'. Valdeci dos Santos em raríssima visita ao shopping. Feira de Santana – Bahia – Brasil, 26/nov./2020
página **134**

Fotografia 525 – Projeto 'Flores na pandemia'/Projeto 'Poemas de ressignificação'. Valdeci dos Santos em raríssima visita ao centro da cidade. Feira de Santana – Bahia – Brasil, 1/dez./2020
página **134**

Fotografia 526 – Projeto 'Flores na pandemia'/Projeto 'Poemas de ressignificação'. Valdeci dos Santos e o fruta-pão (*Artocarpus altilis*). Feira de Santana – Bahia – Brasil, 1/fev.2021
página **134**

Fotografia 527 – Projeto 'Flores na pandemia'/Projeto 'Poemas de ressignificação'. Valdeci dos Santos expressando gratidão pela vida. Feira de Santana – Bahia – Brasil, 14/mar./2022
página **135**

RECONSTRUÇÃO DO JARDIM NAMASTÊ/GRATIDÃO
página **135**

Fotografia 528 – Projeto 'Flores na pandemia'/Projeto 'Poemas de ressignificação'. Jardim Namastê/Gratidão. Valdeci dos Santos podando a videira (*Vitis* sp). Feira de Santana – Bahia – Brasil, 3/jul./2020
página **135**

Fotografia 529 – Projeto 'Flores na pandemia'/Projeto 'Poemas de ressignificação'. Jardim Namastê/Gratidão. Valdeci dos Santos e o Veludo (*Celosia cristata*). Feira de Santana – Bahia – Brasil, 11/jul./2020
página **135**

Fotografia 530 – Projeto 'Flores na pandemia'/Projeto 'Poemas de ressignificação'. Reforma do Lar de Valdeci dos Santos. Ressignificando o Jardim Namastê/Gratidão. Feira de Santana – Bahia – Brasil, 16/jul./2020
página **136**

Fotografia 531 – Projeto 'Flores na pandemia'/Projeto 'Poemas de ressignificação'. Reforma do Lar de Valdeci dos Santos. Ressignificando o Jardim Namastê/Gratidão. Feira de Santana – Bahia – Brasil, 14/ago./2020
página **136**

Fotografia 532 – Projeto 'Flores na pandemia'/Projeto 'Poemas de ressignificação'. Jardim Namastê/Gratidão. Valdeci dos Santos e a justicia-vermelha/capota-vermelha/manto-vermelho (*Megaskepasma erythrochlamis*). Feira de Santana – Bahia – Brasil, 20/ago./2020

página **136**

Fotografia 533 – Projeto 'Flores na pandemia'/Projeto 'Poemas de ressignificação'. Jardim Namastê/Gratidão. Valdeci dos Santos e a dália (*Dahlia* sp). Feira de Santana – Bahia – Brasil, 24/ago./2020

página **136**

Fotografia 534 – Projeto 'Flores na pandemia'/Projeto 'Poemas de ressignificação'. Jardim Namastê/Gratidão. Morango (*Fragaria* sp). Feira de Santana – Bahia – Brasil, 10/set./2020

página **137**

Fotografia 535 – Projeto 'Flores na pandemia'/Projeto 'Poemas de ressignificação'. Jardim Namastê/Gratidão. Azulzinha (*Evolvulus glomeratus*). Feira de Santana – Bahia – Brasil, 20/set./2020

página **137**

Fotografia 536 – Projeto 'Flores na pandemia'/Projeto 'Poemas de ressignificação'. Jardim Namastê/Gratidão. Lágrima de cristo (*Clerodendrum thomsoniae*). Feira de Santana – Bahia – Brasil, 22/set./2020

página **137**

Fotografia 537 – Projeto 'Flores na pandemia'/Projeto 'Poemas de ressignificação'. Jardim Namastê/Gratidão. Antúrio (*Anthurium* sp). Feira de Santana – Bahia – Brasil, 23/set./2020

página **137**

Fotografia 538 – Projeto 'Flores na pandemia'/Projeto 'Poemas de ressignificação'. Jardim Namastê/Gratidão. Amarílis (*Amaryllis* sp). Feira de Santana – Bahia – Brasil, 29/set./2020

página **138**

Fotografia 539 – Projeto 'Flores na pandemia'/Projeto 'Poemas de ressignificação'. Jardim Namastê/Gratidão. Ruélia azul (*Ruellia coerulea*). Feira de Santana – Bahia – Brasil, 3/out./2020

página **138**

Fotografia 540 – Projeto 'Flores na pandemia'/Projeto 'Poemas de ressignificação'. Jardim Namastê/Gratidão. Lírio da paz (*Spathiphyllum* sp). Feira de Santana – Bahia – Brasil, 5/out./2020

página **138**

Fotografia 541 – Projeto 'Flores na pandemia'/Projeto 'Poemas de ressignificação'. Jardim Namastê/Gratidão. Orquídeas (*Cymbidium* sp; *Dendrobium* sp; *Phalaenopsis* sp). Feira de Santana – Bahia – Brasil, 9/out./2020

página **138**

Fotografia 542 – Projeto 'Flores na pandemia'/Projeto 'Poemas de ressignificação'. Jardim Namastê/Gratidão. Colheita de uvas. Pérola Rafaella. Feira de Santana - Bahia - Brasil, 30/dez./2020.

página **139**

Fotografia 543 – Projeto 'Flores na pandemia'/Projeto 'Poemas de ressignificação'. Jardim Namastê/Gratidão. Arrebenta-boi/cega-olho/jasmim-da-itália (*Hippobroma longiflora*). Feira de Santana – Bahia – Brasil, 30/out./2020

página **139**

Fotografia 544 – Projeto 'Flores na pandemia'/Projeto 'Poemas de ressignificação'. Jardim Namastê/Gratidão. Alecrim (*Rosmarinus officinalis*). Feira de Santana – Bahia – Brasil, 6/nov./2020

página **139**

Fotografia 545 – Projeto 'Flores na pandemia'/Projeto 'Poemas de ressignificação'. Jardim Namastê/Gratidão. Aroeira/aroeira-vermelha/pimenta-rosa (*Schinus terebinthifolia*). Feira de Santana – Bahia – Brasil, 21/nov./2020

página **139**

Fotografia 546 – Projeto 'Flores na pandemia'/Projeto 'Poemas de ressignificação'. Jardim Namastê/Gratidão. Manacá-de-cheiro/manacá-de-jardim/romeu e julieta (*Brunfelsia uniflora*). Feira de Santana – Bahia – Brasil, 21/nov./2020

página **140**

Fotografia 547 – Projeto 'Flores na pandemia'/Projeto 'Poemas de ressignificação'. Jardim Namastê/Gratidão. Rolinhas e videiras (*Vitis* sp). Feira de Santana – Bahia – Brasil, 23/nov./2020

página **140**

Fotografia 548 – Projeto 'Flores na pandemia'/Projeto 'Poemas de ressignificação'. Jardim Namastê/Gratidão. Inflorescências de espada de São Jorge (*Sansevieria trifasciata*). Feira de Santana – Bahia – Brasil, 24/nov./2020
página **140**

Fotografia 549 – Projeto 'Flores na pandemia'/Projeto 'Poemas de ressignificação'. Jardim Namastê/Gratidão. Carambola (*Averrhoa carambola*). Feira de Santana – Bahia – Brasil, 2/dez./2020
página **140**

Fotografia 550 – Projeto 'Flores na pandemia'/Projeto 'Poemas de ressignificação'. Jardim Namastê/Gratidão. Acerola (*Malpighia emarginata*). Feira de Santana – Bahia – Brasil, 7/dez./2020
página **141**

Fotografia 551 – Projeto 'Flores na pandemia'/Projeto 'Poemas de ressignificação'. Jardim Namastê/Gratidão. Recebi visita da amiga Cleide Mércia. Ela presenteou-me com uma muda de Flor-de-cera (*Hoya carnosa*). Feira de Santana – Bahia – Brasil, 9/fev./2021
página **141**

Fotografia 552 – Projeto 'Flores na pandemia'/Projeto 'Poemas de ressignificação'. Jardim Namastê/Gratidão. Veludo (*Celosia cristata*). Feira de Santana – Bahia – Brasil, 15/fev./2021
página **141**

Fotografia 553 – Projeto 'Flores na pandemia'/Projeto 'Poemas de ressignificação'. Jardim Namastê/Gratidão. Íris caminhante (*Neomarica* sp). Feira de Santana – Bahia – Brasil, 21/fev./2021
página **141**

CRIAÇÃO E SOCIALIZAÇÃO DE VÍDEOS-MENSAGENS
página **142**

ENCONTRO VIRTUAL
página **142**

Fotografia 554 – Projeto 'Flores na pandemia'/Projeto 'Poemas de ressignificação'. Primeiro encontro virtual de linhagem parental. Feira de Santana – Bahia – Brasil, 7/set./2020
página **142**

KARAOKÊ VIRTUAL
página **142**

Fotografia 555 – Projeto 'Flores na pandemia'/Projeto 'Poemas de ressignificação'. Primeiro karaokê virtual de linhagem parental. Feira de Santana – Bahia – Brasil, 19/set./2020
página **142**

DESAFIO EDUCATIVO SOBRE USO DE MÁSCARAS
página **143**

Fotografia 556 – Projeto 'Flores na pandemia'/Projeto 'Poemas de ressignificação'. Desafio: sobre a importância do uso de máscaras no processo de prevenção da doença COVID-19. Regina; Antonio Geraldo da Silva Sá Barreto; Vagna Benevides; Jacira Lima; Steleyjanes Galdino Rodrigues; Cláudia Regina Teixeira de Souza; Maria Jerônima Fonseca Rego. Ambiente Virtual. Feira de Santana – Bahia – Brasil, 24/set./2020
página **143**

Fotografia 557 – Projeto 'Flores na pandemia'/Projeto 'Poemas de ressignificação'. Desafio: sobre a importância do uso de máscaras no processo de prevenção da doença COVID-19. Valdeci dos Santos, Edna dos Santos, Lourival dos Santos Oliveira e Pérola Rafaella. Feira de Santana – Bahia – Brasil, 24/set./2020
página **143**

Fotografia 558 – Projeto 'Flores na pandemia'/Projeto 'Poemas de ressignificação'. Desafio: sobre a importância do uso de máscaras no processo de prevenção da doença COVID-19. Edivan Ferraz Silva, Itana Ferraz Silva, Beatriz Ferraz Silva, Melissa Ferraz Silva. Feira de Santana – Bahia – Brasil, 24/set./2020
página **143**

IKEBANA 1

página **143**

Fotografia 559 – Projeto 'Flores na pandemia'/Projeto 'Poemas de ressignificação'. Valdeci dos Santos partilha Ikebana em GRATIDÃO AOS ANTEPASSADOS, construída em 24 de outubro de 2020, durante LIVE (Vivência em GRATIDÃO AOS ANTEPASSADOS) da MOKITI OKADA. Feira de Santana – Bahia – Brasil, 24/out./2020

página **143**

IKEBANA 2

página **144**

Fotografia 560 – Projeto 'Flores na pandemia'/Projeto 'Poemas de ressignificação'. Dia de finados. Ikebana em gratidão aos antepassados feita por Valdeci dos Santos. Feira de Santana – Bahia – Brasil, 2/nov./2020

página **144**

ANIVERSÁRIO DE 59 ANOS

página **145**

Fotografia 561 – Projeto 'Flores na pandemia'/Projeto 'Poemas de ressignificação'. Valdeci dos Santos celebrando o aniversário de 59 anos de existência, com amigos, em 'confraternização virtual' à fantasia. Feira de Santana – Bahia – Brasil, 22/dez./2020

página **146**

Fotografia 562 – Projeto 'Flores na pandemia'/Projeto 'Poemas de ressignificação'. Valdeci dos Santos celebrando o aniversário de 59 anos de existência, com amigos, em 'confraternização virtual' à fantasia. ETERNA GRATIDÃO, à Amiga Amada Leila Moreira, pelo acolhimento fraterno-espiritual, desde 1984; em especial, quando vivenciei as turbulências do câncer (2012). Que o DEUS, de sua compreensão/concepção, habitante em seu corpo-mente-espírito, propicie-lhe saúdes, serenidade, sabedoria e, ânimos para os enfrentamentos que dizem da sua singularidade no MOVIMENTO do EXISTIR. Beijo de luz em seu coração. 'Feira de Santana – Bahia – Brasil, 22/dez./2020

página **146**

Fotografia 563 – 'EM TEMPO'... Leila Moreira acolhendo Valdeci dos Santos, pós-cirurgia de câncer, em setembro de 2012. Feira de Santana – Bahia – Brasil, 25/set./2012

página **146**

Fotografia 564 – Projeto 'Flores na pandemia'/Projeto 'Poemas de ressignificação'. Valdeci dos Santos celebrando o aniversário de 59 anos de existência, com amigos, em 'confraternização virtual' à fantasia. Feira de Santana – Bahia – Brasil, 22/dez./2020

página **146**

Fotografia 565 – Projeto 'Flores na pandemia'/Projeto 'Poemas de ressignificação'. Valdeci dos Santos celebrando o aniversário de 59 anos de existência, com amigos, em 'confraternização virtual' à fantasia. Feira de Santana – Bahia – Brasil, 22/dez./2020

página **146**

Fotografia 566 – Projeto 'Flores na pandemia'/Projeto 'Poemas de ressignificação'. Valdeci dos Santos celebrando o aniversário de 59 anos de existência, com amigos, em 'confraternização virtual' à fantasia. Feira de Santana – Bahia – Brasil, 22/dez./2020

página **147**

Fotografia 567 – Projeto 'Flores na pandemia'/Projeto 'Poemas de ressignificação'. Valdeci dos Santos celebrando o aniversário de 59 anos de existência, com amigos, em 'confraternização virtual' à fantasia. Feira de Santana – Bahia – Brasil, 22/dez./2020

página **147**

Fotografia 568 – Projeto 'Flores na pandemia'/Projeto 'Poemas de ressignificação'. Valdeci dos Santos celebrando o aniversário de 59 anos de existência, com amigos, em 'confraternização virtual' à fantasia. Feira de Santana – Bahia – Brasil, 22/dez./2020

página **147**

ELABORAÇÃO DE LUTOS

página **147**

HOMENAGEM AO AMIGO FRANCIS BATISTA CARVALHO (In memoriam)

página **147**

Fotografia 569 – Projeto 'Flores na pandemia'/Projeto 'Poemas de ressignificação'. Valdeci dos Santos expressando luto pelo amigo Francis Batista Carvalho (*In memoriam*), vitimado pela doença COVID-19. Manaus – Amazonas – Brasil, 11/jan./2021

página **147**

Fotografia 570 – Valdeci dos Santos, Aldeniza Cardoso de Lima e Francis Batista Carvalho (*In memoriam*) passeando em Feira de Santana. Feira de Santana – Bahia – Brasil, 11/dez./2018
página **148**

Fotografia 571 – Valdeci dos Santos, Aldeniza Cardoso de Lima, Francis Batista Carvalho (*In memoriam*) e Celeste Maria Pacheco de Andrade em celebração de acolhimento no lar de Valdeci dos santos. Feira de Santana – Bahia – Brasil, 12/dez./2018
página **148**

HOMENAGEM AO AMIGO ZÉ DOS RIOS – JOSÉ DE OLIVEIRA LUIZ (*In memoriam*)
página **148**

Fotografia 572 – Projeto 'Flores na pandemia'/Projeto 'Poemas de ressignificação'. Valdeci dos Santos expressando luto pelo amigo Zé dos Rios – José de Oliveira Luiz (In memoriam). Morte ocorrida na cidade de Viseu, em Portugal, no dia 7 de março de 2022.
página **148**

Fotografia 573 – Moradia em Portugal. Valdeci dos Santos retornou para Portugal. A saúde em condição ótima. Celebrando aniversário de 58 anos com o amigo Poeta/Ator/Escritor "Zé dos Rios". Feliz pela existência. Viseu, 22/dez./2019
página **149**

HOMENAGEM AO PRIMO-AMIGO ANTONIO BALBINO MIRANDA (*In memoriam*)
página **149**

GRATIDÃO AOS AMIGOS DO RIO GRANDE DO NORTE
página **149**

Fotografia 574 – Projeto 'Flores na pandemia'/Projeto 'Poemas de ressignificação'. Equipe do Serviço de Medicina Nuclear da Liga Norteriograndense Contra o Câncer, em especial, ao Médico Dr. Arthur Villarim Neto; e, as Senhoras: Neide Gomes, Leidianlene Morais e, Beth Natal – Rio Grande do Norte – Brasil, 2/set./2021
página **150**

Fotografia 575 – Projeto 'Flores na pandemia'/Projeto 'Poemas de ressignificação'. Valdeci dos Santos com amigos 'Família Malibú'. Natal – Rio Grande do Norte – Brasil, 8/ago./2021 a 26/dez../2021
página **150**

Fotografia 576 – Projeto 'Flores na pandemia'/Projeto 'Poemas de ressignificação'. Valdeci dos Santos com amigos 'Família Malibú' celebrando o aniversário de 60 anos de existência, em 'confraternização presencial', na cidade de Natal. Natal – Rio Grande do Norte – Brasil, 22/dez./2021
página **150**

ESCRITA DO SÉTIMO LIVRO/FILHO EPISTÊMICO
página **151**

CELEBRAÇÃO DO ANIVERSÁRIO DE 61 ANOS DE VALDECI DOS SANTOS
página **151**

Fotografia 577 – Projeto 'Flores na pandemia'/Projeto 'Poemas de ressignificação'. Valdeci dos Santos celebrando 61 anos de existência, com amigos, em 'confraternização presencial'. Feira de Santana – Bahia – Brasil, 22/dez./2022
página **151**

Fotografia 578 – Projeto 'Flores na pandemia'/Projeto 'Poemas de ressignificação'. Valdeci dos Santos celebrando 61 anos de existência, com amigos, em 'confraternização presencial'. Feira de Santana – Bahia – Brasil, 22/dez./2022
página **151**

Fotografia 579 – Projeto 'Flores na pandemia'/Projeto 'Poemas de ressignificação'. Valdeci dos Santos celebrando 61 anos de existência, com amigos, em 'confraternização presencial'. Almir Júnior; Bianca; Carina; Cássio; Cristiane Joana; Danilo; Edna; Elisa; Gabriela; Ìcaro; Livia Daniela; Lourival; Marco Antonio; Pérola Rafaella; Tatiane; Telma. Feira de Santana – Bahia – Brasil, 22/dez./2022
página **152**

Fotografia 580 – Projeto 'Flores na pandemia'/Projeto 'Poemas de ressignificação'. Valdeci dos Santos celebrando 61 anos de existência, com amigos, em 'confraternização presencial'. Almir Júnior; Bianca; Carina; Cássio; Danilo; Elisa; Gabriela; Ìcaro; Lourival; Marco Antonio; Pérola Rafaella; Feira de Santana – Bahia – Brasil, 22/dez./2022
página **152**

Fotografia 581 – Projeto 'Flores na pandemia'/Projeto 'Poemas de ressignificação'. Valdeci dos Santos celebrando 61 anos de existência, com amigos, em 'confraternização presencial'. Elisa; Ìcaro; Lourival; Nikolas; Pérola Rafaella. Feira de Santana – Bahia – Brasil, 22/dez./2022
página **152**

Fotografia 582 – Projeto 'Flores na pandemia'/Projeto 'Poemas de ressignificação'. Valdeci dos Santos celebrando 61 anos de existência, com amigos, em 'confraternização presencial'. Equipe Marcela Rilda, e Fotógrafo Vicente Santos. Feira de Santana – Bahia – Brasil, 22/dez./2022
página **152**

Fotografia 583 – Projeto 'Flores na pandemia'/Projeto 'Poemas de ressignificação'. Valdeci dos Santos celebrando 61 anos de existência, com amigos, em 'confraternização presencial'. Cantor Abraão Simões e Músico Baterista Ângelo Daniel Pinho. Feira de Santana – Bahia – Brasil, 22/dez./2022
página **152**

Fotografia 584 – Projeto 'Flores na pandemia'/Projeto 'Poemas de ressignificação'. Valdeci dos Santos celebrando 61 anos de existência, com amigos, em 'confraternização presencial'. Helionice Freittas. Feira de Santana – Bahia – Brasil, 22/dez./2022
página **152**

Fotografia 585 – Projeto 'Flores na pandemia'/Projeto 'Poemas de ressignificação'. Valdeci dos Santos celebrando 61 anos de existência, com amigos, em 'confraternização presencial'. Helionice Freittas. Feira de Santana – Bahia – Brasil, 22/dez./2022
página **153**

Fotografia 586 – Projeto 'Flores na pandemia'/Projeto 'Poemas de ressignificação'. Valdeci dos Santos celebrando 61 anos de existência, com amigos, em 'confraternização presencial'. Feira de Santana – Bahia – Brasil, 22/dez./2022
página **153**

Fotografia 587 – Projeto 'Flores na pandemia'/Projeto 'Poemas de ressignificação'. Valdeci dos Santos celebrando 61 anos de existência, com amigos, em 'confraternização presencial'. Feira de Santana – Bahia – Brasil, 22/dez./2022
página **153**

Fotografia 588 – Projeto 'Flores na pandemia'/Projeto 'Poemas de ressignificação'. Valdeci dos Santos celebrando 61 anos de existência, com amigos, em 'confraternização presencial'. Feira de Santana – Bahia – Brasil, 22/dez./2022
página **153**

Fotografia 589 – Projeto 'Flores na pandemia'/Projeto 'Poemas de ressignificação'. Valdeci dos Santos celebrando 61 anos de existência, com amigos, em 'confraternização presencial'. Cantora Rosimeire Sales Nogueira Santos; Músico Violão Ziraldo de Souza Santos; Músico Baterista Ângelo Daniel Pinho. Feira de Santana – Bahia – Brasil, 22/dez./2022
página **153**

Fotografia 590 – Projeto 'Flores na pandemia'/Projeto 'Poemas de ressignificação'. Valdeci dos Santos celebrando 61 anos de existência, com amigos, em 'confraternização presencial'. Livya Maria dos Santos Silva. Feira de Santana – Bahia – Brasil, 22/dez./2022
página **153**

Fotografia 591 – Projeto 'Flores na pandemia'/Projeto 'Poemas de ressignificação'. Valdeci dos Santos celebrando 61 anos de existência, com amigos, em 'confraternização presencial'. Maria Sebastiana dos Santos; Regina Dantas. Feira de Santana – Bahia – Brasil, 22/dez./2022
página **154**

Fotografia 592 – Projeto 'Flores na pandemia'/Projeto 'Poemas de ressignificação'. Valdeci dos Santos celebrando 61 anos de existência, com amigos, em 'confraternização presencial'. Vilma Rios; Inês Neves; e Conceição Meireles. Feira de Santana – Bahia – Brasil, 22/dez./2022
página **154**

Fotografia 593 – Projeto 'Flores na pandemia'/Projeto 'Poemas de ressignificação'. Valdeci dos Santos celebrando 61 anos de existência, com amigos, em 'confraternização presencial'. Marilene; Helionice Freittas; Mário Leal; Vagna Benevides; Vilma Rios; Inês Neves; e Conceição Meireles. Feira de Santana – Bahia – Brasil, 22/dez./2022
página **154**

Fotografia 594 – Projeto 'Flores na pandemia'/Projeto 'Poemas de ressignificação'. Valdeci dos Santos celebrando 61 anos de existência, com amigos, em 'confraternização presencial'. Fabiana Machado; Solange Duraes; e Ana Maria. Feira de Santana – Bahia – Brasil, 22/dez./2022
página **154**

Fotografia 595 – Projeto 'Flores na pandemia'/Projeto 'Poemas de ressignificação'. Valdeci dos Santos celebrando 61 anos de existência, com amigos, em 'confraternização presencial'. Cristiane Lima; Solange Duraes; Fabiana Machado; Ana Maria; Pedro Novaes. Feira de Santana – Bahia – Brasil, 22/dez./2022
página **154**

Fotografia 596 – Projeto 'Flores na pandemia'/Projeto 'Poemas de ressignificação'. Valdeci dos Santos celebrando 61 anos de existência, com amigos, em 'confraternização presencial'. Liz Anielle; Leonor Teixeira; Liza. Feira de Santana – Bahia – Brasil, 22/dez./2022
página **154**

Fotografia 597 – Projeto 'Flores na pandemia'/Projeto 'Poemas de ressignificação'. Valdeci dos Santos celebrando 61 anos de existência, com amigos, em 'confraternização presencial'. Dilton; Marilene; Tamires Costa Santos; Maria Sebastiana dos Santos. Feira de Santana – Bahia – Brasil, 22/dez./2022
página **155**

Fotografia 598 – Projeto 'Flores na pandemia'/Projeto 'Poemas de ressignificação'. Valdeci dos Santos celebrando 61 anos de existência, com amigos, em 'confraternização presencial'. Vagna Benevides, Jaciara Miranda, Mário Leal, Solidalva Araújo Pelosi, Eutides Pires. Feira de Santana – Bahia – Brasil, 22/dez./2022
página **155**

Fotografia 599 – Projeto 'Flores na pandemia'/Projeto 'Poemas de ressignificação'. Valdeci dos Santos celebrando 61 anos de existência, com amigos, em 'confraternização presencial'. Ezelvir e Carlos Passos. Feira de Santana – Bahia – Brasil, 22/dez./2022
página **155**

Fotografia 600 – Projeto 'Flores na pandemia'/Projeto 'Poemas de ressignificação'. Valdeci dos Santos celebrando 61 anos de existência, com amigos, em 'confraternização presencial'. Marlene Caribé da Silva; Margarida Ferreira Soares; Cristiane Daltro; Helionice Freittas; Livya Maria dos Santos Silva; Jandira Santana Alves; Vagna Benevides; Solidalva Araújo Pelosi; Eutides Pires. Feira de Santana – Bahia – Brasil, 22/dez./2022
página **155**

Fotografia 601 – Projeto 'Flores na pandemia'/Projeto 'Poemas de ressignificação'. Valdeci dos Santos celebrando 61 anos de existência, com amigos, em 'confraternização presencial'. Margarida Ferreira Soares; Cristiane Daltro; John Kleydson Ferreira Soares. Feira de Santana – Bahia – Brasil, 22/dez./2022
página **155**

Fotografia 602 – Projeto 'Flores na pandemia'/Projeto 'Poemas de ressignificação'. Valdeci dos Santos celebrando 61 anos de existência, com amigos, em 'confraternização presencial'. Ocsicnarf; Illa; José Raimundo. Feira de Santana – Bahia – Brasil, 22/dez./2022
página **155**

Fotografia 603 – Projeto 'Flores na pandemia'/Projeto 'Poemas de ressignificação'. Valdeci dos Santos celebrando 61 anos de existência, com amigos, em 'confraternização presencial'. Neemias Silva e Família. Feira de Santana – Bahia – Brasil, 22/dez./2022
página **156**

Fotografia 604 – Projeto 'Flores na pandemia'/Projeto 'Poemas de ressignificação'. Valdeci dos Santos celebrando 61 anos de existência, com amigos, em 'confraternização presencial'. Vagna Benevides; Solidalva Araújo Pelosi; Eutides Pires; Jaciara Miranda; e Isadora Pires. Feira de Santana – Bahia – Brasil, 22/dez./2022
página **156**

Fotografia 605 – Projeto 'Flores na pandemia'/Projeto 'Poemas de ressignificação'. Valdeci dos Santos celebrando 61 anos de existência, com amigos, em 'confraternização presencial'. Vanda; Arlene Rocha; Rita Rocha; Jecineide Santos. Feira de Santana – Bahia – Brasil, 22/dez./2022
página **156**

Fotografia 606 – Projeto 'Flores na pandemia'/Projeto 'Poemas de ressignificação'. Valdeci dos Santos celebrando 61 anos de existência, com amigos, em 'confraternização presencial'. Sandra Moreira Venas da Silva; Osmar Vieira da Silva; e Maria Eduarda Venas Silva. Feira de Santana – Bahia – Brasil, 22/dez./2022
página **156**

Fotografia 607 – Projeto 'Flores na pandemia'/Projeto 'Poemas de ressignificação'. Valdeci dos Santos celebrando 61 anos de existência, com amigos, em 'confraternização presencial'. Othoniel e Rita Souza. Feira de Santana – Bahia – Brasil, 22/dez./2022
página **156**

Fotografia 608 – Projeto 'Flores na pandemia'/Projeto 'Poemas de ressignificação'. Valdeci dos Santos celebrando 61 anos de existência, com amigos, em 'confraternização presencial'. Mário Leal. Feira de Santana – Bahia – Brasil, 22/dez./2022

página **156**

Fotografia 609 – Projeto 'Flores na pandemia'/Projeto 'Poemas de ressignificação'. Valdeci dos Santos celebrando 61 anos de existência, com amigos, em 'confraternização presencial'. Jandira Santana Alves e Edivaldo Rodrigues de Araújo. Feira de Santana – Bahia – Brasil, 22/dez./2022

página **157**

Fotografia 610 – Projeto 'Flores na pandemia'/Projeto 'Poemas de ressignificação'. Valdeci dos Santos celebrando 61 anos de existência, com amigos, em 'confraternização presencial'. Marlene Caribé da Silva e Rafael Peixoto Caribé. Feira de Santana – Bahia – Brasil, 22/dez./2022

página **157**

Fotografia 611 – Projeto 'Flores na pandemia'/Projeto 'Poemas de ressignificação'. Valdeci dos Santos celebrando 61 anos de existência, com amigos, em 'confraternização presencial'. Luciene Cristina Lima e Lima; Gilberto Alves Lima. Feira de Santana – Bahia – Brasil, 22/dez./2022

página **157**

Fotografia 612 – Projeto 'Flores na pandemia'/Projeto 'Poemas de ressignificação'. Valdeci dos Santos celebrando 61 anos de existência, com amigos, em 'confraternização presencial'. Marilene Borges dos Santos. Feira de Santana – Bahia – Brasil, 22/dez./2022

página **157**

Fotografia 613 – Projeto 'Flores na pandemia'/Projeto 'Poemas de ressignificação'. Valdeci dos Santos celebrando 61 anos de existência, com amigos, em 'confraternização presencial'. Cleide Santos Oliveira e Ian Laert Oliveira da Visitação. Feira de Santana – Bahia – Brasil, 22/dez./2022

página **158**

Fotografia 614 – Projeto 'Flores na pandemia'/Projeto 'Poemas de ressignificação'. Valdeci dos Santos celebrando 61 anos de existência, com amigos, em 'confraternização presencial'. Almir dos Santos Júnior; Gabrielle; Elisa. Feira de Santana – Bahia – Brasil, 22/dez./2022

página **158**

Fotografia 615 – Projeto 'Flores na pandemia'/Projeto 'Poemas de ressignificação'. Valdeci dos Santos celebrando 61 anos de existência, com amigos, em 'confraternização presencial'. Crispina Lima; Cristiane Lima e Nikolas Christian Lima. Feira de Santana – Bahia – Brasil, 22/dez./2022

página **158**

Fotografia 616 – Projeto 'Flores na pandemia'/Projeto 'Poemas de ressignificação'. Valdeci dos Santos celebrando 61 anos de existência, com amigos, em 'confraternização presencial'. Gleice Santana Silva dos Santos e Elival Moreira dos Santos. Feira de Santana – Bahia – Brasil, 22/dez./2022

página **158**

Fotografia 617 – Projeto 'Flores na pandemia'/Projeto 'Poemas de ressignificação'. Valdeci dos Santos celebrando 61 anos de existência, com amigos, em 'confraternização presencial'. Gisele Oliveira de Jesus e Jailton Santos. Feira de Santana – Bahia – Brasil, 22/dez./2022

página **159**

Fotografia 618 – Projeto 'Flores na pandemia'/Projeto 'Poemas de ressignificação'. Valdeci dos Santos celebrando 61 anos de existência, com amigos, em 'confraternização presencial'. Joselita Passos dos Santos. Feira de Santana – Bahia – Brasil, 22/dez./2022

página **159**

Fotografia 619 – Projeto 'Flores na pandemia'/Projeto 'Poemas de ressignificação'. Valdeci dos Santos celebrando 61 anos de existência, com amigos, em 'confraternização presencial'. Marilene Conceição de Souza. Feira de Santana – Bahia – Brasil, 22/dez./2022

página **159**

Fotografia 620 – Projeto 'Flores na pandemia'/Projeto 'Poemas de ressignificação'. Valdeci dos Santos celebrando 61 anos de existência, com amigos, em 'confraternização presencial'. Valdecy Araújo; Eduardo Araújo Moreira; e Jennifer Bastos. Feira de Santana – Bahia – Brasil, 22/dez./2022

página **159**

RESPIRANDO AMOR, AMIZADE, FRATERNIDADE, GRATIDÃO...

página **160**

Fotografia 621 – Projeto 'Poemas de ressignificação'. Sobre AMIZADE e GRATIDÃO. Valdeci dos Santos expressa GRATIDÃO, aos amigos MISSIONÁRIOS COMBONIANOS, pelo acolhimento fraterno, sobretudo, nos momentos de turbulência em sua caminhada existencial. Nomeio-os, dentre outros, através do: Ir. João Paulo Martins; Pe. Alcides Costa; Pe. Amaxsandro Feitosa; Pe. Danilo Cimitam; Pe. Dário Bossi; Pe. Domingos Sávio Oliveira; Pe. Elias Arroyo; Pe. Enrique Ibarra Hernandez; Pe. Enzo Santangelo; Pe. Florêncio de Souza Paz (*In memoriam*); Pe. Francisco de Assis Colombi; Pe. Giovanni Munari; Pe. José Stella Narduolo; Pe. Lionel Eméric Dofonnou; Pe. Luciano Marini; Pe. Manuel dos Anjos (*In memoriam*); Pe. Raimundo Nonato Rocha dos Santos; e, Pe. Vitor Anciães. Que DEUS inunde vossos corpos-mentes-espíritos com AMOR e ÂNIMOS para os singulares enfrentamentos na MISSÃO de SERVIR A HUMANIDADE através de acolhimentos espiritual/social/político/evangelizador. São Paulo – São Paulo – Brasil, set./2022

página **160**

Fotografia 622 – Projeto 'Poemas de ressignificação'. Sobre AMIZADE e GRATIDÃO. Encontro de Valdeci dos Santos com amigos da década de 1970, do Centro Integrado de Educação Assis Chateaubriand – CIEAC: Roberto; Rita de Cássia Santos Silva Malatesta; Maria Cristina Carvalho Bezerra; e Jucélia Nascimento. Feira de Santana – Bahia – Brasil, 27/out./2023

página **160**

Fotografia 623 – Projeto 'Poemas de ressignificação'. Sobre AMIZADE e GRATIDÃO. Encontro de Valdeci dos Santos com amigos da década de 1970, do Centro Integrado de Educação Assis Chateaubriand – CIEAC: Évila Campos Lima; Elaida de Fátima Oliveira Campos Lima, Maria Cristina Carvalho Bezerra; e Jucélia Nascimento. Feira de Santana – Bahia – Brasil, 27/out./2023

página **160**

Fotografia 624 – Projeto 'Poemas de ressignificação'. Um encontro que diz de GRATIDÃO/AMIZADE/AMOR FRATERNO: Valdeci dos Santos, Dejacy Fernandes dos Santos, Mariza Augusta da Silva e Silvio Cavalcante. São Paulo – São Paulo – Brasil, 8/jan./2024

página **160**

Fotografia 625 – Projeto 'Poemas de ressignificação'. Sobre AMIZADE e GRATIDÃO. Valdeci dos Santos, Helionice Freittas e Laura Conceição Pereira Oliveira, em visita a Basílica de Nossa Senhora do Rosário de Fátima – Arautos do Evangelho. Cotia – São Paulo – Brasil, 16/jan./2024

página **161**

Fotografia 626 – Projeto 'Flores na pandemia'/Projeto 'Poemas de ressignificação'. Num rito sobre a metáfora 'possibilidades/amizade/poesia/fraternidade/amor' – Valdeci dos Santos (62 anos), Prizelina Gonçalves (99 anos), Antônio Pereira e Ademir Pereira. Cotia – São Paulo – Brasil, 16/jan./2024

página **161**

Fotografia 627 – Projeto 'Poemas de ressignificação'. Um encontro que diz de GRATIDÃO/AMIZADE/AMOR FRATERNO: Valdeci dos Santos, Laura Conceição Pereira Oliveira, e os amigos MISSIONÁRIOS COMBONIANOS: Ir. João Paulo Martins, Pe. Enzo Santangelo e Pe. Danilo Cimitan. Casa Provincial dos Missionários Combonianos no Brasil. São Paulo – São Paulo – Brasil, 16/jan./2024

página **161**

Fotografia 628 – Projeto 'Poemas de ressignificação'. Um encontro que diz de GRATIDÃO/AMIZADE/AMOR FRATERNO: Valdeci dos Santos, Pe. Enzo Santangelo e Lenita. Casa Provincial dos Missionários Combonianos no Brasil. São Paulo – São Paulo – Brasil, 19/jan./2024

página **161**

Fotografia 629 – Projeto 'Poemas de ressignificação'. LAR de Valdeci dos Santos. Feira de Santana – Bahia – Brasil, 22 de dezembro de 2024

página **161**

Capítulo 5

PÓS-PANDEMIA, EM MOVIMENTO DE CONSTRUÇÃO/(DES)CONSTRUÇÃO/(RE)CONSTRUÇÃO **162**

Fotografia 630 – Cartão (Frente) da Psicanalista Dra. Valdeci dos Santos

página **163**

Fotografia 631 – Cartão (Verso) da Psicanalista Dra. Valdeci dos Santos

página **163**

Fotografia 632 – Mapa do circuito turístico realizado por Valdeci dos Santos (2024)

página **164**

Fotografia 633 – Bandeiras dos países visitados

página **164**

Fotografia 634 – Brasil. Valdeci dos Santos rumo à Paris (França) para realizar circuito turístico de 21 dias na Europa (França, Bélgica, Países Baixos, Suíça, Principado de Mônaco, Itália, Espanha e Inglaterra). Aeroporto Internacional de Salvador – Deputado Luís Eduardo Magalhães. Salvador – Bahia – Brasil, 1/jun./2024

página **164**

Fotografia 635 – Brasil. Valdeci dos Santos rumo à Paris (França) para realizar circuito turístico de 21 dias na Europa (França, Bélgica, Países Baixos, Suíça, Principado de Mônaco, Itália, Espanha e Inglaterra). Aeroporto Internacional de Salvador – Deputado Luís Eduardo Magalhães. Salvador – Bahia – Brasil, 1/jun./2024

página **164**

Fotografia 636 – Projeto 'Voos e sobrevoos em solos estrangeiros'. França. Valdeci dos Santos visitando a Torre Eiffel. Paris, 3/jun./2024

página **165**

Fotografia 637 – Projeto 'Voos e sobrevoos em solos estrangeiros'. França. Valdeci dos Santos visitando o bairro Montmartre. Paris, 3/jun./2024

página **165**

Fotografia 638 – Projeto 'Voos e sobrevoos em solos estrangeiros'. França. Valdeci dos Santos visitando a Basílica do Sagrado Coração de Jesus de Montmatre (Basilique Du Sacré-Cœur). Paris, 3/jun./2024

página **166**

Fotografia 639 – Projeto 'Voos e sobrevoos em solos estrangeiros'. França. Valdeci dos Santos visitando o Arco do Triunfo. Paris, 3/jun./2024

página **166**

Fotografia 640 – Vista Panorâmica do Museu do Louvre (Paris – França)

página **167**

Fotografia 641 – Projeto 'Voos e sobrevoos em solos estrangeiros'. França. Valdeci dos Santos visitando o Museu do Louvre. Paris, 3/jun./2024

página **167**

Fotografia 642 – Projeto 'Voos e sobrevoos em solos estrangeiros'. França. Valdeci dos Santos visitando o Museu do Louvre. Paris, 3/jun./2024

página **168**

Fotografia 643 – Projeto 'Voos e sobrevoos em solos estrangeiros'. França. Valdeci dos Santos visitando o Museu do Louvre. Paris, 3/jun./2024

página **168**

Fotografia 644 – Projeto 'Voos e sobrevoos em solos estrangeiros'. França. Valdeci dos Santos visitando o Museu do Louvre. Paris, 3/jun./2024

página **168**

Fotografia 645 – Projeto 'Voos e sobrevoos em solos estrangeiros'. França. Valdeci dos Santos visitando o Museu do Louvre. Paris, 3/jun./2024

página **169**

Fotografia 646 – Projeto 'Voos e sobrevoos em solos estrangeiros'. França. Valdeci dos Santos visitando o Museu do Louvre. Escultura 'O Escravo Morto', de Michelangelo. Paris, 3/jun./2024

página **169**

Fotografia 647 – Projeto 'Voos e sobrevoos em solos estrangeiros'. França. Valdeci dos Santos visitando o Museu do Louvre. Paris, 3/jun./2024

página **169**

Fotografia 648 – Projeto 'Voos e sobrevoos em solos estrangeiros'. França. Valdeci dos Santos visitando o Museu do Louvre. Quadro 'Mona Lisa', Pintura a óleo sobre madeira de álamo, de Leonardo Da Vinci. Paris, 3/jun./2024
página **169**

Fotografia 649 – Projeto 'Voos e sobrevoos em solos estrangeiros'. França. Valdeci dos Santos visitando o Museu do Louvre. Paris, 3/jun./2024
página **170**

Fotografia 650 – Projeto 'Voos e sobrevoos em solos estrangeiros'. França. Valdeci dos Santos visitando o Museu do Louvre. Estátua do Imperador Romano Lúcio Élio Aurélio Cómodo (161-192). Paris, 3/jun./2024
página **170**

Fotografia 651 – Projeto 'Voos e sobrevoos em solos estrangeiros'. França. Valdeci dos Santos visitando o jardim do Palácio de Versalhes. Versalhes, 4/jun./2024
página **171**

Fotografia 652 – Projeto 'Voos e sobrevoos em solos estrangeiros'. França. Valdeci dos Santos visitando o jardim do Palácio de Versalhes. Versalhes, 4/jun./2024
página **171**

Fotografia 653 – Projeto 'Voos e sobrevoos em solos estrangeiros'. França. Valdeci dos Santos visitando o Palácio de Versalhes. Versalhes, 4/jun./2024 Versalhes, 4/jun./2024
página **171**

Fotografia 654 – Projeto 'Voos e sobrevoos em solos estrangeiros'. França. Valdeci dos Santos visitando a Catedral de Notre-Dame. Paris, 4/jun./2024
página **172**

Fotografia 655 – Projeto 'Voos e sobrevoos em solos estrangeiros'. França. Valdeci dos Santos em passeio de barco no Rio Sena. Paris, 4/jun./2024
página **172**

Fotografia 656 – Projeto 'Voos e sobrevoos em solos estrangeiros'. Valdeci dos Santos rumo a travessia do Canal da Mancha. Calais – França rumo a Dover – Inglaterra, em *ferryboat*. Canal da Mancha, 5/jun./2024
página **172**

Fotografia 657 – O ponto mais estreito do Canal da Mancha separa as cidades de Dover, na Inglaterra, e Calais, na França
página **173**

Fotografia 658 – Projeto 'Voos e sobrevoos em solos estrangeiros'. Valdeci dos Santos, em travessia do Canal da Mancha. Calais – França rumo a Dover – Inglaterra, em *ferryboat*. Canal da Mancha, 5/jun./2024
página **173**

Fotografia 659 – Projeto 'Voos e sobrevoos em solos estrangeiros'. Valdeci dos Santos, em travessia do Canal da Mancha. Calais – França rumo a Dover – Inglaterra, em *ferryboat*. Canal da Mancha, 5/jun./2024
página **174**

Fotografia 660 – Projeto 'Voos e sobrevoos em solos estrangeiros'. Inglaterra. Valdeci dos Santos visitando o Museu e Mirante Westgate Towers. Cantuária (Canterbury), 5/jun./2024
página **174**

Fotografia 661 – Projeto 'Voos e sobrevoos em solos estrangeiros'. Inglaterra. Valdeci dos Santos visitando o Portão da Igreja de Cristo para a Catedral de Cantuária. Cantuária (Canterbury), 5/jun./2024
página **175**

Fotografia 662 – Projeto 'Voos e sobrevoos em solos estrangeiros'. Inglaterra. Valdeci dos Santos visitando a estátua do escritor, filósofo, cortesão e diplomata inglês Geoffrey Chaucer (1343–1400). Cantuária (Canterbury), 5/jun./2024
página **175**

Fotografia 663 – Projeto 'Voos e sobrevoos em solos estrangeiros'. Inglaterra. Valdeci dos Santos visitando o Victoria Memorial ou Memorial da Rainha Vitória. É um monumento em homenagem a monarca britânica Rainha Vitória, localizado à frente do Palácio de Buckingham. Londres, Inglaterra – Reino Unido, 6/jun./2024
página **175**

Fotografia 664 – Projeto 'Voos e sobrevoos em solos estrangeiros'. Inglaterra. Valdeci dos Santos visitando o Castelo de Windsor. Berkshire, 6/jun./2024
página **176**

Fotografia 665 – Projeto 'Voos e sobrevoos em solos estrangeiros'. Inglaterra. Valdeci dos Santos visitando o Castelo de Windsor. Berkshire, 6/jun./2024

página **176**

Fotografia 666 – Projeto 'Voos e sobrevoos em solos estrangeiros'. Inglaterra. Valdeci dos Santos visitando o Castelo de Windsor. Berkshire, 6/jun./2024

página **176**

Fotografia 667 – Formatura de Valdeci dos Santos, no Curso de Licenciatura Plena em Ciências com Habilitação em Biologia, na Universidade Estadual de Feira de Santana. Valdeci dos Santos e Família. Feira de Santana, Bahia – Brasil, 27/dez./1990

página **177**

Fotografia 668 – Museu de História Natural de Londres

página **178**

Fotografia 669 – Zonas do Museu de História Natural de Londres

página **178**

Fotografia 670 – Projeto 'Voos e sobrevoos em solos estrangeiros'. Inglaterra. Valdeci dos Santos visitando o Museu de História Natural de Londres. Estátua de Charles Darwin. Londres, 7/jun./2024

página **179**

Fotografia 671 – Projeto 'Voos e sobrevoos em solos estrangeiros'. Inglaterra. Valdeci dos Santos visitando o Museu de História Natural de Londres. Estátua de Alfred Russel Wallace. Londres, 7/jun./2024

página **179**

Fotografia 672 – Projeto 'Voos e sobrevoos em solos estrangeiros'. Inglaterra. Valdeci dos Santos visitando o Museu de História Natural de Londres. Londres, 7/jun./2024

página **179**

Fotografia 673 – Projeto 'Voos e sobrevoos em solos estrangeiros'. Inglaterra. Valdeci dos Santos visitando o Museu de História Natural de Londres. Londres, 7/jun./2024

página **179**

Fotografia 674 – Projeto 'Voos e sobrevoos em solos estrangeiros'. Inglaterra. Valdeci dos Santos visitando o Museu de História Natural de Londres. Londres, 7/jun./2024

página **180**

Fotografia 675 – Projeto 'Voos e sobrevoos em solos estrangeiros'. Inglaterra. Valdeci dos Santos visitando o Museu de História Natural de Londres. Londres, 7/jun./2024

página **180**

Fotografia 676 – Projeto 'Voos e sobrevoos em solos estrangeiros'. Inglaterra. Valdeci dos Santos visitando o Museu de História Natural de Londres. Londres, 7/jun./2024

página **181**

Fotografia 677 – Projeto 'Voos e sobrevoos em solos estrangeiros'. Inglaterra. Valdeci dos Santos visitando o Museu de História Natural de Londres. Londres, 7/jun./2024

página **181**

Fotografia 678 – Projeto 'Voos e sobrevoos em solos estrangeiros'. Inglaterra. Valdeci dos Santos visitando o Museu de História Natural de Londres. Londres, 7/jun./2024

página **182**

Fotografia 679 – Projeto 'Voos e sobrevoos em solos estrangeiros'. Inglaterra. Valdeci dos Santos visitando o Museu de História Natural de Londres. Londres, 7/jun./2024

página **182**

Fotografia 680 – Projeto 'Voos e sobrevoos em solos estrangeiros'. Inglaterra. Valdeci dos Santos visitando o Museu de História Natural de Londres. Londres, 7/jun./2024

página **182**

Fotografia 681 – Projeto 'Voos e sobrevoos em solos estrangeiros'. Inglaterra. Valdeci dos Santos visitando o Museu de História Natural de Londres. Londres, 7/jun./2024

página **182**

Fotografia 682 – Projeto 'Voos e sobrevoos em solos estrangeiros'. Países Baixos. Valdeci dos Santos visitando Delft. Delft, 9/jun./2024

página **183**

Fotografia 683 – Projeto 'Voos e sobrevoos em solos estrangeiros'. Países Baixos. Valdeci dos Santos visitando Delft. Delft, 9/jun./2024

página **183**

Fotografia 684 – Projeto 'Voos e sobrevoos em solos estrangeiros'. Países Baixos. Valdeci dos Santos visitando Marken e Volendam. Amsterdã, 10/jun./2024

página **184**

Fotografia 685 – Projeto 'Voos e sobrevoos em solos estrangeiros'. Países Baixos. Valdeci dos Santos visitando Marken e Volendam. Amsterdã, 10/jun./2024

página **184**

Fotografia 686 – Projeto 'Voos e sobrevoos em solos estrangeiros'. Países Baixos. Valdeci dos Santos visitando Marken e Volendam. Amsterdã, 10/jun./2024

página **184**

Fotografia 687 – Projeto 'Voos e sobrevoos em solos estrangeiros'. Países Baixos. Valdeci dos Santos visitando Marken e Volendam. Amsterdã, 10/jun./2024

página **185**

Fotografia 688 – Projeto 'Voos e sobrevoos em solos estrangeiros'. Países Baixos. Valdeci dos Santos visitando Marken e Volendam. Amsterdã, 10/jun./2024

página **185**

Fotografia 689 – Projeto 'Voos e sobrevoos em solos estrangeiros'. Países Baixos. Valdeci dos Santos visitando Moinho de Vento. Amsterdã, 10/jun./2024

página **186**

Fotografia 690 – Projeto 'Voos e sobrevoos em solos estrangeiros'. Países Baixos. Valdeci dos Santos visitando Coster Diamonds. Amsterdã, 10/jun./2024

página **186**

Fotografia 691 – Projeto 'Voos e sobrevoos em solos estrangeiros'. Países Baixos. Valdeci dos Santos visitando Coster Diamonds. Amsterdã, 10/jun./2024

página **186**

Fotografia 692 – Projeto 'Voos e sobrevoos em solos estrangeiros'. Países Baixos. Valdeci dos Santos com companheiros Claudiane Santos, Lilia Goden Rivero, Raul Florida Gutiérrez, Franco, Catalina, (Argentina, Brasil, Chile, Colômbia, Costa Rica, El Salvador, Guatemala, México, Panamá, República Dominicana) conhecidos no circuito turístico de 21 dias na Europa (França, Bélgica, Países Baixos, Suíça, Principado de Mônaco, Itália, Espanha e Inglaterra). Amsterdã, 10/jun./2024

página **187**

Fotografia 693 – Projeto 'Voos e sobrevoos em solos estrangeiros'. Países Baixos. Valdeci dos Santos visitando Haia, com companheiros (Argentina, Brasil, Chile, Colômbia, Costa Rica, El Salvador, Guatemala, México, Panamá, República Dominicana) conhecidos no circuito turístico de 21 dias na Europa (França, Bélgica, Países Baixos, Suíça, Principado de Mônaco, Itália, Espanha e Inglaterra). Haia, 11/jun./2024

página **187**

Fotografia 694 – Projeto 'Voos e sobrevoos em solos estrangeiros'. Bélgica. Valdeci dos Santos visitando a Torre Belfort. Gante, 11/jun./2024

página **188**

Fotografia 695 – Projeto 'Voos e sobrevoos em solos estrangeiros'. Bélgica. Valdeci dos Santos visitando a Igreja de São Nicolau. Gante, 11/jun./2024

página **188**

Fotografia 696 – Projeto 'Voos e sobrevoos em solos estrangeiros'. Bélgica. Valdeci dos Santos visitando a Prefeitura de Gante. Gante, 11/jun./2024

página **188**

Fotografia 697 – Projeto 'Voos e sobrevoos em solos estrangeiros'. Bélgica. Valdeci dos Santos visitando a Prefeitura de Gante. Gante, 11/jun./2024
página **188**

Fotografia 698 – Projeto 'Voos e sobrevoos em solos estrangeiros'. Suíça. Valdeci dos Santos visitando Genebra. Genebra, 12/jun./2024
página **189**

Fotografia 699 – Projeto 'Voos e sobrevoos em solos estrangeiros'. Suíça. Valdeci dos Santos visitando Genebra. Genebra, 12/jun./2024
página **189**

Fotografia 700 – Projeto 'Voos e sobrevoos em solos estrangeiros'. Suíça. Valdeci dos Santos visitando Genebra. Genebra, 12/jun./2024
página **190**

Fotografia 701 – Projeto 'Voos e sobrevoos em solos estrangeiros'. Itália. Valdeci dos Santos visitando Veneza. Veneza, 13/jun./2024
página **190**

Fotografia 702 – Projeto 'Voos e sobrevoos em solos estrangeiros'. Itália. Valdeci dos Santos visitando Veneza. Veneza, 13/jun./2024
página **191**

Fotografia 703 – Projeto 'Voos e sobrevoos em solos estrangeiros'. Itália. Valdeci dos Santos visitando Veneza. Veneza, 13/jun./2024
página **191**

Fotografia 704 – Projeto 'Voos e sobrevoos em solos estrangeiros'. Itália. Valdeci dos Santos com companheiros Lilia Goden Rivero, Raul Florida Gutiérrez, Terezinha Feuser, Marli, Amarilys, Franco, Catalina, Margarita, Sandra, Angelika, Hector (Argentina, Brasil, Chile, Colômbia, Costa Rica, El Salvador, Guatemala, México, Panamá, República Dominicana) conhecidos no circuito turístico de 21 dias na Europa (França, Bélgica, Países Baixos, Suíça, Principado de Mônaco, Itália, Espanha e Inglaterra). Veneza, 13/jun./2024
página **191**

Fotografia 705 – Projeto 'Voos e sobrevoos em solos estrangeiros'. Itália. Valdeci dos Santos visitando a Basílica de São Francisco de Assis. Assis, 14/jun./2024
página **192**

Fotografia 706 – Itália. Valdeci dos Santos e Lilia Goden River (México) visitando o Coliseu (Anfiteatro Flaviano). Roma, 15/jun./2024
página **193**

Fotografia 707 – Projeto 'Voos e sobrevoos em solos estrangeiros'. Itália. Valdeci dos Santos com companheiros Lilia Goden Rivero, Raul Florida Gutiérrez, Sandra e Família (Argentina, Brasil, Chile, Colômbia, Costa Rica, El Salvador, Guatemala, México, Panamá, República Dominicana) conhecidos no circuito turístico de 21 dias na Europa (França, Bélgica, Países Baixos, Suíça, Principado de Mônaco, Itália, Espanha e Inglaterra). Visitando o Coliseu (Anfiteatro Flaviano). Roma, 15/jun./2024
página **193**

Fotografia 708 – Projeto 'Voos e sobrevoos em solos estrangeiros'. Cidade-Estado do Vaticano (Cercada por Roma – Itália). Valdeci dos Santos visitando a Praça de São Pedro. Praça de São Pedro, 15/jun./2024
página **194**

Fotografia 709 – Projeto 'Voos e sobrevoos em solos estrangeiros'. Cidade-Estado do Vaticano (Cercada por Roma – Itália). Valdeci dos Santos visitando a Praça de São Pedro. Praça de São Pedro, 15/jun./2024
página **194**

Fotografia 710 – Projeto 'Voos e sobrevoos em solos estrangeiros'. Cidade-Estado do Vaticano (Cercada por Roma – Itália). Valdeci dos Santos visitando a Praça de São Pedro. Praça de São Pedro, 15/jun./2024
página **195**

Fotografia 711 – Projeto 'Voos e sobrevoos em solos estrangeiros'. Cidade-Estado do Vaticano (Cercada por Roma – Itália). Anna Di Domenico, Bianca Zucchelli, Dusolina Paone e, Valdeci dos Santos visitando a Praça de São Pedro. Praça de São Pedro, 15/jun./2024
página **195**

Fotografia 712 – Projeto 'Voos e sobrevoos em solos estrangeiros'. Cidade-Estado do Vaticano (Cercada por Roma – Itália). Anna Di Domenico, Bianca Zucchelli, Dusolina Paone e, Valdeci dos Santos visitando a Praça de São Pedro. Praça de São Pedro, 15/jun./2024
página **196**

Fotografia 713 – Projeto 'Voos e sobrevoos em solos estrangeiros'. Cidade-Estado do Vaticano (Cercada por Roma – Itália). Valdeci dos Santos visitando a Praça de São Pedro. Praça de São Pedro, 15/jun./2024
página **196**

Fotografia 714 – Projeto 'Voos e sobrevoos em solos estrangeiros'. Itália. Valdeci dos Santos visitando Florença. Florença, 17/jun./2024
página **197**

Fotografia 715 – Projeto 'Voos e sobrevoos em solos estrangeiros'. Itália. Valdeci dos Santos visitando Florença. Florença, 17/jun./2024
página **197**

Fotografia 716 – Projeto 'Voos e sobrevoos em solos estrangeiros'. Itália. Valdeci dos Santos visitando Florença. Florença, 17/jun./2024
página **198**

Fotografia 717 – Projeto 'Voos e sobrevoos em solos estrangeiros'. Itália. Valdeci dos Santos visitando Florença. Florença, 17/jun./2024
página **198**

Fotografia 718 – Projeto 'Voos e sobrevoos em solos estrangeiros'. Itália. Valdeci dos Santos visitando Florença. Florença, 17/jun./2024
página **198**

Fotografia 719 – Projeto 'Voos e sobrevoos em solos estrangeiros'. Itália. Valdeci dos Santos visitando Florença. Florença, 17/jun./2024
página **198**

Fotografia 720 – Projeto 'Voos e sobrevoos em solos estrangeiros'. Itália. Valdeci dos Santos visitando Florença. Florença, 17/jun./2024
página **199**

Fotografia 721 – Projeto 'Voos e sobrevoos em solos estrangeiros'. Itália. Valdeci dos Santos visitando Florença. Florença, 17/jun./2024
página **199**

Fotografia 722 – Projeto 'Voos e sobrevoos em solos estrangeiros'. Itália. Valdeci dos Santos visitando Florença. Florença, 17/jun./2024
página **199**

Fotografia 723 – Projeto 'Voos e sobrevoos em solos estrangeiros'. Itália. Valdeci dos Santos visitando a Catedral de Pisa, dedicada à Virgem Maria, na Piazza Dei Miracoli ou Praça dos Milagres. Pisa, 18/jun./2024
página **200**

Fotografia 724 – Projeto 'Voos e sobrevoos em solos estrangeiros'. Itália. Valdeci dos Santos visitando a Catedral de Pisa, dedicada à Virgem Maria, na Piazza Dei Miracoli ou Praça dos Milagres. Pisa, 18/jun./2024
página **201**

Fotografia 725 – Projeto 'Voos e sobrevoos em solos estrangeiros'. Itália. Valdeci dos Santos visitando a Torre Sineira (Campanile), na Piazza Dei Miracoli ou Praça dos Milagres. Pisa, 18/jun./2024
página **201**

Fotografia 726 – Projeto 'Voos e sobrevoos em solos estrangeiros'. Itália. Valdeci dos Santos visitando a Catedral de Pisa, dedicada à Virgem Maria, na Piazza Dei Miracoli ou Praça dos Milagres. Pisa, 18/jun./2024
página **201**

Fotografia 727 – Projeto 'Voos e sobrevoos em solos estrangeiros'. Itália. Valdeci dos Santos visitando a Catedral de Pisa, dedicada à Virgem Maria, na Piazza Dei Miracoli ou Praça dos Milagres. Pisa, 18/jun./2024
página **201**

Fotografia 728 – Projeto 'Voos e sobrevoos em solos estrangeiros'. Itália. Valdeci dos Santos visitando a Catedral de Pisa, dedicada à Virgem Maria, na Piazza Dei Miracoli ou Praça dos Milagres. Escultura 'Anjo Caído'. Pisa, 18/jun./2024
página **202**

Fotografia 729 – Projeto 'Voos e sobrevoos em solos estrangeiros'. Itália. Valdeci dos Santos visitando Sestri Levante. Sestri Levante, 18/jun./2024
página **202**

Fotografia 730 – Projeto 'Voos e sobrevoos em solos estrangeiros'. Itália. Valdeci dos Santos visitando Sestri Levante, com companheiros (Argentina, Brasil, Chile, Colômbia, Costa Rica, El Salvador, Guatemala, México, Panamá, República Dominicana) conhecidos no circuito turístico de 21 dias na Europa (França, Bélgica, Países Baixos, Suíça, Principado de Mônaco, Itália, Espanha e Inglaterra). Sestri Levante, 18/jun./2024
página **203**

Fotografia 731 – Projeto 'Voos e sobrevoos em solos estrangeiros'. Itália. Valdeci dos Santos visitando Sestri Levante, com companheiros (Argentina, Brasil, Chile, Colômbia, Costa Rica, El Salvador, Guatemala, México, Panamá, República Dominicana) conhecidos no circuito turístico de 21 dias na Europa (França, Bélgica, Países Baixos, Suíça, Principado de Mônaco, Itália, Espanha e Inglaterra). Sestri Levante, 18/jun./2024
página **203**

Fotografia 732 – Projeto 'Voos e sobrevoos em solos estrangeiros'. Itália. Valdeci dos Santos visitando Sestri Levante, com companheiros (Argentina, Brasil, Chile, Colômbia, Costa Rica, El Salvador, Guatemala, México, Panamá, República Dominicana) conhecidos no circuito turístico de 21 dias na Europa (França, Bélgica, Países Baixos, Suíça, Principado de Mônaco, Itália, Espanha e Inglaterra). Sestri Levante, 18/jun./2024
página **203**

Fotografia 733 – Projeto 'Voos e sobrevoos em solos estrangeiros'. Principado de Mônaco. Valdeci dos Santos visitando Monte Carlo. Escultura Adam et Ève (1981), de Fernando Botero. Monte Carlo, 18/jun./2024
página **204**

Fotografia 734 – Projeto 'Voos e sobrevoos em solos estrangeiros'. Principado de Mônaco. Valdeci Dos Santos visitando Monte Carlo. Escultura de Bezzina (2017), bronze branco, intitulada: Main Divition III "Ludus". Monte Carlo, 18/jun./2024
página **204**

Fotografia 735 – Projeto 'Voos e sobrevoos em solos estrangeiros'. França. Valdeci dos Santos visitando Arles. Arles, 19/jun./2024
página **204**

Fotografia 736 – Projeto 'Voos e sobrevoos em solos estrangeiros'. França. Valdeci dos Santos visitando Arles. Arles, 19/jun./2024
página **205**

Fotografia 737 – Projeto 'Voos e sobrevoos em solos estrangeiros'. Espanha. Valdeci dos Santos visitando jardins em Barcelona – um espécime de barriguda (*Ceiba* sp). Barcelona, 20/jun./2024
página **205**

Fotografia 738 – Projeto 'Voos e sobrevoos em solos estrangeiros'. Espanha. Valdeci dos Santos visitando a Catedral Sagrada Família. Barcelona, 20/jun./2024
página **205**

Fotografia 739 – Projeto 'Voos e sobrevoos em solos estrangeiros'. Espanha. Valdeci dos Santos visitando a Catedral Sagrada Família. Barcelona, 20/jun./2024
página **206**

Fotografia 740 – Projeto 'Voos e sobrevoos em solos estrangeiros'. Espanha. Barcelona, 20/jun./2024
página **206**

Fotografia 741 – Projeto 'Voos e sobrevoos em solos estrangeiros'. Espanha. Barcelona, 20/jun./2024
página **206**

Fotografia 742 – Projeto 'Voos e sobrevoos em solos estrangeiros'. Espanha. Valdeci dos Santos visitando a escultura de Jaume Pensa, com doze metros de altura e intitulada Julia, Plaza de Colón. Madrid, 21/jun./2024
página **207**

Fotografia 743 – Projeto 'Voos e sobrevoos em solos estrangeiros'. Espanha. Valdeci dos Santos com companheiros Lilia Goden Rivero, Raul Florida Gutiérrez, Terezinha Feuser, Marli, Amarilys, Franco, Catalina, Margarita, Sandra, Angelika, Hector (Argentina,

Brasil, Chile, Colômbia, Costa Rica, El Salvador, Guatemala, México, Panamá, República Dominicana) conhecidos no circuito turístico de 21 dias na Europa (França, Bélgica, Países Baixos, Suíça, Principado de Mônaco, Itália, Espanha e Inglaterra). Madrid, 21/jun./2024

página **207**

Fotografia 744 – Projeto 'Voos e sobrevoos em solos estrangeiros'. Espanha. Brasil. Valdeci dos Santos chegando ao Brasil após circuito turístico de 21 dias na Europa (França, Bélgica, Países Baixos, Suíça, Principado de Mônaco, Itália, Espanha e Inglaterra). Aeroporto Adolfo Suárez Madrid-Barajas. Madrid, 22/jun./2024

página **208**

Fotografia 745 – Brasil. Valdeci dos Santos chegando ao Brasil após circuito turístico de 21 dias na Europa (França, Bélgica, Países Baixos, Suíça, Principado de Mônaco, Itália, Espanha e Inglaterra). Aeroporto Internacional de Salvador – Deputado Luís Eduardo Magalhães. Salvador – Bahia, 22/jun./2024

página **208**

Fotografia 746 – Brasil. Valdeci dos Santos chegando ao Brasil após circuito turístico de 21 dias na Europa (França, Bélgica, Países Baixos, Suíça, Principado de Mônaco, Itália, Espanha e Inglaterra). Aeroporto Internacional de Salvador – Deputado Luís Eduardo Magalhães. Salvador – Bahia, 22/jun./2024

página **208**

EPÍLOGO **209**

Fotografia 747 – Brasil. Valdeci dos Santos (63 anos). Feira de Santana – Bahia, 22/dez./2024

página **209**

REFERÊNCIAS

página **210**

DEDICATÓRIA **211**

PREFACIADORES DO PROJETO 'FILHOS EPISTÊMICOS' **212**

Fotografia 748 – Projeto 'Filhos Epistêmicos'. Aldeniza Cardoso de Lima. Prefaciadora do livro/filho epistêmico: A poetisa 'arretada' que atravessou o oceano: uma narrativa fotobiográfica (2024).

página **212**

Fotografia 749 – Projeto 'Filhos Epistêmicos'. Antonio Geraldo da Silva Sá Barreto. Prefaciador dos livros/filhos epistêmicos: Simplesmente olhares de ressignificação (2021); Macramê psicanalítico (2018); e Iconografia de tessituras formativas (2015).

página **212**

Fotografia 750 – Projeto 'Filhos Epistêmicos'. Carmem Patrícia Cerqueira Gomes Gouveia. Prefaciadora do livro/filho epistêmico: Simplesmente olhares de ressignificação (2021).

página **213**

Fotografia 751 – Projeto 'Filhos Epistêmicos'. Celeste Maria Pacheco de Andrade. Prefaciadora do livro/filho epistêmico: Macramê psicanalítico (2018). Participação no projeto 'Revista Metáfora Educacional (ISSN 1809-2705) – versão on-line' (2005-2017); na condição de conselheira científica.

página **213**

Fotografia 752 – Projeto 'Filhos Epistêmicos'. Célia Maria Lira Jannuzzi. Prefaciadora do livro/filho epistêmico: Simplesmente olhares de ressignificação (2021). Participação no projeto 'Revista Metáfora Educacional (ISSN 1809-2705) – versão on-line' (2005-2017); na condição de conselheira científica.

página **213**

Fotografia 753 – Projeto 'Filhos Epistêmicos'. Claudia Freitas. Prefaciadora do livro/filho epistêmico: A poetisa 'arretada' que atravessou o oceano: uma narrativa fotobiográfica (2024).

página **213**

Fotografia 754 – Projeto 'Filhos Epistêmicos'. Diogo Luiz Carneiro Rios. Prefaciador do livro/filho epistêmico: Um caso de assédio moral no trabalho: silêncios ruidosos (2015).
página **214**

Fotografia 755 – Projeto 'Filhos Epistêmicos'. Enzo Santangelo. Prefaciador do livro/filho epistêmico: Simplesmente olhares de ressignificação (2021).
página **214**

Fotografia 756 – Projeto 'Filhos Epistêmicos'. Gracineide Selma Santos de Almeida. Prefaciadora do livro/filho epistêmico: Simplesmente olhares de ressignificação (2021).
página **214**

Fotografia 757 – Projeto 'Filhos Epistêmicos'. Iraci Gama Santa Luzia. Prefaciadora do livro/filho epistêmico: A poetisa 'arretada' que atravessou o oceano: uma narrativa fotobiográfica (2024).
página **214**

Fotografia 758 – Projeto 'Filhos Epistêmicos'. Izabela Dórea Brandão de Cerqueira. Prefaciadora do livro/filho epistêmico: Macramê psicanalítico (2018).
página **215**

Fotografia 759 – Projeto 'Filhos Epistêmicos'. José 'Milton Pinheiro' de Souza. Prefaciador do livro/filho epistêmico: A poetisa 'arretada' que atravessou o oceano: uma narrativa fotobiográfica (2024).
página **215**

Fotografia 760 – Projeto 'Filhos Epistêmicos'. Josenilton Nunes Vieira. Prefaciador do livro/filho epistêmico: Macramê psicanalítico (2018). Participação no projeto 'Revista Metáfora Educacional (ISSN 1809-2705) – versão on-line' (2005-2017); na condição de conselheiro científico.
página **215**

Fotografia 761 – Projeto 'Filhos Epistêmicos'. Judite Sant'Anna Lima. Prefaciadora do livro/filho epistêmico: A poetisa 'arretada' que atravessou o oceano: uma narrativa fotobiográfica (2024).
página **215**

Fotografia 762 – Projeto 'Filhos Epistêmicos'. Jussara Secondino do Nascimento. Prefaciadora do livro/filho epistêmico: Macramê psicanalítico (2018).
página **216**

Fotografia 763 – Projeto 'Filhos Epistêmicos'. Magda Nascimento Medeiros de Sousa. Prefaciadora do livro/filho epistêmico: Simplesmente olhares de ressignificação (2021).
página **216**

Fotografia 764 – Projeto 'Filhos Epistêmicos'. Marcio D'Olne Campos. Prefaciador do livro/filho epistêmico: Memórias de uma professora-bióloga: desejos, olhares e espelhos (2012). Participação no projeto 'Revista Metáfora Educacional (ISSN 1809-2705) – versão on-line' (2005-2017); na condição de conselheiro científico.
página **216**

Fotografia 765 – Projeto 'Filhos Epistêmicos'. Maria Celeste Costa Valverde. Prefaciadora do livro/filho epistêmico: A poetisa 'arretada' que atravessou o oceano: uma narrativa fotobiográfica (2024).
página **216**

Fotografia 766 – Projeto 'Filhos Epistêmicos'. Maria da Conceição de Almeida. Prefaciadora do livro/filho epistêmico: Iconografia de tessituras formativas (2015). Participação no projeto 'Revista Metáfora Educacional (ISSN 1809-2705) – versão on-line' (2005-2017); na condição de conselheira científica.
página **217**

Fotografia 767 – Projeto 'Filhos Epistêmicos'. Neila da Silva Reis. Prefaciadora do livro/filho epistêmico: A poetisa 'arretada' que atravessou o oceano: uma narrativa fotobiográfica (2024).
página **217**

Fotografia 768 – Projeto 'Filhos Epistêmicos'. Paulo Rossi Rocha de Amorim. Prefaciador do livro/filho epistêmico Simplesmente olhares de ressignificação (2021).
página **217**

Fotografia 769 – Projeto 'Filhos Epistêmicos'. Raylane Andreza Dias Navarro Barreto. Prefaciadora dos livros/filhos epistêmicos: Bio-tanato-educação: interfaces formativas (2016); Um caso de assédio moral no trabalho: silêncios ruidosos (2015); Memórias

de uma professora-bióloga: desejos, olhares e espelhos (2012). Participação no projeto 'Revista Metáfora Educacional (ISSN 1809-2705) – versão on-line' (2005-2017); na condição de conselheira científica.
página **217**

Fotografia 770 – Projeto 'Filhos Epistêmicos'. Regla Toujaguez La Rosa Massahud. Prefaciadora do livro/filho epistêmico: Bio-tanato-educação: interfaces formativas (2016). Participação no projeto 'Revista Metáfora Educacional (ISSN 1809-2705) – versão on-line' (2005-2017); na condição de conselheira científica.
página **218**

Fotografia 771 – Projeto 'Filhos Epistêmicos'. Roque da Silva Mota. Prefaciador do livro/filho epistêmico: A poetisa 'arretada' que atravessou o oceano: uma narrativa fotobiográfica (2024).
página **218**

Fotografia 772 – Projeto 'Filhos Epistêmicos'. Rosely Aparecida Liguori Imbernon. Prefaciadora do livro/filho epistêmico: Memórias de uma professora-bióloga: desejos, olhares e espelhos (2012). Participação no projeto 'Revista Metáfora Educacional (ISSN 1809-2705) – versão on-line' (2005-2017); na condição de conselheira científica.
página **218**

Fotografia 773 – Projeto 'Filhos Epistêmicos'. Suzi de Almeida Vasconcelos Barboni. Prefaciadora do livro/filho epistêmico: A poetisa 'arretada' que atravessou o oceano: uma narrativa fotobiográfica (2024).
página **218**

Fotografia 774 – Projeto 'Filhos Epistêmicos'. Tatiana Maria Lefundes de Souza. Prefaciadora do livro/filho epistêmico: A poetisa 'arretada' que atravessou o oceano: uma narrativa fotobiográfica (2024).
página **219**

Fotografia 775 – Projeto 'Filhos Epistêmicos'. Tatiene Silva de Souza Lima. Prefaciadora dos livros/filhos epistêmicos: A poetisa 'arretada' que atravessou o oceano: uma narrativa fotobiográfica (2024); Simplesmente olhares de ressignificação (2021).
página **219**

Fotografia 776 – Projeto 'Filhos Epistêmicos'. Terezinha Maria Feuser. Prefaciadora do livro/filho epistêmico: A poetisa 'arretada' que atravessou o oceano: uma narrativa fotobiográfica (2024).
página **219**

Fotografia 777 – Projeto 'Filhos Epistêmicos'. Ubiratan D'Ambrosio (*In memoriam*). Prefaciador do livro/filho epistêmico: Memórias de uma professora-bióloga: desejos, olhares e espelhos (2012). Participação no projeto 'Revista Metáfora Educacional (ISSN 1809-2705) – versão on-line' (2005-2017); na condição de conselheiro científico.
página **219**

Fotografia 778 – Projeto 'Filhos Epistêmicos'. Valmir Henrique de Araújo. Prefaciador do livro/filho epistêmico: Iconografia de tessituras formativas (2015). Participação no projeto 'Revista Metáfora Educacional (ISSN 1809-2705) – versão on-line' (2005-2017); na condição de conselheiro científico.
página **220**

Fotografia 779 – Projeto 'Filhos Epistêmicos'. Vera Lúcia Chalegre de Freitas. Prefaciadora dos livros/filhos epistêmicos: A poetisa 'arretada' que atravessou o oceano: uma narrativa fotobiográfica (2024); Simplesmente olhares de ressignificação (2021); Bio-tanato-educação: interfaces formativas (2016); e Um caso de assédio moral no trabalho: silêncios ruidosos (2015). Participação no projeto 'Revista Metáfora Educacional (ISSN 1809-2705) – versão on-line' (2005-2017); na condição de conselheira científica.
página **220**

Fotografia 780 – Projeto 'Filhos Epistêmicos'. Vicente Deocleciano Moreira. Prefaciador do livro/filho epistêmico: Um caso de assédio moral no trabalho: silêncios ruidosos (2015). Participação no projeto 'Revista Metáfora Educacional (ISSN 1809-2705) – versão on-line' (2005-2017); na condição de conselheiro científico.
página **220**

Fotografia 781 – Projeto 'Filhos Epistêmicos'. Wanderleia Azevedo Medeiros Leitão. Prefaciadora dos livros/filhos epistêmicos: A poetisa 'arretada' que atravessou o oceano: uma narrativa fotobiográfica (2024); Macramê psicanalítico (2018); Bio-tanato-educação: interfaces formativas (2016); Iconografia de tessituras formativas (2015). Participação no projeto 'Revista Metáfora Educacional (ISSN 1809-2705) – versão on-line' (2005-2017); na condição de conselheira científica.
página **220**

Fotografia 782 – Projeto 'Filhos Epistêmicos'. Yvone Matos Cerqueira. Prefaciadora dos livros/filhos epistêmicos: Simplesmente olhares de ressignificação (2021); Macramê psicanalítico (2018); Iconografia de tessituras formativas (2015); e, O silencioso homem da lança: o sonho como porta-voz do inconsciente (2015).
página **221**

Fotografia 783 – Projeto 'Filhos Epistêmicos'. Zoraya Maria de Oliveira Marques. Prefaciadora dos livros/filhos epistêmicos: Macramê psicanalítico (2018); Bio-tanato-educação: interfaces formativas (2016); e, O silencioso homem da lança: o sonho como porta-voz do inconsciente (2015). Participação no projeto Revista Metáfora Educacional (ISSN 1809-2705) – versão on-line (2005-2017), na condição de conselheira científica. Membro do Grupo de Pesquisa Bio-tanato-educação: interfaces formativas (2009-2018); e, palestrante (1995), no Centro Educacional Biosfera.
página **221**

FERNANDA HARUMI KAMONSEKI, OLGA MARIA ALVES MARTINS E JOSÉ ALBERTO CAEIRO COSTA (In memoriam)
página **221**

Fotografia 784 – Portugal. Valdeci dos Santos agradecendo aos amigos Fernanda Harumi Kamonseki (Brasil), Olga Maria Alves Martins (Portugal) e José Alberto Caeiro Costa (Portugal) (In memoriam) pelo acolhimento fraterno em Portugal. Eles disponibilizaram-se, posteriormente, para serem referências de contatos no processo de pedido de 'Visto de Residência em Portugal', junto ao Consulado Português. ETERNA GRATIDÃO. Braga, 23/out./2018
página **221**

ESCRITORA CORDELISTA JOSINETE MARIA DA SILVA
página **221**

Fotografia 785 – Josinete Maria da Silva. Escritora cordelista. Autora de poemas, dentre outros: A poetisa 'arretada' que atravessou o oceano (2019); Um olhar sobre Valdeci dos Santos (2020); Feliz aniversário, amiga! (2021); Cordeando Valdeci dos Santos (2024)
página **222**

Fotografia 786 – Cordéis construídos por alunos de Josinete Maria da Silva com conhecimentos da disciplina história
página **222**

Fotografia 787 – Valdeci dos Santos e Josinete Maria da Silva na festa anos 60 de ex-alunos do Centro Integrado de Educação Assis Chateaubriand – CIEAC. Feira de Santana – Bahia – Brasil, 31 de dezembro de 2005
página **223**

Fotografia 788 – Valdeci dos Santos, Josinete Maria da Silva, Edna dos Santos (Irmã de Valdeci dos Santos) e Maria Sebastiana dos Santos (Mãe de Valdeci dos Santos), no 6º encontro de ex-alunos do Centro Integrado de Educação Assis Chateaubriand – CIEAC. Feira de Santana – Bahia – Brasil, 2009
página **223**

Fotografia 789 – Valdeci dos Santos e Josinete Maria da Silva no 12º encontro de ex-alunos do Centro Integrado de Educação Assis Chateaubriand – CIEAC. Feira de Santana – Bahia – Brasil, 10/out./2015
página **223**

Fotografia 790 – Valdeci dos Santos e Josinete Maria da Silva no 13º encontro de ex-alunos do Centro Integrado de Educação Assis Chateaubriand – CIEAC. Feira de Santana – Bahia – Brasil, 9/out./2016
página **223**

Fotografia 791 – Valdeci dos Santos e Josinete Maria da Silva na Feira Literária Internacional de Cachoeira – FLICA. Cachoeira – Bahia – Brasil, 15/out./2016 715
página **223**

Fotografia 792 – Valdeci dos Santos no DIA NACIONAL DE LUTAS: Ato pela educação: Protesto contra a PEC 241. Feira de Santana – Bahia – Brasil, 11/nov./2016 715
página **223**

Fotografia 793 – Valdeci dos Santos no DIA NACIONAL DE LUTAS: Ato pela educação: Protesto contra a PEC 241. Feira de Santana – Bahia – Brasil, 11/nov./2016 716
página **224**

Fotografia 794 – Valdeci dos Santos e Josinete Maria da Silva no DIA NACIONAL DE LUTAS: Ato pela educação: Protesto contra a PEC 241. Feira de Santana – Bahia – Brasil, 11/nov./2016
página **224**

PREFÁCIOS

1 Prefácio por Aldeniza Cardoso de Lima

PREFÁCIO
SOBRE A OBRA A POETISA 'ARRETADA' QUE ATRAVESSOU O OCEANO:
UMA NARRATIVA FOTOBIOGRÁFICA

Por Aldeniza Cardoso de Lima
(http://lattes.cnpq.br/5454027915668646)
Doutora em Biodiversidade e Biotecnologia – Rede BIONORTE, área de concentração: Conservação e Uso da Biodiversidade, da Universidade Federal do Amazonas – UFAM.
Professora da Universidade Federal do Amazonas – UFAM.
Manaus – Amazonas – Brasil, 14 de outubro de 2024

A história de vida de cada pessoa é como uma tapeçaria, rica em detalhes, tecida com fios de experiências, escolhas e acontecimentos únicos. É nesse tecido que se revela a singularidade de Valdeci dos Santos que nos convida a navegar por suas memórias, onde a vida, o amor e o aprendizado se entrelaçam em uma narrativa fotobiográfica que nos transporta para além dos limites do mar e do tempo. Nela, a autora nos faz sentir a força do amor, a importância da amizade e o poder transformador das experiências.

O livro **A poetisa 'arretada' que atravessou o oceano: uma narrativa fotobiográfica** é um aceno à história da singularidade da autora e sua habilidade de enfrentar os desafios da vida com graça e resiliência. A palavra "arretada", que significa uma pessoa versátil que expressa admiração, intensidade e singularidade, captura perfeitamente a natureza aventureira da autora e sua disposição de abraçar novas experiências, mas sempre em parceria com suas amizades. A autobiografia remete a uma jornada de autodescoberta e compartilhamento, onde Valdeci dos Santos se torna a protagonista de sua própria narrativa. É uma forma de dar sentido à própria vida e deixar um legado para o mundo como forma de nunca ser esquecida.

Dessa forma, este livro é inspirador na medida em que pelas lentes de sua câmera, Valdeci cria histórias, capturando a essência de lugares e pessoas que ela conheceu ao longo do caminho. Através das fotos é possível explorar a singularidade das pessoas de diversas maneiras: as fotos com amigos e familiares ilustram as relações mais importantes e o impacto que essas pessoas tiveram na sua vida. As fotos de viagem e lugares revelam os interesses e a conexão com o mundo. As fotos de diferentes épocas mostram as mudanças ao longo do tempo.

Valdeci dos Santos ao explorar a escrita sobre si através das fotos nos presenteia com uma obra singular de autoconhecimento, usa um "macramê sonoro" que nos entrelaça nas diversas fases de sua viagem, mostrando uma essência de virtudes especiais e gratidão. A autora, com sua versatilidade, identifica padrões, reconhece valores, e faz reflexões com suas experiências. A história de vida é o espelho de sua singularidade.

2 Prefácio por Claudia Freitas

PREFÁCIO
SOBRE A OBRA A POETISA 'ARRETADA' QUE ATRAVESSOU O OCEANO:
UMA NARRATIVA FOTOBIOGRÁFICA

Por Claudia Freitas
Economista pela Universidade Estadual de Montes Claros – UNIMONTES.
Economista da Prefeitura Municipal de Diadema – São Paulo.
Escritora. Autora do livro Casa mineira (2020).
Cotia – São Paulo – Brasil, 8 de outubro de 2024

Prefaciar um livro fotobiográfico, para mim, foi bem peculiar. Ao longo da narrativa da obra, o álbum de imagens permite um olhar para elementos plásticos da leitura e elementos narrativos que derivam da tradução da linguagem plástica para a linguagem verbal. Não obstante, essa tradução se refere a um forte componente de subjetividade. Assim como na leitura de textos, o apreciador das Fotografias carrega em seu repertório a leitura/entendimento das mesmas. Nunca antes tantas histórias foram contadas por imagens, pois elas têm o poder de perpetuar o tempo, fixando-o para sempre à captação minuciosa dos fragmentos daquele momento que se desdobrarão em múltiplas formas de apreciação, a depender da subjetividade do olhar de cada leitor.

Nessa narrativa, somos convidados a mergulhar no mundo singular da autora, que usou de diversas formas para se autorretratar, mas sem deixar de enaltecer a presença daqueles que por vezes foram seus companheiros de caminhada. Em sua trajetória, muito bem explicitada por amigos e colegas, deixa claro sua dedicação pela profissão, professor, conscientemente escolhida na aurora da sua vida e o compartilhamento do conhecimento acumulado. Importante lembrar o quanto é edificante aprender e poder transmitir esse conhecimento e dessa forma ser um agente de transformação de histórias. É muito gratificante realizar nossos anseios de criança. Saber qual é e seguir na sua missão de vida é uma tarefa comumente análoga à da simplicidade. Entretanto, não se perder nessa trajetória e conseguir ultrapassar as barreiras impostas por outros e, principalmente, por nós, requer que sejamos fiéis ao nosso propósito, tendo em vista que as circunstâncias muitas vezes nos levam a direções divergentes. Agora, na temporalidade pós-aposentadoria, utiliza novas roupagens, pois na jornada da vida o que importa realmente são as experiências adquiridas e compartilhadas.

As imagens elegidas pelo autor evidenciam de que forma suas composições particulares têm um olhar em diversas direções: a poesia, o autoconhecimento as superações fazem com que essa obra leve o expectador a apreciar a antologia poética implícita e explícita, que nas palavras ou imagens, cuidadosamente selecionadas, revela um vasto itinerário entre castelos, santuários, paisagens medievais ou simplesmente no cotidiano que nos remete a um passado recente, mas também servem de pano de fundo para uma história guardada em algum cantinho da alma, e que agora compartilhada com todos por uma poetisa que ousou atravessar o oceano. Vale a pena se inspirar em cada detalhe das imagens, assim como da trajetória muito bem-sucedida da autora.

3 Prefácio por Iraci Gama Santa Luzia

> **PREFÁCIO**
> SOBRE A OBRA A POETISA 'ARRETADA' QUE ATRAVESSOU O OCEANO:
> UMA NARRATIVA FOTOBIOGRÁFICA

Por Iraci Gama Santa Luzia[1]
(http://lattes.cnpq.br/3168029817579831)
Professora Aposentada da Universidade do Estado da Bahia – UNEB
Alagoinhas – Bahia – Brasil, 28 de outubro de 2024

Prezado Leitor de "**A poetisa 'arretada' que atravessou o oceano: uma narrativa fotobiográfica**"! Você está diante de uma obra interessantíssima. De poesia? Não. De poesias! De poesias? Acho que, aqui, cabe uma explicação. Ao ler o título, você pensa em poesia, como texto escrito em versos, com ou sem rimas, da forma naturalmente denominada aos escritos produzidos por poetas. Afinal, uma poetisa "Arretada", escrevendo um livro, deve colocar em seu interior, um trabalho pessoal, escrito em versos. É o que a gente pensa. Mas isso não acontece nesse livro. Quer dizer, a obra está cheia de versos, mas, versos escritos por outras pessoas: a amiga Josinete com seis poemas e 57 compositores que foram destacados nas "metáforas poéticas" que ela mesma chamou de "macramê" sonoro. E, a isso tudo se juntam 792 (setecentos e noventa e dois) Fotografias e textos explicativos sobre a obra e sobre a própria autora que realiza uma "escrita sobre si". Esse método autobiográfico, segundo ela mesma declara, foi escolhido para permitir expressar "a singularidade do sujeito objetivo-subje-

---

[1] Iraci Gama Santa Luzia nasceu em Alagoinhas – Bahia – Brasil, na mesma casa, onde mora até hoje. É professora aposentada da Universidade do Estado da Bahia – UNEB/Campus II – Alagoinhas, desde 2013, quando completou setenta anos e a Lei não mais permitia sua continuidade, em sala de aula. Encerrou a sua caminhada oficial, depois de passar cinquenta anos, trabalhando, diuturnamente, desde quatro de março de 1963 quando começou no Ginásio de Alagoinhas. Aliás, até hoje, ainda é a professora Iraci Gama, como é conhecida na cidade. Ela estuda, pesquisa, escreve, dá entrevistas, formal ou informalmente. E tem sonhos de ver o nosso país e o planeta TERRA melhor cuidado, por seus governantes, para que o povo tenha mais alegria de viver e mais amor no coração! Por isso, continua trabalhando particularmente, na área cultural e política. Entre 2017 e 2020 foi Vice-Prefeita de Alagoinhas e retomou suas atividades na Secretaria de Cultura, Esporte e Turismo. Deixou o lugar de Vice em 2021, mas continua como Secretária, com muito orgulho e satisfação. É apaixonada pelo Trem e está escrevendo o volume dois do Livro "MEMÓRIA, NARRATIVA E IDENTIDADE – A CIDADE FERROVIÁRIA DE ALAGOINHAS", cujo lançamento deve acontecer no final deste ano (2024). Agradecer a Deus, por tudo que recebeu nessa vida é uma obrigação que realiza, diariamente. E é a ELE que pede que continue abençoando nosso povo, nosso país, nosso mundo!

tivo (...)" resultante do movimento "(...) da tríade: lembrança-memória-esquecimento, constitutiva da história de vida desse sujeito". Ou seja, ela quer que entremos na vida dela e falemos sobre isso. Ela quer "(...) propiciar um lugar de fala e um lugar de escuta" sobre sua vida.

Assim, a nossa autora, em 2018, nos leva a passear, entre o patrimônio material arquitetônico da Europa e o patrimônio imaterial guardado e exposto nesses espaços, o que nos leva, também, a refletir sobre as coisas de lá e as coisas de cá. As decisões de lá, antigas, e as consequências, por cá, desde aquele tempo, até o presente momento. O ontem, no hoje e pensamentos no futuro. A nossa história – da nossa terra, da nossa gente – sai do livro e passeia com Val, nesses vários lugares visitados. A Fotografia é o fio condutor usado pela escritora para conversar conosco. E ela não economiza nesse assunto. Usa músicas para introduzir, esclarecer e/ou representar o assunto. Com a beleza dos lugares, das formas criadas em pedra, em mármore, em argila; peças únicas ou prédios gigantescos, enquadrados em góticos, barrocos, medievais; anteriores a Cristo, ou modernos, contemporâneos, Val conduz seus leitores a viajar com ela, nesse sonho acalentado por sua alma idealizadora de vida humana, com direito à beleza e ao prazer! Portugal, Espanha, Itália... Já vimos essas imagens em outras publicações, mas, nas fotos dela, e com ela, esses lugares tomam um significado diferente. Nesse capítulo, pelos voos e sobrevoos, admiramos a beleza, reencontramos a história.

E passamos desse primeiro capítulo, de encantamento, para mergulhar num "OCEANO" de outras possibilidades. Eu botei oceano entre aspas, porque não é o do título da obra, nem o Atlântico, nem o Pacifico, nenhuma dessas denominações marítimas do Globo Terrestre – Planeta Água, segundo Guilherme Arantes. É esse "OCEANO" especial que vai aparecer nas dificuldades enfrentadas por Val, com o surgimento de imprevistos que cortam os sonhos e cancelam os "VOOS E SOBREVOOS". E, nessa mesma sequência – linha do tempo – ela nos fala de uma interrupção inesperada e indesejada: um problema físico que altera planos, modifica rotas, suspende viagens. A reclusão passa a ser imperativo de saúde. O Oceano – imaginação precisa ser convocado! Não mais priorizar os contatos externos, o ar livre e puro das praças ou dos campos, mas o espaço interno da própria residência, em Feira de Santana é o preferido. E é aí que a poetisa se revela, completamente. Sai da contemplação do que já foi produzido, por outras pessoas e por ela mesma. Deixa de destacar o bem material, financeiro, já conquistado pelo trabalho de tantos anos até a aposentadoria, oficial, profissional!... Guarda tudo isso no seu baú de sonhos! Ela tem uma "sacola subjetiva de sonhos e desejos". E recomeça os MOVIMENTOS, construindo outra trajetória. Os voos não mais serão aéreos, mas terrestres. E ela olha e enxerga no seu espaço doméstico, a saída para entrada em um novo mundo.

O VELHO MUNDO continua sendo o sonho. O terreno de casa, o quintal de casa, agora, é o espaço de visitação. Território livre para a investigação e para o exercício da bióloga. E ela busca a terra, lavra a terra, escava a terra, para plantar sementes, raízes e brotos. Pá, enxada, carro de mão, cavador e uma vontade hercúlea de transformação da vida, são as bagagens dessa viagem. Flores, frutos, vegetais, cereais, alimentos, brotando do chão ou se espalhando em ramagens de estaleiro são os parceiros, companheiros de quarto de hotel. Em pouco tempo, o vazio não existe mais. Espaços anteriormente abandonados, agora estão tomados por instrumentos salutares para o corpo, para a alma, para o conforto da noite e alegria dos dias perfumados e embelezados com o néctar e o colorido das flores e frutos. Esse período, então, inicialmente, de tristeza e desalento se transforma em tempo novo de revitalização, de superação, de recriação, de total mudança interna e externa. Especial movimento poético de nossa "Arretada" Valdeci. Aí estão as fotos mais bonitas desse conjunto de especialidades, porque representam o produto de um trabalho árduo e interior. A vitória do espiritual sobre o material. A pandemia é anunciada à autora, por uma serpente que faz a bióloga refletir sobre a informação perturbadora. A Covid-19 traz luto por familiares e amigos. Altera planos. Cancela Projetos. As "Noites Traiçoeiras" (metáfora poética nº 52) do Padre Marcelo Rossi combinam com esse contexto, porque a reconstrução dos Projetos de Vida se marca com os "poemas de ressignificação".

E Valdeci, como a PHENIX que ressurge das cinzas, utilizando seu potencial psicanalítico, retoma sua vida e seus planos pós-aposentadoria e volta aos Voos e Sobrevoos em Solos Estrangeiros, por mais vinte e um dias, na Europa, em 2024. "Andança" de sua (metáfora poética, nº23) é uma composição cuja letra casa bem com esse espirito libertário e ao mesmo tempo fraterno "(...) por onde for, quero ser seu par (...)"! A vontade de contribuir, de ser parceira, de ser amiga, para dar e receber carinho, atenção, cuidado! "(...) Na mão direita, rosas, vou levar (...)"!

Dessa maneira, nossa poeta reencontra seu estado natural de consciência: sentimento à flor da pele, alegria de viver, pelo contato com as pessoas e a natureza, vontade constante de oferecer positividade, para contribuir com o crescimento de outras pessoas. Essa, a Valdeci que vence o câncer e a Covid-19. Que compreende a finitude da vida, pela morte, e, por isso mesmo, luta com todas as suas forças, buscando seus oceanos, de várias possibilidades, para cuidar da vida que pulsa nela e nos que estão à sua volta. Então, ela organiza uma "sacola de sonhos e desejos" e dali vai tirando as suas ferramentas de trabalho, como um mágico que tira lenços e coelhos de dentro de sua cartola, para encantar as crianças e os adultos também. Ela diz: "o câncer alertou-me que: o relógio vai ser desligado. E assim, "(...) tornou-me cônscia da dança poética do duplo vida–morte". E a ressignificação da vida de Valdeci acontece, pois ainda há tanto nela, para oferecer, para exercitar, criando espaços, ambientes e condições para cura das dores psíquicas, físicas, emocionais e sociais. Dela e dos outros – SOMOS IRMÃOS EM FRATERNIDADE. Ela afirma. É muito linda e poética, a sua prática. Prova disso é a quantidade de cursos realizados, de obras produzidas e de obras publicadas, com o propósito de distribuir com outras pessoas, os conhecimentos adquiridos e as reflexões realizadas. Passar adiante, não para dizer que fez, como exibição do produzido, mas, como forma de passar a outrem, sugestões e oportunidades de vivências. Outra prova, bem concreta é o agradecimento que faz a quem esteve perto de si, pela criação intelectual ou pelos momentos de necessidade de apoio material e/ou espiritual. Nessa hora, a Fé em Deus ganha destaque e salta dos olhos do leitor. Todas as homenagens aos pareceristas, mediadores, companheiros nas viagens e nas várias ações mostram a generosidade da poetisa arretada e o sentimento amoroso que expõe.

Essa é a Valdeci que me foi apresentada há quase trinta anos, dentro do *Campus* II, em Alagoinhas, na Universidade do Estado da Bahia – UNEB. Nós duas trabalhávamos com duas disciplinas complementares. Metodologia e Estágio. Eu, na Língua Portuguesa e ela na Biologia. Eu estava organizando o Núcleo de Pesquisa e Extensão e ela se aproximou e, entendendo a importância da orientação do estudante, no estágio, como oportunidade de testagem de objetivos e verificação de resultados, assumiu a organização e instalou o Núcleo de Investigação da Prática de Ensino – NIPE. Trabalho muito importante. O tempo e a carreira profissional nos afastaram. Ela alçou outros voos. Buscou outras fontes de informação e enveredou por novas instâncias de relação interpessoal. Mas, em pensamento, a nossa proximidade foi mantida, com alguns contatos esporádicos. E, agora, quando recebi o honroso convite de prefaciar uma sua obra, aceitei, pelo orgulho de estar mais perto dela, sem calcular que a tarefa era gigantesca. Mas, enfrentei. O que produzi é o resultado de minha compreensão e visão de mundo, aplicadas a um contexto de absoluta originalidade poética. Sim. Porque essa é uma obra cheia de poesias. Não tem quartetos nem sonetos, nenhum poema de forma fixa, ou livre, mas, tem uma extraordinária carga de sensibilidade, de emoção e de transcendência, portanto tem a beleza e o encantamento da poesia. Da poesia, em conteúdo.

Um professor chamado Evandro Barreto (conterrâneo de Valdeci de Feira de Santana), em 1971, no Curso de Língua Portuguesa, do PREMEM, trabalhou uma área da literatura chamada "Poesia Concreta", em que alguns cartões traziam conteúdos reais, eram os "cartões postais". Muitas dessas fotos, combinadas, de Val, se enquadram, no formato do cartão postal que poderia ser enviado para alguém, como proposta de reflexão e até de cura! Mas isso, já extrapola o proposito do meu papel na análise da obra "**A poetisa 'arretada' que atravessou o oceano: uma narrativa**

fotobiográfica". Esforço, eu fiz. O que não sei é se vou corresponder à expectativa da autora. Mas, essa tarefa é dela. A minha parte está pronta e entregue, com agradecimento pela escolha e pela oportunidade de participar desse MOVIMENTO TÃO ESPECIAL.

Pensei em concluir esse meu comentário com uma frase marcante. E sabe qual é ela? A de Cora Coralina que foi colocada por Valdeci, na abertura desta obra poética: "Este livro foi escrito por uma mulher que fez a escalada da Montanha da Vida, removendo pedras e plantando flores". Essa mulher, de Cora Coralina, é a própria Valdeci dos Santos, nossa "arretada" poetisa.

4 Prefácio por José Milton Pinheiro de Souza

PREFÁCIO
VIAJAR É ESCREVER LIVROS NA MEMÓRIA

Por José 'Milton Pinheiro' de Souza
(http://lattes.cnpq.br/3036984731279125)

Sociólogo e Cientista Político (Doutor em Ciências Sociais/Política), professor titular de História política da Universidade do Estado da Bahia – UNEB, docente do PPGH/UNEB – Campus II, pesquisador na Universidade de São Paulo – USP, autor/organizador de 12 livros e de dezenas de artigos publicados no Brasil e no exterior, integra os conselhos de diversas revistas acadêmicas.

Alagoinhas – Bahia – Brasil, 25 de outubro de 2024

O livro da bióloga e professora universitária Valdeci dos Santos, cujo relato tem, na poesia da existência, uma narrativa fotobiográfica, a começar com epigrafes fortes e potentes de Cora Coralina e Guilherme Castelo Branco, e um conjunto denso de foto/histórias que inspiram vida e memória ao apresentar os/as prefaciadores de outras obras da autora.

O sumário, como ilustração da obra, já nos apresenta o impressionante e inovador sentido do livro. Viceja uma vasta diversidade, sentidos polissêmicos, olhares que indagam existências que marcam trilhas e viagens de onde foram recolhidas impressões marcantes que impactaram a forma/sentido pelos quais a autora se relaciona com o mundo. Um vasto mundo intersubjetivo e rico de concretude...

As características inovadoras que constituem o ponto de criação da obra **"A poetisa 'arretada' que atravessou o oceano: uma narrativa fotobiográfica"** nos brinda com um conjunto expressivo de 792 (setecentos e noventa e dois) imagens que pode ser entendido pela interpretação estética da corrente Impressionista, em especial a partir do pintor francês Claude Monet. É uma diversidade iconográfica que precisa ser entendida a partir da trajetória da professora Valdeci dos Santos na sua perspectiva de desvelamento do mundo, em especial no interregno de setembro de 2018 – junho de 2024. Um gigante acervo de vida...

A autora apresenta como caminho metodológico para nos apresentar sua criação o método autobiográfico a partir da "escrita de si", quando nos permite vislumbrar o movimento da sua trajetória pessoal-acadêmica-profissional.

Ao adiantar do livro nos deparamos com o sentido por onde é apresentado algumas poesias/depoimento de Josinete Maria da Silva sobre o clarão de luz que é Valdeci dos Santos. E nessa relação de amizade e descobrimento, a própria autora do livro apresenta Josinete Maria como escritora e cordelista. Essa relação de amizade e vida é acompanhada por um conjunto de memórias iconográficas: escolas, estudantes, mestres, lazer, eventos, lutas sociais, amizades profundas...

O percurso intelectual da autora é apresentado, em determinado momento, numa página emoldurada por uma bela imagem de si e prossegue pela exposição de seus projetos acadêmicos e existenciais, discorrendo sobre as memórias de uma professora-bióloga: desejos, olhares e espelhos, e outros livros onde identificamos sua vasta produção intelectual e a riqueza de vida.

Letras de músicas marcantes que concretizam poesia em movimento são apresentadas pela autora através de vários artistas, entre eles: Belchior, Oswaldo Montenegro, Raul Seixas, Nando Reis, Zé Ramalho, Ednardo, Legião Urbana, etc...

A itinerância se apresenta no que a autora apresenta como "Voos e sobrevoos em solo estrangeiros". Introduzindo essa rica história de vida com a poesia "Me ensina a viver", ao tempo em que vai apresentando a geovivência poética em Portugal, Itália e Espanha.

O processo da pandemia da doença Covid-19 acalenta todas as incertezas da vida e coloca em cena novas mudanças existenciais. Surge, de forma potente, a complexidade das novas questões tão bem retratadas pela reflexão que nos inspira a música Exodus (Édith Piaf).

O retorno para casa, em janeiro de 2020, e as reflexões intersubjetivas sobre o fenômeno que criou a relação pandemia, vida, existência, ciência, família, ancestralidade, luto e os novos projetos para reconfigurar o novo processo do mundo dão forma ao percurso que Valdeci nos apresenta.

Superado esse momento catártico e reordenado os sentidos da vida, com a imensa perspectiva psicanalítica trazem novas itinerâncias que são colocadas na cena da vida. Lá vai a "poetisa arretada" para outras buscas pela Europa, para desvelar vidas em solo estrangeiro: França, Bélgica, Holanda (países baixos), Mônaco, Inglaterra e o retorno à Espanha e Itália. Momentos de lazer-cultura-existência, investigação e inéditas tessituras da memória, assim como efervescentes travessias.

Trata-se de um livro-vida. Termino esse prefácio na mesma relação dialética que construí no ponto de partida: viajar é escrever livros na memória, só que agora adicionada pela imensa riqueza dessa trilha percorrida pela generosa amiga e colega, Valdeci dos Santos.

5 Prefácio por Judite Sant'Anna Lima

> **PREFÁCIO**
> SOBRE A OBRA A POETISA 'ARRETADA' QUE ATRAVESSOU O OCEANO: UMA NARRATIVA FOTOBIOGRÁFICA

Por Judite Sant'Anna Lima
(http://lattes.cnpq.br/2251567871277802)
Pedagoga pela Universidade do Estado da Bahia – UNEB.
Professora e Gestora do Colégio Estadual Rubem Nogueira, Serrinha – Bahia.
Serrinha – Bahia – Brasil, 11 de setembro de 2024

A escritora Valdeci dos Santos em sua obra: **A poetisa 'arretada' que atravessou o oceano: uma narrativa fotobiográfica**, que evidência sua trajetória de vida pessoal, acadêmica e profissional, com narrativas plurais e singulares existem riquezas de detalhes em cada narrativa fotobiográficas, fotos memoriais, caminhada em solos internacionais e nacionais. Super fecundo, pois, a presença de seres humanos enriquece grandiosamente os elementos que compõem o universo, ou melhor, o planeta com toda sua beleza que envolve múltiplos olhares significantes e significativos. A obra permite ao leitor também fazer uma trajetória a seu existir, sua história de vida com suas vivências e especificidades.

A obra convoca o leitor a construir sua trajetória tanto coletivo, como individual. É um convite a conhecer a si mesmo para humanizar-se.

A escritora Valdeci dos Santos nas suas narrativas construídas de foto-memorias neste momento atual com o avanço tecnológico, tem uma importância na transformação da vida de cada pessoa que mergulha nas vivências da escritora.

6 Prefácio por Maria Celeste Costa Valverde

> **PREFÁCIO**
> SOBRE A OBRA A POETISA 'ARRETADA' QUE ATRAVESSOU O OCEANO:
> UMA NARRATIVA FOTOBIOGRÁFICA

Por Maria Celeste Costa Valverde
(http://lattes.cnpq.br/3581972893878381)
Doutora em Biologia Animal pela Universidade Federal Rural do Rio de Janeiro – UFRRJ
Pós-doutorado em Herpetologia pela Universidade Federal de Pernambuco – UFPE
Professora Aposentada pela Universidade Estadual de Feira de Santana – UEFS
Feira de Santana – Bahia – Brasil, 12 de outubro de 2024

Mais uma vez convidada, aqui estou para atender Valdeci dos Santos, amiga querida, companheira de profissão, parceira de viagem e, por que não arriscar dizer, irmã de existência terrena, ou quem sabe, sobreviventes das quatro estações do autoconhecimento humano?

Conheço a referida escritora há bastante tempo e, em diversas fases, momentos, etapas e situações de sua vida, estive presente ora como professora, ora como aluna, bem como colega de profissão, amante da natureza, admiradora das artes e da poesia, viajante do tempo e do mundo, alimentando e realizando sonhos. Essa amizade verdadeira, que nasceu no ontem, permanece no hoje e certamente terá lugar no futuro, possui inquietudes da natureza humana que seguimos buscando harmonização e paz para o nosso Ser interior.

Sobre a viagem de Valdeci, cuja jornada ao atravessar o Atlântico e desembarcar em terras lusitanas, acredito conhecê-la o suficiente para assegurar SUA BRAVURA antes de viajar, sua TENACIDADE ao esbarrar em Portugal, e aí permanecer com suas incertezas e dificuldades no dia a dia, assim como, dimensionar sua FORÇA FÍSICA para alcançar fôlego e retornar ao Brasil, sua terra natal, seu porto seguro.

Ouso dizer que este lindo país, localizado na Península Ibérica, faz parte da minha existência, uma vez que, sendo neta de portuguesa, aprendi desde cedo os costumes do povo lusitano, pois minha avó materna, Rosa Bernardes, ao chegar ao Brasil ainda adolescente, não esquecera seu amado país, seus costumes e características, que a sustentavam no dia a dia, em terras tão distantes de seus conterrâneos. Casou-se, vindo a fixar residência em Feira de Santana, mesclando às experiências do novo país, seu incrível acervo de cultura material e imaterial de origem portuguesa!

Motivada pelas lembranças e sentimentos que povoaram o meu imaginário infantil, quando cresci, levantei voo mais de uma vez em direção à terrinha – Portugal, numa expectativa de revisitar memórias afetivas de histórias contadas por minha avó sobre este belo país. E assim, a terceira estrofe do poema intitulado **"Fecundos Ventos"**, de minha autoria, publicado no livro "Antologia Prêmio Absurtos 2021", página 39, organizado por Rose Almeida –, "no compasso dos moinhos" –, e aqui me refiro aos moinhos de vento, que outrora eram utilizados em toda a nação portuguesa, principalmente em lugares mais afastados da capital, a exemplo da região do Alentejo e a cidade de Viana do Castelo, compondo a paisagem e a história dessas regiões, sendo de uso habitual para moer cereais em tempos passados, conforme as histórias contadas por minha avó materna.

FECUNDOS VENTOS

Maria Celeste Costa Valverde (2021)

No cio
vazio,
a fecundidade aflora.
Certeza, beleza,
grandeza de ser.

Saber
segredos da natureza.
Os ventos macios afagam,
dias sombrios desabam
na eternidade do viver.

No compasso dos moinhos,
os cabelos
em desalinho
fitam o horizonte.

A pipa que voa distante
me prende por um barbante
nos sonhos infantis.
Pululante, a nostalgia
faz brotar da poesia
lembranças na cor lilás!

O meu poema foi capaz de produzir em mim um singular turbilhão de associações com a escrita fecunda de Valdeci dos Santos, pois vi em meus versos uma relação com o processo de ressignificação do seu caminho percorrido no decorrer da vida.

E, num piscar de olhos, lendo a singeleza das estrofes, os ventos macios afagaram voos repletos de meiguice e ternura, que levaram a autora Valdeci dos Santos, repleta de sonhos e sensações novas, a alcançar seu objetivo de morar em Portugal. Mesmo com o coração aveludado de muitas novidades, um dia encontrou-se assombrada com uma nova realidade – a fragilidade da sua saúde. Na certeza que dias sombrios desabariam, longe de seus familiares e de tudo que lhe poderia trazer acolhimento e tranquilidade, viu o "sol pouco intenso" aumentar suas dores e melancolia.

Como na última estrofe do poema "**Fecundos Ventos**", vejo Valdeci fitar o horizonte de volta ao Brasil, não ficando presa por um barbante, mas deixando lá um cordão de amigos, de pessoas que lhe acolheram com carinho e sustentaram-na na realização de sonhos e desejos, agora não mais "sonhos infantis", e não tão pululantes como na viagem de sua partida para Portugal. Assim, a nostalgia ascendeu-lhe o desejo de retornar às suas origens, sua terra natal. Por fim, espero que esse arrazoado de palavras, com uma pretensão poética, tenha contemplado o objetivo que me foi solicitado para prefaciar a mais nova obra de minha estimada amiga. A poesia faz brotar em mim lembranças na cor lilás, cuja tonalidade simboliza culturalmente a espiritualidade, que nos remete à intuição, à sensibilidade, à luta por direitos femininos, dando-nos equilíbrio emocional e paz interior.

E finalmente, agradeço pelo honroso convite para prefaciar "**A poetisa 'arretada' que atravessou o oceano: uma narrativa fotobiográfica**". Acredito que viver de forma poética nos traz mais luz para alçarmos novos voos libertando-nos das amarras ditas necessárias para a nossa sobrevivência na Terra.

7 Prefácio por Neila da Silva Reis

> **PREFÁCIO**
> SOBRE A OBRA A POETISA 'ARRETADA' QUE ATRAVESSOU O OCEANO:
> UMA NARRATIVA FOTOBIOGRÁFICA

Por Neila da Silva Reis
(http://lattes.cnpq.br/3042670443846175)
Doutora em Educação pela Universidade Federal do Rio Grande do Norte – UFRN.
Professora Aposentada pela Universidade Federal do Pará – UFPA e Universidade Federal de Alagoas – UFAL.
Maceió – Alagoas – Brasil, 2 de outubro de 2024

Este livro da professora e pesquisadora Dra. Valdeci dos Santos traz ricos registros e material de relevância histórica, produzido pela sua disciplina acadêmica que navega com força em movimento em um tempo de aposentadoria; inaugura um novo tempo, tece escolhas e colhe novos frutos, afetos, por meio de passos da pesquisa.

Esta Narrativa Fotobiográfica tem como objetivo produzir conhecimento e partilhar com seus leitores, a partir de fontes documentais, orais, fotográficas, canções, bibliográficas e cordelistas, as quais evidenciam a importância da metáfora poética para expressar uma visão dos autores sobre o movimento do real e da autora neste, que envolve uma compreensão sobre a vida e convidar o leitor à reflexão, ressignificação do cuidar de si e da "importância do cultivo das amizades", como já disse Aristóteles. Tais fontes são visitadas, analisadas por Valdeci, das quais brotam uma leitura sobre o seu compromisso com a questão social, afetiva, educacional, emocional e da saúde.

Doutora Valdeci cita sua trajetória profissional, desde sua juventude, desnudando estereótipos, ensinando a relevância da atividade educacional do professor em todos os níveis. O Texto não se resume só em citar, este percorre a tríade ensino–pesquisa–extensão, apresenta sínteses de seus Projetos, tanto os de Pesquisa como os de Extensão Universitária, os quais expressam a relevância acadêmica de desempenho desta estimada pesquisadora.

Outra dimensão que necessita ser comentada é sua produção literária, com seis livros, constituindo-se em uma Obra significativa, reunindo diversos títulos entre livros e artigos, tanto para a Universidade, professores, para as redes de Ensino e a sociedade Baiana. Dentre esses, **Silêncios ruidosos: um caso de assédio moral** destaca-se logo pelo título, a coragem e firmeza da autora em abordar um tema temeroso que é o assédio moral, denunciando-o.

O Projeto para Além do Oceano Atlântico, conduz a autora à Europa em busca de intercâmbio da Pesquisa, pelo qual participa expondo suas atividades educativas, com recorte para a Educação de Jovens e Adultos; primeiramente Portugal e Espanha, em segundo momento, Itália. Já em tempo de pós-pandemia Reino Unido – Inglaterra, Suíça, França entre outros. Em todos esses países, é utilizada a Fotografia, intercalada com as letras musicais, que presenteia o leitor não só pelas belas paisagens, como pelo rigor da luminosidade, do foco da fotógrafa, como os esplendorosos patrimônios arquitetônicos captados por sua câmera – são 608 fotos. É necessário citar as belíssimas Igrejas, casas, rios, animais, pessoas, Instituições de Ensino, Pesquisa e Extensão, museus, que a autora visitou e, teve o cuidado de selecionar, organizar, imprimir, nominar, numerar, durante sua estadia no exterior e no Brasil. Com o Projeto Flores na Pandemia, que Dra. Valdeci traz, apesar da dor e da experiência nesse tempo tão tenebroso, esta o fez primaveril; suspendeu o projeto maior e construiu outro, o do seu Lar. As flores e frutos dizem tudo!

Pós-pandemia a autora retoma o Projeto, que o chamo, Para Além do Atlântico, visitando a Inglaterra, França e outros, como já está citado, em sentido de estar em movimento intelectual, profissional, antes de ser só turístico. A Fotografia e as letras das canções são fontes e recurso metodológico que registra e também oportuniza conhecimento. Um rico material para uma fotobiografia que capta fragmentos do âmbito social, âmbito este que não será resolvido na atual sociedade, mas, a qual se impõe ao complexo social capitalista como forma de resistência para defendermos a contribuição e a diversidade cultural de cada povo, onde Dra. Valdeci reside e aos demais países que visitou. Parabéns!

8 Prefácio por Roque da Silva Mota

> **PREFÁCIO**
> SOBRE A OBRA A POETISA 'ARRETADA' QUE ATRAVESSOU O OCEANO:
> UMA NARRATIVA FOTOBIOGRÁFICA

Por Roque da Silva Mota
Contador. Advogado. Pós-graduado em direito do trabalho.
Presidente da Associação de Apoio à Pessoa com Câncer – AAPC de Feira de Santana.
Vice-presidente da Associação de Apoio ao Paciente do SUS – AAPSUS.
Feira de Santana – Bahia – Brasil, 11 de outubro de 2024

Recebi o honroso convite da queria amiga Dra. Valdeci dos Santos para prefaciar o seu oitavo filho epistêmico, A POETISA 'ARRETADA' QUE ATRAVESSOU O OCEANO UMA NARRATIVA FOTOBIOGRÁFICA, uma grande responsabilidade e horaria, eis que, me curvo ao curriculum desta admirável mulher, "**ARRETADA**", que muito antes de encarar o desafio rumo ao "desconhecido", e atravessar o oceano atlântico, ousou seguir os seus sonhos de menina, atravessando inicialmente o oceano do saber, o qual lhe deu asas e autoridade, para atravessar muitos outros oceanos, fato que o leitor terá a oportunidade única de constatar, ao ler este precioso relato.

A obra – A POETISA 'ARRETADA' QUE ATRAVESSOU O OCEANO UMA NARRATIVA FOTOBIOGRÁFICA, destaca principalmente a força da amizade e a joia preciosa do saber. Partindo de um poema escrito por sua amiga JOSINETE MARIA DA SILVA, o qual além de homenagear a trajetória da Autora, mostra a força da amizade, da lealdade e da literatura de cordel, cuja simplicidade popular, demonstra a riqueza criativa do nordestino que tanto ama esta popular manifestação cultural.

A obra 'A poetisa 'arretada' que atravessou o oceano: uma narrativa fotobiográfica' está estruturada em sete momentos: preâmbulo, capítulo 1, capítulo 2, capítulo 3, capítulo 4, capítulo 5 e, epílogo.

O **preâmbulo** apresenta o contexto da obra e, quatro poemas de autoria de Josinete Maria da Silva dedicados a Valdeci dos Santos: 1. A poetisa 'arretada' que atravessou o oceano (2019); 2. Um olhar sobre Valdeci dos Santos (2020); 3. Feliz aniversário, amiga! (2021); e, 4. Cordeando Valdeci dos Santos (2024).

O **capítulo 1** – PISTAS SOBRE A POETISA 'ARRETADA' – consta uma breve apresentação da autora Valdeci dos Santos, seus projetos profissionais: macroprojeto 'Bio-Tanato-Educação: Interfaces Formativas', projeto 'Psicanálise' e, projeto 'Filhos Epistêmicos'; matizes da atuação profissional.

O **capítulo 2** – VOOS E SOBREVOOS EM SOLOS ESTRANGEIROS – apresenta: breve contexto da aposentadoria de Valdeci dos Santos; o projeto **'Voos e sobrevoos em solos estrangeiros'**; memórias das viagens aos países Portugal, Itália e Espanha, realizada nos meses de setembro, outubro e novembro de 2018.

O **capítulo 3** – PROJETO 'MORADIA EM SOLO ESTRANGEIRO' – apresenta memórias da execução do **projeto 'Moradia em solo estrangeiro'**, de Valdeci dos Santos, no país Portugal, no período de 24 de março a 31 de dezembro de 2019. E, memórias da interface do seu retorno ao Brasil para tratamento de saúde e, o seu regresso a Portugal reafirmando sua condição de moradora em solo português.

O **capítulo 4** – EM TEMPOS DE PANDEMIA DA DOENÇA COVID-19 – destaca, em especial, como a pandemia da doença COVID-19 alterou o movimento de construção/(des)construção/(re)construção da jornada existencial de Valdeci dos Santos. São tópicos: **1. Cancelamento do projeto 'Moradia em solo estrangeiro'; 2. Um sonho, em tempos de pandemia, intitulado serpentes; 3. Projeto 'Flores na pandemia'/Projeto 'Poemas de ressignificação'; 4. Respirando amor, amizade, fraternidade, gratidão...**

O **capítulo 5** – PÓS-PANDEMIA, EM MOVIMENTO DE CONSTRUÇÃO/(DES)CONSTRUÇÃO/(RE)CONSTRUÇÃO – sinaliza que Valdeci dos Santos segue **em movimento de construção/(des)construção/(re)construção** do seu projeto de vida, dentre outras ações, reativou o **projeto 'Voos e sobrevoos em solos estrangeiros'**, a exemplo da realização do circuito turístico de 21 dias na Europa (França, Bélgica, Países Baixos, Suíça, Principado de Mônaco, Itália, Espanha e Inglaterra), realizado no período de 1 a 22 de junho de 2024.

O **epílogo** sinaliza a importância da memória individual e coletiva.

Me nego a esmiuçar maiores detalhes deste importante manual de vida, para não tirar do leitor o prazer de explorar e encontrar nas entrelinhas desta obra, fotos, histórias e músicas que marcam cada momento <u>importante</u> e único vivenciado pela Autora, nos apresentando muito antes de uma mulher ARRETADA, uma alma sensível, iluminada, guerreira e sábia.

A singularidade desta obra está contida na deliciosa viagem que empreendemos ao sorver cada folha desta obra, nos levando a conhecer importantes culturas, países e cidades interligadas com as nossas origens. Além disso, mostra a importância e força da amizade, e, por fim, a sensibilidade desta guerreira imbatível e uma forma mais leve de levar a vida, encarando cada desafio como um aprendizado, cada obstáculo como motivação, nesta longa e desconhecida viagem que se chama vida, desfrutando de cada momento com o coração cheio de amor e gratidão.

Convido o leitor a empreender esta viagem, tendo como guia e companhia, esta mulher ARRETADA, que descobriu e generosamente nos presenteia com este manual do bem viver.

9 Prefácio por Suzi de Almeida Vasconcelos Barboni

> **PREFÁCIO**
> SOBRE A OBRA A POETISA 'ARRETADA' QUE ATRAVESSOU O OCEANO:
> UMA NARRATIVA FOTOBIOGRÁFICA

Por Suzi de Almeida Vasconcelos Barboni
(http://lattes.cnpq.br/6052757264131463)
Doutora em Saúde Pública pela Universidade de São Paulo – USP.
Professora da Universidade Estadual de Feira de Santana – UEFS.
Feira de Santana – Bahia – Brasil, 21 de setembro de 2024

> "[...] quando escrevo, não penso no leitor (porque o leitor é um personagem imaginário) e não penso em mim mesmo (talvez *eu* também seja um personagem imaginário), mas penso no que tento transmitir e faço de tudo para não estragá-lo (…). Afinal de contas, o que são as palavras? as palavras são símbolos para memórias partilhadas. se uso uma palavra, então vocês devem ter alguma experiência do que essa palavra representa. senão a palavra não significa nada para vocês. acho que podemos apenas aludir, podemos apenas tentar fazer o leitor imaginar. o leitor, se for rápido o suficiente, pode ficar satisfeito com nossa mera alusão a algo. [...]"
>
> **(Jorge Luis Borges, 2007)**

No Brasil, o livro é um recurso pedagógico ainda inacessível à população, pelo preço considerado caro. Se aliarmos à isso a falta de estímulo para a leitura – a aquisição de conhecimento (ou o deleite com a poesia) via livro, fica altamente prejudicada.

Desafiando este cenário desolador e ciente das dificuldades que os livros enfrentam em nosso país, Valdeci dos Santos, oferece mais uma possibilidade de leitura. Professora, poetisa, viajante e também idealizadora e autora de outros livros ou filhos epistêmicos, como ela prefere chamar – em "A POETISA 'ARRETADA' QUE ATRAVESSOU O OCEANO: UMA NARRATIVA FOTOBIOGRÁFICA" ela abre seus arquivos fotográficos pessoais dentro do recorte 2018-2024 para construir um memorial descritivo repleto de si mesma.

Confesso que tive alguma dificuldade em organizar todas as ideias que tinha para prefaciar ante o farto catálogo de fotos, em especial de passeios na Europa (que não conheço). Isso porque são 792 (setecentos e noventa e dois) fotos sequencialmente organizadas de circuitos turísticos, das experiências, de fatos e acontecimentos muito pessoais da autora. São poucas palavras, muitas memórias positivas, com o corpo autobiografado (e outros corpos) em diferentes cenários desde jardins, museus, igrejas, encontro com amigos, basicamente na Europa, como já disse. Não é um trabalho científico a qual meu cérebro envelhecido está acostumado e portanto tive que reiniciar a leitura por duas vezes para produzir este meu simples manuscrito fazendo os comentários necessários.

E não há como falarmos de fotos de corpos sem falarmos de corporeidades ("totalidade do ser humano para além do corpo entendido como componente biológico (BAPTISTA, 2022)", o que lembra (apenas o título, nada a ver com) a obra em si, do cineasta espanhol Pedro Almodóvar, "A pele que habito". Pele como limite do corpo/dos corpos. Corpos em diferentes lugares, no mundo cultural.

O fio condutor é o mesmo de seus projetos e escritos anteriores: é a força narcísica, como a própria Valdeci descreve: "força mobilizadora da energia libidinal de sujeito desejante" (...) "inerentes às experiências e aprendizados de 'sujeito objetivo-subjetivo', com leves toques acadêmicos em suas "divagações existenciais e psicoafetivas".

Para o senso comum "narcisismo" é usado livremente, entendido de forma pejorativa no sentido do egoísmo, da arrogância e até crueldade, ou seja, patológico. Estou bem longe desta conotação superficial e distorcida. Aqui o narcisismo é entendido como exaltação das suas próprias realizações, das conquistas, dos relacionamentos importantes com pessoas divertidas, fascinantes e cultas. Aqui o narcisismo é do tipo construtivo: "[...] são indivíduos que possuem uma visão crítica e realista de sua real capacidade, habilidades e limites. Tem senso de humor, são criativos, determinados, ambiciosos e obstinados. São pessoas que transpiram confiança promovendo a reunião das pessoas em torno de um objetivo (SOARES; GOULART, 2010)".

E ainda: "[...] sua capacidade de ser fonte de admiração e inspiração para os outros poderá funcionar como um instrumento para atingir seus próprios objetivos" (*id*). E assim, pode-se perceber que Valdeci esbanja autoestima, extroversão e afetos positivo, com forte ênfase na satisfação pela vida.

Afinal, a que se destina este livro? A meu ver ele é uma homenagem a gratidão pela realização pessoal. Ele dá uma resposta firme a pessoas entediadas, feridas, amarguradas, tanto pelo vigor e movimento como pela capacidade de demonstrar que é possível recriar uma existência cheia de gratidão mesmo com as pancadas da vida.

Entendo que este livro é também um posicionamento político, pois que define uma identidade: a autora concretiza sua decisão de falar de si mesma de sua autoestima em fotos, pequenos textos e versos de algumas músicas brasileiras populares. Neste último, considerei uma "sacada" de mestre: enriquecer as imagens com estas verdadeiras poesias cantadas da MPB.

Chego ao final, na pág. 716, sem as esperadas (pelo menos por mim!) escrivivências e experiências emocionais/espirituais, que certamente enriqueceriam e ajudariam muito ao leitor o entendimento de itinerários, caminhos, silêncios e buscas de Valdeci. O atual momento psicológico e histórico que vivemos, pleno de maturação biológica, está bem adequado a este meu ousado comentário, pois o autoconhecimento e as transformações internas oriundas desse processo vivido e estampado nas fotos deve ser registrado, dando-nos conhecer o "muito mais" por trás de uma foto. E vaticino... uma próxima publicação... quem sabe?

Finalizo indicando ao leitor minha Fotografia favorita, a que mais me sensibilizou e me fez para um pouco na contemplação: a Fotografia 106. Percebi uma imagem explosiva, dramaticamente humana e esperada. É a Valdeci plena, que rompe, transcende, abre o peito, destemida, expõe o chakra cardíaco. É a marca da vitória e da alegria. O que se passava na cabeça de Valdeci naquele momento? Não importa: o corpo fala, o corpo não mente nunca. O corpo responde: até os braços e mãos estão num ballet perfeito! É a perfeita manifestação da corporeidade!

E percebo que foi assim, sentindo-se psicologicamente segura, fisicamente leve, emocionalmente realizada que Valdeci construiu este seu memorial. E daí vem a minha pergunta: por que é tão difícil, sermos quem somos, termos a coragem de expor aquilo que verdadeiramente somos e vivenciamos?

O que construímos? MEMÓRIAS.
O que deixamos? MEMÓRIAS.
O que levamos? MEMÓRIAS.

(Valdeci dos Santos, 2024)

Fotografia 108 – Itália. Valdeci dos Santos em explosão de Gratidão e Felicidade visitando o Castello Sforzesco, inaugurado em 1360. Atualmente acolhe várias coleções dos Museus e Galerias de Arte de Milão. Milão, 26/set./2018. Fonte: Acervo pessoal de Valdeci dos Santos

Quero finalizar estas poucas palavras com sincero agradecimento a Valdeci pela confiança e por ter me convidado para prefaciar este livro, colocando-me desta forma, junto a outros, na base de sua produção.

Parabéns, Valdeci, pelo fôlego, pela coragem, pela realização!

Escrevi estas linhas no Brisas. Finalizando dia 21 de setembro de 2024. Primavera.

REFERÊNCIAS

BAPTISTA, Tadeu João Ribeiro. Corporeidade e epistemologia. *In*: **Filosofia e Educação** 14.1 (2022): p. 112-135.

BORGES, Jorge Luis. **O credo de um poeta**. *In*: BORGES, Jorge Luis. **Esse ofício do verso**. Trad. de José Marcos Macedo. São Paulo: Companhia das Letras, 2007. p. 122-123.

SOARES, C. R.; GOULART, Íris B. (2010). Identificando elementos característicos do narcisismo nos profissionais de uma organização do trabalho. *In*: **Revista Gestão & Tecnologia**, *10*(2), 1–18. https://doi.org/10.20397/2177-6652/2010.v10i2.80

10 Prefácio por Tatiana Maria Lefundes de Souza

> **PREFÁCIO**
> SOBRE A OBRA A POETISA 'ARRETADA' QUE ATRAVESSOU O OCEANO:
> UMA NARRATIVA FOTOBIOGRÁFICA

Por Tatiana Maria Lefundes de Souza
(http://lattes.cnpq.br/2934166904015020)
Doutoranda em Sociolinguística pela Universidade de Buenos Aires – UBA
Especialista em Comunicação e Ciência Semiótica, Linguagens e Leituras, pela Universidade do Sudoeste da Bahia – UESB
Especialista em Literatura e Ensino de Literatura pela Universidade Estadual do Sudoeste da Bahia – UESB
Especialista em Gestão Pública – PROGESTÃO pela Universidade Estadual da Bahia – UNEB
Especialista em Estrutura e Modificabilidade Cognitiva níveis I e II pela Universidade Ben-Gurion do NEGUEV – Israel
Consultora em Educação da Empresa: Lefundes Empreendimentos Educacionais Ltda
Professora da Secretaria de Educação do Estado da Bahia
Jequié – Bahia – Brasil, 11 de novembro de 2024

A obra da escritora Dra. Valdeci dos Santos – A POETISA 'ARRETADA' QUE ATRAVESSOU O OCEANO: UMA NARRATIVA FOTOBIOGRÁFICA – traz palavras exatamente associadas às vivências profundas do seu olhar, que é um observatório sutil da vida, expresso através de um lirismo que, compõe delicadamente cada passo da construção de significados existenciais, num perfil literário único, singular e de uma sensibilidade artística capaz de tocar e ressignificar qualquer alma que o leia.

A Dra. Valdeci dos Santos compõe o circuito das grandes escritoras contemporâneas brasileiras, confirmando a sua posição na égide de alguém que escreve com linguagem depurada e brilhante, trazendo-nos com profundidade epistemológica, temas tão necessários para as crises humanitárias em que vive o planeta, a citar: solidão, comorbidades psicológicas, amadurecimentos emocionais e espirituais, amizade, ciclo do nascimento até a morte, amor, família, empatia, cumplicidade, dentre outros aspectos interessantes sobre a grandiosa experiência do existir!

É sob os laços fortes de uma amizade de décadas, com vínculos formados na alma, que, humildemente, compareço neste honrado prefácio, para manifestar o meu apreço a essa jovem Doutora Valdeci dos Santos, que tem um olhar profundo para à vida, para a dor do outro, para interpretação "*sui generis*" da existência humana, a sublimação da inquietude e volúpia do sentimentalismo juvenil e, sobretudo, do seu repertório de vivências das mais ricas que pude conhecer em minha vida.

Valdeci e eu sempre comungamos o mesmo desejo da construção amadurecida pelo amor à vida, a evolução do nosso espírito e ao delicado cuidado em deixarmos este planeta um pouco melhor do que o encontramos.

Valdeci é um presente de Deus para o mundo inteiro. Presente esse que, evoca dentro de si os mais nobres valores humanos: a construção de uma consciência respeitosa por toda a forma de vida existente neste globo terrestre, com o genuíno desejo de ser útil aos outros, oferecendo com o seu conhecimento e a grandeza ética, a desconstrução de muitos caminhos obscuros e materialistas que, por vezes, a Ciência do mundo pós-moderno trilha.

Ademais, deixo o meu afetuoso abraço a essa minha linda amiga e colega do coração! Uma das acadêmicas mais elegantes e distintas, que já cruzei nos corredores da Universidade do Estado da Bahia – UNEB, quando trabalhamos na inexorável seara da promoção humana.

11 Prefácio por Tatiene Silva de Souza Lima

PREFÁCIO

SOBRE A OBRA A POETISA 'ARRETADA' QUE ATRAVESSOU O OCEANO: UMA NARRATIVA FOTOBIOGRÁFICA

Por Tatiene Silva de Souza Lima
(http://lattes.cnpq.br/9737585624967590)
Professora de Biologia do Centro Territorial de Educação Profissional do Litoral Norte e Agreste Baiano – CETEP/LNAB.
Especialista em Educação Ambiental pela Faculdade Educacional da Lapa – UNIFAEL.
Especialista em Metodologia do Ensino Superior pela Faculdade Vasco da Gama.
Especialista em Fisioterapia Ortopédica e Traumatológica pela Faculdade Estácio de Sá.
Licenciada em Ciências Biológicas pela Universidade do Estado da Bahia – UNEB.
Bacharela em Fisioterapia pela Faculdade Santo Antônio, com Formação Completa no Método Pilates.
Alagoinhas – Bahia – Brasil, 19 de outubro de 2024

Conhecer a si mesmo é mergulhar nas próprias experiências, enfrentamentos, desafios, conquistas. É experimentar a sensação de estar abrigado num mar tranquilo formado por águas viajantes dos caminhos da vida. No dinamismo do existir, as águas pelas quais passamos são as mesmas que se compreendidas nas lições que trazem, nos consolidam enquanto seres humanos lapidados, resilientes, inspiradores e mais fortes.

De maneira essencial, a imersão na própria história de vida implica em reconhecer cada detalhe, processar as memórias e a íntima contribuição pessoal proporcionada por elas. Com o tempo, se percebe que o alcance disso só é verdadeiramente possível com autoconhecimento, sensibilidade e sabedoria. Escrever sobre si não se configura somente uma forma de reconhecer o próprio "eu" no sentido biológico, mas de demonstrar que ele vive de modo ativo e singular, conforme a essência e os valores que possui.

A expressão significativa desse mesmo "eu" resulta da construção dinâmica e duradoura enquanto ser biológico, familiar, sociocultural, psicológico e espiritual. Mais do que isso, valoriza as etapas da existência e as consagra como precursoras e norteadoras dos trajetos necessários à formação holística do ser humano.

Nesse instigante contexto, a autora Valdeci dos Santos traz uma completa narrativa fotobiográfica, compartilhando a sua inspiradora história de vida e as inúmeras vivências biopsicossociais que integralizaram seu ser até aqui, fazendo lembrar do poeta Fernando Pessoa quando ele diz que "navegar é preciso". O sentido dessa afirmação é reforçado por Valdeci quando narra os horizontes da sua trajetória de vida, seus desejos/sonhos e a inesquecível experiência de ter atravessado o oceano, conhecendo e aprendendo sobre tantas outras culturas e modos de vida.

Sem desconsiderar as nuances e possíveis dores do processo de autoconhecimento, a obra "**A poetisa 'arretada' que atravessou o oceano: uma narrativa fotobiográfica**" reflete sobre a necessidade de um mergulho profundo no mar intenso das emoções, mas também destaca o lidar com as perdas, tristezas, medos e lutos. A leitura reafirma a percepção de que viver é compreender os sabores como dádivas valiosas e os dessabores como grandes oportunidades de crescimento e evolução do ser humano em sua integralidade corpo-mente-espírito.

Com base na sua história de vida, Valdeci realiza uma aprofundada análise dos caminhos trilhados, dos desejos e interesses que nortearam as suas escolhas e ações ao longo da vida, da importante contribuição do seio familiar, amigos, colegas de profissão e pessoas "desconhecidas" que, por meio de encontros inesperados, também se tornaram genuinamente especiais.

Através de uma abordagem contextualizada, os leitores são implicitamente convidados a olharem para dentro de si mesmos, a valorizarem os verdadeiros e íntimos desejos, a prosseguirem com os seus sonhos, apesar das batalhas a serem vencidas. Ao retratar a vivência dos períodos de enfermidades e pandêmico, assim como a superação destes, a autora reflete sobre seus sentimentos, em especial o medo. Ela demonstra através de uma riquíssima narrativa ilustrada com registros fotográficos que, embora este sentimento por vezes paralise o ser humano, ele também pode ser enfrentado com a destreza do autoconhecimento.

Nesse aspecto, Valdeci lembra que a jornada existencial não é estática, mas permanece sempre em construção, (des)construção e (re)construção. Para tanto, explora uma linguagem poética, leve, sensível, muito vasta e aprofundada de valores e vivências. Além disso, o livro traz os registros de projetos desenvolvidos pela autora, como "Flores na Pandemia" e "Poemas de Ressignificação", enriquecidos por uma trilha sonora que expressa o pertencimento fraterno sempre demonstrado para com a humanidade.

Assim, fica expressa em sua narrativa a grande marca do que a própria autora transmite ao outro através do seu Ser: a Serenidade. Fiquemos com a reflexão de que é preciso navegar por dentro de si e ao redor do mundo que nos cerca, experimentando a liberdade que o conhecimento proporciona. É preciso atravessar o oceano que representa os nossos limites de modo a reconhecer a imensidão e a diversidade da vida. Compartilhando tais vivências, seguimos imortalizados nas memórias salutares e nas sementes plantadas na mente/coração das pessoas.

Infinita Gratidão à estimada professora e amiga Valdeci dos Santos, ser humano iluminado, pelo convite a ser prefaciadora e pela presença singular em minha existência. Reverencio também a você leitor, pela rica experiência de navegar por esta obra e se permitir aprender com cada capítulo dela.

12 Prefácio por Terezinha Maria Feuser

PREFÁCIO
SOBRE A OBRA A POETISA 'ARRETADA' QUE ATRAVESSOU O OCEANO: UMA NARRATIVA FOTOBIOGRÁFICA

Por Terezinha Maria Feuser
Aposentada pela Universidade Federal do Paraná – UFPR/Campus Palotina.
Escritora. Autora do livro Minha história, minha vida, meu trabalho (2023).
Pelotina – Paraná – Brasil, 12 de setembro de 2024

Conheci a poetisa arretada Valdeci dos Santos em um momento especial da minha vida. Estava realizando um sonho acalentado desde a infância: ir à Europa.

Com Marli, uma de minhas irmãs. Descendo do ônibus em Barcelona – Espanha, ouvimos alguém falar com o sotaque inconfundível e delicioso da Bahia.

Por esses acasos que não podemos explicar, simplesmente começamos conversar com essa pessoa incrível.

Sentimos estar diante de uma amiga em quem podíamos confiar. Culta e ao mesmo tempo, ouvinte atenta. Sensível sem ser piegas. Interessada em assimilar conhecimentos e compartilhar experiências.

Durante o almoço, a conversa fluiu naturalmente como se nos conhecêssemos há muito tempo. Amenidades como o feijão servido na refeição, do qual eu e minha irmã sentíamos falta. A chuva leve amenizando o calor. A beleza da cidade e do país que nos acolhia.

No dia seguinte, em Madrid, continuamos nossa conversa. Trocamos confidenciais. Falamos do passado, dos impactos da aposentadoria em nossas vidas. Principalmente do futuro. De sonhos, perspectivas e esperança.

Valdeci demonstrou, como Psicanalista que é, grande habilidade em entender a mente humana. Com pouco tempo de diálogo, percebeu minha insegurança em relação ao meu trabalho como escritora.

Sugeriu, sem causar constrangimento, que eu assumisse minha nova atividade. Passeamos e nos divertimos muito. Aproveitando o cenário maravilhoso da capital espanhola, tiramos diversas fotos. Registros de lugares e sensações emocionantes.

O jantar em um restaurante próximo ao hotel possibilitou que aproveitássemos nossa agradável convivência.

No dia seguinte, nossos caminhos se separaram. Porém, continuamos ligadas por uma sincera amizade. Graças à tecnologia, mantivemos contato. Mensagens carinhosas de paz e verdadeiro afeto.

Fui surpreendida com o honroso convite para prefaciar seu livro: **A poetisa 'arretada' que atravessou o oceano: uma narrativa fotobiográfica**. Fiquei feliz e um pouco assustada com tamanha responsabilidade.

Ao mesmo tempo, vislumbrei a possibilidade de me inserir em uma história cheia de lutas e conquistas. Registros fotográficos e literatura de cordel compõem a obra. Estilo literário popular no Nordeste do Brasil, o Cordel narra em versos, histórias e sentimentos.

A escritora e amiga conta com maestria o caminho percorrido por Valdeci. Desde a infância com a família, os estudos, a ascensão profissional, a aposentadoria, voos e sobrevoos por terras estrangeiras.

Destaca o envolvimento da mesma com causas sociais e humanitárias. Com a luta por melhorias na Educação, com ênfase na valorização de professores, e demais servidores ligados à nobre missão de ensinar.

Essa obra possibilitará a você, leitor, uma viagem por lugares mágicos. Luzes e cores captadas com extremo bom gosto pela própria poetisa.

Da natureza, o que há de belo e sublime, na percepção de quem conhece e ama as obras do Criador.

O ponto alto do livro é, sem dúvida, conhecer essa mulher guerreira, que, como a águia se ressignifica após vencer cada obstáculo da vida.

13 Prefácio por Vera Lúcia Chalegre de Freitas

PREFÁCIO
DO MOVIMENTO DE CONSTRUÇÃO, (DES)CONSTRUÇÃO
E (RE)CONSTRUÇÃO DAS NARRATIVAS
(FOTO)BIOGRÁFICAS ÀS SUBJETIVIDADES

Por Vera Lúcia Chalegre de Freitas
(http://lattes.cnpq.br/2501758841075630)
Doutora em Educação pela Universidade Federal do Rio Grande do Norte – UFRN
Pós-Doutorado no Programa de Pós-Graduação em Educação da Universidade Federal de Pelotas – UFPel
Professora Adjunta da Universidade de Pernambuco – UPE/Campus Garanhuns
Garanhuns – Pernambuco – Brasil, 15 de outubro de 2024

O texto 'DO MOVIMENTO DE CONSTRUÇÃO, (DES)CONSTRUÇÃO E (RE)CONSTRUÇÃO DAS NARRATIVAS (FOTO)BIOGRÁFICAS ÀS SUBJETIVIDADES' é o prefácio sobre a obra **A poetisa 'arretada' que atravessou o oceano: uma narrativa fotobiográfica**, de autoria da pesquisadora, colega e amiga professora Doutora Valdeci dos Santos, nossa amiga Val. É um prazer e alegria, num movimento de gratidão, prefaciar mais uma obra de sua autoria.

Penso que ter participado do movimento do existir, da autora Valdeci, em vários espaços de história de vida e formação, se tornou mais tranquilo escrever este prefácio. São histórias que acabamos por conhecer a medida que Val sempre está compartilhando conosco colegas, amigos um pouco dos seus itinerários de vida formativa e existencial. Por certo, conheço um pouco do muito que a Valdeci viveu e vive em sua vida cotidiana e que nos presenteia com sua tão valiosa obra.

Dessarte, sinto-me honrada em ter feito a leitura das narrativas escritas, das imagens (fotos), canções escolhidas, poesias, em sua própria narrativa (foto)biográfica. Assim, a obra vai mais além do que (fotos)biográficas. Val fala de canções que tocou seu coração ao longo de sua caminhada quando resolve atravessar o oceano para conhecer outros países e consequentemente lugares que têm uma expressiva singularidade de territórios e identidades.

As leituras das narrativas me permitiram fazer uma caminhada na minha própria história de vida, de lugares que visitei no meu próprio país, Brasil, mas também dos poucos lugares que visitei em outros países, como Argentina, França, Portugal. As narrativas e imagens de lugares apresentadas pela autora em (fotos)biográficas nos permite conhecer, mas nunca de fato viver a emoção de estar naquele lugar e nas vivências entre amigos, colegas e até de pessoas distantes dos nossos convívios.

Gratidão é uma palavra que tem uma sonoridade muito forte nos escritos da autora porque a mesma é sempre grata por tudo que recebe e nas mínimas coisas recebidas ela deposita o afeto e o cuidado consigo e com as outras pessoas, demonstrando uma sensibilidade que se torna singular nessa construção de história de vida pessoal e profissional.

A autora escolhe entre tantos amigos, colegas a cordelista Josinete Maria da Silva, poeta/escritora/cordelista, para ser colaboradora em sua obra. Uma das poesias apresentada pela cordelista foi "A poetisa 'arretada' que atravessou o oceano". Essa poesia foi inspiradora para esta obra A POETISA 'ARRETADA' QUE ATRAVESSOU O OCEANO: UMA NARRATIVA FOTOBIOGRÁFICA. Valdeci dedica esta obra aos 35 (trinta e cinco) amigos participantes do **projeto filhos epistêmicos** que contribuíram na condição de prefaciadores em suas diversas obras. São eles: Aldeniza Cardoso de Lima; Antonio Geraldo da Silva Sá Barreto; Carmem Patrícia Cerqueira Gomes Gouveia; Celeste Maria Pacheco de Andrade; Célia Maria Lira Jannuzzi; Claudia Freitas; Diogo Luiz Carneiro Rios; Enzo Santangelo; Gracineide Selma Santos de Almeida; Iraci Gama Santa Luzia; Izabela Dórea Brandão de Cerqueira; José 'Milton Pinheiro' de Souza; Josenilton Nunes Vieira; Judite Sant'Anna Lima; Jussara Secondino do Nascimento; Magda Nascimento Medeiros de Sousa; Marcio D'Olne Campos; Maria Celeste Costa Valverde; Maria da Conceição de Almeida; Neila da Silva Reis; Paulo Rossi Rocha de Amorim; Raylane Andreza Dias Navarro Barreto; Regla Toujaguez La Rosa Massahud; Roque da Silva Mota; Rosely Aparecida Liguori Imbernon; Suzi de Almeida Vasconcelos Barboni; Tatiana Maria Lefundes de Souza; Tatiene Silva de Souza Lima; Terezinha Maria Feuser; Ubiratan D'Ambrosio (*In memoriam*); Valmir Henrique de Araújo; Vera Lúcia Chalegre de Freitas; Vicente Deocleciano Moreira; Wanderleia Azevedo Medeiros Leitão; Yvone Matos Cerqueira; Zoraya Maria de Oliveira Marques. Assim como, a cordelista Josinete Maria da Silva que passou a ser colaboradora nesta obra. E, aos amigos Fernanda Harumi Kamonseki (Brasil/Portugal), Olga Maria Alves Martins (Portugal) e José Alberto Caeiro Costa (Portugal) (*In memoriam*) pelo acolhimento fraterno em Portugal, disponibilizando-se, a serem referências de contatos no processo de pedido de 'Visto de Residência em Portugal', junto ao Consulado Português.

Diria que a imagem (foto) que mais me chamou a atenção foi a da autora deitada, Valdeci dos Santos, com suas publicações – Fotografia 5. Nessa foto, encontra-se uma mãe com seus cinco filhos que não são biológicos, mas o resultado de uma gestação científica. Aguardando por outros filhos que pretende gerar. Cada um desses cinco filhos epistêmicos tem nome próprio e até me senti madrinha de alguns desses filhos quando fui prefaciadora de: **Um caso de assédio moral no trabalho: silêncios ruidosos** (2015); **Bio-tanato-educação: interfaces formativas** (2016); **Simplesmente olhares de ressignificação** (2021). Essa última obra, filho epistêmico, está na eminência de ser publicado. E agora estou como prefaciadora, madrinha epistêmica, desta obra – **A poetisa 'arretada' que atravessou o oceano: uma narrativa fotobiográfica** (2024).

Fotografia 5 – Projeto 'Filhos Epistêmicos'. Valdeci dos Santos (58 anos) e os filhos epistêmicos. Feira de Santana – Bahia – Brasil, 3/dez./2019. Fonte: Acervo pessoal de Valdeci dos Santos.

O convite para os prefácios dessas obras foram, por certo, em decorrência de momentos anteriores em que fomos colegas/amigas no doutorado, no Programa de Pós-Graduação em Educação na Universidade Federal do Rio Grande do Norte – PPGEd-UFRN, mas também de modo muito especial o tempo que estive como conselheira científica na Revista Metáfora Educacional (ISSN 1809-2705) versão *on-line* (2005-2017), tendo-se como editora da revista a pesquisadora Valdeci dos Santos. A autora ressalta, nesta obra, a importância que teve cada pesquisador nas avaliações dos artigos da Revista Metáfora Educacional. Quantas aprendizagens de formação tivemos nessa caminhada, conhecendo em cada edição as publicações da valiosa revista.

Quanta responsabilidade é ler, olhar, pensar, refletir e escrever com detalhes sobre esta obra. A impressão que tenho é que esta obra vai além do que o comumente se narra, do que simplesmente se mostra fotos. Isto porque na obra encontra-se poesias, encontra-se detalhes de algumas canções, que marcaram sua história de vida e que para o leitor vai ter uma identificação com seus momentos de vida. E as narrativas (auto)biográficas têm esse poder de se ver no outro. Demonstra a sensibilidade da pesquisadora, Valdeci, quanto ao seu percurso narrativo, de resgatar nas memórias, mas também no cuidado e zelo em guardar as suas vivências/experiências de história de vida pessoal e profissional, em que cada detalhe é *sui generis* nessa construção.

No sentido da gratidão, Val abre espaço para mostrar um pouco da história da poetisa/cordelista Josinete Maria da Silva. E Josinete fala em sua narrativa como aprendeu a ler em sua infância e como se tornou escritora. Uma delícia ler esse relato, bem como das suas poesias. Compreendo que esse foi um gesto de ser grata, de valorizar a amizade, de divulgar a obra de sua colega/amiga que ao longo dos anos compartilha seus poemas, mas também de mostrar os espaços de lutas na sociedade, a exemplo do Dia Nacional de Lutas – Protesto contra a PEC 241, vivenciada em Feira de Santana – Bahia, em 11 de novembro de 2016, encontrada na Fotografia 794.

Fotografia 794 – Valdeci dos Santos e Josinete Maria da Silva no DIA NACIONAL DE LUTAS: Ato pela educação: Protesto contra a PEC 241. Feira de Santana – Bahia – Brasil, 11/nov./2016. Fonte: Acervo pessoal de Valdeci dos Santos.

Os leitores devem se questionar. Por quê a poetisa atravessou o oceano? E o que isto quer dizer? Por quê narrativa fotobiográfica?

Entendi que a pesquisadora, Val, atravessou o oceano para conhecer outros lugares e ver as possibilidades de morar por algum tempo para conhecer novas culturas. Isto ocorre em 2018 com a primeira ida a Portugal, Espanha e Itália, em que nessa obra encontra-se muitas dessas imagens por meio de fotos. Ela cria uma afeição por Coimbra – Portugal que passa a ser o seu suporte, mas estabelece morada em Viseu – Portugal. Apaixonada por Fotografias, narrativas, histórias de vida e sensibilidade para a cultura, especialmente visita Museus de grandes referências em Lisboa, a exemplo do Museu Nacional de Coches; Museu de São Roque e Igreja de Santa Casa da Misericórdia de Lisboa, Mosteiros dos Jerônimos, entre outros. Visita também, o Oceanário de Lisboa, o Museu Nacional de Ciências Naturais de Madrid e muitos outros lugares. A leitura desta obra é convidativa para conhecer muitos lugares, mas também de outros olhares como seu envolvimento com as lutas sociais, cultura, sua história de vida com a **Psicanálise**, entre outras histórias.

Gonçalves *et al.* (2021, p. 4), com base na epistemologia capriana, nos diz que é por meio da cultura que "[...] os indivíduos adquirem identidade como membros de uma rede social e desta forma a rede gera seus próprios limites. Não se trata de um limite físico, mas um limite de expectativas, de confiabilidade e lealdade, continuamente mantido e renegociado pela rede de comunicação".

Essa comunicação é percebida nas possibilidades de construir novas amizades e que, por certo, alimenta novas identidades de lugares e pessoas, das identidades com as canções que foram marcantes em sua vida, dos compositores e cantores, denominadas de "metáforas poéticas".

Uma canção selecionada pela autora que me chamou bastante atenção foi a canção "Exodus" (Canção do Êxodo), de Ernest Gold/Pat Boone/Almeida Rego [Versão]. Essa canção foi inspiradora na sua relação com seu lar, seu ambiente. A canção fala da terra, "o chão que Deus me deu", mas fala da limitação do ser humano, tendo a compreensão do Deus como superioridade. Que é Deus que define esse lugar de ficar. Tem tudo a ver com o movimento da poetisa 'arretada' que atravessou o oceano, voltou para seu lar e depois volta a atravessar o oceano, em seu circuito turístico.

CANÇÃO EXODUS (CANÇÃO DO ÊXODO)

Eu vou pisar o chão que Deus me deu.
A terra que em sonhos vi
O sol do amanhecer
Mostrou o vale em flor
Ele é todo meu
Assim Deus prometeu

Vem meu amor, a terra conquistar
Aqui os nossos vão crescer
Bem junto a ti eu sou
Um homem, nada mais
Mas se Deus quiser
Um forte eu hei de ser

Vem meu amor, a terra conquistar
Aqui os nossos vão viver
Bem junto a ti eu sou
Um homem, nada mais
Mas se Deus quiser Um forte eu hei de ser

Aqui, farei meu lar
Se Deus quiser que eu morra
Eu morro sem chorar
Pois afinal, vou ter meu lar"

(Ernest Gold/Pat Boone/Almeida Rego [Versão]

A pandemia da doença COVID-19, marcou profundamente todas as nações e todos os cidadãos do mundo inteiro. Valdeci precisou cancelar o "Projeto VOOS E SOBREVOOS EM SOLOS ESTRANGEIROS". A autora narra seu sentimento de medo que inundava seu "corpo-mente-espírito", devido à doença COVID-19. Sua preocupação em ter a doença COVID-19 era maior porque a mesma tinha sido portadora de câncer, em 2012. Para além dessa questão ela conta que o luto na

Família foi algo marcante porque tinha ocorrido a perda de doze membros em sua linhagem parental materna e paterna, em um tempo de um mês, vítimas da doença COVID-19, sendo que onze desses óbitos deixaram órfãos – crianças, adolescentes e jovens –, viúvas/viúvos e os impactantes desdobramentos da realidade sanitário-bio-afetivo-psico-sócio-econômico-político-cultural. Valdeci chora intensamente a dor do luto que se encontrava misturado por ansiedade, angústia e até do sentimento de impotência pelo que a humanidade estava vivendo vitimadas pela doença COVID-19.

Essa problemática, doença COVID-19, leva a escritora, Valdeci, alterar seu movimento de jornada existencial. Necessitando cancelar o "Projeto de voos e sobrevoos em solos estrangeiros". Diria que esse foi um momento rupturas para todos os cidadãos para viver um novo modo de ser, pensar e viver da humanidade. Assim, Valdeci, vive momentos de grandes reflexões e que exigiu de sua pessoa repensar a "construção, (des)construção e da (re)construção de si".

A autora, Valdeci, necessitou redimensionar o seu projeto de vida; nomeando-o projeto "Flores da pandemia" (2020-2022), e posteriormente, intitulando-o de projeto "Poemas de ressignificação". A autora usa das redes sociais, como: Facebook, Instagran, WhatsApp entre outros meios de comunicação para dedicar suas flores do 'Jardim Namastê/Gratidão' aos amigos, colegas, com pequenos textos datados, nos quais nos cumprimenta com as expressões 'Namastê/Gratidão', a exemplos da (Fotografia 544):

Fotografia 544 – Projeto 'Flores na pandemia'/Projeto 'Poemas de ressignificação'. Jardim Namastê/Gratidão. Alecrim (Rosmarinus officinalis). Feira de Santana – Bahia – Brasil, 6/nov./2020. Fonte: Acervo pessoal de Valdeci dos Santos.

> Namastê.
> Partilho poemas de ressignificações.
> Sinta-se dentro de um abraço fraterno.
> Beijo de luz em seu coração.
> Valdeci/Val

Outro texto diz:

> Boa noite!
> Gratidão pelo acolhimento fraterno-epistêmico.
> Tenha um sono restaurador e sonhos de bem-estar.
> Partilho POEMAS DE DELICADEZA.
> Votos de sol, serenidade, Sabedoria e Vida longa.
> Beijo de luz em seu coração.
> **Valdeci/Val.**

A pandemia da doença COVID-19, certamente, aguçou em Val a passar por momentos de ressignificação de sua vida, bem como do pensar as contribuições para aqueles que estavam ao seu derredor, ao redor e mesmo distante. Isto é perceptível nesse movimento de construção, (des)construção e (re)construção de si, mas especialmente do cuidado com sua linhagem parental. Penso que esse acolhimento toma um modo particular de ser e viver em que se mostrar amável para com as pessoas, usando-se sempre das expressões Namastê/Gratidão pode suscitar no Outro, novas formas de cumprimentar e reconhecer a gratidão, afeto, carinho, cuidado, bem como da empatia, tão necessária no ser humano, para além de suas contribuições nos estudos e nas práticas da psicanálise.

A autora destaca singularidades de sua missão que seria: criar a ambiência, com fins das curas, sendo essas: "[...] dores psíquicas, epistêmicas, físicas, emocionais e sociais MINHAS e do outro". Assim, mergulha na ideia de exercitar o dom da serenidade e sabedoria, a socialização dos seus conhecimentos relevantes para a sociedade. Compreende a essência do movimento de construção, (des)construção e (re)construção de sua história de vida existencial. Nesse contexto, resolve desenvolver sua prática, por meio de diálogos, palestras, livros, análise, bem como das mensagens de ações fraternas na compreensão do veio "Ser humano".

Seu engajamento com as lutas sociais volta com força nas expressões socialmente compartilhadas na sociedade: "vacina salva vidas há anos", "Vacina já" (Fotografia 478). Essa comunicação nas redes sociais foi de grande importância. Como nos fala Capra (2005), referindo-se a comunicação de rede, esse tipo de comunicação cria múltiplos círculos de *feedbaks* que produzem os sistemas de crenças, valores, bem como cultura.

Fotografia 478 – Valdeci dos Santos a favor da campanha de vacinação contra a doença COVID-19. Brasil, 15/jan./2021. Fonte: Acervo pessoal de Valdeci dos Santos.

Para Gonçalves *et al.* (2005, p. 4) é por mediante a cultura que "[...] os indivíduos adquirem identidade como membros de uma rede social e desta forma a rede gera seus próprios limites. Não se trata de um limite físico, mas um limite de expectativas, de confiabilidade e lealdade, continuamente mantido e renegociado pela rede de comunicação".

Esse discurso perpassa pela dimensão da subjetividade e da práxis. Guattari (2003, p. 55) compreende que "[...] A subjetividade, através de chaves transversais, se instaura ao mesmo tempo no mundo do meio ambiente, dos grandes Agenciamentos sociais e institucionais e, simetricamente, no seio das paisagens e dos fantasmas que habitam as mais íntimas esferas dos indivíduos".

Na epistemologia de Guattari (2003), vamos encontrar diversos olhares para a subjetividade, destaco para este texto a "subjetividade individual" e "subjetividade coletiva" e intento pensar como essas subjetividades foram aparecendo na sua obra de modo sutil.

A pesquisadora, Valdeci, volta para o Brasil, para seu lugar e nesse itinerário formativo vê as possibilidades de desenvolver o projeto "Flores na pandemia". Esse projeto foi socialmente compartilhado nos meios sociais, como Facebook e Instagran, mas também Valdeci oferece flores para os/as amigos/as como gesto de carinho, afeto e amizade. Por outro lado também descreve sobre os conhecimentos da Botânica que acabam por contribuir com a formação dos leitores que desejam ter conhecimento popular e científico sobre a botânica. Essas flores são da sua própria casa, mas também de outros espaços que a mesma visita. Ter conhecido esse percurso, formativo de vida existencial, sempre me deixa muito agraciada porque para além de termos sido colegas de curso de doutorado construímos uma história de amizade e confiança.

Outro momento muito importante na leitura desta obra é quanto à decisão da autora estudar Psicanálise e ser Psicanalista. Muitas vezes ouvindo desse movimento de entendimento da psicanálise acabava por contribuir com a minha própria formação, no sentido do que posso pensar sobre meu percurso de história de vida pessoal e profissional, bem como do tempo que preciso para escrever sobre minhas próprias narrativas, do tempo para recorrer as memórias, do tempo que necessito escrever a construção do meu memorial, do tempo que disponibilizo para as outras pessoas e do tempo que preciso disponibilizar para mim. Assim, esta obra nos ajuda a pensar também sobre questões da "subjetividade individual" e "subjetividade coletiva" que penso a partir dos pressupostos guatarriano.

Recentemente em 2024 a autora volta aos solos estrangeiros, em um momento que denomina de "circuito turístico". Assim, foram vinte e um dias dedicados a conhecer novos países: França, Bélgica, Países Baixos, Suíça, Principado de Mônaco, Itália, Espanha, Inglaterra (Reino Unido). Sente-se agraciada por conhecer o Museu do Louvre. A sensação que tenho é que a autora precisava revisitar lugares que não foi possível conhecer diante do tempo da pandemia. Importante que os pontos turísticos visitados pela autora leva os leitores a caminhar nesse imaginário de como seria se estivesse visitando os lugares.

Esta obra que trata de narrativas (foto)biográficas suscitou reflexões sobre a "Iconografia", mas também "Iconologia". Então fui buscar na literatura referências quanto a esses termos, para pensar como poderia contribuir para a valorização desta tão importante obra.

Para Casimiro (2016, p. 21), a iconografia é, pois, "[...] a ciência que tem como objetivo não somente descrever as imagens, mas também classificar, analisar, identificar (interpretar), justificar as fórmulas adotadas pelos artistas". O referido autor, com base na obra de Panofsky, nos diz da relação entre a iconologia e iconografia, como lido:

> [...] a Iconologia (ou Iconografia interpretativa, como inicialmente lhe chamou Panofsky) efectua a interpretação dos valores simbólicos e procura descobrir o significado último da obra de arte (filosófico, histórico, religioso, social...) a fim de explicar a sua razão de ser no contexto da cultura, da civilização e da época em que foi criada, independentemente da sua qualidade ou do seu autor (CASIMIRO, 2016, p. 21).

A escritora Valdeci mostra suas fotos na temporalidade vivida, em lugares singulares como observadora de paisagens, integradora nas paisagens, observadora de obras de artes, de valoração às amizades, de momentos de construção de seus filhos epistêmicos que são suas obras produzidas e publicadas.

Confesso que me encanto com a obra e que a mesma suscita no leitor um deleite para pensar como a minha e a sua história poderia ser contada, a partir das vivências/experiências vividas dando sentido e significado a essa história de vida pessoal e profissional em movimento de construção, (des)construção e (re)construção de si, em narrativas que possibilitem pensar nas subjetividades, individual e coletiva, que constantemente vivemos na sociedade contemporânea. Gratidão pela confiança em escrever este prefácio! Gratidão pela amizade!

REFERÊNCIAS

CAPRA, Fritjof. **Conexões ocultas:** ciência para uma vida sustentável. 4 ed. Trad. Marcelo Brandão Cipolla. São Paulo, SP: Editora Pensamento-Cultrix Ltda, 2005.

CASIMIRO, L.A.E.S. O método iconográfico e sua aplicação na análise da fachada da Igreja da Madre de Deus em Macau. In: HERNÁNDEZ, M.H.O., and LINS, E.Á., eds. **Iconografia:** pesquisa e aplicação em estudos de artes visuais, arquitetura e design [online]. Salvador: EDUFBA, 2016, pp. 18-39. ISBN: 978-85-232-1861-4. https://doi.org/10.7476/9788523218614.0003.

GONÇALVES, S. P. G.; MICHALOWSKI, A. O.; XAVIER, A. A. P.; STADLER, C. C. Humanização do desenvolvimento econômico mundial: a proposta de Fritjof Capra para o processo civilizatório. **Anais.** IX Simpósio Internacional Processo Civilizador: Tecnologia e Civilização. Ponta Grossa-Paraná, Brasil. 2005.

GUATTARI, Félix. **As três ecologias.** 14 ed. Campinas – SP: Papirus. 2003. 56p.

14   Prefácio por Wanderleia Azevedo Medeiros Leitão

PREFÁCIO

SOBRE A OBRA A POETISA 'ARRETADA' QUE ATRAVESSOU O OCEANO: UMA NARRATIVA FOTOBIOGRÁFICA

Por Wanderleia Azevedo Medeiros Leitão
(http://lattes.cnpq.br/9180849418936246)

Doutorado em Educação pela Universidade de São Paulo – USP.

Pós-Doutorado em Educação pelo Instituto de Educação Matemática e Científica – IEMCI, da Universidade Federal do Pará – UFPA.

Professora Titular da Universidade Federal do Pará – UFPA

Belém – Pará – Brasil, 13 de novembro de 2024

Escrever a respeito dessa obra representa um momento muito significativo e importante para minha vida, pois esse ato demarca entrelaçamentos de vidas, entre a autora Valdeci dos Santos e as pessoas que partilharam vivências com ela, tão bem socializadas por meio de suas narrativas fotobiográficas. Tais narrativas demonstram quão grande é essa mulher, assim como demonstram ricas possibilidades de contribuição para a formação e orientação de outras mulheres, que inspiradas em Valdeci dos Santos, podem concluir que vale a pena sonhar e lutar por seus ideais, que os sonhos são possíveis de serem realizados, quando se caminha construindo cotidianamente, a estrada de sua vida, e a qual deseja ser trilhada. Para tanto, a autora honra seus primeiros passos e segue em busca de outros trilhos, outras jornadas, até alcançar as estradas desejadas. E assim caminha Valdeci, de Feira de Santana, do Brasil, caminha até Paris, voando e sobrevoando em outros solos estrangeiros.

A boniteza da caminhada dessa Mulher demarca ainda sua firmeza, sua determinação, suas buscas, em sintonia com o conhecimento, com a música, com a poesia, com a natureza... Com as coisas boas da vida. E diante de tantas "peraltices saudáveis", socializa conosco, de forma densa e ao mesmo tempo inspiradora, seu tempo, sua vida, apresentando-nos a mulher de quem vos falo e que posso afirmar: tem coração de menina! Penso que a poesia cantada de Chico Buarque VIDA, diz muito dessa poetisa arretada.

> [...] Luz, quero luz,
> Sei que além das cortinas
> São palcos azuis
> E infinitas cortinas
> Com palcos atrás
> Arranca, vida
> Estufa, veia

E pulsa, pulsa, pulsa,
Pulsa, pulsa mais
Mais, quero mais
Nem que todos os barcos
Recolham ao cais
Que os faróis da costeira
Me lancem sinais
Arranca, vida
Estufa, vela
Me leva, leva longe
Longe, leva mais
Vida, minha vida
Olha o que é que eu fiz
Toquei na ferida
Nos nervos, nos fios
Nos olhos dos homens
De olhos sombrios
Mas, vida, ali
Eu sei que fui feliz

VIDA. Intérprete: Chico Buarque. Compositor: Francisco Buarque de Holanda. *In*: VIDA. Intérprete: Chico Buarque. Rio de Janeiro: Polygram/Phillips, 1980. (3min15s).

Continue Voando Valdeci e assim outros poemas virão anunciando de forma poética que você é feliz. Amém!

PREÂMBULO

SOBRE A OBRA

A obra '**A poetisa 'arretada' que atravessou o oceano: uma narrativa fotobiográfica**', oitavo livro/filho epistêmico, de autoria de Valdeci dos Santos, é uma *escrita sobre si*, com ênfase na **narrativa fotobiográfica**, composta de 794 (setecentos e noventa e quatro) Fotografias, sobre singularidades da história de vida de Valdeci dos Santos, relacionadas à sua caminhada em solos estrangeiros e solo brasileiro, numa temporalidade pós-aposentadoria, no período de 7 de setembro de 2018 a 22 de junho de 2024. Ela vela/desvela questões implícito-explícitas nas memórias fotográficas que permitem reflexões sobre: O que leva uma pessoa a eleger como 'objeto de estudo' sua caminhada pessoal-acadêmico-profissional? Qual a importância da publicação da história de vida de Valdeci dos Santos, tendo como recorte mais pontual, suas experiências e aprendizados numa temporalidade de 2018 a 2024? Qual a contribuição da obra de Valdeci dos Santos para o leitor, o estudo da memória individual e coletiva e, a sociedade?

A obra é integrante do projeto 'Filhos Epistêmicos'. O projeto 'Filhos Epistêmicos' ancora-se no projeto de pesquisa 'Memória do Ensino de Biologia': subprojeto **Memória autobiográfica da professora-bióloga Dra. Valdeci dos Santos** (Linha de Pesquisa: Ensino de Biologia. Sublinhas de pesquisa: Formação de Professores; Ensino de Biologia; Prática Docente; Memória do Ensino de Biologia; Identidade Profissional; (Auto)biografia e, Profissionalização Docente).

A *escrita sobre si*, objeto de estudo do método autobiográfico, expressa a singularidade do sujeito objetivo-subjetivo diante de opacidades, de atos falhos, de lapsos de memória, de conflitos, de implicações libidinais, de preconceitos e de crenças primitivas, que constituem o sistema de referências de suas demandas conscientes e inconscientes tecidas no movimento da tríade lembrança-memória-esquecimento constitutiva da história de vida desse sujeito.

O método autobiográfico configura-se como uma abordagem teórica que apresenta possibilidades fecundas para a pesquisa sobre o movimento do sujeito em sua trajetória pessoal-acadêmica-profissional, especialmente, por propiciar um 'lugar de fala' e um 'lugar de escuta' desse sujeito sobre sua singular história de vida constituída no contexto socioeconômico e cultural. É nesse movimento de descolamento da memória que o sujeito constrói uma narrativa sobre ele próprio que lhe permite, e ao pesquisador, estabelecer as interfaces sobre sua identidade diferente e singular constituída num circuito de alteridade.

A obra '**A poetisa 'arretada' que atravessou o oceano: uma narrativa fotobiográfica**' está estruturada em sete momentos: preâmbulo, capítulo 1, capítulo 2, capítulo 3, capítulo 4, capítulo 5 e, epílogo.

O **preâmbulo** apresenta o contexto da obra e, quatro poemas de autoria de Josinete Maria da Silva dedicados a Valdeci dos Santos: 1. A poetisa 'arretada' que atravessou o oceano (2019); 2. Um olhar sobre Valdeci dos Santos (2020); 3. Feliz aniversário, amiga! (2021); e, 4. Cordeando Valdeci dos Santos (2024).

O **capítulo 1** – PISTAS SOBRE A POETISA 'ARRETADA' – consta uma breve apresentação da autora Valdeci dos Santos, seus projetos profissionais: macroprojeto 'Bio-Tanato-Educação: Interfaces Formativas', projeto 'Psicanálise' e, projeto 'Filhos Epistêmicos'; matizes da atuação profissional.

O **capítulo 2** – VOOS E SOBREVOOS EM SOLOS ESTRANGEIROS – apresenta: breve contexto da aposentadoria de Valdeci dos Santos; o projeto **'Voos e sobrevoos em solos estrangeiros'**; memórias das viagens aos países Portugal, Itália e Espanha, realizada nos meses de setembro, outubro e novembro de 2018.

O leitor encontrará, ainda, um 'macramê sonoro' eleito, como 'companheiro de viagem', por Valdeci dos Santos, 57 (cinquenta e sete) **metáforas poéticas** que dizem do MOVIMENTO de construção/(des)construção/(re)construção da sua jornada existencial. São elas: 1. ME ENSINA A ESCREVER (Intérprete: Oswaldo Montenegro. Compositor: Oswaldo Montenegro); 2. VENTO, VENTANIA (Intérprete: Biquini Cavadão. Compositor: André Fernandes Leite da Luz; Carlos Augusto Pereira Coelho; Álvaro Prieto Lopes; Miguel Flores da Cunha; Carlos Beni Carvalho de Oliveira; Bruno Castro Gouveia); 3. FOI DEUS QUEM FEZ VOCÊ (Intérprete: Amelinha. Compositor: Luiz Ramalho); 4. CIO DA TERRA (Intérprete: Chico Buarque; Milton Nascimento. Compositor: Milton Silva Campos Nascimento, Francisco Buarque de Holanda); 5. O HOMEM (Intérprete: Raul Seixas. Compositor: Raul Seixas; Paulo Coelho de Souza); 6. DE JANEIRO A JANEIRO (Intérprete: Roberta Campos (part. Nando Reis). Compositor: Roberta Cristina Campos Martins); 7. O SEGUNDO SOL (Intérprete: Cássia Eller. Compositor: José Fernando Gomes dos Reis (Nando Reis)); 8. METAMORFOSE AMBULANTE (Intérprete: Raul Seixas. Compositor: Raul Seixas); 9. PRA VOCÊ GUARDEI O AMOR (Intérprete: Nando Reis (part. Ana Cañas). Compositor: José Fernando Gomes dos Reis (Nando Reis)); 10. CATEDRAL (Intérprete: Zélia Duncan. Compositor: Tanita Tikaram; Zélia Duncan (versão); Christiaan Oyens (versão)); 11. AS PALAVRAS (Intérprete: Vanessa da Mata. Compositor: Vanessa Sigiane da Mata Ferreira); 12. SENHORITA (Intérprete: Zé Geraldo. Compositor: Zé Geraldo); 13. PARABÉNS PRA VOCÊ (Intérprete: Ritchie. Compositor: Bernardo Torres de Vilhena, Ritchie); 14. MALUCO BELEZA (Intérprete: Raul Seixas. Compositor: Raul Seixas, Claudio Roberto Andrade de Azeredo); 15. GIZ (Intérprete: Legião Urbana. Compositor: Renato Manfredini Júnior (Renato Russo); Eduardo Dutra Villa Lobos; Marcelo Augusto Bonfá); 16. ENQUANTO ENGOMA A CALÇA (Intérprete: Ednardo. Compositor: Climério; José Ednardo Soares Costa Sousa (Ednardo)); 17. VELHA ROUPA COLORIDA (Intérprete: Belchior. Compositor: Antônio Carlos Gomes Belchior Fontenelle Fernandes (Belchior)); 18. CHORANDO E CANTANDO (Intérprete: Geraldo Azevedo. Compositor: Geraldo Azevedo; Fausto Nilo Costa Junior); 19. NO SEU LUGAR (Intérprete: Kid Abelha. Compositor: George Israel; Lui Farias; Paula Toller); 20. A LETRA "A" (Intérprete: Nando Reis. Compositor: José Fernando Gomes dos Reis (Nando Reis)); 21. COMPANHEIRA DE ALTA-LUZ (Intérprete: Zé Ramalho. Compositor: José Ramalho Neto (Zé Ramalho); Fausto Nilo Costa Junior); 22. MONTE CASTELO (Intérprete: Legião Urbana. Compositor: Renato Manfredini Júnior (Renato Russo)); 23. ANDANÇA. Intérprete: Elizabeth Alves de Oliveira Carvalho. Compositor: Danilo Caymmi (Danilo Cândido Tostes Caymmi); Edmundo Souto (Edmundo Rosa Souto); Paulinho Tapajós (Paulo Tapajós Gomes Filho)); 24. OLHAR 43 (Intérprete: RPM. Compositor: Paulo Ricardo; Luiz Schiavon); 25. EU QUERO SEMPRE MAIS (Intérprete: Pitty; Ira!. Compositor: Edgard José Scandurra Pereira); 26. OS CEGOS DO CASTELO (Intérprete: Titãs. Compositor: José Fernando Gomes dos Reis (Nando Reis)); 27. NÃO OLHE PRA TRÁS (Intérprete: Capital Inicial. Compositor: Bruno Cesar Orefice de Carvalho; Willian dos Santos; Rodrigo Elionai dos Reis); 28. ENQUANTO DURMO (Intérprete: Zélia Duncan. Compositor: Christiaan Oyens; Zélia

Duncan); 29. POEMA (Intérprete: Ney Matogrosso. Compositor: Agenor de Miranda Araújo Neto (Cazuza); Roberto Frejat); 30. POR ONDE ANDEI (Intérprete: Nando Reis. Compositor: José Fernando Gomes dos Reis (Nando Reis)); 31. LAMBADA (Intérprete: Kaoma. Compositor: Gonzalo Hermosa Gonzales; Ulises Hermosa Gonzales); 32. VEJO FLORES EM VOCÊ (Intérprete: Ira! Compositor: Edgard José Scandurra Pereira); 33. A NAVE INTERIOR. Intérprete: Zé Ramalho (part. Pitty). Compositor: José Ramalho Neto (Zé Ramalho); Francisco César Gonçalves (Chico César)); 34. VOA, LIBERDADE (Intérprete: Jessé. Compositor: Mario Lucio da Rocha e Silva, Eunice Barbosa da Silva, Mário Lúcio Rodrigues dos Santos); 35. CORAÇÃO SELVAGEM (Intérprete: Belchior. Compositor: Antônio Carlos Gomes Belchior Fontenelle Fernandes (Belchior)); 36. FREVO MULHER (Intérprete: Zé Ramalho. Compositor: José Ramalho Neto (Zé Ramalho)); 37. ORQUÍDEA NEGRA (Intérprete: Zé Ramalho. Compositor: Jorge Mautner); 38. MUDANÇAS (Intérprete: Vanusa. Compositor: Vanusa, Sérgio Sá); 39. PAVÃO MYSTERIOZO (Intérprete: Ednardo. Compositor: José Ednardo Soares Costa Sousa (Ednardo)); 40. SUTILMENTE (Intérprete: Skank. Compositor: José Fernando Gomes dos Reis (Nando Reis); Samuel Rosa de Alvarenga); 41. CONTO DE AREIA (Intérprete: Clara Nunes. Compositor: Romildo S. Bastos, Toninho); 42. QUE ME VENHA ESSE HOMEM (Intérprete: Amelinha. Compositor: David Tygel, Bruna Lombardi); 43. VAMOS FAZER UM FILME (Intérprete: Legião Urbana. Compositor: Renato Manfredini Júnior (Renato Russo)); 44. SERÁ (Intérprete: Legião Urbana. Compositor: Renato Manfredini Júnior (Renato Russo); Dado Villa-Lobos; Marcelo Bonfá); 45. O QUE É, O QUE É? (Intérprete: Gonzaguinha. Compositor: Luiz Gonzaga do Nascimento Júnior (Gonzaguinha)); 46. DIAS DE LUTA (Intérprete: Ira! Compositor: Edgard José Scandurra Pereira); 47. FLOR DE CHEIRO. Intérprete: Nando Cordel. Compositor: Fernando Manoel Correia (Nando Cordel)); 48. LENHA (Intérprete: Zeca Baleiro. Compositor: José de Ribamar Coelho Santos (Zeca Baleiro): 49. MORENA TROPICANA (Intérprete: Alceu Valença. Compositor: Vicente Moreira Barreto; Alceu Paiva Valença); 50. QUASE SEM QUERER (Intérprete: Legião Urbana. Compositor: Renato Manfredini Júnior (Renato Russo); Eduardo Dutra Villa Lobos; Renato da Silva Rocha); 51. TENTE OUTRA VEZ (Intérprete: Raul Seixas. Compositor: Raul Seixas; Marcelo Motta; Paulo Coelho); 52. NOITES TRAIÇOEIRAS (Intérprete: Padre Marcelo Rossi. Compositor: Carlos Pappae); 53. ENTRE A SERPENTE E A ESTRELA (Amarillo by morning) (Intérprete: Zé Ramalho. Compositor: Terry Stafford; P. Frazer; Aldir Blanc (versão)); 54. COMENTÁRIOS A RESPEITO DE JOHN (Intérprete: Belchior. Compositor: José Luís Penna, Antônio Carlos Gomes Belchior Fontenelle Fernandes (Belchior)); 55. MULHER NOVA, BONITA E CARINHOSA FAZ O HOMEM GEMER SEM SENTIR DOR. Intérprete: Amelinha. Compositor: Jose Ramalho Neto, Otacílio Guedes Patriota); 56. O SOL (Intérprete: Jota Quest. Compositor: Antônio Júlio Nastácia); 57. ESQUADROS (Intérprete: Adriana Calcanhotto. Compositor: Adriana da Cunha Calcanhotto).

O **capítulo 3** – PROJETO 'MORADIA EM SOLO ESTRANGEIRO' – apresenta memórias da execução do **projeto 'Moradia em solo estrangeiro'**, de Valdeci dos Santos, no país Portugal, no período de 24 de março a 31 de dezembro de 2019. E, memórias da interface do seu retorno ao Brasil para tratamento de saúde e, o seu regresso a Portugal reafirmando sua condição de moradora em solo português.

O **capítulo 4** – EM TEMPOS DE PANDEMIA DA DOENÇA COVID-19 – destaca, em especial, como a pandemia da doença COVID-19 alterou o movimento de construção/(des)construção/(re)construção da jornada existencial de Valdeci dos Santos. São tópicos: **1. Cancelamento do projeto 'Moradia em solo estrangeiro'; 2. Um sonho, em tempos de pandemia, intitulado serpentes; 3. Projeto 'Flores na pandemia'/Projeto 'Poemas de ressignificação'; 4. Respirando amor, amizade, fraternidade, gratidão...**

O **capítulo 5** – PÓS-PANDEMIA, EM MOVIMENTO DE CONSTRUÇÃO/(DES)CONSTRUÇÃO/(RE)CONSTRUÇÃO – sinaliza que Valdeci dos Santos segue **em movimento de construção/(des)construção/(re)construção** do seu projeto de vida, dentre outras ações, reativou o projeto 'Voos e sobrevoos em solos estrangeiros', a exemplo da realização do circuito turístico de 21 dias na Europa (França, Bélgica, Países Baixos, Suíça, Principado de Mônaco, Itália, Espanha e Inglaterra), realizado no período de 1 a 22 de junho de 2024.

O **epílogo** sinaliza a importância da memória individual e coletiva.

São prefaciadores da obra – **A poetisa 'arretada' que atravessou o oceano: uma narrativa fotobiográfica** -: Aldeniza Cardoso de Lima (UFAM); Claudia Freitas (Prefeitura Municipal de Diadema – SP); Iraci Gama Santa Luzia (UNEB); José Milton Pinheiro de Souza (UNEB); Judite Sant'Anna Lima (Secretaria da Educação do Estado da Bahia); Maria Celeste Costa Valverde (UEFS); Neila da Silva Reis (UFPA/UFAL); Roque da Silva Mota (Associação de Apoio à Pessoa com Câncer – AAPC de Feira de Santana); Suzi de Almeida Vasconcelos Barboni (UEFS); Tatiana Maria Lefundes de Souza (Secretaria da Educação do Estado da Bahia); Tatiene Silva de Souza Lima (Secretaria da Educação do Estado da Bahia); Terezinha Maria Feuser (UFPR); Vera Lúcia Chalegre de Freitas (UPE); e Wanderleia Azevedo Medeiros Leitão (UFPA).

Sou GRATA, a você, LEITOR, pela disponibilidade de realizar leitura da obra **A poetisa 'arretada' que atravessou o oceano: uma narrativa fotobiográfica**; e divulgá-la em sua rede de contatos.

POEMAS DE JOSINETE MARIA DA SILVA DEDICADOS A VALDECI DOS SANTOS

A POETISA 'ARRETADA' QUE ATRAVESSOU O OCEANO

Por Josinete Maria da Silva
Feira de Santana – Bahia – Brasil, 19 de julho de 2019

Lembra Valdeci dos Santos
Quando nós nos conhecemos
Foi correndo atrás de roupas
Para celebrar um evento pequeno
Em casas de alugueis de roupas
Para a festa dos anos 60
Foi criação do Marzinho

Todas em busca de roupas
Não importava a cor
De bolinha amarelinha
Vermelha, verde ou azul
Lilás, roxa ou anil
Sim, a cor do nosso Brasil
Qualquer tom seria bom!

Não encontramos a roupa
Que no evento, íamos usar
Saímos de lá felizes
Sabíamos que o melhor da festa
Ia se concretizar
Criamos uma linda amizade
Que iria perdurar

De uma nobre linhagem
Nascia ali Valdeci
Dentre ela, nove irmãos
Selma, Almir e Valmir
Márcio, Cristiano e Edna
Lívia, Cristiano, Lourival
A união da família é bonita e real.

Nasceu em Feira de Santana
Em 22 de dezembro
Bem pertinho do Natal
Seu brilho tão quanto à estrela
Eis uma grande guerreira
Determinada e persistente
Em sua longa carreira.

Filha de pessoas simples
Honestos e trabalhadores
Seu pai o senhor Lourival Pereira dos Santos
E a senhora Maria Sebastiana dos Santos
Com seus dez filhos educados
Com amor e imensa honra
Hoje todos se orgulham.

Falando do seu nascimento
Não tenho o esclarecimento
Se foi de parto normal
Ou uma cesariana
Por conta daquele tempo
QUEM AUXILIAVA NO PARTO
ERA A PARTEIRA OU O PAI.

Só sei que essa criança
Foi muito abençoada
Cresceu naquela família
Muito bem orientada
Gostava de estudar
Querendo assim se formar
Para ser uma professora.

E lá se foi a menina
Estudava sem parar
Foi aluna do Assis
Passando em primeiro lugar
Conquistando suas metas
Conclui o segundo grau
Partiu para o vestibular.

Estudou Biologia
Na UEFS se formou
Fez mestrado e doutorado
Na UNEB ensinou
É poetisa e professora
De um curriculum invejável
Essa moça é um horror.

Primeiro fez seu mestrado
Ensinando na UNEB
Partiu para o doutorado
E defendeu sua tese
Mas faltava alguma coisa
Por ser muito preparada
Tornou-se uma escritora.

Ainda se perguntava
O que vou fazer agora!
Pois tinha se aposentado
Muito moça e viçosa
Observou o ambiente
Apesar do clima frio
Foi conhecer a Europa.

Se não me falha a memória
Por lá ficou uns três meses
Depois seguiu para São Paulo
Assim chegou a Bahia
Sem mesmo pestanejar
Retornou depois para a Europa
Hoje, sua morada é lá.

Deixou aqui, sua família
E seus amigos também
Fazendo uma falta danada
Te desejo todo o bem
Algo de bom aí te espera
Namastê amiga querida
Beijo de luz e proteção.

Pois nada vem por acaso
Acredito no Deus maior
Que criou o céu e a terra
E tudo que nela há
Do outro lado do mundo
Coisas boas estão por vim
O Pai te encaminhará.

Vou recordar com carinho
Nossas lutas e festejos
Nas manifestações de ruas
Lutando por nossos direitos
Nas festinhas do Assis
Nossas Selfies eram feitas
Resenha boa e bem feita.

As fotos eram constantes
Como eu me recordo bem
Na mesma hora lançávamos
No face, Instagram e zapp
Os registros que fizemos
É nossa grande história
Guardada nos corações

Plagiando Milton Nascimento
Em umas das suas canções
Amigo se guarda no peito
Ao lado do coração
Vão ficar aqui guardadas
As suas grandes lembranças
Gratidão... Gratidão...

Gratidão por te conhecer
E me tornar sua amiga
Aprendi muito com você
As peripécias da vida
Dela não levamos nada
Apenas nossa bondade
Obrigada minha amiga!

E se você não existisse
O que seria de nós!
Faria Val outra vez
Não sei se seria de barro
De louça ou bronze, talvez
Usaria um cristal
Lapidado em francês.

Não perdemos a amiga
Só porque longe está
Do outro lado do Oceano
Sei que muito bem está
É um desafio danado
Que Valdeci dos Santos
Vai ter que enfrentar.

É forte como a águia dourada
Mais inteligente que o corvo
Pode não dominar a língua
Desse país que está
Canta igual ao rouxinol
Anunciando a primavera
Migrando de solo a sol

Fico aqui a imaginar
Minha amiga Valdeci
Saiu da sua terra natal
Deixando assim o seu país
Inquieta e curiosa
Tu não és aventureira
Foi o dedo de Jesus

Grandes projetos sei que tem
Aprimorar conhecimentos
Essa troca de experiência
Clareia teus pensamentos
Buscando objetivos
Vai escrever inúmeros livros
E arrumar um marido.

Estou a me preparar
Para esse grande evento
Já busco os modelitos
Como será meu vestido
Será um cerimonial simples
Embora muito bonito
Este lindo casamento.

Não sei se termino o cordel
Pensa que em dúvida estou
Mas se eu prosseguir nas rimas
O leitor se cansará
E achar que na leitura
Não tem som nem mesmo rima
Pode se pôr a chorar!

Com uma saudade danada
Vou encerrar sim senhor
Uma bagagem danada
Deixo aqui dentro da mala
Um mundão de gratidão
Um tsunami de emoção
Aqui no meu coração.

FIM

UM OLHAR SOBRE VALDECI DOS SANTOS

Josinete Maria da Silva

Feira de Santana – Bahia – Brasil, 14 de julho de 2020

O meu olhar em VALDECI dos Santos.

Mulher guerreira, humilde, simples, sábia e inteligente, corajosa, determinada e perseverante. Claro, admiro!

Senti até a ousadia de compará-la à águia e o casulo.

Ela retruca o tempo todo que viverás os cem anos, a águia vive setenta anos, para chegar a essa idade, ela toma uma séria e difícil decisão, ela se renova, mesmo sendo um processo doloroso, ela passa a viver mais trinta anos. Ela se resguarda se desprendendo de velhos costumes se transformando no novo.

Assim eu vejo a amiga Valdeci. No momento da pandemia do coronavírus ela se recuou, mas não parou, continuou na labuta do dia-a-dia, ficou no seu ninho embora suas traquinagens seguiu, vive constantemente o hoje e o agora.

Esta senhorita, cuidou da reforma do seu lar, escreveu, leu, cuidou da jardinagem, dos trabalhadores, subiu em escada, em banco, voltou a ser criança nos balanços, brincou com os sobrinhos, subiu em pneus, se caracterizou de espantalho, não descuidou da sua estética e ainda sobrou tempo para suas sessões de fotos.

Amiga Val, você simboliza a majestade, a coragem, a força, liberdade e paixão pela vida. Assim como as águias você nunca está sozinha. Em nossas vidas às vezes temos que nos isolar e passar por esse processo de renovação para que nossos voos sejam de vitórias. Acredito que mesmo preocupada com o que estamos vivenciando no momento, transformou o mesmo em uma ferramenta ilustrativa para lidar melhor com a situação do contexto.

Quanto ao meu olhar na retratação entre você ao casulo. Sinto como se fosse uma mensageira, uma espécie de anjo que veio a terra para brilhar e iluminar os amigos ao seu redor. A lagarta vira o casulo que passa por uma evolução se transformando em borboleta nos trazendo importantes significados.

E para concluir o meu olhar, deixo a poesia de Vinícius de Moraes:

AS BORBOLETAS

Rio de Janeiro, 1970.

Brancas
Azuis
Amarelas
E pretas
Brincam
na luz
As belas
Borboletas

Borboletas brancas
São alegres e francas

Borboletas azuis
Gostam muito de luz.

As amarelinhas
São tão bonitinhas!

E as pretas então...
Oh,que escuridão!

FELIZ ANIVERSÁRIO, AMIGA!

Josinete Maria da Silva

Feira de Santana – Bahia – Brasil, 7 de dezembro de 2021

Antes do dia amiga
Vou recitar pra você
Se tudo é virtual
Vou logo oferecer
Uns versinhos bonitinhos
Muito igual a você.

Feliz anos e vida nova
Feliz tudo a te desejo
Val desejo muito querer
A vida, a saúde e felicidades
Nesta data especial
Liberdade e prazer.

Só não te desejo muito
Distância entre nós não
Vai lá que esta distância
Faz doer o coração
Ai eu sinto falta de tu
Que alegra as emoções.

Falar de Val é bãooo
Uma pessoa do bem
Ela só tem um defeito
Mas eu aprovo também
Uma cigana andarilha
Vivendo grandes emoções

Respeito o seu gosto bãooo
Coragem ocê tem de sobra
Mulher que vive emoções
Um dia eu quero vê
Essa mocinha bonita
Voltar a sua razão.

Feliz Aniversário amiga
Eu te quero muito bem
Te desejo um amor
Daquele que te faz feliz
Pode ser até difícil
Mas impossível não!

CORDEANDO VALDECI DOS SANTOS

Josinete Maria da Silva
Feira de Santana – Bahia – Brasil, 2 de maio de 2024

Tomei um susto danado
Quando de Valdeci recebi
Um convite arrojado
Desse que o cabra fica animado
Mas um tanto arrepiado
Foi de vero a emoção
Que senti no coração
Quase morro de enfarto

Com suas palavras dóceis
Ela falou Namastê
Querida amiga Josinete
Um convite vou te fazer
Seria útil e agradável
No meu filhote epistêmico
Será um grande prazer
Interagir com você.

Vindo de uma grande escritora
Me sinto feliz e grata
Acreditando nos versos
Em uma folha de papel
Tenho por te grande apreço
Te admiro demais!
Todo simplicidade do mundo
Encanta e transmite a paz.

De uma boa energia
Ao conversar com você
Me sinto revigorada
Fortalece a minha autoestima
Eleva e me deixa forte
Até o meu intelecto
Acelera e me açoita.
Inspirando a escrever.

Gratidão, primeiro a Deus
Depois agradeço a você
Fazer verso é gratificante
Agrega conhecimento
Mas quando encontramos alguém
Que sabemos que gosta de ler
O poeta canta e chora
Esse choro é de prazer.

Um recadinho pra te
Minha amiga Valdeci
Seja sempre essa mulher
De força guerreira e forte
De uma inteligência ímpar.
Com todos esses atributos
Ela não deixa que o ego
Ofusque a sua grandeza.

Essa grandeza de alma
Te faz esse mulherão
Brilhante e bem resolvida
Sabendo levar a vida
Sem recorrer a ambição
O brilho do Sol te aquece
Esquentando tua jornada
Mesmo em dias sombrios.

Concluindo esses versinhos
Com muito amor e carinho
Breve retornarei aqui
Escrevendo com minhas lentes
A história da mulher
Contada pela professora
Que aprendeu ler o cordel
Para não tomar uma peia.

Capítulo 1

PISTAS SOBRE A POETISA 'ARRETADA'

Sou **Valdeci dos Santos** (Fotografia 1), nascida em 1961, na cidade de Feira de Santana, no Estado da Bahia, no país Brasil; primogênita dos dez filhos do casal Lourival Pereira dos Santos e Maria Sebastiana dos Santos.

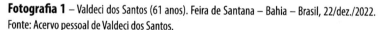

Fotografia 1 – Valdeci dos Santos (61 anos). Feira de Santana – Bahia – Brasil, 22/dez./2022.
Fonte: Acervo pessoal de Valdeci dos Santos.

Possuo **Doutorado em Educação** pela Universidade Federal do Rio Grande do Norte – UFRN (2008); **Mestrado em Educação** (Área de Psicologia e Educação) pela Universidade de São Paulo – USP (2003); Especialização em Metodologia do Ensino, Pesquisa e Extensão em Educação pela Universidade do Estado da Bahia – UNEB (1997); Graduação em Licenciatura em Ciências com Habilitação Plena em Biologia pela Universidade Estadual de Feira de Santana – UEFS (1990); curso de Auxiliar de Enfermagem pelo Centro Integrado de Educação Assis Chateaubriand (1979).

Os matizes do meu movimento pessoal-acadêmico-profissional ancoram-se nos vértices epistêmicos da hetero-formação (aprender com o Outro), da ecoformação (aprendendo com as instituições) e da autoformação (aprendendo comigo mesma).

Iniciei a vida laboral como Balconista (1980-1981); prosseguindo-a como Auxiliar de Enfermagem (1981-1986). Instaurando-me como Professora na: Educação Básica (1991-1998), vinculada à Secretaria da Educação e Cultura do Estado da Bahia; e, aposentando-me como Professora Titular da Educação Superior, vinculada à Universidade do Estado da Bahia (UNEB) (1992-1994; 1996-2018).

Os matizes da minha atuação profissional, no período de 1980 a 2018, encontram-se representado no mapa conceitual (Figura 1) a seguir:

Figura 1 – Mapa conceitual de matizes da atuação profissional de Valdeci dos Santos. Autoria: Valdeci dos Santos, 2023.

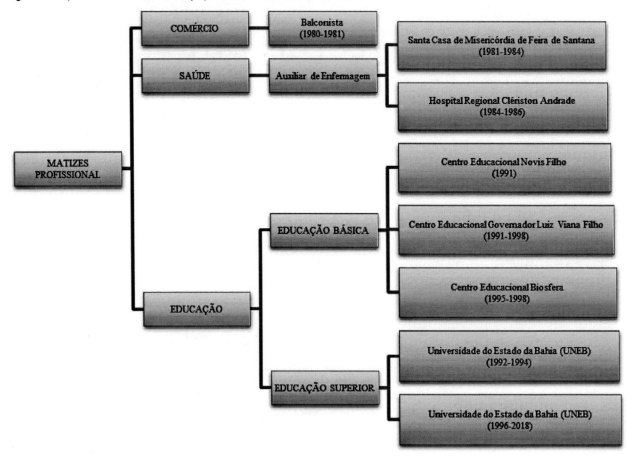

Sou autora dos projetos profissionais: macroprojeto 'Bio-Tanato-Educação: Interfaces Formativas', projeto 'Filhos Epistêmicos' e, projeto 'Psicanálise'.

O **macroprojeto 'Bio-Tanato-Educação: Interfaces Formativas'** (1996-2018) agrega meu **exercício docente** na Universidade do Estado da Bahia (UNEB), nas disciplinas e/ou componentes curriculares ministrados: Animais Peçonhentos, Bioética, Estágio de Biologia, Estágio Supervisionado, Estágio Supervisionado II, Metodologia do Ensino de Biologia, Metodologia e Prática de Ensino de Biologia, Oficina Pedagógica, Prática Pedagógica e Estágio Supervisionado II, Prática Pedagógica em Biologia, Prática Pedagógica II, Prática Pedagógica IV e, Monografia; a **liderança do grupo de pesquisa** Bio-Tanato-Educação: Interfaces Formativas (2009-2018) junto ao Conselho Nacional de Desenvolvimento Científico e Tecnológico (CNPq); e, onze projetos, dentre outros: Projeto de implantação do **Núcleo de Investigação de Prática de Ensino** da Universidade do Estado da Bahia – UNEB/*Campus* II – Alagoinhas (1998); Projeto de ensino e extensão **Bate-Papo Pedagógico e Biologia na Comunidade** (2002-2018); Projeto de extensão **Criação e Manutenção de Ambiente Virtual**: http://www.valdeci.bio.br (em execução desde 2004); Projeto de editoria do periódico científico **Revista Metáfora Educacional** (ISSN 1809-2705) versão on-line (2005-2017).

Minhas implicações psicoafetivo, histórico-existencial e estrutural-profissional com o movimento de construção/(des)construção/(re)construção da tessitura epistêmica do EXISTIR e a escrita e publicação do primeiro livro/filho epistêmico mobilizou novos desejos profissionais – **ser escritora, ser editora e, ser psicanalista**.

Ancorada na força mobilizadora da energia libidinal de sujeito desejante dediquei-me a elaboração dos projetos: **Filhos Epistêmicos** (2012–presente); **Editoração de Livros** (2012–presente); e **Formação em Psicanálise Clínica** (2013–presente).

PROJETO 'FILHOS EPISTÊMICOS'

O **projeto 'Filhos Epistêmicos'** reconhece a importância do **desejo** como força mobilizadora da energia libidinal de 'sujeito desejante', no MOVIMENTO de construção/(des)construção/(re)construção da sua história de vida, fecunda em ritos e símbolos, inerentes às experiências e aprendizados de 'sujeito objetivo-subjetivo'. Ele 'surge' no processo da elaboração do luto, advindo da vivência pessoal de um câncer (2012).

Na condição de sobrevivente de um câncer recebi convites para habitar 'lagoas' objetivo-subjetivas e/ou explorar 'oceanos' objetivo-subjetivos implícito/explícito no movimento de construção/(des)construção/(re)construção da tessitura epistêmica do meu EXISTIR. Optei por implicar-me, dentre outros, com experiências e aprendizados relativos aos 'oceanos' da imaginação e do conhecimento científico traduzidos em livros, que os nomeei de 'filhos epistêmicos'.

'Dar luz' ao desejo 'gestado' desde a infância: escrever livros – SER ESCRITORA, em especial, com ênfase na *escrita sobre si*, tem como 'gatilho objetivo-subjetivo', o câncer. O câncer alertou-me que: 'o relógio vai ser desligado'; metáfora sobre a finitude do fenômeno biológico 'vida'. Ele tornou-me cônscia da dança poética do duplo vida-morte.

O **projeto 'Filhos Epistêmicos'** contempla minha condição de escritora, e a criação e manutenção do *site* https://www.valdecidossantos.com (desde 2018).

O logotipo (Fotografia 2) do **projeto 'Filhos Epistêmicos'** foi construído em parceria com a Equipe SUPERIX. No **logotipo**, destaca-se primeiramente, a simetria presente na constituição do elemento, seguida do gradiente presente no logo (contendo cores primárias e secundárias, faz uma alusão às cores correspondentes aos portões de Chakra presentes no corpo humano). O elemento presente na base corresponde ao símbolo do infinito e representa o universo que cada Ser Humano é. Segue-se acima, o formato de um livro aberto, que também faz alusão à letra "V" e acima disso, tem-se um símbolo minimalista que repre-

Fotografia 2 – Logotipo da escritora Valdeci dos Santos. Fonte: Acervo pessoal de Valdeci dos Santos.

senta a chama interior presente em cada Ser Humano. Novamente, a simetria está presente de uma maneira muito forte e a própria figura, se juntarmos todos os elementos, faz alusão á uma pessoa sentada com as pernas cruzadas e sobrepostas, apoiando cada mão em um dos joelhos, que nada menos é do que a posição chamada "Flor de Lótus", muito usada na prática da meditação.

Partilho, a seguir, 5 (cinco) Fotografias (3, 4, 5, 6 e 7) referentes ao projeto '**Filhos Epistêmicos**'.

Convoco-o leitor, a conhecer sínteses dos meus filhos epistêmicos oriundos do projeto 'Filhos Epistêmicos': **Memórias de uma professora-bióloga: desejos, olhares e espelhos** (ISBN 978-85-914455-0-9); **Iconografia de tessituras formativas** (ISBN 978-85-444-0390-7); **Um caso de assédio moral no trabalho: silêncios ruidosos** (ISBN 978-85-444-0639-7); **O silencioso homem da lança: o sonho como porta-voz do inconsciente** (ISBN 978-85-444-0570-3); **Bio-tanato-educação: interfaces formativas** (ISBN 978-85-444-1088-2); **Macramê Psicanalítico** (ISBN 978-85-914455-3-0).

Fotografia 3 – Projeto 'Filhos Epistêmicos'. Lançamento das obras: Memórias de uma professora-bióloga: desejos, olhares e espelhos (ISBN 978-85-914455-0-9); Iconografia de tessituras formativas (ISBN 978-85-444-0390-7); O silencioso homem da lança: o sonho como porta-voz do inconsciente (ISBN 978-85-444-0570-3), no III Colóquio de Prática Pedagógica e Estágio, da Universidade do Estado da Bahia – UNEB/Campus II. Alagoinhas – Bahia – Brasil, 22/out./2015.

Fotografia 4 – Projeto 'Filhos Epistêmicos'. Valdeci dos Santos (56 anos) e seus filhos epistêmicos. Feira de Santana – Bahia – Brasil, 22/dez./2017. Fonte: Acervo pessoal de Valdeci dos Santos.

Fotografia 5 – Projeto 'Filhos Epistêmicos'. Valdeci dos Santos (58 anos) e os filhos epistêmicos. Feira de Santana – Bahia – Brasil, 3/dez./2019. Fonte: Acervo pessoal de Valdeci dos Santos.

Fotografia 6 – Projeto 'Filhos Epistêmicos'. Valdeci dos Santos em lançamento de livros na 9ª Feira do Livro – Festival Literário e Cultural de Feira de Santana. Feira de Santana – Bahia – Brasil, 23/set./2016. Fonte: Acervo pessoal de Valdeci dos Santos.

Fotografia 7 – Projeto 'Filhos Epistêmicos'. Valdeci dos Santos em lançamento de livros na 9ª Feira do Livro – Festival Literário e Cultural de Feira de Santana. Feira de Santana – Bahia – Brasil, 23/set./2016. Fonte: Acervo pessoal de Valdeci dos Santos.

MEMÓRIAS DE UMA PROFESSORA-BIÓLOGA: DESEJOS, OLHARES E ESPELHOS

A primeira obra **Memórias de uma professora-bióloga: desejos, olhares e espelhos** (ISBN 978-85-914455-0-9), lançada em 5 de dezembro de 2012, no IV Seminário de Epistemologia e Teorias da Educação, na Faculdade de Educação da Universidade de Campinas – UNICAMP, imortaliza cenas e cenários educacionais da minha trajetória de busca/procura pessoal-acadêmico-profissionais para constituir-me como bióloga especializada em Educação. Os leitores encontrarão no Ato 1 – Desejos: em que momento a menina Valdeci dos Santos desejou e definiu que seria professora; as tramas objetivo-subjetivas implicadas na caminhada epistemológica para constituir-se professora, professora-bióloga; as expectativas cognitivas da jovem Valdeci dos Santos, no curso de Licenciatura Plena em Ciências com Habilitação em Biologia. No Ato 2 – Olhares: conhecerão a tessitura da caminhada profissional da adulta Valdeci dos Santos como professora-bióloga, no período de 1991 a 2011, na Educação Básica e, mais pontualmente, na Educação Superior, como formadora de biólogos, na Universidade do Estado da Bahia (UNEB). No Ato 3 – Espelhos: contatar-se-ão com as expressões-sentidos constitutivas de núcleos de significados relativos aos pontos de vista de discentes acerca da atuação profissional da professora- bióloga.

Minha trajetória como Educadora está documentada por três motivos. O primeiro foi evocar minhas memórias de sujeito objetivo-subjetivo que um dia desejou ser professora e realizou o desejo. O segundo relaciona-se ao exercício de estranhamento da familiar percepção da minha atuação profissional, convocando discentes para expressarem seus pontos de vista sobre minha atuação docente como formadora de professores-biólogos. O terceiro motivo diz da importância da *escrita sobre si* no movimento constitutivo da história de vida do sujeito.

No período de 2013 a 2015, impliquei-me com a escrita três livros/filhos epistêmicos, publicando-os em 2015. São eles: **Iconografia de tessituras formativas** (ISBN 978-85-444-0390-7); **Um caso de assédio moral no trabalho: silêncios ruidosos** (ISBN 978-85-444-0639-7); O **silencioso homem da lança: o sonho como porta-voz do inconsciente** (ISBN 978-85-444-0570-3).

Partilho, seguir, 4 (quatro) Fotografias (8, 9, 10 e 11) referentes à obra '**Memórias de uma professora-bióloga: desejos, olhares e espelhos**' (ISBN 978-85-914455-0-9).

Fotografia 8 – Projeto 'Filhos Epistêmicos'. Capa do livro Memórias de uma professora-bióloga: desejos, olhares e espelhos (ISBN 978-85-914455-0-9). Fonte: Acervo pessoal de Valdeci dos Santos.

Fotografia 9 – Projeto 'Filhos Epistêmicos'. Valdeci dos Santos, no lançamento da obra 'Memórias de uma professora-bióloga: desejos, olhares e espelhos' (ISBN 978-85-914455-0-9), no Salão Nobre da Faculdade de Educação da Universidade Estadual de Campinas – UNICAMP, no IV Seminário de Epistemologia e Teorias da Educação. Campinas – São Paulo – Brasil, 5/dez./2012. Fonte: Acervo pessoal de Valdeci dos Santos.

Fotografia 10 – Projeto 'Filhos Epistêmicos'. Lançamento da obra 'Memórias de uma professora-bióloga: desejos, olhares e espelhos' (ISBN 978-85-914455-0-9), no Centro Educacional Governador Luiz Viana Filho. Valdeci dos Santos e sua 'primeira professora' Zilair Almeida Gomes. Feira de Santana – Bahia – Brasil, 15/dez./2012. Fonte: Acervo pessoal de Valdeci dos Santos.

Naquele ambiente angustiante, surgiu, saindo de uma sala de aula, uma mulher jovem, com o sorriso meigo e acolhedor. Encaminhou-se em nossa direção e, estendendo as mãos para mim, disse para minha mãe "[.] Sou a professora da sua filha. Pode ir tranquila que eu cuido dela", e garantiu-me: "[.] Não tenha medo. Você vai aprender muitas novidades". Senti confiança e, desvencilhando-me da roupa da minha mãe, estendi minha mão, que foi acolhida por minha professora.

Dia marcante na minha história profissional e de sujeito desejante! Estava diante de uma professora completamente diferente dos meus pais. Era elegante na maneira de falar e de acolher o aluno. A impressão era que me encontrava num ambiente mágico, um misto do desconhecido e dos cenários imaginários das estórias que meu pai costumava contar à noite, antes de colocar-nos para rezar. Desejei, ali, ser professora. E, mais, ser uma professora como aquela professora – a minha primeira professora, Prof.ª Zilair Almeida Gomes.

In: SANTOS, Valdeci dos. **Memórias de uma professora-bióloga:** desejos, olhares e espelhos (ISBN 978-85-914455-0-9). Feira de Santana: Edição do Autor, 2012. 217 p.; il.

Fotografia 11 – Projeto 'Filhos Epistêmicos'. Valdeci dos Santos e o livro Memórias de uma professora-bióloga: desejos, olhares e espelhos (ISBN 978-85-914455-0-9). Feira de Santana – Bahia – Brasil, 10/abr./2018. Fonte: Acervo pessoal de Valdeci dos Santos.

ICONOGRAFIA DE TESSITURAS FORMATIVAS

A obra **Iconografia de tessituras formativas** (ISBN 978-85-444-0390-7) é fruto do projeto de pesquisa Memória do Ensino de Biologia (1996-2018), integrante do macroprojeto Bio-Tanato- Educação: Interfaces Formativas (1996-2018). O leitor encontrará sistematizado, através de textos iconográficos (433 fotos), o movimento de construção/(des)construção/(re)construção da História de Vida pessoal-acadêmico- profissionais da autora. A iconografia reflete uma história de vida fecunda em diálogos significativos que contribuíram/contribuem para a expressão da singularidade do Ser Humano Valdeci dos Santos. Os textos iconográficos contem pistas indexais sobre tessituras formativas que dizem das sete saúdes (física, espiritual, familiar, social, intelectual, profissional e financeira) da autora. As imagens expressam mensagens explícitas e implícitas que refletem seu núcleo familiar; sua iniciação e caminhada espiritual; sua singularidade de sujeito objetivo-subjetivo no movimento de construção/(des)construção/(re)construção da identidade profissional, na docência na Educação Básica e na Educação Superior, como professora-bióloga; as tramas objetivo-subjetivas do movimento da formação inicial e continuada; a caminhada epistemológica nas áreas da Biologia, da Tanatologia e da Educação; vínculos fraternos; olhares do Outro; os Projetos do Macroprojeto Bio-Tanato-Educação: Interfaces Formativas; dentre outros.

A obra é prefaciada por: Me. Antônio Geraldo da Silva Sá Barreto, Dra. Maria da Conceição de Almeida, Dr. Valmir Henrique de Araújo, Dra. Wanderleia Azevedo Medeiros Leitão e Ma./Psicanalista Yvone Matos Cerqueira.

Partilho, a seguir, 2 (dois) Fotografias (12 e 13) referentes à obra '**Iconografia de tessituras formativas**' (ISBN 978-85-444-0390-7).

Fotografia 12 – Projeto 'Filhos Epistêmicos'. Lançamento da obra Iconografia de tessituras formativas (ISBN 978-85-444-0390-7), na Associação de Apoio à Pessoa com Câncer – AAPC. Eu, Valdeci dos Santos, expresso GRATIDÃO, aos presentes no lançamento da obra; à minha FAMÍLIA por ser o oceano basilar de experiências formativas iniciais e continuadas, sobretudo, aos meus pais, Lourival Pereira dos Santos (In memoriam) e Maria Sebastiana dos Santos, por terem construído um Núcleo Familiar ancorado no Princípio de Autonomia, tornando-nos dependentes de múltiplas possibilidades para um trânsito significativo no Existir; aos Amigos pelo sentido intersubjetivo das experiências, aprendizados e ressignificações que os ENCONTROS mobilizam através das aventuras objetivo-subjetivas, na tessitura da trama subjetiva chamada AMIZADE. À Associação de Apoio à Pessoa com Câncer – AAPC, dentre tantos: Roque Mota da Silva (Presidente), Maria Emília Santos de Azevedo (Vice-Presidente), Djanira Maria Araújo Torres (Coordenadora), Carla Bastos de Lima (Psicóloga), Maria Betânia Knoedt, Elia Cristina S. Borges, Eliana Maria Teixeira Vinhas. Feira de Santana – Bahia – Brasil, 4/dez./2015. Fonte: Acervo pessoal de Valdeci dos Santos.

Fotografia 13 – Projeto 'Filhos Epistêmicos'. Valdeci dos Santos e a obra Iconografia de tessituras formativas (ISBN 978-85-444-0390-7). Feira de Santana – Bahia – Brasil, 10/abr./2018. Fonte: Acervo pessoal de Valdeci dos Santos.

UM CASO DE ASSÉDIO MORAL NO TRABALHO: SILÊNCIOS RUIDOSOS

A obra **Um caso de assédio moral no trabalho: silêncios ruidosos** (ISBN 978-85-444-0639-7), de caráter autobiográfico, contextua, o processo de assédio moral vivenciado pela professora-bióloga Dra. Valdeci dos Santos, no trabalho. Estrutura-se nos seguintes tópicos: Carta ao(à) leitora(a) – localiza o contexto acadêmico- profissional, no qual emerge o projeto de extensão Bate-Papo Pedagógico e o processo de assédio moral; 1 – Texto assediador 1- apresenta o texto assediador 1; 2 – Convite ao diálogo – traz o convite ao diálogo e esclarecimentos sobre o projeto de extensão Bate- Papo Pedagógico; 3 – Texto assediador 2- apresenta o texto assediador 2; 4 – Sobre assédio moral – aborda conteúdos teóricos sobre assédio moral; 5 – A queixa de assédio moral – trata da queixa de assédio moral e encaminhamentos da plenária departamental; 6 – Silêncios ruidosos – enumera ações "silenciosas" referentes ao processo de assédio moral.

A obra é prefaciada por: Esp. Diogo Luiz Carneiro Rios, Dra. Raylane Andreza Dias Navarro Barreto, Dra. Vera Lúcia Chalegre de Freitas e Me. Vicente Deocleciano Moreira.

Partilho, a seguir, 2 (dois) Fotografias (14 e 15) referentes à obra '**Um caso de assédio moral no trabalho: silêncios ruidosos**' (ISBN 978-85-444-0639-7).

Fotografia 14 – Projeto 'Filhos Epistêmicos'. Lançamento da obra 'Um caso de assédio moral no trabalho: silêncios ruidosos' (ISBN 978-85-444-0639-7), na Reunião Técnica do Grupo de Pesquisa Memória da Educação na Bahia – PROMEBA, da Universidade do Estado da Bahia – UNEB/Campus I) – Coordenação Dra. Jaci Maria Ferraz de Menezes. Salvador – Bahia – Brasil, 15, 16 e 17/dez./2015. Fonte: Acervo pessoal de Valdeci dos Santos.

Fotografia 15 – Projeto 'Filhos Epistêmicos'. Valdeci dos Santos e o livro Um caso de assédio moral no trabalho: silêncios ruidosos (ISBN 978-85-444-0639-7). Feira de Santana – Bahia – Brasil, 3/dez./2019. Fonte: Acervo pessoal de Valdeci dos Santos.

O SILENCIOSO HOMEM DA LANÇA: O SONHO COMO PORTA-VOZ DO INCONSCIENTE

A obra **O silencioso homem da lança: o sonho como porta-voz do inconsciente** (ISBN 978-85-444-0570-3), de caráter autobiográfico, está vinculado ao projeto de pesquisa Memória do Ensino de Biologia (1996-2018), integrante do macroprojeto Bio-Tanato-Educação: Interfaces Formativas (1996-2018). Compartilha o sonho intitulado 'O silencioso homem da lança', porta-voz do inconsciente da autora no contexto da condição de sujeito objetivo-subjetivo diante da possibilidade de ser uma portadora de neoplasia (câncer). Familiariza o leitor com alguns conceitos e aportes teóricos com os quais dialoga sobre morte, finitude da vida, morrer, não-dito da morte, mecanismos objetivos-subjetivos fundamentados pelo não- dito da morte, duplo sentimento de estranhamento e de familiaridade sobre a morte. Chama atenção para a tese de doutorado – O DISCURSO FORMATIVO DO BIÓLOGO SOBRE A MORTE. MATIZES E METÁFORAS DO SABER QUE O SUJEITO NÃO DESEJA SABER – defendida pela autora (SANTOS, 2008), na Universidade Federal do Rio Grande do Norte. Apresenta o preâmbulo do sonho, o sonho, e a interpretação do sonho (Cenas: 1 – A biopsia, o prognóstico; 2 – A enfermeira; 3 – A solidão do processo; 4 – O cenário caótico; 5 – A FÉ; 6 – A queda na água, o nado obrigatório; 7 – A fuga, a captura, a luta, a penetração sexual). Conclui que o sonho 'O silencioso homem da lança' é a realização de um desejo: o desejo de não morrer vitimada pelo câncer.

A obra é prefaciada por: Ma./Psicanalista Yvone Matos Cerqueira e Dra. Zoraya Maria de Oliveira Marques.

Partilho, a seguir, 6 (seis) Fotografias (16, 17, 18, 19, 20 e 21) referentes à obra '**O silencioso homem da lança: o sonho como porta-voz do inconsciente**' (ISBN 978-85-444-0570-3).

Fotografia 16 – Projeto 'Filhos Epistêmicos'. Lançamento das obras: Memórias de uma professora-bióloga: desejos, olhares e espelhos (ISBN 978-85-914455-0-9); Iconografia de tessituras formativas (ISBN 978-85-444-0390-7); O silencioso homem da lança: o sonho como porta-voz do inconsciente (ISBN 978-85-444-0570-3), no III Colóquio de Prática Pedagógica e Estágio, da Universidade do Estado da Bahia – UNEB/Campus II. Alagoinhas – Bahia – Brasil, 22/out./2015. Fonte: Acervo pessoal de Valdeci dos Santos.

Fotografia 17 – Projeto 'Filhos Epistêmicos'. Projeto 'Psicanálise'. Valdeci dos Santos no lançamento da obra 'O silencioso homem da lança: o sonho como porta-voz do inconsciente', na Sociedade de Estudos Psicanalíticos e Hipnose Aplicada – SEPHIA. Feira de Santana – Bahia – Brasil, 14/nov./2015. Fonte: Acervo pessoal de Valdeci dos Santos.

Fotografia 18 – Projeto 'Filhos Epistêmicos'. Projeto 'Psicanálise'. Valdeci dos Santos e Selma dos Santos no lançamento da obra 'O silencioso homem da lança: o sonho como porta-voz do inconsciente', na Sociedade de Estudos Psicanalíticos e Hipnose Aplicada - SEPHIA. Feira de Santana – Bahia – Brasil, 14/nov./2015.

Fotografia 19 – Projeto 'Filhos Epistêmicos'. Projeto 'Psicanálise'. Valdeci dos Santos e Izabela Dórea Brandão de Cerqueira no lançamento da obra 'O silencioso homem da lança: o sonho como porta-voz do inconsciente', na Sociedade de Estudos Psicanalíticos e Hipnose Aplicada – SEPHIA. Feira de Santana – Bahia – Brasil, 14/nov./2015. Fonte: Acervo pessoal de Valdeci dos Santos.

Fotografia 20 – Projeto 'Filhos Epistêmicos'. Projeto 'Psicanálise'. Valdeci dos Santos, Yvone Matos Cerqueira e Antônio Carlos Cerqueira no lançamento da obra 'O silencioso homem da lança: o sonho como porta-voz do inconsciente', na Sociedade de Estudos Psicanalíticos e Hipnose Aplicada – SEPHIA. Feira de Santana – Bahia – Brasil, 14/nov./2015. Fonte: Acervo pessoal de Valdeci dos Santos.

Fotografia 21 – Projeto 'Filhos Epistêmicos'. Projeto 'Psicanálise'. Eu, Valdeci dos Santos, expresso GRATIDÃO, aos presentes no lançamento da obra 'O silencioso homem da lança: o sonho como porta-voz do inconsciente' (ISBN 978-85-444-0570-3), na Sociedade de Estudos Psicanalíticos e Hipnose Aplicada – SEPHIA. Agradeço, em especial, a Psicanalista Yvone Matos Cerqueira (Presidente da SEPHIA e prefaciadora da obra), Izabela Dórea Brandão de Cerqueira, Antonio Carlos Sampaio Cerqueira (pelo cuidado com o cenário, pelo registro da memória do evento, pela frutífera AMIZADE), Danielle Gomes Soares Klein (Psicanalista e Cerimonialista), Isamara Lakshmi (Psicanalista em Formação e Cantora), Luana (Psicanalista em Formação, Cantora/Música). Feira de Santana – Bahia – Brasil, 14/nov./2015. Fonte: Acervo pessoal de Valdeci dos Santos

BIO-TANATO-EDUCAÇÃO: INTERFACES FORMATIVAS

Advertida da **proximidade da aposentadoria**, dediquei-me no ano de 2016, à escrita e publicação do livro/filho epistêmico **Bio-tanato-educação: interfaces formativas** (ISBN 978-85-444-1088-2).

A obra **Bio-tanato-educação: interfaces formativas** (ISBN 978-85-444-1088-2) evidencia as linhas de pesquisa e projetos, ancorados no macroprojeto Bio-Tanato-Educação: Interfaces Formativas (1996-2018), dos quais me ocupei, na Universidade do Estado da Bahia (1996-2018): projeto de pesquisa "Os seres vivos no ensino fundamental" (1996-1998), projeto de pesquisa "Memória do ensino de biologia" (em execução desde 1996), projeto de implantação do "Núcleo de Investigação de Prática de Ensino da Universidade do Estado da Bahia – Campus II (Alagoinhas)" (1998), projeto de ensino e pesquisa "Etnobiologia na escola" (1995- 1998), projeto de pesquisa "O licenciado em ciências biológicas e a etnobiologia: um olhar fenomenológico" (Mestrado em Educação – 1999-2003), projeto de pesquisa "Saúde, cultura e ciência: fronteiras e interfaces de saberes" (em execução desde 2000), projeto de ensino e extensão "Bate-papo pedagógico e biologia na comunidade" (2002-2018), projeto de pesquisa "A interface ciência/subjetividade na formação do/da professor/professora de biologia: uma leitura do discurso docente sobre origem da vida e morte via os estudos culturais" (Doutorado em Educação – 2004-2008), projeto de extensão "Criação e Manutenção de Ambiente Virtual – site http://www.valdeci.bio.br" (em execução desde 2004), projeto de editoria do periódico científico "Revista Metáfora Educacional (ISSN 1809-2705) – versão on-line" (2005-2017) e o projeto de pesquisa "A questão ambiental em revistas de ensino de ciências" (2011-2018).

A obra é prefaciada por: Dra. Raylane Andreza Dias Navarro Barreto, Dra. Regla Toujaguez La Rosa Massahud, Dra. Vera Lúcia Chalegre de Freitas, Dra. Wanderleia Azevedo Medeiros Leitão e Dra. Zoraya Maria de Oliveira Marques.

Partilho, a seguir, 3 (três) Fotografias (22, 23 e 24) referentes à obra '**Bio-tanato-educação: interfaces formativas**' (ISBN 978-85-444-1088-2).

Fotografia 22 – Projeto 'Filhos Epistêmicos'. Eu, Valdeci dos Santos, expresso GRATIDÃO, aos presentes no lançamento da obra 'Bio-tanato-educação: interfaces formativas' (ISBN 978-85-444-1088-2), no Museu de Arte Contemporânea Raimundo Oliveira – MAC. Compreendo que o EXISTIR é um MOVIMENTO de construção/(des)construção/(re)construção. Que o DEUS de vossas compreensões, habitante em vossos corpos-mentes-espíritos, propicie-lhes Saúdes (Física, Espiritual, Intelectual, Familiar, Social, Profissional e Financeira), Serenidade, Sabedoria e Ânimos para os enfrentamentos que dizem de vossas singularidades no MOVIMENTO do EXISTIR. Feira de Santana – Bahia – Brasil, 30/set./2016. Fonte: Acervo pessoal de Valdeci dos Santos.

Fotografia 23 – Projeto 'Filhos Epistêmicos'. Eu, Valdeci dos Santos, expresso GRATIDÃO, aos amigos da Loja Carmem Steffens pelo acolhimento fraterno-epistêmico, em especial, à amiga Simone Saturnino, pela aquisição de minhas obras. Feira de Santana – Bahia – Brasil, 20/abr./2017. Fonte: Acervo pessoal de Valdeci dos Santos.

Fotografia 24 – Projeto 'Filhos Epistêmicos'. Valdeci dos Santos e o livro Bio-tanato-educação: interfaces formativas (ISBN 978-85-444-1088-2). Feira de Santana – Bahia – Brasil, 10/abr./2018. Fonte: Acervo pessoal de Valdeci dos Santos.

MACRAMÊ PSICANALÍTICO

No ano de 2017, dediquei-me aos ritos e rituais relativos ao processo de aposentadoria, à escrita do livro/filho epistêmico **Macramê Psicanalítico** (ISBN 978-85-914455-3-0); e, a elaboração do projeto do site "https://www.valdecidossantos.com", que evidencia meu movimento pessoal-acadêmico-epistêmico-profissional, em especial, minha condição de escritora. Vale enfatizar que o site "http://www.valdeci.bio.br" segue ativo desde 2004.

A obra **Macramê Psicanalítico** (ISBN 978-85-914455-3-0) - lançada no dia 13 de julho de 2018, no Museu de Arte Contemporânea Raimundo de Oliveira – MAC, na cidade de Feira de Santana – Bahia – Brasil -, trata de um caso clínico psicanalítico analisado pela autora. Aborda aspectos da história psíquica, de um sujeito (designado Hella), inscrita num corpo psicossomático marcado por dores. A tessitura do processo foi construída de maneira a conhecer o afeto relacionado à história de vida de Hella que originou a suposta enfermidade somática. E, encaminhá-la à cura. Divide-se em duas partes. Parte I – Pista indexais, com um capítulo intitulado Uma carta ao(à) leitor(a). E, Parte II – A história de Hella, com quatro capítulos: capítulo 2 – Quem é Hella?, capítulo 3 – Um sujeito resiliente, capítulo 4 – O sonho "líquido amniótico", capítulo 5 – E o amor chegou. Os capítulos estão subdivididos em tópicos para facilitar a localização de *expressões-sentidos* dos *núcleos de significados*. Na obra estão implícitos e/ou explícitos, dentre outros, os conceitos de: catarse; psicossomática; corpo psicossomático; resiliência; autoanálise; registros imaginário/simbólico/real; hipocondria; histeria; endometriose; dor; dismenorreia; hipervigilância; transtornos neuróticos, transtornos relacionados com o estresse e transtornos somatoformes na CID-10; compulsão à repetição.

A obra é prefaciada por: Me. Antônio Geraldo da Silva Sá Barreto, Dra. Celeste Maria Pacheco de Andrade, Esp./Psicanalista Izabela Dórea Brandão de Cerqueira, Dr. Josenilton Nunes Vieira, Esp./Psicanalista Jussara Secondino do Nascimento, Dra. Wanderleia Azevedo Medeiros Leitão, Ma./Psicanalista Yvone Matos Cerqueira e Dra. Zoraya Maria de Oliveira Marques.

Partilho, a seguir, 5 (cinco) Fotografias (25, 26, 27, 28 e 29) referentes à obra '**Macramê Psicanalítico**' (ISBN 978-85-914455-3-0).

Fotografia 25 – Projeto 'Filhos Epistêmicos'. Cartaz de lançamento da obra Macramê psicanalítico (ISBN 978-85-914455-3-0), de Valdeci dos Santos. Feira de Santana – Bahia – Brasil, 2018. Fonte: Acervo pessoal de Valdeci dos Santos.

Fotografia 26 – Projeto 'Filhos Epistêmicos'. Eu, Valdeci dos Santos, expresso GRATIDÃO, em especial, aos prefaciadores da obra 'Macramê psicanalítico' (ISBN 978-85-914455-3-0) presentes no lançamento da obra, no Museu de Arte Contemporânea Raimundo Oliveira – MAC: Dra. Celeste Maria Pacheco de Andrade, Esp./Psicanalista Jussara Secondino do Nascimento, e Dra. Zoraya Maria de Oliveira Marques. Feira de Santana – Bahia – Brasil, 13/jul./2018. Fonte: Acervo pessoal de Valdeci dos Santos.

Fotografia 27 – Projeto 'Filhos Epistêmicos'. Eu, Valdeci dos Santos, expresso GRATIDÃO, ao Frater Agnaldo Boaventura pelo acolhimento fraterno-epistêmico e indicação do Músico Uruguaio Antonio Guillermo Vidal Ponciolo – Antonio Vidal (In memoriam), para participação artística, no lançamento da obra 'Macramê psicanalítico' (ISBN 978-85-914455-3-0), no Museu de Arte Contemporânea Raimundo Oliveira – MAC. Feira de Santana – Bahia – Brasil, 13/jul./2018. Fonte: Acervo pessoal de Valdeci dos Santos.

Fotografia 28 – Projeto 'Filhos Epistêmicos'. Eu, Valdeci dos Santos, expresso GRATIDÃO, aos presentes no lançamento da obra 'Macramê psicanalítico' (ISBN 978-85-914455-3-0), no Museu de Arte Contemporânea Raimundo Oliveira – MAC. Compreendo que o EXISTIR é um MOVIMENTO de construção/(des)construção/(re)construção. Feira de Santana – Bahia – Brasil, 13/jul./2018. Fonte: Acervo pessoal de Valdeci dos Santos.

Fotografia 29 – Projeto 'Filhos Epistêmicos'. Eu, Valdeci dos Santos, expresso GRATIDÃO, ao Músico Uruguaio Antonio Guillermo Vidal Ponciolo – Antonio Vidal (In memoriam), pela participação artística, no lançamento da obra 'Macramê psicanalítico' (ISBN 978-85-914455-3-0), no Museu de Arte Contemporânea Raimundo Oliveira – MAC. O programa musical foi composto por: Aria de la Suite n. 3, de Johann Sebastian BACH; Concerto para Laud RV 93 segundo movimento largo, de Antonio Lucio Vivaldi; Prelúdio n. 3, de Heitor Villas Lobo. E, OBRAS de Antonio Guillermo Vidal Ponciolo – Antonio Vidal, em especial: PRELÚDIOS ANGÉLICOS: Alfiel e Celestel; PRELÚDIO MÍSTICO: Travessia; PRELÚDIO dedicado à memória do mestre Heitor Villa-Lobos: laxitud. Feira de Santana – Bahia – Brasil, 13/jul./2018. Fonte: Acervo pessoal de Valdeci dos Santos

PROJETO 'PSICANÁLISE'

O **projeto 'Psicanálise'** congrega meu MOVIMENTO pessoal-acadêmico-epistêmico-profissional, em formações complementares, a exemplos de: Curso Livre em Psicanálise Clínica (desde 30/ago./2013) pela Sociedade de Estudos Psicanalíticos e Hipnose Aplicada – SEPHIA; Curso Livre de Hipnose Clínica pela Sociedade de Estudos Psicanalíticos e Hipnose Aplicada – SEPHIA; Curso de Extensão em Parapsicologia e Religião (110 h) pelo Centro Universitário Salesiano de São Paulo (UNISAL) e Instituto Padre Quevedo de Parapsicologia (IPQ) (2016).

O que é psicanálise? O artesão intelectual, neurologista e psiquiatra **Sigmund Freud** (6/maio/1856-23/set./1939), teórico-criador da Psicanálise, no artigo *Psicanálise* (1926 [1925]), destaca que inventou o termo 'psicanálise', o qual passou a ter dois significados. O primeiro, designando, um método específico de tratar as perturbações nervosas e, o segundo, a ciência dos processos mentais inconscientes, que também era apropriadamente descrita como 'psicologia profunda'.

O método psicanalítico conforme Freud (1904 [1903]) visa eliminar as amnésias, desfazer os recalcamentos e tornar o inconsciente acessível à consciência. Envolve indicações e contraindicações quanto às pessoas a serem tratadas pelo método e ao quadro patológico. É favorável para casos crônicos de psiconeuroses com poucos sintomas violentos ou perigosos – todas as espécies de neurose obsessiva, pensamentos e ação obsessivos e os casos de histeria em que as fobias e abulias desempenham papel principal.

Freud (1904 [1903]) evidencia a singularidade da sua *arte interpretativa* dos conteúdos recalcados acessados do inconsciente do paciente através de suas associações inintencionais, seus sonhos, seus erros cotidianos (lapsos da fala, equívocos na ação, etc.), reforçando que, até aquela data, os detalhes da técnica de interpretação ou tradução não haviam sido publicados e, que o seu livro 'A interpretação dos sonhos' (1900) é o precursor da introdução à técnica.

A psicanálise, de acordo com a Sociedade Brasileira de Psicanálise de São Paulo (www.sbpsp.org.br), é também um método psicoterápico de tratamento de alterações psíquicas que causam sofrimento às pessoas, pela impossibilidade delas integrarem e expressarem mais livremente seus desejos, ou de o fazerem de modo muito turbulento. As alterações podem ser expressas de diferentes maneiras, de doenças físicas a dificuldades relacionais. O trabalho da análise não é o de restituir o passado, mas sim de ultrapassá-lo, que é a única forma verdadeira de conservá-lo no seu devido lugar, para assim permitir aos indivíduos viver mais livremente o presente, e poder planejar o futuro. A dimensão terapêutica da análise então se faz presente na vida das pessoas que podem ser beneficiadas pela psicanálise como tratamento, como teoria científica, como ética e como maneira de ver e pensar a civilização, ampliando sua capacidade afetiva e produtiva.

Desde o início, outros criativos psicanalistas colaboraram com ideias originais para a ampliação e aplicação da Psicanálise. **Sandor Ferenczi, Melanie Klein, Ronald Fairbairn, Wilfred Bion, Herbert Rosenfeld, Jacques Lacan, Donald Winnicott, Donald Meltzer** mantiveram o embasamento freudiano e acrescentaram conhecimentos que foram importantes do ponto de vista teórico. Inovaram e enriqueceram a prática psicanalítica, chegando a criar novos conjuntos teóricos. Atualmente **André Green, Thomas H. Ogden, Jean Laplanche** e outros são pensadores que realizam essa tarefa (www.sbpsp.org.br).

A formação do psicanalista fundamenta-se na tríade epistêmica: formação teórica e técnica, análise pessoal e supervisão. Os Psicanalistas no Brasil são formados através de Curso Livres de Formação Profissional, e são enquadrados na Classificação Brasileira de Ocupações (CBO) do Ministério do Trabalho, Portaria nº. 397/MTE de 9 de outubro de 2002, sob nº. 2515.50 que reconhece e autoriza o exercício legal da atividade profissional do PSICANALISTA em todo o Território Nacional.

Cumprir esclarecer que a SEPHIA, Sociedade de Estudos Psicanalíticos e Hipnose Aplicada, é uma Instituição pública de direito privado fundada em 26.11.2004, CNPJ 07.117.847/0001-08, registrada no Cartório de Títulos, Documentos e Reg. Civil das Pessoas Jurídicas nº 2986, Livro A, com endereço à Rua 1º de Maio, 98, na cidade de Feira de Santana, no Estado da Bahia, e tem por finalidade a formação e capacitação de Psicanalistas, amparada pela CBO 2515-50 do Ministério do Trabalho, e, Art. 5 Incisos II e XIII da Constituição Federal, assim como, a promoção de outros cursos, congressos, seminários, palestras, simpósios, etc., destinados ao conhecimento, aprimoramento, desenvolvimento, difusão e aplicação da técnica psicanalítica, campo clínico de investigação teórica da psique humana desenvolvida pelo médico austríaco e fundador da psicanálise, Sigmund Freud (1856-1939), aliado à expansão do conhecimento decorrente do pensamento contemporâneo, advindo das vertentes Pós-Freudianas. Sua Presidente é a Psicanalista Clínica e Didata Yvone Matos Cerqueira.

A SEPHIA tem como **missão** a formação e credenciamento de psicanalistas qualificando-os para o exercício da profissão em todo o território nacional, assim como, a promoção e difusão do conhecimento psicanalítico através de outros cursos, congressos, simpósios, palestras, ou que possam contribuir para o desenvolvimento pessoal e profissional dos nossos alunos.

A SEPHIA tem por **visão** a aplicação da teoria freudiana da interpretação dos conteúdos inconscientes de palavras, ações e produções imaginárias do indivíduo no tratamento das neuroses, associado às experiências do pensamento contemporâneo das diversas correntes Pós-Freudianas.

São **objetivos** da SEPHIA: Formar, qualificar e credenciar profissionais para atuar na área de Psicanálise Clínica, Psicanálise Infantil, Psicanálise Didata e Hipnoterapia Clínica Avançada, utilizando-se do método de tratamento de transtornos mentais moldado pela Teoria Psicanalítica fundada Freud, podendo atuar em todo o território nacional.

Partilho, a seguir, 10 (dez) Fotografias (30, 31, 32, 33, 34, 35, 36, 37, 38, 38 e 39) referentes ao **projeto 'Psicanálise'**.

Fotografia 30 – Projeto 'Psicanálise'. Memória da disciplina 'Metodologia da pesquisa', do curso Psicanálise Clínica, da Sociedade de Estudos Psicanalíticos e Hipnose Aplicada – SEPHIA. Feira de Santana – Bahia – Brasil, 20 e 21/set./2013. Fonte: Acervo pessoal de Valdeci dos Santos.

Fotografia 31 – Projeto 'Psicanálise'. Memória da disciplina 'Interpretação dos sonhos', do curso Psicanálise Clínica, da Sociedade de Estudos Psicanalíticos e Hipnose Aplicada – SEPHIA. Feira de Santana – Bahia – Brasil, 22 e 23/nov./2013. Fonte: Acervo pessoal de Valdeci dos Santos.

Fotografia 32 – Projeto 'Psicanálise'. Valdeci dos Santos e Yvone Matos Cerqueira: memória da disciplina 'interpretação dos sonhos', do curso Psicanálise Clínica, da Sociedade de Estudos Psicanalíticos e Hipnose Aplicada – SEPHIA. Feira de Santana – Bahia – Brasil, 22 e 23/nov./2013. Fonte: Acervo pessoal de Valdeci dos Santos.

Fotografia 35 – Projeto 'Psicanálise'. Memória da disciplina 'Psicopatologia', do curso Psicanálise Clínica, da Sociedade de Estudos Psicanalíticos e Hipnose Aplicada – SEPHIA. Feira de Santana – Bahia – Brasil, 21 e 22/mar./2014. Fonte: Acervo pessoal de Valdeci dos Santos.

Fotografia 33 – Projeto 'Psicanálise'. Memória da disciplina 'Psicofarmacologia', do curso Psicanálise Clínica, da Sociedade de Estudos Psicanalíticos e Hipnose Aplicada – SEPHIA. Feira de Santana – Bahia – Brasil, 13 e 14/dez./2013. Fonte: Acervo pessoal de Valdeci dos Santos.

Fotografia 36 – Projeto 'Psicanálise'. Memória da disciplina 'Ética psicanalítica', do curso Psicanálise Clínica, da Sociedade de Estudos Psicanalíticos e Hipnose Aplicada – SEPHIA. Feira de Santana – Bahia – Brasil, 4 e 5/abr./2014. Fonte: Acervo pessoal de Valdeci dos Santos.

Fotografia 34 – Projeto 'Psicanálise'. Memória da disciplina 'Psicossomática', do curso Psicanálise Clínica, da Sociedade de Estudos Psicanalíticos e Hipnose Aplicada – SEPHIA. Feira de Santana – Bahia – Brasil, 17 e 18/jan./2014. Fonte: Acervo pessoal de Valdeci dos Santos.

Fotografia 37 – Projeto 'Psicanálise'. Memória da disciplina 'Ética psicanalítica', do curso Psicanálise Clínica, da Sociedade de Estudos Psicanalíticos e Hipnose Aplicada – SEPHIA. Feira de Santana – Bahia – Brasil, 4 e 5/abr./2014. Fonte: Acervo pessoal de Valdeci dos Santos.

Fotografia 38 – Projeto 'Psicanálise'. Memória da disciplina 'Pós-freudianos', do curso Psicanálise Clínica, da Sociedade de Estudos Psicanalíticos e Hipnose Aplicada – SEPHIA. Feira de Santana – Bahia – Brasil, 15 e 16/abr./2016. Fonte: Acervo pessoal de Valdeci dos Santos.

Fotografia 39 – Projeto 'Psicanálise'. Memória do curso 'Hipnose Clínica Avançada', ministrado pela Sociedade de Estudos Psicanalíticos e Hipnose Aplicada – SEPHIA. Feira de Santana – Bahia – Brasil, 5 e 6/maio/2017. Fonte: Acervo pessoal de Valdeci dos Santos

Capítulo

2

VOOS E SOBREVOOS EM SOLOS ESTRANGEIROS

Recebi com ALEGRIA, no dia 28 de março de 2018, a mensagem da Gerência de Aposentadoria da Universidade do Estado da Bahia (UNEB), notificando a **publicação da minha aposentadoria**, na condição de **PROFESSORA**. Indescritível emoção inundou meu SER.

A aposentadoria anunciava a singularidade do movimento de construção/(des)construção/(re)construção da minha jornada pessoal-acadêmico-profissional (1980-2018).

A notícia sobre a **aposentadoria** conduziu-me ao espelho. Visualizei a mulher de 56 anos de idade (Fotografia 40). E reencontrei a criança que habita em mim (Fotografia 41). Reconheci o olhar cheio de ternura e marcante timidez, daquela menina que um dia **sonhou em ser professora**; e, disse-lhe:.

AMO você, Valdeci, menina Val. Você é singularmente importante para minha caminha existencial. Cresci. Sou uma mulher de 56 anos de idade, que traduz tua ternura em ações cotidianas, especialmente, no campo profissional. Lembra-se quando você brincava de "ser professora"? Pois é, vivenciei inúmeras experiências, marcadas por limites e possibili-

Fotografia 40 – Valdeci dos Santos (56 anos). Feira de Santana – Bahia – Brasil, 22/dez./2017. Fonte: Acervo pessoal de Valdeci dos Santos.

Fotografia 41 – Valdeci dos Santos (6 anos) – Jardim de Infância (1968) – Colégio Estadual Coriolano Carvalho. Feira de Santana – Bahia – Brasil, 1968. Fonte: Acervo pessoal de Valdeci dos Santos.

dades; e, tornei-me professora. Nosso desejo/sonho foi realizado. Hoje, despeço-me da Educação, aposentada na condição de Professora. Reconheço o quanto você é marcante na minha jornada existencial. Beijo de luz em seu coração.

(*In*: SANTOS, Valdeci dos. **Aposentadoria: desejo, voos e missão.** Feira de Santana – Bahia – Brasil, 28/mar./2018. Disponível em: https://www.valdecidossantos.com/blog/52-aposentadoria- desejo- voos-e-missao).

Rememorei uma metáfora sobre limites e possibilidades. A história da rã que vivia numa lagoa, e da tartaruga que viera do oceano:

[.] Há uma história sobre uma rã que vivia numa lagoa. Como nunca tinha ido a qualquer outro lugar, a rã pensava que sua lagoa fosse o mundo inteiro. Então, um dia, uma tartaruga chegou à lagoa e disse à rã que viera do oceano. Mas a rã nunca tinha ouvido falar de um oceano e quis saber se era como sua lagoa. 'Não', disse a tartaruga a rã. 'É muito maior'. 'Três vezes maior?' perguntou a rã. A tartaruga continuou tentando explicar a rã o tamanho do oceano, mas esta não queria ouvir. Por fim, a rã desmaiou: era apavorante até mesmo tentar pensar em um lugar assim.

(*In*: Tarthang Tulku. **Gestos de equilíbrio**: guia introdutório à percepção, à autocura e à meditação).

E, as histórias de mundos fantásticos, que meu pai costumava contar, advertindo-nos sobre o OCEANO, chamado imaginação. Um anúncio de que, para além da lagoa da realidade social, existiam oceanos de possibilidades. Meu pai desempenhou o papel de uma tartaruga mensageira, alertando-nos de que a imaginação é uma poderosa ferramenta na criação de ambiências de bem-estar, sonhos, e desejos. Aquelas histórias fantásticas contaminaram meu SER, conduzindo-me, à tessitura de uma **'sacola subjetiva de sonhos e desejos'**.

A indescritível emoção inundou meu SER, ao **aposentar-me**, na condição de **Professora Titular** da Universidade do Estado da Bahia (UNEB), tem forte relação com os conteúdos da minha 'sacola subjetiva de sonhos e desejos', dentre outros: **desejo 'primário' de ser uma professora.**

Partilho, a seguir, 6 (seis) Fotografias (42, 43, 44, 45, 46 e 47) que dizem do ritual de encerramento meu percurso profissional referente ao período de 1980 a 2018.

Fotografia 42 – Valdeci dos Santos na última reunião de colegiado antes da publicação da sua aposentadoria. Universidade do Estado da Bahia – UNEB/Campus II. Presentes: Mara Rojane B. de Matos, Emanuel Santana, Vera Lúcia Costa Vale, Lisovaldo Nascimento da Paixão, Cláudia Regina Teixeira de Souza, Gracineide Selma Santos de Almeida, Maria Rosileide Bezerra de Carvalho, Magnólia Queiroz. Alagoinhas – Bahia – Bras il, 20/mar./2018. Fonte: Acervo pessoal de Valdeci dos Santos.

Fotografia 43 – Homenagem do Departamento de Ciências Exatas e da Terra, da Universidade do Estado da Bahia - UNEB/Campus II a Professora-Doutora Valdeci dos Santos, pelos anos dedicados ao trabalho em prol da Educação e do crescimento Institucional. Alagoinhas – Bahia – Brasil, 12/dez./2018. Fonte: Acervo pessoal de Valdeci dos Santos.

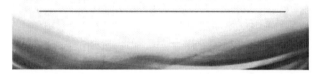

Fotografia 44 – Homenagem do Departamento de Ciências Exatas e da Terra, da Universidade do Estado da Bahia – UNEB/Campus II a Professora-Doutora Valdeci dos Santos, pelos anos dedicados ao trabalho em prol da Educação e do crescimento Institucional. Alagoinhas – Bahia – Brasil, 12/dez./2018. Fonte: Acervo pessoal de Valdeci dos Santos.

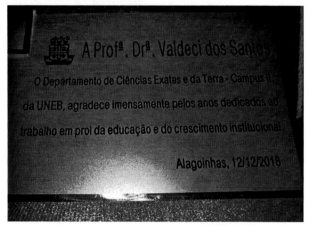

Fotografia 45 – Homenagem do Departamento de Ciências Exatas e da Terra, da Universidade do Estado da Bahia – UNEB/Campus II a Professora-Doutora Valdeci dos Santos, pelos anos dedicados ao trabalho em prol da Educação e do crescimento Institucional. Alagoinhas – Bahia – Brasil, 12/dez./2018. Fonte: Acervo pessoal de Valdeci dos Santos.

Fotografia 46 – Homenagem do Departamento de Ciências Exatas e da Terra, da Universidade do Estado da Bahia – UNEB/Campus II a Professora-Doutora Valdeci dos Santos, pelos anos dedicados ao trabalho em prol da Educação e do crescimento Institucional. Alagoinhas – Bahia – Brasil, 12/dez./2018. Fonte: Acervo pessoal de Valdeci dos Santos.

Fotografia 47 – Homenagem de Amigos do Departamento de Educação, da Universidade do Estado da Bahia – UNEB/Campus II a Professora-Doutora Valdeci dos Santos, pelos anos dedicados ao trabalho em prol da Educação e do crescimento Institucional. Alagoinhas – Bahia – Brasil, 12/dez./2018. Fonte: Acervo pessoal de Valdeci dos Santos.

Concluída minha **jornada laboral** (1980-2018), através da **aposentadoria**, decidi elaborar o projeto '**Voos e sobrevoos em solos estrangeiros**'.

Ele tem como fonte inspiradora a singularidade do meu olhar sobre a mensagem implícita no livro '**Fernão Capelo Gaivota**' (Richard Bach, 1970), que contribuiu/contribui para meus 'voos e sobrevoos' no fluxo do MOVIMENTO de construção/(des)construção/(re)construção da minha História de Vida, na temporalidade chamada EXISTIR, desde 1981.

Conclui o 2º grau em 1979, com formação em Auxiliar de Enfermagem. Ingressei, em 1980, no mundo do trabalho, tendo como primeiro emprego, a função de balconista numa loja de confecções.

Sentia-me fixada ao rito e rituais do ser balconista e acima de tudo esmagada pela estrutura social que gritava sobre a importância de ter um emprego e um salário para gerenciar as demandas cotidianas.

Desejos/buscas/procuras pareciam distantes.

Um dia, aparentemente qualquer, em 1981, uma colega de trabalho, chamada Sonia Pereira, também balconista, chegou com o livro '**Fernão Capelo Gaivota**', contando que ele tratava da estória de uma gaivota. Fiquei interessada, pedindo-o emprestado. Leitura realizada em dois dias.

O livro '**Fernão Capelo Gaivota**' aborda sobre a ilimitada capacidade do sujeito. O leitor é capturado pela trama poético-psicológica da estória da gaivota chamada Fernão Capelo, cuja inquietação é voar além dos ritos de sobrevivência do seu bando. O processo de construção/(des)construção/(re)construção da sua jornada pessoal rumo ao exercício/vivência da **liberdade**, da **bondade** e do **amor**, contempla exclusão do bando, as incertezas da jornada solitária, o encontro com um mestre instrutor, experiências e aprendizados que o implicaram com sua missão de formador: através, do exercício do amor, comprometer-se com o processo formativo dos membros da sua espécie, inclusive, dos que o baniram do grupo. É metáfora nuclear da obra: "Vê mais longe a gaivota que voa mais alto". A obra mobiliza o leitor a revisitar sua história pessoal, sobretudo, as crenças limitantes e o **desafio de realizar voos e sobrevoos de ilimitadas possibilidades**.

Fui inundada com a ideia de **liberdade**, **bondade** e **amor**. Como voar? Como construir a liberdade?

Cônscia de que o meu LAR é o planeta Terra e, do desejo de aprofundar conhecimentos sobre História, Geografia e Cultura; optei, dentre tantos, motivos e objetivos objetivo-subjetivos, inicialmente, conhecer a Europa (Fotografia 48).

Europa é um dos seis continentes (América, África, Europa, Ásia, Oceania, e Antártida) **do planeta Terra**, localizado a oeste da Ásia e ao norte da África.

O continente é composto por 50 países e possui o maior bloco econômico do mundo. São eles: 1) Albânia (Capital: Tirana); 2) Alemanha (Capital: Berlim); 3) Andorra (Capital: Andorra, a Velha); 4) Áustria (Capital: Viena); 5) Bélgica (Capital: Bruxelas); 6) Bielorrússia (Capital: Minsk); 7) Bósnia e Herzegovina (Capital: Sarajevo); 8) Bulgária (Capital: Sofia); 9) Cazaquistão (Capital: Astana); 10) Chipre (Capital: Nicósia); 11) Croácia (Capital: Zagreb); 11) Dinamarca (Capital: Copenhague); 12) Eslováquia (Capital: Bratislava); 13) Eslovênia (Capital: Liubliana); 14) Espanha (Capital: Madri); 15) Estônia (Capital: Tallinn); 16) Finlândia (Capital: Helsinki); 17) França (Capital: Paris); 18) Grécia (Capital: Atenas); 19) Hungria (Capital: Budapeste); 20) Irlanda (Capital: Dublin); 21) Islândia (Capital: Reykjavik); 22) Itália (Capital: Roma); 23) Letônia (Capital: Riga); 24) Liechtenstein (Capital: Vaduz); 25) Lituânia (Capital: Vilnius); 26) Luxemburgo (Capital: Luxemburgo); 27) Malta (Capital: Valeta); 28) Moldávia (Capital: Chisinau); 29) Mônaco (Capital: Mônaco); 30) Montenegro (Capital: Podgorica); 31) Noruega (Capital: Oslo); 32) Países Baixos (Capital: Amsterdã); 33) Polônia (Capital: Varsóvia); 34) Portugal (Capital: Lisboa); 35) Tchéquia (Capital: Praga); 36) Macedônia do Norte (Capital: Skopje); 37) Reino Unido — é um Estado Soberano formado por 4 países: Inglaterra (Capital: Londres), Irlanda do Norte (Capital: Belfast), Escócia (Capital: Edimburgo) e, País de Gales (Capital: Cardiff); 38) Romênia (Capital: Bucareste); 39) Rússia — país que pertence à Europa e à Ásia (Capital: Moscou); 40) San Marino (Capital: San Marino); 41) Sérvia (Capital: Belgrado); 42) Suécia (Capital: Estocolmo); 43) Suíça (Capital: Berna); 44) Turquia — país pertencente à Europa e à Ásia (Capital: Ancara); 45) Ucrânia (Capital: Kiev); 46) Vaticano (Capital: Cidade do Vaticano.)

Elegi, inicialmente, conhecer países vinculados ao ESPAÇO SCHENGEN, área composta por 27 (vinte e sete) países europeus que aboliram oficialmente passaportes e outros tipos de controle de fronteira em suas fronteiras mútuas. São eles: Alemanha, Áustria, Bélgica, Croácia, Tchéquia, Dinamarca, Eslováquia, Eslovênia, Espanha, Estônia, Finlândia, França, Grécia, Países Baixos, Hungria, Islândia, Itália, Letônia, Liechtenstein, Lituânia, Luxemburgo, Malta, Noruega, Polônia, Portugal, Suécia, Suíça.

Elegi, via Internet, a empresa portuguesa Lusoviagens para aquisição dos roteiros turísticos para conhecer três países da Europa: Portugal (Fotografia 49), Itália (Fotografia 50) e Espanha (Fotografia 51).

Inundada, de sonhos, desejos, certezas/incertezas e coragem, decidi realizar minha primeira viagem internacional, no período de 7 de setembro a 9 de novembro de 2018. Uma viagem individual fecunda em experiências e aprendizados significativos e, um incrível aprendizado sobre a importância da solitude.

Fotografia 48 – Mapa do continente europeu. Fonte: Instituto Brasileiro de Geografia e Estatística. Capturado na Internet.

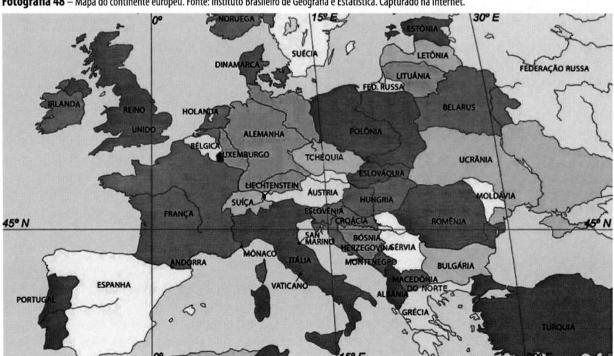

Fotografia 49 – Projeto 'Voos e sobrevoos em solos estrangeiros'. Mapa de Portugal. Fonte: Imagem capturada na Internet.

Fotografia 50 – Projeto 'Voos e sobrevoos em solos estrangeiros'. Mapa da Itália. Fonte: Imagem capturada na Internet.

Fotografia 51 – Projeto 'Voos e sobrevoos em solos estrangeiros'. Mapa da Espanha. Fonte: Imagem capturada na Internet

Escolhi a metáfora poética 'ME ENSINA A ESCREVER', de Oswaldo Montenegro, para epigrafar o projeto **'voos e sobrevoos em solos estrangeiros'**.

> Meu amor
> Me ensina a escrever
> A folha em branco me assusta
> Eu quero inventar dicionários
> Palavras que possam tecer
> A rede em que você descansa
> E os sonhos que você tiver
> Meu amor
> Me ensina a fazer
> Uma canção falando quanto custa
> Trancar aqui dentro as palavras
> Calando e querendo dizer
> Não sei se o poema é bonito
> Mas sei que preciso escrever
> Meu amor
> Me ensina a escrever
> A folha em branco me assusta
> Eu quero inventar dicionários
> Palavras que possam tecer
> A rede em que você descansa
> E os sonhos que você tiver

ME ENSINA A ESCREVER. Intérprete: Oswaldo Montenegro. Compositor: Oswaldo Montenegro. *In*: ME ENSINA a escrever. Intérprete: Oswaldo Montenegro. Rio de Janeiro: Oswaldo Montenegro Produções Artísticas, 2014. (3min30s).

Saí sozinha, do Brasil, no dia 7 de setembro de 2018, pelo Aeroporto Internacional de Salvador – Deputado Luís Eduardo Magalhães, na cidade do Salvador às 23h20min, em voo direto, pela empresa TAP Air Portugal, rumo a Portugal; chegando à cidade de Lisboa, em 8 de setembro às 11h25min.

PORTUGAL – MOMENTO 1

Cheguei a Lisboa, Portugal, no dia 8 de setembro de 2018. Hospedei-me no Hotel Alif Campo Pequeno, no período de 8 a 14 de setembro.

No período de 14 a 17 de setembro de 2018, hospedei-me, em casa de Amigos de Amigos – Casa Provincial dos Missionários Combonianos em Portugal, na cidade de Lisboa.

Na cidade de Lisboa, no período de 8 a 17 de setembro de 2018, dediquei-me a visitar/conhecer, dentre outros: Terminal de cruzeiros; Museu de Arte, Arquitetura e Tecnologia (MAAT); Pastéis de Belém; Castelo de São Jorge; Praça do Rossio; Portas do Sol; Elevador de Santa Justa; Museu Nacional do Azulejo; Elétrico 28; Jardim Zoológico de Lisboa; Miradouro de Santa Luzia; Mostei-ro dos Jerónimos; Museu Nacional de História Natural e da Ciência, da Universidade de Lisboa; Museu Nacional dos Coches; Oceanário de Lisboa; Rua do Comercio; Torre de Belém; Museu de Marinha; Planetário Calouste Gulbenkian; Centro Cultural de Belém; Museu da São Roque e Igreja da Santa Casa de Misericórdia de Lisboa; Praça Luís de Camões; Festival Folclórico Etnográfico; Miradouro da Graça; Miradouro Nossa Senhora dos Montes (Fotografias: 52, 53, 54, 55, 56, 57, 58, 59, 60, 61, 62, 63, 64 e 65).

No período de 10 a 12 de setembro de 2018, participei do **IV Colóquio Luso-Afro-Brasileiro de Questões Curriculares**, no Instituto de Educação da Universidade de Lisboa. Apresentei, na sessão de lançamentos de livros, os meus livros/filhos epistêmicos (Fotografias: 66, 67 e 68): **Memórias de uma professora-bióloga: desejos, olhares e espelhos** (ISBN 978-85-914455-0-9); **Iconografia de tessituras formativas** (ISBN 978-85-444-0390-7); **Um caso de assédio moral no trabalho: silêncios ruidosos** (ISBN 978-85-444-0639-7); O **silencioso homem da lança: o sonho como porta-voz do inconsciente** (ISBN 978-85-444-0570-3); **Bio-tanato-educação: interfaces formativas** (ISBN 978-85-444-1088-2); **Macramê Psicanalítico** (ISBN 978-85-914455-3-0). As obras são frutos do projeto 'Filhos Epistêmicos'.

No evento – **IV Colóquio Luso-Afro-Brasileiro de Questões Curriculares** -- conheci inúmeros companheiros de caminhada epistêmico-profissional. Com luminosa surpresa de felicidade, reencontrei a amiga Dra. **Zoraya Maria de Oliveira Marques** (Fotografia 69).

O nosso primeiro encontro aconteceu em 1993, na condição de docentes da Universidade do Estado da Bahia – UNEB. Eu, atuando no *Campus* II, na cidade de Alagoinhas; e ela, no *Campus* XI, na cidade de Serrinha. De maneira pontual, nosso encontro/reencontro aconteceu no ano de 2004, na Universidade Federal do Rio Grande do Norte, na cidade de Natal, no Estado do Rio Grande do Norte; quando cursávamos o Doutorado em Educação. Vivenciamos inúmeras experiências e aprendizados significativos, na dinâmica do acolhimento fraterno-epistêmico-profissional.

Com sentimento-mosaico de Gratidão/Alegria/Amor/Amizade, revisito memórias: Das idas a médicos, sobretudo, no processo de elaboração do luto, pela partida prematura do meu amado pai, Lourival Pereira dos Santos (*In memoriam*); Das idas ao cinema, praias e supermercados; Das visitas aos meus lares norte-rio-grandense e baiano; Dos diálogos divertidos. Assim como, sua disponibilidade epistêmica para participar dos meus projetos epistêmicos.

O olhar de **Zoraya Maria de Oliveira Marques** emitido sobre mim, sujeito epistêmico Valdeci dos Santos, em resposta à questão: *"Como você me perce-*

be?" (fruto de atividade do Curso **Gestão da Emoção**, ministrado pelo psiquiatra Augusto Cury [modalidade *online*], no período de junho a julho de 2018), presente na obra **Simplesmente olhares de ressignificação** (ISBN 978-65-00-25096-1) diz dos núcleos de significados: **Resiliência** e **Senso de Humor**.

Sinto-me honrada, por: sua **presença amiga**, na minha caminhada existencial; pela lente fraterno-epistêmica, com a qual me enxergas; pela participação no **projeto 'Filhos Epistêmicos'** na condição de **prefaciadora** de meus livros/filhos epistêmicos: **Macramê psicanalítico** (2018); **Bio-tanato-educação: interfaces formativas** (2016); e, **O silencioso homem da lança: o sonho como porta-voz do inconsciente** (2015). Assim como, participação no projeto **Revista Metáfora Educacional** (ISSN 1809-2705) – versão *on-line* (2005-2017), na condição de conselheira científica; membro do **Grupo de Pesquisa Bio-tanato-educação: interfaces formativas** (2009-2018) junto ao Conselho Nacional de Desenvolvimento Científico e Tecnológico – CNPq; e, palestrante (1995), no Centro Educacional Biosfera.

O roteiro turístico 1 – '**Tour Todo Portugal**' -, em ônibus da empresa Europamundo Vacaciones, com saída e chegada em Lisboa, em circuito de 8 (oito) dias, iniciou-se, no dia 17 de setembro de 2018, à tarde. Hospedei-me, no Hotel Vila Galé Ópera (4****), na cidade **Lisboa**. A programação realizada no período de 17 a 24 de setembro de 2018, constou visitas as seguintes cidades portuguesas: **Lisboa** (18/set./2018); **Estoril** (18/set./2018); **Cascais** (18/set./2018); **Sintra** (18/set./2018); **Albufeira** (19/set./2018); **Lagos** (19/set./2018); **Cabo de São Vicente** (19/set./2018); **Sagres** (19/set./2018); **Faro** (20/set./2018); **Mértola** (20/set./2018); **Beja** (20/set./2018); Évora (20/set./2018); **Marvão** (21/set./2018); **Castelo de Vide** (21/set./2018); **Tomar** (21/set./2018); **Castelo de Cristo** (21/set./2018); **Aljustrel** (21/set./2018); **Fátima** (21/set./2018); **Porto** (22/set./2018); **Braga** – Santuário de Bom Jesus dos Montes (23/set./2018); **Guimarães** (23/set./2018); **Vila Real** – Palácio de Mateus (23/set./2018); **Coimbra** (24/set./2018); **Batalha** (24/set./2018); **Nazaré** (24/set./2018); **Leiria** (24/set./2018); Óbidos (24/set./2018); **Lisboa** (24/set./2018).

No segundo dia, 18 de setembro de 2018, pela manhã, realizamos uma visita panorâmica em **Lisboa**, com guia local. Visitamos: Parque Eduardo VII, Lower Pombalina bairro Estrela, Estrela Basílica, Padrão dos Descobrimentos (Marques de Pombal, Praça do Rossio com vista para o castelo de San Jorge, Alfama Square) Torre de Belém, Mosteiro dos Jerónimos (Fotografias: 70, 71, 72 e 73). Visitamos, à tarde, as cidades de: **Sintra, Cascais** e **Estoril** (Fotografias: 74 e 75).

No terceiro dia, 19 de setembro de 2018, percorremos uma distância de 440 km. Saímos de **Lisboa**, rumo às cidades de **Albufeira** (Fotografia: 76) – bela cidade costeira, uma das mais populares entre os turistas europeus; **Lagos** (Fotografias: 77 e 78) – cidade histórica da qual os navegantes portugueses partiram no século XVI em direção ao Brasil e à rota indígena; **Cabo de San Vicente** (Fotografia: 79) – ponto mais ocidental do continente europeu. Do farol tem-se vistas impressionantes das falésias do oceano, das ondas e do vento forte que acompanha os navios que navegam entre o Mediterrâneo e o oceano; e, **Sagres** (Fotografia: 80) – cidade costeira tranquila e fortificada do Algarve que nos lembra das histórias de corsários e marinheiros. Hospedamo-nos no Hotel: Agua Hotels Riverside, em **Portimão**.

No quarto dia, 20 de setembro de 2018, percorremos uma distância de 295 km. Saímos de Portimão. Visitamos **Faro** (Fotografias: 81 e 82), capital do Algarve. Seu centro histórico murado parece ficar parado a tempo; rumo às cidades de **Mértola** (Fotografia: 83), nas margens do rio Guadiana, antiga cidade muçulmana; e, **Évora** (Fotografias: 84, 85 e 86), cidade habitada há mais de 2000 anos e que foi declarada Património da Humanidade, por muitos a cidade mais bonita de Portugal. Visita à Capela dos Ossos, construída por 5000 esqueletos; ao centro histórico. Hospedamo-nos no Hotel: M'AR de Ar Muralhas, em Évora.

No quinto dia, 21 de setembro de 2018, percorremos uma distância de 305 km. Saímos de Évora, rumo às cidades de **Marvão** (Fotografia: 87) – pequena cidade muito pitoresca cercada por muros que nos oferece uma vista fantástica da região; **Castelo de Vide** (Fotografia: 88) – visita ao castelo, seu antigo bairro judeu com sinagoga (museu hoje) e almoço no labirinto de ruas estreitas e irregulares cujas arcadas góticas nos convidam a passear; **Tomar** (Fotografia: 89) – entrada no imenso Convento-Castelo de Cristo que pertenceu aos templários; **Fatima** (Fotografia: 90 e 91) – visita a **Aljustrel** (aldeia onde nasceram os três pastorinhos, visita à casa de Lucia). Seguindo para o Santuário de Fátima. Hospedamo-nos no Hotel: Lux de Fátima, em **Fátima**.

Fátima é uma cidade no centro de Portugal que alberga o Santuário de Fátima, um local de peregrinação católica. A Capelinha das Aparições marca o local onde alegadamente a Virgem Maria apareceu em 1917. Outros locais sagrados incluem a Basílica de Nossa Senhora do Rosário, com os seus anjos dourados, e a moderna Igreja da Santíssima Trindade.

No sexto dia, 22 de setembro de 2018, percorremos uma distância de 210 km. Saímos de **Fátima**, rumo à cidade do **Porto** (Fotografia: 92) – visita: Pr. Águia/Leão, Casa da Música, Jardim do Palácio de Cristal, Palácio dos Carrancas, Rio Douro, Museu do Vinho do Porto, Ed. Nova Alfandega – Museu dos Transportes e Comunicações, Bairro Mira Gaia, Bairro Riviera/Ribeira, Igreja Gótica de São Francisco, Pr. do Infante Dom Henrique, Palácio da Bolsa, Antigo Mercado Ferreira Borges, Rio Vila (foi soterrado por questões de saúde publica), Estação de trem São Bento (possui 20 mil azulejos), rua Sá da Bandeira, Teatro Sá da Bandeira, Teatro Rivoli, Av. dos Aliados, Prefeitura, Túnel de Celta, Pr. Cordoaria, Antiga Cadeia, Hospital Santo Antônio (1799), Palácio da Justiça, Pena Ventosa (**onde nasceu Porto**), Igreja dos Clérigos, Estatua de D. Pedro I/IV – Pr. da Liberdade, Igreja Lapa (coração de D. Pedro IV(PT)/I(BR)), Casa-Museu Guerra Junqueira, Catedral do Porto, Jardim do Movio – Serra do Pilar, Ponte Luis I, Ponte Maria Pia. Visita a bodega **Real Companhia Velha**. Hospedamo-nos no Hotel: Holiday Inn Porto Gaia.

No sétimo dia, 23 de setembro de 2018, percorremos uma distância de 390 km. Saímos de **Porto**, rumo às cidades de **Braga** (Fotografia: 93) – visita ao centro e a antiga catedral. Seguindo, para a base do Santuário de Bom Jesus dos Montes, incluindo a subida no funicular mais antigo do mundo; **Guimarães** (Fotografia: 94) – a primeira capital de Portugal; **Mateus** (Fotografia: 95) – visita aos belos jardins de Mateus [conhecidos pelos seus vinhos]. Belas paisagens cheias de vinhas até ao vale do Douro. Passando por **Sabrosa**, **Pinhão** (Chegada à maravilhosa estação de comboios com todos os seus azulejos). E, um pequeno cruzeiro, de cerca de uma hora, no Rio Douro. No final do dia, chegamos à **Coimbra**, com hospedagem no Hotel Vila Galé Coimbra.

No oitavo dia, 24 de setembro de 2018, percorremos uma distância de 280 km. Saímos de **Coimbra**, rumo às cidades de **Batalha** (Fotografia: 96) – visita ao Mosteiro da Batalha; **Nazaré** – cidade de pesca no topo de um penhasco, **Óbidos** (Fotografia: 97) – aldeia cheia de charme, por trás de algumas muralhas medievais, com seu castelo, suas ruas cheias de flores e vida comercial, chegando a **Lisboa**, com o FIM dos serviços do **'Tour Todo Portugal'** (código: SC842120).

No dia 25 de setembro de 2018, saí de **Lisboa**, pela empresa TAP Air Portugal, às 12h35min, em voo direto, rumo à **Milão**, na Itália; chegando às 16h10min, pelo Aeroporto de Milão – Malpensa.

METÁFORA POÉTICA 2: VENTO, VENTANIA

Vento, ventania, me leve para as bordas do céu
Eu vou puxar as barbas de Deus
Vento, ventania, me leve para onde nasce a chuva
Pra lá de onde o vento faz a curva
Me deixe cavalgar nos seus desatinos
Nas revoadas, redemoinhos
Vento, ventania, me leve sem destino
Quero juntar-me a você e carregar os balões pro mar
Quero enrolar as pipas nos fios
Mandar meus beijos pelo ar
Vento, ventania,
Me leve pra qualquer lugar
Me leve para qualquer canto do mundo
Ásia, Europa, América

VENTO, VENTANIA. Intérprete: Biquíni Cavadão. Compositor: André Fernandes Leite da Luz; Carlos Augusto Pereira Coelho; Álvaro Prieto Lopes; Miguel Flores da Cunha; Carlos Beni Carvalho de Oliveira; Bruno Castro Gouveia. *In*: DESCIVILIZAÇÃO. Intérprete: Biquíni Cavadão. Rio de Janeiro: Polygram, 1991. (3min30s).

Fotografia 52 – Projeto 'Voos e sobrevoos em solos estrangeiros'. Portugal. Valdeci dos Santos visitando o Oceanário de Lisboa. Lisboa, 8/set./2018. Fonte: Acervo pessoal de Valdeci dos Santos.

Fotografia 53 – Projeto 'Voos e sobrevoos em solos estrangeiros'. Portugal. Valdeci dos Santos visitando o Oceanário de Lisboa. Lisboa, 8/set./2018. Fonte: Acervo pessoal de Valdeci dos Santos.

Fotografia 54 – Projeto 'Voos e sobrevoos em solos estrangeiros'. Portugal. Valdeci dos Santos visitando o Museu Nacional do Azulejo. Lisboa, 8/set./2018. Fonte: Acervo pessoal de Valdeci dos Santos.

Fotografia 55 – Projeto 'Voos e sobrevoos em solos estrangeiros'. Portugal. Valdeci dos Santos visitando o Museu Nacional do Azulejo. Lisboa, 8/set./2018. Fonte: Acervo pessoal de Valdeci dos Santos.

Fotografia 56 – Projeto 'Voos e sobrevoos em solos estrangeiros'. Portugal. Valdeci dos Santos visitando o Museu Nacional do Azulejo: Igreja Madre de Deus. Lisboa, 8/set./2018. Fonte: Acervo pessoal de Valdeci dos Santos.

Fotografia 57 – Projeto 'Voos e sobrevoos em solos estrangeiros'. Portugal. Valdeci dos Santos visitando o Museu Nacional do Azulejo: Igreja Madre de Deus. Lisboa, 8/set./2018. Fonte: Acervo pessoal de Valdeci dos Santos.

Fotografia 58 – Projeto 'Voos e sobrevoos em solos estrangeiros'. Portugal. Valdeci dos Santos visitando o Museu da Marinha. Lisboa, 9/set./2018. Fonte: Acervo pessoal de Valdeci dos Santos.

METÁFORA POÉTICA 3: FOI DEUS QUEM FEZ VOCÊ

Foi Deus que fez o vento
Que sopra os teus cabelos;
Foi Deus quem fez o orvalho
Que molha o teu olhar. Teu olhar.
Foi Deus que fez as noites
E o violão plangente;
Foi Deus que fez a gente
Somente para amar. Só para amar.

FOI DEUS QUEM FEZ VOCÊ. Intérprete: Amelinha. Compositor: Luiz Ramalho. *In*: BRASIL popular – 14 grandes sucessos. Intérprete: Zé Ramalho, Amelinha, Elba Ramalho, Fagner. Rio de Janeiro: Sony Music Entertainment, 1994. (3min56s).

Fotografia 59 – Projeto 'Voos e sobrevoos em solos estrangeiros'. Portugal. Valdeci dos Santos visitando o Planetário Calouste Gulbenkian, localizado ao lado do Mosteiro dos Jerónimos, na freguesia de Santa Maria de Belém, cidade e Distrito de Lisboa. Lisboa, 9/set./2018. Fonte: Acervo pessoal de Valdeci dos Santos.

Fotografia 60 – Projeto 'Voos e sobrevoos em solos estrangeiros'. Portugal. Valdeci dos Santos visitando o Museu Nacional dos Coches. Lisboa, 13/set./2018. Fonte: Acervo pessoal de Valdeci dos Santos.

Fotografia 61 – Projeto 'Voos e sobrevoos em solos estrangeiros'. Portugal. Valdeci dos Santos visitando o Museu Nacional dos Coches. Lisboa, 13/set./2018. Fonte: Acervo pessoal de Valdeci dos Santos.

Fotografia 62 – Projeto 'Voos e sobrevoos em solos estrangeiros'. Portugal. Valdeci dos Santos visitando o Museu Nacional de História Natural e da Ciência, da Universidade de Lisboa. Lisboa, 14/set./2018. Fonte: Acervo pessoal de Valdeci dos Santos.

METÁFORA POÉTICA 4: CIO DA TERRA

    Debulhar o trigo
    Recolher cada bago do trigo
    Forjar no trigo o milagre do pão
    E se fartar de pão
    Decepar a cana
    Recolher a garapa da cana
    Roubar da cana a doçura do mel
    Se lambuzar de mel

    Afagar a terra
    Conhecer os desejos da terra
    Cio da terra, propícia estação
    E fecundar o chão.

CIO DA TERRA. Intérprete: Chico Buarque; Milton Nascimento. Compositor: Milton Silva Campos Nascimento, Francisco Buarque de Holanda. In: CHICO 50 Anos – O Cronista. Intérprete: Chico Buarque. Rio de Janeiro: Universal Music Ltda., 1994. (3min48s).

Fotografia 63 – Projeto 'Voos e sobrevoos em solos estrangeiros'. Portugal. Valdeci dos Santos visitando a Igreja de São Roque – Capelas laterais. Lisboa, 16/set./2018. Fonte: Acervo pessoal de Valdeci dos Santos.

Fotografia 64 – Projeto 'Voos e sobrevoos em solos estrangeiros'. Portugal. Valdeci dos Santos visitando o Museu de São Roque e Igreja da Santa Casa de Misericórdia de Lisboa. Lisboa, 16/set./2018. Fonte: Acervo pessoal de Valdeci dos Santos.

Fotografia 65 – Projeto 'Voos e sobrevoos em solos estrangeiros'. Portugal. Valdeci dos Santos e Placedina Maria Cruz Reis (Portuguesa que encontrei no autocarro e resolveu acompanhar-me à igreja. Estava em luto pela morte do marido, que foi atropelado por um autocarro. O nosso encontro foi fraterno e acolhedor.) visitando a Igreja do Convento de São Pedro de Alcântara. Lisboa, 16/set./2018. Fonte: Acervo pessoal de Valdeci dos Santos.

Fotografia 67 – Projeto 'Voos e sobrevoos em solos estrangeiros'. Portugal. Valdeci dos Santos em lançamento de Livros no 4o Colóquio Luso-Afro-Brasileiro de Questões Curriculares. Instituto de Educação da Universidade de Lisboa. Lisboa, 10 a 12/set./2018. Fonte: Acervo pessoal de Valdeci dos Santos.

METÁFORA POÉTICA 5: O HOMEM

Eu
(Vou ferver)
Como que um vulcão em chamas, como a tua cama que me faz tremer
Como um chão de terremotos, como amor remoto que eu não sei viver
Vou poder contar meus filhos, caminhar nos trilhos, isso é pra valer
Pois se uma estrela há de brilhar
Outra então tem que se apagar
Quero estar vivo para ver
O sol nascer, o sol nascer, o sol nascer
Eu
(Vou subir)
Pelo elevador dos fundos, que carrega o mundo sem sequer sentir
Que a minha dor no peito, que eu escondi direito agora vai surgir
Numa tempestade doida pra varrer as ruas em que eu vou seguir
Em que eu vou seguir, em que eu vou seguir

O HOMEM. Intérprete: Raul Seixas. Compositor: Raul Seixas; Paulo Coelho de Souza. In: HÁ DEZ mil anos atrás. Intérprete: Raul Seixas. Rio de Janeiro: Philips, 1976. (3min02s).

Fotografia 66 – Projeto 'Voos e sobrevoos em solos estrangeiros'. Portugal. Valdeci dos Santos em lançamento de Livros no 4o Colóquio Luso-Afro-Brasileiro de Questões Curriculares. Instituto de Educação da Universidade de Lisboa. Lisboa, 10 a 12/set./2018. Fonte: Acervo pessoal de Valdeci dos Santos.

Fotografia 68 – Projeto 'Voos e sobrevoos em solos estrangeiros'. Portugal. Valdeci dos Santos no 4o Colóquio Luso-Afro-Brasileiro de Questões Curriculares. Instituto de Educação da Universidade de Lisboa. Lisboa, 10 a 12/set./2018. Fonte: Acervo pessoal de Valdeci dos Santos.

Fotografia 69 – Projeto 'Voos e sobrevoos em solos estrangeiros'. Portugal. Valdeci dos Santos em confraternização com a amiga Zoraya Maria de Oliveira Marques, no 4o Colóquio Luso-Afro-Brasileiro de Questões Curriculares. Instituto de Educação da Universidade de Lisboa. Lisboa, 11/set./2018. Fonte: Acervo pessoal de Valdeci dos Santos.

METÁFORA POÉTICA 6: DE JANEIRO A JANEIRO

Olhe bem no fundo dos meus olhos
E sinta a emoção que nascerá quando você me olhar
O universo conspira a nosso favor
A consequência do destino é o amor, pra sempre vou te amar
Mas talvez, você não entenda
Essa coisa de fazer o mundo acreditar
Que meu amor, não será passageiro
Te amarei de Janeiro a Janeiro
Até o mundo acabar
Até o mundo acabar
Até o mundo acabar
Até o mundo acabar.

DE JANEIRO A JANEIRO. Intérprete: Roberta Campos (part. Nando Reis). Compositor: Roberta Cristina Campos Martins. *In*: VARRENDO a lua. Intérprete: Roberta Campos. São Paulo: Deckdisc, 2006. (3min10s).

Fotografia 70 – Projeto 'Voos e sobrevoos em solos estrangeiros'. Portugal. Valdeci dos Santos visitando o Mosteiro Dos Jerônimos. Lisboa, 18/set./2018. Fonte: Acervo pessoal de Valdeci dos Santos.

Fotografia 71 – Projeto 'Voos e sobrevoos em solos estrangeiros'. Portugal. Valdeci dos Santos visitando a Torre de São Vicente (Torre de Belém). Lisboa, 18/set./2018. Fonte: Acervo pessoal de Valdeci dos Santos.

Fotografia 72 – Projeto 'Voos e sobrevoos em solos estrangeiros'. Portugal. Valdeci dos Santos visitando o Jardim Amália Rodrigues, na cidade de Lisboa. Obra 'Maternidade' (Fernando Botero, 1989). Lisboa, 18/set./2018. Fonte: Acervo pessoal de Valdeci dos Santos.

Fotografia 73 – Projeto 'Voos e sobrevoos em solos estrangeiros'. Portugal. Valdeci dos Santos visitando 'Monumento de Evocação ao 25 de Abril' – As colunas quebradas e desordenadas sustentadas por uma pilha de blocos de concreto simbolizam poderosamente a restauração da ordem após a confusão e o caos da "revolução dos cravos" de 25 de abril de 1974, quando Portugal se livrou de um ditador de longa data -, no Miradouro do Parque Eduardo VII, na cidade de Lisboa. Lisboa, 18/set./2018. Fonte: Acervo pessoal de Valdeci dos Santos.

Fotografia 74 – Projeto 'Voos e sobrevoos em solos estrangeiros'. Portugal. Valdeci dos Santos visitando Estoril. Estoril, 18/set./2018. Fonte: Acervo pessoal de Valdeci dos Santos.

Fotografia 75 – Projeto 'Voos e sobrevoos em solos estrangeiros'. Portugal. Valdeci dos Santos visitando Sintra. Sintra, 18/set./2018. Fonte: Acervo pessoal de Valdeci dos Santos.

METÁFORA POÉTICA 7: O SEGUNDO SOL

Eu só queria te contar
Que eu fui lá fora e vi dois sóis num dia
E a vida que ardia sem explicação
Quando o segundo sol chegar
Para realinhar as órbitas dos planetas
Derrubando com assombro exemplar
O que os astrônomos diriam se tratar
De um outro cometa.

O SEGUNDO SOL. Intérprete: Cássia Eller. Compositor: José Fernando Gomes dos Reis (Nando Reis). *In*: COM VOCÊ. Meu mundo ficaria completo. Intérprete: Cássia Eller. Rio de Janeiro: Universal Music, 1999. (4min13s).

Fotografia 76 – Projeto 'Voos e sobrevoos em solos estrangeiros'. Portugal. Valdeci dos Santos visitando esculturas de areia em Albufeira (Distrito de Faro). Albufeira, 19/set./2018. Fonte: Acervo pessoal de Valdeci dos Santos.

Fotografia 77 – Projeto 'Voos e sobrevoos em solos estrangeiros'. Portugal. Valdeci dos Santos visitando a Marina de Lagos (Distrito de Faro). Lagos, 19/set./2018. Fonte: Acervo pessoal de Valdeci dos Santos.

Fotografia 78 – Projeto 'Voos e sobrevoos em solos estrangeiros'. Portugal. Valdeci dos Santos visitando Lagos (Distrito de Faro). Lagos, 19/set./2018. Fonte: Acervo pessoal de Valdeci dos Santos.

Fotografia 79 – Projeto 'Voos e sobrevoos em solos estrangeiros'. Portugal. Valdeci dos Santos visitando esculturas marinhas com conchas no farol do Cabo de São Vicente "O fim do mundo" para os romanos. (Freguesia De Sagres). Cabo de São Vicente, 19/set./2018. Fonte: Acervo pessoal de Valdeci dos Santos.

Fotografia 80 – Projeto 'Voos e sobrevoos em solos estrangeiros'. Portugal. Valdeci dos Santos visitando a Fortaleza de Sagres construída no século XV. Sagres, 19/set./2018. Fonte: Acervo pessoal de Valdeci dos Santos.

Fotografia 81 – Projeto 'Voos e sobrevoos em solos estrangeiros'. Portugal. Valdeci dos Santos visitando o Monumento Arco da Vila. Faro, 20/set./2018. Fonte: Acervo pessoal de Valdeci dos Santos.

Fotografia 82 – Projeto 'Voos e sobrevoos em solos estrangeiros'. Portugal. Valdeci dos Santos visitando a marina de Faro. Faro, 20/set./2018. Fonte: Acervo pessoal de Valdeci dos Santos.

Fotografia 83 – Projeto 'Voos e sobrevoos em solos estrangeiros'. Portugal. Valdeci dos Santos visitando o Museu de Mértola Cláudio Torres. Mértola (Distrito De Beja), 20/set./2018. Fonte: Acervo pessoal de Valdeci dos Santos.

METÁFORA POÉTICA 8: METAMORFOSE AMBULANTE

Eu quero dizer agora o oposto do que eu disse antes
Eu prefiro ser essa metamorfose ambulante
Do que ter aquela velha opinião formada sobre tudo
Do que ter aquela velha opinião formada sobre tudo
Sobre o que é o amor
Sobre o que eu nem sei quem sou
Se hoje eu sou estrela amanhã já se apagou
Se hoje eu te odeio amanhã lhe tenho amor
Lhe tenho amor
Lhe tenho horror
Lhe faço amor
Eu sou um ator

METAMORFOSE AMBULANTE. Intérprete: Raul Seixas. Compositor: Raul Seixas. *In*: KRIG-HA, Bandolo! Intérprete: Raul Seixas. Rio de Janeiro: Philips, 1973. (3min51s).

Fotografia 84 – Projeto 'Voos e sobrevoos em solos estrangeiros'. Portugal. Valdeci dos Santos visitando a Praça do Giraldo. Évora, 20/set./2018. Fonte: Acervo pessoal de Valdeci dos Santos.

Fotografia 85 – Projeto 'Voos e sobrevoos em solos estrangeiros'. Portugal. Valdeci dos Santos visitando a Igreja de São Francisco (Arquitetura Gótica e Barroca, Capela dos Ossos). Évora, 20/set./2018. Fonte: Acervo pessoal de Valdeci dos Santos.

Fotografia 86 – Projeto 'Voos e sobrevoos em solos estrangeiros'. Portugal. Valdeci dos Santos visitando o Templo Romano de Évora (Conhecido por Templo De Diana). Évora, 20/set./2018. Fonte: Acervo pessoal de Valdeci dos Santos.

METÁFORA POÉTICA 9: PRA VOCÊ GUARDEI O AMOR

Pra você guardei o amor que nunca soube dar
O amor que tive e vi sem me deixar
Sentir sem conseguir provar
Sem entregar
E repartir
Pra você guardei o amor
Que sempre quis mostrar
O amor que vive em mim vem visitar
Sorrir, vem colorir solar
Vem esquentar
E permitir.

PRA VOCÊ GUARDEI O AMOR. Intérprete: Nando Reis (part. Ana Cañas). Compositor: José Fernando Gomes dos Reis (Nando Reis). *In*: DRÊS. Intérprete: Nando Reis e Os Infernais. Rio de Janeiro: Universal Music, 2009. (5min43s).

Fotografia 87 – Projeto 'Voos e sobrevoos em solos estrangeiros'. Portugal. Valdeci dos Santos visitando o Castelo de Marvão. Marvão, 21/set./2018. Fonte: Acervo pessoal de Valdeci dos Santos.

Fotografia 88 – Projeto 'Voos e sobrevoos em solos estrangeiros'. Portugal. Valdeci dos Santos visitando o Castelo de Castelo de Vide (Distrito Portalegre). Castelo de Vide, 21/set./2018. Fonte: Acervo pessoal de Valdeci dos Santos.

Fotografia 89 – Projeto 'Voos e sobrevoos em solos estrangeiros'. Portugal. Valdeci dos Santos visitando o Convento de Cristo. Tomar, 21/set./2018. Fonte: Acervo pessoal de Valdeci dos Santos.

Fotografia 91 – Projeto 'Voos e sobrevoos em solos estrangeiros'. Portugal. Valdeci dos Santos visitando o Santuário de Nossa Senhora do Rosário de Fátima. Fátima, 21/set./2018. Fonte: Acervo pessoal de Valdeci dos Santos.

Fotografia 90 – Projeto 'Voos e sobrevoos em solos estrangeiros'. Portugal. Valdeci dos Santos visitando o Santuário de Nossa Senhora do Rosário de Fátima. Fátima, 21/set./2018. Fonte: Acervo pessoal de Valdeci dos Santos.

METÁFORA POÉTICA 10: CATEDRAL

No silêncio uma catedral
Um templo em mim
Onde eu possa ser imortal
Mas vai existir
Eu sei vai ter que existir
Vai resistir nosso lugar
Solidão
Quem pode evitar
Te encontro enfim
Meu coração
É secular
Sonha e desagua dentro de mim

CATEDRAL. Intérprete: Zélia Duncan. Compositor: Tanita Tikaram; Zélia Duncan (versão); Christiaan Oyens (versão). *In*: ZÉLIA Duncan. Intérprete: Zélia Duncan. Rio de Janeiro: Warner Music Brasil, 1994. (2min50s).

Fotografia 92 – Projeto 'Voos e sobrevoos em solos estrangeiros'. Portugal. Valdeci dos Santos visitando a Sé Catedral do Porto. Porto, 22/set./2018. Fonte: Acervo pessoal de Valdeci dos Santos.

Fotografia 93 – Projeto 'Voos e sobrevoos em solos estrangeiros'. Portugal. Valdeci dos Santos visitando o Santuário de Bom Jesus dos Montes. Braga, 23/set./2018. Fonte: Acervo pessoal de Valdeci dos Santos.

Fotografia 94 – Projeto 'Voos e sobrevoos em solos estrangeiros'. Portugal. Encontro de Valdeci dos Santos e Fernanda Harumi Kamonseki em Guimarães. Guimarães, 23/set./2018. Fonte: Acervo pessoal de Valdeci dos Santos.

METÁFORA POÉTICA 11: AS PALAVRAS

As palavras saem quase sem querer
Rezam por nós dois
Tome conta do que vai dizer
Elas estão dentro dos meus olhos
Da minha boca, dos meus ombros
Se quiser ouvir
É fácil perceber
Não me acerte
Não me cerque
Me dê absolvição
Faça luz onde há involução
Escolha os versos para ser meu bem
E não ser meu mal
Reabilite o meu coração

AS PALAVRAS. Intérprete: Vanessa da Mata. Compositor: Vanessa Sigiane da Mata Ferreira. *In*: BICICLETAS, bolos e outras alegrias. Intérprete: Vanessa da Mata. Rio de Janeiro: Sony Music Entertainment, 2010. (4min10s).

Fotografia 95 – Projeto 'Voos e sobrevoos em solos estrangeiros'. Portugal. Valdeci dos Santos visitando o Palácio de Mateus. Vila Real, 23/set/2018. Fonte: Acervo pessoal de Valdeci dos Santos.

METÁFORA POÉTICA 12: SENHORITA

Minha meiga senhorita eu nunca pude lhe dizer
Você jamais me perguntou
de onde eu venho e pra onde vou
De onde eu venho não importa, já passou
O que importa é saber pra onde vou
Minha meiga senhorita o que eu tenho é quase nada
Mas tenho o sol como amigo
Traz o que é seu e vem morar comigo
Uma palhoça no canto da serra será nosso abrigo
Traz o que é seu e vem correndo, vem morar comigo
Aqui é pequeno mas dá pra nós dois
E se for preciso a gente aumenta depois
Tem um violão que é pra noites de lua
Tem uma varanda que é minha e que é sua
Vem morar comigo meiga senhorita
Doce meiga senhorita
Vem morar comigo
Aqui é pequeno.

SENHORITA. Intérprete: Zé Geraldo. Compositor: Zé Geraldo. *In*: POEIRA e canto (ao vivo). Intérprete: Zé Geraldo. São Paulo: Eldorado Records, 1992. (3min41s).

Fotografia 96 – Projeto 'Voos e sobrevoos em solos estrangeiros'. Portugal. Valdeci dos Santos visitando o Mosteiro de Santa Maria da Vitória (Conhecido como Mosteiro da Batalha). Batalha (Distrito de Leiria), 24/set/2018. Fonte: Acervo pessoal de Valdeci dos Santos.

Fotografia 97 – Projeto 'Voos e sobrevoos em solos estrangeiros'. Portugal. Valdeci dos Santos visitando Óbidos (Distrito de Leiria). Óbidos, 24/set./2018. Fonte: Acervo pessoal de Valdeci dos Santos.

ITÁLIA

Cheguei a **Milão**, na **Itália**, no dia 25 de setembro de 2018. Hospedei-me na casa do casal amigo: Alda Santana e Antonio Nericcio, nos períodos de 25 a 29 de setembro – dias de experiências e aprendizados significativos, alegrias, amizade, e construção de incríveis memórias com os amigos construídos na dinâmica de acolhimento fraterno-artístico-cultural, na Itália, em especial, Bianca Zucchelli, Solange Santana, Alda Santana e Antonio Nericcio, pelas andanças em **Milão** (26 a 29/set./2018) (Fotografias: 98, 99, 100, 101, 102, 103, 104, 105, 106, 107, 108, 109, 110, 111, 112 e 113), **Bérgamo** (27/set./2018) (Fotografias: 114, 115 e 116) e, **Piuro** (29/set./2018) (Fotografias: 117, 118 e 119).

O roteiro turístico 2 – **'Tour Itália, Arte e Cultura'** -, em ônibus da empresa Europamundo Vacaciones, com saída e chegada em Milão, em circuito de 9 (nove) dias, iniciou-se no dia 29 de setembro de 2018, à noite. Hospedei-me, no Starhotels Business Palace (4****), na cidade de **Milão**. A programação realizada no período de 30 de setembro a 7 de outubro de 2018, constou visitas as seguintes cidades italianas: **Sirmione** (30/set./2018), **Verona** (30/set./2018), **Veneza** (30/set – 1/out./2018), **Pádua** (2/out./2018), **Ferrara** (2/out./2018), **Florença** (2 e 3/out./2018), **Pisa** (3/out./2018), **Perúgia** (4/out./2018), **Assis** (Dia da Festa de São Francisco) (4/out./2018), **Roma** (5/out./2018), **Cidade-Estado Vaticano** (5/out./2018), **Siena** (6/out./2018).

No segundo dia, 30 de setembro de 2018, saímos de Milão, pela manhã, rumo às cidades de: **Sirmione, Verona** e **Veneza**. Na visita a Sirmione, navegamos pelas águas do Lago de Garda; visitamos, dentre tantas atrações, a Vila de Maria Callas, as Grutas de Catullo (Fotografias: 120, 121, 122, 123 e 124). Na cidade de **Verona**, cenário da história de Romeu e Julieta imortalizada por Shakespeare, explorou-se o centro histórico, tombado como Patrimônio Mundial da UNESCO (Fotografias: 125 e 126). Chegamos à noite, na cidade de **Veneza**. Realizamos excursão noturna, marítima rumo a Praça São Marcos (Fotografias: 127, 128 e 129).

No terceiro dia, 1 de outubro de 2018, exploramos **Veneza**. Numa travessia marítima, chegamos à Praça São Marcos e, em visita panorâmica, apreciamos mais detidamente o Sestiere San Marco, onde se encontra a **Basílica de San Marco**, conhecida como Igreja de São Marcos (construída em 1063), a Torre dell'Orologio, o Palácio Ducal e a Ponte dos Suspiros. O passeio de gôndola nos canais de Veneza foi uma incrível e poética experiência (Fotografias: 130, 131, 132, 133, 134, 135, 136, 137, 138, 139 e 140).

No quarto dia, 2 de outubro de 2018, saímos de Veneza, pela manhã, rumo às cidades de: **Pádua, Ferrara,** e **Florença**. Na cidade de **Pádua**, visitamos, dentre outros, a Basílica de Santo Antônio de Pádua (Basilica di Sant'Antonio di Padova) e o Túmulo do Santo localizado na basílica. Santo Antônio de Pádua, nascido como Fernando Antônio de Bulhões, foi um homem que nasceu em Lisboa (Portugal), em 15 de agosto de 1195. Ele era oriundo de uma família rica, sendo filho único de um oficial do exército. A igreja foi construída após a morte de Antônio de Pádua (Pádua, 13 de junho de 1231), em sua memória quando o seu corpo foi canonizado. Os seus restos mortais encontram-se na basílica até os dias atuais (Fotografias: 141, 142, 143 e 144). Na cidade de **Ferrara**, em um passeio a pé, visitamos, com guia local, o Castelo Estense, símbolo da cidade, de onde podemos admirar o Corso Ercole I d'Este, a estrada que liga o Castelo ao portão norte das muralhas, atravessando o acréscimo renascentista encomendado por Ercole I d'Este e realizado pelo arquiteto Biagio Rossetti (Fotografias: 145 e 146). Na cidade de **Florença**, berço de grandes artistas, como Dante, Petrarca e Donatello; à noite, percorreremos o charmoso centro histórico da capital da Toscana, que se destaca por seu fascinante patrimônio arquitetônico (Fotografias: 147, 148, 149 e 150).

No quinto dia, 3 de outubro de 2018, realizamos visita panorâmica, pela cidade de **Florença**, visitando, dentre outros: Catedral, Torre de Giotto, Batistério com a famosa Porta do Paraíso e a Duomo, com a espetacular cúpula de Brunelleschi; Piazza della Signoria, Praça da República e Ponte Vecchio (Fotografias: 151 e 152). Viajei, à tarde, com companheiras de viagem, para **Pisa**. A viagem a **Pisa** foi uma incrível aventura, produzindo memorias de alegrias, diversão, amizade e resiliência ante do inesperado e estranho (Fotografias: 153, 154, 155, 156 e 157).

No sexto dia, 4 de outubro de 2018, saímos de **Florença** rumo às cidades de: **Perúgia**, **Assis** e **Roma**. Na cidade de **Perúgia**, capital da **Úmbria**, visitamos, dentre outros: a Piazza IV Novembre, também conhecida como a Piazza Grande, o centro monumental da cidade de Perugia. No centro da praça estão: o Palazzo dei Priori, a Catedral de San Lorenzo e a bela "Fontana Maggiore", construída pelos arquitetos e escultores Nicola e Giovanni Pisano (Fotografias: 158, 159 e 160). Partimos para Assis.

A cidade de **Assis** – no coração da Úmbria, cenário sereno e pitoresco, de cultura, natureza e fé, com suas ruas medievais, afrescos e pinturas -, é o local de nascimento de São Francisco, fundador da Ordem Franciscana no século XIII; e, também, a terra de Santa Clara, a fundadora das Clarissas. A visita à cidade de **Assis** aconteceu, no dia da 'Festa em Homenagem' a São Francisco (4 de outubro). Senti-me, na visita à Basílica de São Francisco, igreja-mãe da Ordem Franciscana, inundada por indescritível emoção/sentimento, em especial, no local onde se encontra os restos mortais de São Francisco, que se traduziu no transbordar de choro ininterrupto por minutos, produzindo um frescor do sentimento de GRATIDÃO. Na visita a Basílica de Santa Clara (construída entre 1257 a 1265), que abriga as relíquias de Santa Clara desde 1260, estive na 'cripta de vidro'. Senti, em particular, sentimentos sensíveis e amorosos quanto às singularidades de questões femininas. Um dia singular, compreendendo que o existir é um MOVIMENTO de construção/(re) construção/(des) construção (Fotografias: 161 e 162). Seguimos para **Roma**.

No sétimo dia, 5 de outubro de 2018, dedicamos à visita panorâmica na cidade de **Roma**, conhecendo dentre outros: Praça da República, Catedral de Roma, Termas de Caracala, Circo Máximo, Coliseu, Fóruns, Praça Veneza, Castel Sant'Angelo (Fotografias: 163, 164, 165, 166, 167, 168, 169, 170 e 171). E, a **Cidade-Estado Vaticano**, em especial, a Praça e Basílica de São Pedro (Fotografias: 172, 173, 174 e 175).

No oitavo dia, 6 de outubro de 2018, saímos de **Roma** rumo a **Siena** e **Milão**. Na cidade de **Siena**, pude apreciar deslumbrantes palácios, a catedral, e a fantástica Piazza del Campo com a Prefeitura, onde se realiza a famosa corrida de cavalos 'Il Pallio' (Fotografias: 176, 177 e 178). Chegada a **Milão** à tarde.

Optei por hospedar-me na casa do casal amigo: Alda Santana e Antonio Nericcio, no período de 6 e 8 de outubro de 2018, para providenciar lavagem de roupas e reajustes necessários do projeto de 'Voos e sobrevoos em solos estrangeiros'. ETERNA GRATIDÃO, ao casal amigo Alda e Antonio.

No dia 8 de outubro de 2018, saí de **Milão**, pelo Aeroporto de Milão – Malpensa, através da empresa Iberia, às 18h55min, em voo direto, rumo à **Madrid**, na Espanha; chegando às 21h15min, pelo Aeroporto Adolfo Suárez Madrid-Barajas.

METÁFORA POÉTICA 13: PARABÉNS PRA VOCÊ

Parabéns Pra Você
Hoje é seu aniversário
Vamos festejar ao contrário
Contar de trás pra frente
Seu centenário!
As estrelas do planetário
As corcovas do dromedário
Não trouxe um presente
Eu trago vários!

PARABÉNS PRA VOCÊ. Intérprete: Ritchie. Compositor: Bernardo Torres de Vilhena, Ritchie. *In*: VÔO DE coração. Intérprete: Ritchie. Rio de Janeiro: EPIC, 1983. (3min50s).

Fotografia 98 – Projeto 'Voos e sobrevoos em solos estrangeiros'. Itália. Valdeci dos Santos fazendo giro no saco do touro – ritual supersticioso. Tradição afirma que girar sobre o calcanhar direito, dando três voltas completas sobre os genitais do touro traga sorte. Galleria Vittorio Emanuele II. Milão, 26/set./2018. Fonte: Acervo pessoal de Valdeci dos Santos.

Fotografia 100 – Projeto 'Voos e sobrevoos em solos estrangeiros'. Itália. Valdeci dos Santos, Bianca Zucchelli, Alda Santana e Vilma Zucchelli visitando o terraço da Basílica Catedral Metropolitana da Natividade da Bem-Aventurada Virgem Maria, de Milão. Milão, 26/set./2018. Fonte: Acervo pessoal de Valdeci dos Santos.

Fotografia 99 – Projeto 'Voos e sobrevoos em solos estrangeiros'. Itália. Valdeci dos Santos, em andanças. Milão, 26/set./2018. Fonte: Acervo pessoal de Valdeci dos Santos.

Fotografia 101 – Projeto 'Voos e sobrevoos em solos estrangeiros'. Itália. Valdeci dos Santos e Alda Santana visitando a Basílica Catedral Metropolitana da Natividade da Bem-Aventurada Virgem Maria, de Milão. Milão, 26/set./2018. Fonte: Acervo pessoal de Valdeci dos Santos.

Fotografia 102 – Projeto 'Voos e sobrevoos em solos estrangeiros'. Itália. Valdeci dos Santos e Bianca Zucchelli visitando a Basílica Catedral Metropolitana da Natividade da Bem-Aventurada Virgem Maria, de Milão. Milão, 26/set./2018. Fonte: Acervo pessoal de Valdeci dos Santos.

Fotografia 103 – Projeto 'Voos e sobrevoos em solos estrangeiros'. Itália. Valdeci dos Santos visitando a 'Madonnina' – possui mais de 108,5 metros de altura -, que está sobre a mais alta torre da Basílica Catedral Metropolitana da Natividade da Bem-Aventurada Virgem Maria, de Milão. Milão, 26/set./2018. Fonte: Acervo pessoal de Valdeci dos Santos.

METÁFORA POÉTICA 14: MALUCO BELEZA

Controlando
A minha maluquez
Misturada
Com minha lucidez
Vou ficar
Ficar com certeza
Maluco beleza
Eu vou ficar
Ficar com certeza
Maluco beleza

MALUCO BELEZA. Intérprete: Raul Seixas. Compositor: Raul Seixas, Claudio Roberto Andrade de Azeredo. *In*: O DIA em que a terra parou. Intérprete: Raul Seixas. Rio de Janeiro: Warner Music Brasil, 1977. (3min24s).

Fotografia 104 – Projeto 'Voos e sobrevoos em solos estrangeiros'. Itália. Valdeci dos Santos visitando a Capela Sistina de Milão: Igreja San Maurizio. Milão, 26/set./2018. Fonte: Acervo pessoal de Valdeci dos Santos.

Fotografia 105 – Projeto 'Voos e sobrevoos em solos estrangeiros'. Itália. Valdeci dos Santos, Bianca Zucchelli, Alda Santana e Solange Santana visitando a Capela Sistina de Milão: Igreja San Maurizio. Milão, 26/set./2018. Fonte: Acervo pessoal de Valdeci dos Santos.

Fotografia 106 – Projeto 'Voos e sobrevoos em solos estrangeiros'. Itália. Valdeci dos Santos visitando a Fontana Di Piazza Castello. Milão, 26/set./2018. Fonte: Acervo pessoal de Valdeci dos Santos.

Fotografia 107 – Projeto 'Voos e sobrevoos em solos estrangeiros'. Itália. Valdeci dos Santos, Solange Santana e Alda Santana visitando a Fontana Di Piazza Castello. Milão, 26/set./2018. Fonte: Acervo pessoal de Valdeci dos Santos.

Fotografia 108 – Projeto 'Voos e sobrevoos em solos estrangeiros'. Itália. Valdeci dos Santos em explosão de Gratidão e Felicidade visitando o Castello Sforzesco, inaugurado em 1360. Atualmente acolhe várias coleções dos Museus e Galerias de Arte de Milão. Milão, 26/set./2018. Fonte: Acervo pessoal de Valdeci dos Santos.

Fotografia 109 – Projeto 'Voos e sobrevoos em solos estrangeiros'. Itália. Valdeci dos Santos em andanças por Milão. Milão, 26/set./2018. Fonte: Acervo pessoal de Valdeci dos Santos.

METÁFORA POÉTICA 15: GIZ

Mesmo sem te ver
Acho até que estou indo bem
Só apareço, por assim dizer
Quando convém aparecer ou quando quero
Quando quero
Desenho toda a calçada
Acaba o giz, tem tijolo de construção
Eu rabisco o sol que a chuva apagou

GIZ. Intérprete: Legião Urbana. Compositor: Renato Manfredini Júnior (Renato Russo); Eduardo Dutra Villa Lobos; Marcelo Augusto Bonfá. *In*: O DESCOBRIMENTO do Brasil. Intérprete: Legião Urbana. Curitiba: EMI Brazil, 1993. (3min23s).

Fotografia 110 – Projeto 'Voos e sobrevoos em solos estrangeiros'. Itália. Valdeci dos Santos, Bianca Zucchelli, Alda Santana e Solange Santana visitando espaços de Milão. Milão, 26/set./2018. Fonte: Acervo pessoal de Valdeci dos Santos.

Fotografia 111 – Projeto 'Voos e sobrevoos em solos estrangeiros'. Itália. Valdeci dos Santos, Bianca Zucchelli, Alda Santana e Solange Santana visitando espaços de Milão. Milão, 26/set./2018. Fonte: Acervo pessoal de Valdeci dos Santos.

Fotografia 112 – Projeto 'Voos e sobrevoos em solos estrangeiros'. Itália. Valdeci dos Santos, Bianca Zucchelli, Alda Santana, Manuela e Solange Santana visitando espaços de Milão. Milão, 26/set./2018. Fonte: Acervo pessoal de Valdeci dos Santos.

Fotografia 113 – Projeto 'Voos e sobrevoos em solos estrangeiros'. Itália. Valdeci dos Santos, Bianca Zucchelli, Alda Santana e Solange Santana visitando espaços de Milão. Milão, 26/set./2018. Fonte: Acervo pessoal de Valdeci dos Santos.

METÁFORA POÉTICA 16: ENQUANTO ENGOMA A CALÇA

Arrepare não, mas enquanto engoma a calça eu vou lhe contar
Uma história bem curtinha, fácil de cantar
Porque cantar parece com não morrer
É igual a não se esquecer
Que a vida é que tem razão

ENQUANTO ENGOMA A CALÇA. Intérprete: Ednardo. Compositor: Climério; José Ednardo Soares Costa Sousa (Ednardo). *In*: EDNARDO. Intérprete: Ednardo. Rio de Janeiro: Sony BMG Music Entertainment, 1994. (3min33s).

Fotografia 114 – Projeto 'Voos e sobrevoos em solos estrangeiros'. Itália. Valdeci dos Santos, Bianca Zucchelli e Alda Santana visitando a cidade de Bérgamo. Bérgamo, 27/set./2018. Fonte: Acervo pessoal de Valdeci dos Santos.

Fotografia 115 – Projeto 'Voos e sobrevoos em solos estrangeiros'. Itália. Valdeci dos Santos visitando a Basílica de Santa Maria Maggiore, igreja construída na segunda metade do século XII. Bérgamo, 27/set./2018. Fonte: Acervo pessoal de Valdeci dos Santos.

Fotografia 116 – Projeto 'Voos e sobrevoos em solos estrangeiros'. Itália. Valdeci dos Santos, Bianca Zucchelli e Alda Santana visitando a cidade de Bérgamo. Estátua de um dinossauro. Bérgamo, 27/set./2018. Fonte: Acervo pessoal de Valdeci dos Santos.

METÁFORA POÉTICA 17: VELHA ROUPA COLORIDA

Você não sente nem vê
Mas eu não posso deixar de dizer, meu amigo
Que uma nova mudança em breve vai acontecer
E o que há algum tempo era jovem e novo, hoje é antigo
E precisamos todos rejuvenescer

VELHA ROUPA COLORIDA. Intérprete: Belchior. Compositor: Antônio Carlos Belchior. *In*: ALUCINAÇÃO. Intérprete: Belchior. Rio de Janeiro: Universal Music, 1976. (4min50s).

Fotografia 117 – Projeto 'Voos e sobrevoos em solos estrangeiros'. Itália. Valdeci dos Santos, Bianca Zucchelli, Solange Santana, Alda Santana e Antonio Nericcio visitando a cidade de Piuro. Piuro, 29/set./2018. Fonte: Acervo pessoal de Valdeci dos Santos.

Fotografia 118 – Projeto 'Voos e sobrevoos em solos estrangeiros'. Itália. Valdeci dos Santos, Bianca Zucchelli, Solange Santana, Alda Santana e Antonio Nericcio visitando a cidade de Piuro. Piuro, 29/set./2018. Fonte: Acervo pessoal de Valdeci dos Santos.

Fotografia 119 – Projeto 'Voos e sobrevoos em solos estrangeiros'. Itália. Valdeci dos Santos, Bianca Zucchelli, Solange Santana, Alda Santana e Antonio Nericcio visitando a cidade de Piuro. Piuro, 29/set./2018. Fonte: Acervo pessoal de Valdeci dos Santos.

METÁFORA POÉTICA 18: CHORANDO E CANTANDO

Ninguém, ninguém verá o que eu sonhei
Só você meu amor
Ninguém verá o sonho que eu sonhei
Um sorriso quando acordar
Pintado pelo sol nascente
Eu vou te procurar
Na luz de cada olhar mais diferente
Tua chama me ilumina
Me faz virar um astro incandescente
Teu amor faz cometer loucuras
Faz mais, depois faz acordar chorando
Pra fazer e acontecer
Verdades e mentiras
Faz crer, faz desacreditar de tudo
E depois, depois do amor
Amor, amor

CHORANDO E CANTANDO. Intérprete: Geraldo Azevedo. Compositor: Geraldo Azevedo; Fausto Nilo Costa Junior. *In*: RAÍZES e frutos. Intérprete: Geraldo Azevedo. Rio de Janeiro: Sony Music Entertainment, 1998. (4min40s).

Fotografia 120 – Projeto 'Voos e sobrevoos em solos estrangeiros'. Itália. Valdeci dos Santos em passeio de barco. Lago di Garda, Sirmione, 30/set./2018. Fonte: Acervo pessoal de Valdeci dos Santos.

Fotografia 121 – Projeto 'Voos e sobrevoos em solos estrangeiros'. Itália. Valdeci dos Santos visitando o Castello Scaligero Di Sirmione. Lago di Garda, Sirmione, 30/set./2018. Fonte: Acervo pessoal de Valdeci dos Santos.

Fotografia 122 – Projeto 'Voos e sobrevoos em solos estrangeiros'. Itália. Valdeci dos Santos visitando o Castello Scaligero Di Sirmione. Lago di Garda, Sirmione, 30/set./2018. Fonte: Acervo pessoal de Valdeci dos Santos.

Fotografia 123 – Projeto 'Voos e sobrevoos em solos estrangeiros'. Itália. Valdeci dos Santos visitando as Cavernas de Catulo. Lago di Garda, Sirmione, 30/set./2018. Fonte: Acervo pessoal de Valdeci dos Santos.

Fotografia 124 – Projeto 'Voos e sobrevoos em solos estrangeiros'. Itália. Valdeci dos Santos visitando a Igreja de Santa Maria Maggiore. Lago de Garda, Sirmione, 30/set./2018. Fonte: Acervo pessoal de Valdeci dos Santos.

METÁFORA POÉTICA 19: NO SEU LUGAR

Desde que estamos aqui
Eu não quero saber
Quanto tempo se passou
Quem sou eu e onde estou
Será que fomos apressados
Ou foi o tempo que parou
Será que estamos parados
Congelados no espaço
Desde que estamos aqui
Eu não quero saber
Quem está por cima
Quem está por baixo
Com você o tempo para
Sem você o tempo voa
Sem você eu perco tempo
Com você me sinto imortal
Eu quero ver você
Ficar no meu lugar
Eu quero ser você

NO SEU LUGAR. Intérprete: Kid Abelha. Compositor: George Israel; Lui Farias; Paula Toller. *In*: TUDO É permitido. Intérprete: Kid Abelha. Rio de Janeiro: Warner Music Brasil, 1990. (3min50s).

Fotografia 125 – Projeto 'Voos e sobrevoos em solos estrangeiros'. Itália. Valdeci dos Santos visitando a arena de Verona (Construída no século I d.C.). Verona, 30/set./2018. Fonte: Acervo pessoal de Valdeci dos Santos.

Fotografia 126 – Projeto 'Voos e sobrevoos em solos estrangeiros'. Itália. Valdeci dos Santos visitando o Palazzo Barbieri. Verona, 30/set./2018. Fonte: Acervo pessoal de Valdeci dos Santos.

METÁFORA POÉTICA 20: A LETRA "A"

Prefiro as pernas que me movimentam
A gente em movimento, amor
A gente que enfrenta o mal
Quando a gente fica em frente ao mar
A gente se sente melhor

A LETRA "A". Intérprete: Nando Reis. Compositor: José Fernando Gomes dos Reis (Nando Reis). *In*: A LETRA "A". Intérprete: Nando Reis. Rio de Janeiro: Universal Music, 2003. (4min14).

Fotografia 127 – Projeto 'Voos e sobrevoos em solos estrangeiros'. Itália. Valdeci dos Santos em passeio noturno em Veneza. Veneza, 30/set./2018. Fonte: Acervo pessoal de Valdeci dos Santos.

Fotografia 128 – Projeto 'Voos e sobrevoos em solos estrangeiros'. Itália. Valdeci dos Santos em passeio noturno em Veneza. Veneza, 30/set./2018. Fonte: Acervo pessoal de Valdeci dos Santos.

Fotografia 129 – Projeto 'Voos e sobrevoos em solos estrangeiros'. Itália. Valdeci dos Santos em passeio noturno em Veneza. Veneza, 30/set./2018. Fonte: Acervo pessoal de Valdeci dos Santos.

Fotografia 130 – Projeto 'Voos e sobrevoos em solos estrangeiros'. Itália. Valdeci dos Santos em passeio matinal em Veneza. Veneza, 1/out./2018. Fonte: Acervo pessoal de Valdeci dos Santos.

Fotografia 131 – Projeto 'Voos e sobrevoos em solos estrangeiros'. Itália. Valdeci dos Santos em passeio matinal em Veneza. Veneza, 1/out./2018. Fonte: Acervo pessoal de Valdeci dos Santos.

Fotografia 132 – Projeto 'Voos e sobrevoos em solos estrangeiros'. Itália. Valdeci dos Santos em passeio matinal em Veneza. Veneza, 1/out./2018. Fonte: Acervo pessoal de Valdeci dos Santos.

Fotografia 133 – Projeto 'Voos e sobrevoos em solos estrangeiros'. Itália. Valdeci dos Santos, Adriana Paula Kovacs Meira, Ana Maria Kovacs Meira, Andrea Carvalho e Olga Maria Alves Martins em passeio matinal em Veneza. Veneza, 1/out./2018. Fonte: Acervo pessoal de Valdeci dos Santos.

Fotografia 134 – Projeto 'Voos e sobrevoos em solos estrangeiros'. Itália. Valdeci dos Santos em passeio matinal em Veneza. Veneza, 1/out./2018. Fonte: Acervo pessoal de Valdeci dos Santos.

Fotografia 135 – Projeto 'Voos e sobrevoos em solos estrangeiros'. Itália. Valdeci dos Santos em passeio matinal em Veneza. Veneza, 1/out./2018. Fonte: Acervo pessoal de Valdeci dos Santos.

Fotografia 136 – Projeto 'Voos e sobrevoos em solos estrangeiros'. Itália. Valdeci dos Santos em passeio matinal em Veneza. Veneza, 1/out./2018. Fonte: Acervo pessoal de Valdeci dos Santos.

Fotografia 137 – Projeto 'Voos e sobrevoos em solos estrangeiros'. Itália. Valdeci dos Santos em passeio matinal em Veneza. Veneza, 1/out./2018. Fonte: Acervo pessoal de Valdeci dos Santos.

Fotografia 138 – Projeto 'Voos e sobrevoos em solos estrangeiros'. Itália. Valdeci dos Santos em passeio matinal em Veneza. Veneza, 1/out./2018. Fonte: Acervo pessoal de Valdeci dos Santos.

Fotografia 139 – Projeto 'Voos e sobrevoos em solos estrangeiros'. Itália. Valdeci dos Santos em passeio matinal em Veneza. Veneza, 1/out./2018. Fonte: Acervo pessoal de Valdeci dos Santos.

Fotografia 140 – Projeto 'Voos e sobrevoos em solos estrangeiros'. Itália. Valdeci dos Santos em passeio matinal em Veneza. Veneza, 1/out./2018. Fonte: Acervo pessoal de Valdeci dos Santos.

Fotografia 141 – Projeto 'Voos e sobrevoos em solos estrangeiros'. Itália. Valdeci dos Santos visitando a Basílica de Santo Antônio de Pádua. Pádua, 2/out./2018. Fonte: Acervo pessoal de Valdeci dos Santos.

METÁFORA POÉTICA 21: COMPANHEIRA DE ALTA-LUZ

Quando a saudade cinzenta cruza meu paradeiro
Quando o azul da incerteza cai no branco da casa
Nas asas do pensamento tudo já se criou
E a esperança não tem palavras meu louco amor
Seu olhar se perdeu no largo da natureza
Só pra tentar esquecer imagens tão perigosas
É que a rosa perfeita é um artifício do amor
Que a natureza criou e a vida se transformou
Você faz chover no fogo do sertão
Você faz o mar secar e o céu cair no chão
Companheira de alta luz
Um obscuro desejo abre um grande letreiro
E eu considero que a fome está batendo na porta
Desesperado eu sonhei que havia um mundo melhor
E acordei solitário no escuro da dor
Essa saudade também rondava a tua cabeça
Além dos males do bem essa paixão nos devora
Vem lá de fora uma brisa com teu cheiro de amor
Que a natureza criou e a vida se transformou
Você faz chover no fogo do sertão
Você faz o mar secar e o céu cair no chão
Companheira de alta luz

COMPANHEIRA DE ALTA-LUZ. Intérprete: Zé Ramalho. Compositor: José Ramalho Neto (Zé Ramalho); Fausto Nilo Costa Junior. *In*: EU SOU todos nós. Intérprete: Zé Ramalho. Rio de Janeiro: Sony BMG Music Entertaiment. (4min24s). © Avohai Editora – EMI – Sony Music Edições Musicais Ltda. 68311893, 1998.

Fotografia 142 – Projeto 'Voos e sobrevoos em solos estrangeiros'. Itália. Valdeci dos Santos visitando a cidade de Pádua. Pádua, 2/out./2018. Fonte: Acervo pessoal de Valdeci dos Santos.

Fotografia 143 – Projeto 'Voos e sobrevoos em solos estrangeiros'. Itália. Valdeci dos Santos visitando a Basílica de Santa Giustina (século XVI). Pádua, 2/out./2018. Fonte: Acervo pessoal de Valdeci dos Santos.

Fotografia 144 – Projeto 'Voos e sobrevoos em solos estrangeiros'. Itália. Valdeci dos Santos visitando a Basílica de Santa Giustina (século XVI). Pádua, 2/out./2018. Fonte: Acervo pessoal de Valdeci dos Santos.

Fotografia 145 – Projeto 'Voos e sobrevoos em solos estrangeiros'. Itália. Valdeci dos Santos no Castello Estense ou Castello Di San Michele. Ferrara, 2/out./2018. Fonte: Acervo pessoal de Valdeci dos Santos.

Fotografia 146 – Projeto 'Voos e sobrevoos em solos estrangeiros'. Itália. Valdeci dos Santos no Castello Estense ou Castello Di San Michele. Ferrara, 2/out./2018. Fonte: Acervo pessoal de Valdeci dos Santos.

METÁFORA POÉTICA 22: MONTE CASTELO

> É só o amor! É só o amor
> Que conhece o que é verdade
> O amor é bom, não quer o mal
> Não sente inveja ou se envaidece
> O amor é o fogo que arde sem se ver
> É ferida que dói e não se sente
> É um contentamento descontente
> É dor que desatina sem doer

MONTE CASTELO. Intérprete: Legião Urbana. Compositor: Renato Manfredini Júnior (Renato Russo). *In*: AS QUATRO estações. Intérprete: Legião Urbana. Curitiba: EMI Brazil, 1989. (3min50s).

Fotografia 147 – Projeto 'Voos e sobrevoos em solos estrangeiros'. Itália. Valdeci dos Santos, Adriana Paula Kovacs Meira, Ana Maria Kovacs Meira, Andrea Carvalho, e Olga Maria Alves Martins em passeio noturno por Florença. Florença, 2/out./2018. Fonte: Acervo pessoal de Valdeci dos Santos.

Fotografia 148 – Projeto 'Voos e sobrevoos em solos estrangeiros'. Itália. Valdeci dos Santos visitando a Catedral de Santa Maria Del Fiore. Florença, 2/out./2018. Fonte: Acervo pessoal de Valdeci dos Santos.

Fotografia 150 – Projeto 'Voos e sobrevoos em solos estrangeiros'. Itália. Valdeci dos Santos, Adriana Paula Kovacs Meira, Ana Maria Kovacs Meira, Andrea Carvalho, e Olga Maria Alves Martins em passeio noturno na Praça da República de Florença. Florença, 2/out./2018. Fonte: Acervo pessoal de Valdeci dos Santos.

Fotografia 149 – Projeto 'Voos e sobrevoos em solos estrangeiros'. Itália. Valdeci dos Santos em passeio noturno por Florença. Florença, 2/out./2018. Fonte: Acervo pessoal de Valdeci dos Santos.

Fotografia 151 – Projeto 'Voos e sobrevoos em solos estrangeiros'. Itália. Guia Turístico, Valdeci dos Santos, Adriana Paula Kovacs Meira, Ana Maria Kovacs Meira, Andrea Carvalho, Olga Maria Alves Martins, e José Alberto Caeiro Costa (In memoriam) explorando Florença. Florença, 3/out./2018. Fonte: Acervo pessoal de Valdeci dos Santos.

Fotografia 152 – Projeto 'Voos e sobrevoos em solos estrangeiros'. Itália. Valdeci dos Santos em andanças nas ruas de Florença. Florença, 3/out./2018. Fonte: Acervo pessoal de Valdeci dos Santos.

Fotografia 153 – Projeto 'Voos e sobrevoos em solos estrangeiros'. Itália. Valdeci dos Santos no trem rumo a Pisa. Pisa, 3/out./2018. Fonte: Acervo pessoal de Valdeci dos Santos.

METÁFORA POÉTICA 23: ANDANÇA

    Vi tanta areia, andei
    Da lua cheia, eu sei
    Uma saudade imensa
    Vagando em verso, eu vim
    Vestido de cetim
    Na mão direita, rosas, vou levar"
    "Olha a lua mansa a se derramar (Me leva, amor)
    Ao luar descansa meu caminhar (Amor)
    Meu olhar em festa se fez feliz (Me leva, amor)
    Lembrando a seresta que um dia eu fiz
        (Por onde for, quero ser seu par)

ANDANÇA. Intérprete: Elizabeth Alves de Oliveira Carvalho. Compositor: Danilo Caymmi (Danilo Cândido Tostes Caymmi); Edmundo Souto (Edmundo Rosa Souto); Paulinho Tapajós (Paulo Tapajós Gomes Filho). *In*: ANDANÇA. Intérprete: Elizabeth Alves de Oliveira Carvalho (Elizabeth Alves de Oliveira Santos Leal de Carvalho). Curitiba: EMI Brazil, 1969. (3min07s).

Fotografia 154 – Projeto 'Voos e sobrevoos em solos estrangeiros'. Itália. Valdeci dos Santos visitando o Batistério de Pisa, dedicado a São João Batista, na Piazza Dei Miracoli ou Praça dos Milagres. Pisa, 3/out./2018. Fonte: Acervo pessoal de Valdeci dos Santos.

Fotografia 155 – Projeto 'Voos e sobrevoos em solos estrangeiros'. Itália. Valdeci dos Santos visitando a Torre Sineira (Campanile), na Piazza Dei Miracoli ou Praça dos Milagres. Pisa, 3/out./2018. Fonte: Acervo pessoal de Valdeci dos Santos.

Fotografia 156 – Projeto 'Voos e sobrevoos em solos estrangeiros'. Itália. Valdeci dos Santos e Andrea Carvalho na Catedral de Pisa, dedicada à Virgem Maria, na Piazza Dei Miracoli ou Praça Dos Milagres. Pisa, 3/out./2018. Fonte: Acervo pessoal de Valdeci dos Santos.

Fotografia 157 – Projeto 'Voos e sobrevoos em solos estrangeiros'. Itália. Valdeci dos Santos, Adriana Paula Kovacs Meira, Ana Maria Kovacs Meira, Andrea Carvalho na Torre Sineira (Campanile), na Piazza Dei Miracoli ou Praça dos Milagres. Pisa, 3/out./2018. Fonte: Acervo pessoal de Valdeci dos Santos.

METÁFORA POÉTICA 24: OLHAR 43 (RPM)

Seu corpo É fruto proibido
É a chave de todo o pecado
E da libido, e prum garoto introvertido
Como eu É a pura perdição
É um lago negro o seu olhar
É água turva de beber, se envenenar
Nas suas curvas derrapar, sair da estrada
E morrer no mar, no mar
É perigoso o seu sorriso, É um sorriso assim jocoso
Impreciso, diria, misterioso, indecifrável
Riso de mulher
Não sei se É caça ou caçadora, se Diana ou Afrodite
Ou se É Brigite, Stephanie de Mônaco aqui estou
Inteiro ao seu dispor.princesa
Pobre de min, invento rimas assim pra você
E o outro vem em cima e você nem pra me escutar
Pois acabou, não vou rimar coisa nenhuma
Agora vai como sair que eu já não quero nem saber
Se vai caber ou vão me censurar será
E pra você eu deixo apenas meu olhar 43
Aquele assim de lado, já saindo
Indo embora, louco pôr você
Que pena
Que desperdício

OLHAR 43. Intérprete: RPM. Compositor: Paulo Ricardo; Luiz Schiavon. *In*: REVOLUÇÕES por minuto. Intérprete: RPM. Rio de Janeiro: EPIC, 1985. (3min03s).

Fotografia 158 – Projeto 'Voos e sobrevoos em solos estrangeiros'. Itália. Valdeci dos Santos, Adriana Paula Kovacs Meira, Olga Maria Alves Martins e Andrea Carvalho, no Centro Histórico de Perúgia. Perúgia, 4/out./2018. Fonte: Acervo pessoal de Valdeci dos Santos.

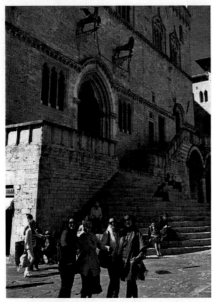

Fotografia 159 – Projeto 'Voos e sobrevoos em solos estrangeiros'. Itália. Valdeci dos Santos, visitando no Centro Histórico de Perúgia. Perúgia, 4/out./2018. Fonte: Acervo pessoal de Valdeci dos Santos.

Fotografia 160 – Projeto 'Voos e sobrevoos em solos estrangeiros'. Itália. Valdeci dos Santos, Adriana Paula Kovacs Meira, Ana Maria Kovacs Meira, Andrea Carvalho, Casal de Málaga/Espanha, Companheiro do Chile, no Centro Histórico de Perúgia. Perúgia, 4/out./2018. Fonte: Acervo pessoal de Valdeci dos Santos.

Fotografia 161 – Projeto 'Voos e sobrevoos em solos estrangeiros'. Itália. Valdeci dos Santos na Basílica de São Francisco de Assis, Igreja-Mãe da Ordem Franciscana e Patrimônio da Humanidade. Dia da Festa de São Francisco de Assis. Assis, 4/out./2018. Fonte: Acervo pessoal de Valdeci dos Santos.

Fotografia 162 – Projeto 'Voos e sobrevoos em solos estrangeiros'. Itália. Valdeci dos Santos na Basílica de São Francisco de Assis, Igreja-Mãe da Ordem Franciscana e Patrimônio da Humanidade. Dia da Festa de São Francisco de Assis. Assis, 4/out./2018. Fonte: Acervo pessoal de Valdeci dos Santos.

METÁFORA POÉTICA 25: EU QUERO SEMPRE MAIS

A minha vida
Eu preciso mudar
Todo dia
Prá escapar
Da rotina
Dos meus desejos
Por seus beijos
E os meus sonhos
Eu procuro acordar
E perseguir meus sonhos

EU QUERO SEMPRE MAIS. Intérprete: Pitty; Ira!. Compositor: Edgard José Scandurra Pereira. *In*: ACÚSTICO MTV: Ira! Intérprete: Ira!. Rio de Janeiro: Sony Music Entertainment, 2004. Álbum ao vivo, gravado em São Paulo, nos dias 24 e 25 de março de 2004. (3min55s).

Fotografia 163 – Projeto 'Voos e sobrevoos em solos estrangeiros'. Itália. Guia turístico, Valdeci dos Santos, Adriana Paula Kovacs Meira, Ana Maria Kovacs Meira, Andrea Carvalho, Olga Maria Alves Martins, e José Alberto Caeiro Costa (In memoriam) explorando Roma. Roma, 5/out./2018. Fonte: Acervo pessoal de Valdeci dos Santos.

Fotografia 164 – Projeto 'Voos e sobrevoos em solos estrangeiros'. Itália. Valdeci dos Santos visitando o Templo de Júpiter Capitolino. Roma, 5/out./2018. Fonte: Acervo pessoal de Valdeci dos Santos.

Fotografia 165 – Projeto 'Voos e sobrevoos em solos estrangeiros'. Itália. Valdeci dos Santos visitando o Templo de Júpiter Capitolino. Roma, 5/out./2018. Fonte: Acervo pessoal de Valdeci dos Santos.

Fotografia 166 – Projeto 'Voos e sobrevoos em solos estrangeiros'. Itália. Valdeci dos Santos visitando o Coliseu (Anfiteatro Flaviano), Patrimônio da Humanidade, construído no século I (cerca de 70 d.C.). Roma, 5/out./2018. Fonte: Acervo pessoal de Valdeci dos Santos.

Fotografia 167 – Projeto 'Voos e sobrevoos em solos estrangeiros'. Itália. Valdeci dos Santos visitando o Coliseu (Anfiteatro Flaviano), Patrimônio da Humanidade, construído no século I (cerca de 70 d.C.). Roma, 5/out./2018. Fonte: Acervo pessoal de Valdeci dos Santos.

Fotografia 168 – Projeto 'Voos e sobrevoos em solos estrangeiros'. Itália. Valdeci dos Santos visitando o Coliseu (Anfiteatro Flaviano), Patrimônio da Humanidade, construído no século I (cerca de 70 d.C.). Roma, 5/out./2018. Fonte: Acervo pessoal de Valdeci dos Santos.

Fotografia 169 – Projeto 'Voos e sobrevoos em solos estrangeiros'. Itália. Valdeci dos Santos visitando o Coliseu (Anfiteatro Flaviano), Patrimônio da Humanidade, construído no século I (cerca de 70 d.C.). Roma, 5/out./2018. Fonte: Acervo pessoal de Valdeci dos Santos.

Fotografia 170 – Projeto 'Voos e sobrevoos em solos estrangeiros'. Itália. Valdeci dos Santos visitando o Panteão – Templo em Honra a Todos os Deuses. Roma, 5/out./2018. Fonte: Acervo pessoal de Valdeci dos Santos.

Fotografia 171 – Projeto 'Voos e sobrevoos em solos estrangeiros'. Itália. Valdeci dos Santos visitando a Fontana Di Trevi. Roma, 5/out./2018. Fonte: Acervo pessoal de Valdeci dos Santos.

METÁFORA POÉTICA 26: OS CEGOS DO CASTELO

E se você puder me olhar
E se você quiser me achar
E se você trouxer o seu lar
Eu vou cuidar, eu cuidarei dele
Eu vou cuidar
Do seu jardim
Eu vou cuidar, eu cuidarei muito bem dele
Eu vou cuidar
Eu cuidarei do seu jantar
Do céu e do mar, e de você e de mim

OS CEGOS DO CASTELO. Intérprete: Titãs. Compositor: José Fernando Gomes dos Reis (Nando Reis). *In*: E-COLLECTION. Intérprete: Titãs. Rio de Janeiro: Warner-Elektra-Atlantic (WEA), 1984. Disco 1. (4min30s).

Fotografia 172 – Projeto 'Voos e sobrevoos em solos estrangeiros'. Cidade-Estado Vaticano. Sede da Igreja Católica Romana. Residência do Papa. Valdeci dos Santos visitando a Praça de São Pedro (Piazza Di San Pietro). Praça de São Pedro, 5/out./2018. Fonte: Acervo pessoal de Valdeci dos Santos.

Fotografia 173 – Projeto 'Voos e sobrevoos em solos estrangeiros'. Cidade-Estado Vaticano. Sede da Igreja Católica Romana. Residência do Papa. Valdeci dos Santos, Adriana Paula Kovacs Meira, Ana Maria Kovacs Meira, Andrea Carvalho, Olga Maria Alves Martins, e José Alberto Caeiro Costa (In memoriam) Visitando a Praça de São Pedro (Piazza Di San Pietro). Praça de São Pedro, 5/out./2018. Fonte: Acervo pessoal de Valdeci dos Santos.

Fotografia 174 – Projeto 'Voos e sobrevoos em solos estrangeiros'. Cidade-Estado Vaticano. Sede da Igreja Católica Romana. Residência do Papa. Valdeci dos Santos visitando a Praça de São Pedro (Piazza Di San Pietro). Praça de São Pedro, 5/out./2018. Fonte: Acervo pessoal de Valdeci dos Santos.

Fotografia 175 – Projeto 'Voos e sobrevoos em solos estrangeiros'. Cidade-Estado Vaticano. Sede da Igreja Católica Romana. Residência do Papa. Valdeci dos Santos visitando a Praça de São Pedro (Piazza Di San Pietro). Praça de São Pedro, 5/out./2018. Fonte: Acervo pessoal de Valdeci dos Santos.

METÁFORA POÉTICA 27: NÃO OLHE PRA TRÁS

Se não faz sentido
Discorde comigo
Não é nada demais
São águas passadas
Escolha uma estrada
E não olhe,
Não olhe pra trás

NÃO OLHE PRA TRÁS. Intérprete: Capital Inicial. Compositor: Bruno Cesar Orefice de Carvalho; Willian dos Santos; Rodrigo Elionai dos Reis. *In*: GIGANTE. Intérprete: Capital Inicial. Rio de Janeiro: Sony Music Entertainment, 2004. (4min22s).

Fotografia 176 – Projeto 'Voos e sobrevoos em solos estrangeiros'. Itália. Valdeci dos Santos visitando Siena. Catedral de Santa Maria Assunta/Duomo de Siena. Siena, 6/out./2018. Fonte: Acervo pessoal de Valdeci dos Santos.

Fotografia 178 – Projeto 'Voos e sobrevoos em solos estrangeiros'. Itália. Valdeci dos Santos visitando Siena. Palazzo Comunale de Siena/Palazzo Pubblico (construído no início do século XIV). Siena, 6/out./2018. Fonte: Acervo pessoal de Valdeci dos Santos.

Fotografia 177 – Projeto 'Voos e sobrevoos em solos estrangeiros'. Itália. Valdeci dos Santos visitando Siena. La Piazza del Palio. Siena, 6/out./2018. Fonte: Acervo pessoal de Valdeci dos Santos.

ESPANHA

Cheguei a **Madrid**, na **Espanha**, no dia 8 de outubro de 2018. Hospedei-me na casa da amiga Edna Santiago, no período de 8 a 14 de outubro de 2018. Foram dias fecundos em experiências e aprendizados significativos, construção de memórias de amizade, andanças e partilhas fraterno-artístico-culturais (Fotografias: 179, 180, 181, 182, 183, 184, 185, 186, 187 e 188).

O roteiro turístico 3 – **'Tour Norte da España y Portugal'** -, em ônibus da empresa VPT: Viajes para todos, com saída e chegada em Madrid, em circuito de 8 (oito) dias, no período de 14 a 21 de outubro de 2018, visitando as seguintes cidades espanholas: Madrid, Zaragoza, San Sebastian, Bilbao, Santillana, Santander, Covadonga, Oviedo, Gijon, Luarca, Ribadeo, Lugo, A Corunha, Rias Altas, Pontedeume, Betanzos, Santiago de Compostela, Rias Baixas, Ilha de La Toja, Rias de Arosa, Pontevedra e Vigo.

Vale destacar que a Espanha é composta por 17 (dezessete) regiões autónomas conhecidas como 'Comunidades Autónomas'. São elas: Andaluzia, Aragão, Ilhas Baleares, Canárias, Cantábria, Castilla-La Mancha, Castela e Leão, Catalunha, Comunidade de Madrid,

Comunidade Foral de Navarra, Comunidade Valenciana, Extremadura, Galiza, País Basco, Principado das Astúrias, Região de Múrcia e La Rioja. O país está, ainda, dividido em 50 províncias.

No primeiro dia, do roteiro turístico, 14 de outubro de 2018, partimos de **Madrid**, rumo a **San Sebastián**, uma das cidades costeiras mais charmosas, na comunidade autónoma 'País Basco'. Percorremos uma distância de 590 km, com visita a **Zaragoza** (Fotografias: 189, 190 e 191). Hospedamo-nos no Hotel Silken Amara Plaza.

No segundo dia, do roteiro turístico, 15 de outubro de 2018, partimos de **San Sebastián**, rumo a **Bilbao**, cidade portuária, capital da província 'Vizcaya' – Biscaia, na comunidade autónoma 'País Basco'. Percorremos uma distância de 100 km. Realizamos visita panorâmica, com paradas, dentre outras, no Museu Guggenheim (Fotografias: 192 e 193) e, no Casco Viejo e suas famosas Siete Calles, centro histórico, onde nasceu Bilbao, no ano de 1300. Hospedamo-nos no Hotel Occidental Bilbao.

No terceiro dia, do roteiro turístico, 16 de outubro de 2018, partimos de **Bilbao**, rumo a **Oviedo**, a capital da comunidade autónoma 'Principado das Astúrias'. Percorremos uma distância de 320 km, com visitas a: **Santander** (Fotografia: 195), a capital da comunidade autónoma da Cantábria; **Santillana del Mar** (Fotografia: 194); e, **Covadonga** (Fotografia: 196). Hospedamo-nos, em Oviedo (Fotografia: 197), no Gran Hotel Regente.

Vale enfatizar que, a comunidade autónoma 'Principado das Astúrias' dista de aproximadamente 250 km da fronteira norte de Portugal, sendo que Oviedo dista cerca de 780 km de Lisboa e, 500 km do Porto.

No quarto dia, do roteiro turístico, 17 de outubro de 2018, partimos de **Oviedo**, pela manhã, rumo a **La-Coruña** – Corunha, cidade e município da comunidade autónoma 'Galiza' e capital da província 'Corunha'. Percorremos uma distância de 295 km (Fotografias: 198, 199, 200 e 201). Hospedamo-nos no Hotel Tryp Coruña.

No quinto dia, do roteiro turístico, 18 de outubro de 2018, partimos de **La-Coruña** – Corunha, pela manhã, rumo à cidade de **Santiago de Compostela**, capital da comunidade autónoma 'Galiza' e integrante da província 'Corunha'. Percorremos uma distância de 75 km. Hospedamo-nos no Gran Hotel Santiago. Visitamos, dentre outros: a Catedral de Santiago de Compostela e; o Museu das Peregrinações e de Santiago (Fotografias: 202, 203, 204, 205, 206, 207 e 208).

No sexto dia, do roteiro turístico, 19 de outubro de 2018, partimos de **Santiago de Compostela**, pela manhã, rumo a **Vigo**, município da comunidade autónoma 'Galiza' e integrante da província 'Pontevedra'. Percorremos uma distância de 90 km (Fotografias: 209 e 215).

Realizamos um indescritível e fantástico passeio de barco, pelas Rias Baixas (Fotografias: 210, 211, 212, 213 e 214). Sentindo-me, em estado de GRATIDÃO e FELICIDADE, dancei, cantei, escutei músicas, bebi vinho, comi mexilhões. Inesquecível experiência e aprendizado significativos. Meu corpo-mente-espírito dançava com poemas aromático-sonoro-gustativo-visual-táteis. Acompanhando as novidades, expressou-se a resposta biológica, chamada alergia a 'frutos do mar' e a bebida alcoólica. Na chegada, ao Hotel Tryp Galeones, em **Vigo**, tornou-se necessário e emergencial a chamada de um médico para consulta e prescrição terapêutica.

No sétimo dia, do roteiro turístico, 20 de outubro de 2018, pela manhã, decidi encerrar o pacote turístico, na cidade de **Vigo**, na Espanha. Percorrendo de carro, a distância de 52 km, rumo à **Lanhelas**, uma povoação portuguesa, sede da Freguesia de Lanhelas, do Município (Concelho) de Caminha.

METÁFORA POÉTICA 28: ENQUANTO DURMO

Espero a chuva cair
Na minha casa, no meu rosto
Nas minhas costas largas
Eh! Eh! Eh!
Espero a chuva cair
Nas minhas costas largas
Que afagas enquanto durmo
Enquanto durmo
Enquanto durmo.

ENQUANTO DURMO. Intérprete: Zélia Duncan. Compositor: Christiaan Oyens; Zélia Duncan. *In*: INTIMIDADE. Intérprete: Zélia Duncan. Rio de Janeiro: Warner Music Brasil, 1996. (4min23s).

Fotografia 179 – Projeto 'Voos e sobrevoos em solos estrangeiros'. Espanha. Valdeci dos Santos e Edna Santiago visitando Toledo. Toledo, 11/out./2018. Fonte: Acervo pessoal de Valdeci dos Santos.

Fotografia 180 – Projeto 'Voos e sobrevoos em solos estrangeiros'. Espanha. Valdeci dos Santos visitando Toledo. Toledo, 11/out./2018. Fonte: Acervo pessoal de Valdeci dos Santos.

Fotografia 183 – Projeto 'Voos e sobrevoos em solos estrangeiros'. Espanha. Valdeci dos Santos visitando Toledo. Porta Nova de Bisagra de Toledo. Toledo, 11/out./2018. Fonte: Acervo pessoal de Valdeci dos Santos.

Fotografia 181 – Projeto 'Voos e sobrevoos em solos estrangeiros'. Espanha. Valdeci dos Santos visitando Toledo. Toledo, 11/out./2018. Fonte: Acervo pessoal de Valdeci dos Santos.

Fotografia 184 – Projeto 'Voos e sobrevoos em solos estrangeiros'. Espanha. Valdeci dos Santos visitando Toledo. Estátua de Miguel de Cervantes. Toledo, 11/out./2018. Fonte: Acervo pessoal de Valdeci dos Santos.

Fotografia 182 – Projeto 'Voos e sobrevoos em solos estrangeiros'. Espanha. Valdeci dos Santos visitando Toledo. Toledo, 11/out./2018. Fonte: Acervo pessoal de Valdeci dos Santos.

METÁFORA POÉTICA 29: POEMA

De repente a gente vê que perdeu
Ou está perdendo alguma coisa
Morna e ingênua
Que vai ficando no caminho
Que é escuro e frio mas também bonito
Porque é iluminado
Pela beleza do que aconteceu
Há minutos atrás

POEMA. Intérprete: Ney Matogrosso. Compositor: Agenor de Miranda Araújo Neto (Cazuza); Roberto Frejat. *In*: NEY MATOGROSSO (ao vivo). Intérprete: Ney Matogrosso. Rio de Janeiro: Universal Music, 1997. (4min21s).

Fotografia 185 – Projeto 'Voos e sobrevoos em solos estrangeiros'. Espanha. Valdeci dos Santos e Edna Santiago visitando o Museu Nacional de Ciências Naturais de Madrid. Madrid, 12/out./2018. Fonte: Acervo pessoal de Valdeci dos Santos.

Fotografia 186 – Projeto 'Voos e sobrevoos em solos estrangeiros'. Espanha. Valdeci dos Santos visitando o Museu Nacional de Ciências Naturais de Madrid. Madrid, 12/out./2018. Fonte: Acervo pessoal de Valdeci dos Santos.

Fotografia 187 – Projeto 'Voos e sobrevoos em solos estrangeiros'. Espanha. Valdeci dos Santos visitando o Museu Nacional de Ciências Naturais de Madrid. Madrid, 12/out./2018. Fonte: Acervo pessoal de Valdeci dos Santos.

Fotografia 188 – Projeto 'Voos e sobrevoos em solos estrangeiros'. Espanha. Valdeci dos Santos visitando o Museu Nacional de Ciências Naturais de Madrid. Madrid, 12/out./2018. Fonte: Acervo pessoal de Valdeci dos Santos.

METÁFORA POÉTICA 30: POR ONDE ANDEI

Por onde andei
Enquanto você me procurava?
E o que eu te dei?
Foi muito pouco ou quase nada
E o que eu deixei?
Algumas roupas penduradas
Será que eu sei
Que você é mesmo
Tudo aquilo que me faltava?

POR ONDE ANDEI. Intérprete: Nando Reis. Compositor: José Fernando Gomes dos Reis (Nando Reis). *In*: A ARTE de Nando Reis. Intérprete: Nando Reis. Rio de Janeiro: Universal Music, 2015. (3min55s).

Fotografia 189 – Projeto 'Voos e sobrevoos em solos estrangeiros'. Espanha. Valdeci dos Santos visitando Saragoça. Vista da Catedral-Basílica de Nossa Senhora do Pilar. Saragoça (Zaragoza), 14/out./2018. Fonte: Acervo pessoal de Valdeci dos Santos.

Fotografia 190 – Projeto 'Voos e sobrevoos em solos estrangeiros'. Espanha. Valdeci dos Santos visitando Saragoça. Decoração da Festa de Nossa Senhora do Pilar (Celebração em 12 de outubro). Saragoça (Zaragoza), 14/out./2018. Fonte: Acervo pessoal de Valdeci dos Santos.

Fotografia 192 – Projeto 'Voos e sobrevoos em solos estrangeiros'. Espanha. Valdeci dos Santos visitando o Museo Guggenheim Bilbao. Escultura 'El Gran Árbol y El Ojo' (Anish Kapoor, 2009). Bilbao, 15/out./2018. Fonte: Acervo pessoal de Valdeci dos Santos.

Fotografia 191 – Projeto 'Voos e sobrevoos em solos estrangeiros'. Espanha. Valdeci dos Santos visitando Saragoça. Decoração da Festa de Nossa Senhora do Pilar (Celebração em 12 de outubro). Saragoça (Zaragoza), 14/out./2018. Fonte: Acervo pessoal de Valdeci dos Santos.

Fotografia 193 – Projeto 'Voos e sobrevoos em solos estrangeiros'. Espanha. Valdeci dos Santos visitando o Museo Guggenheim Bilbao. Monumento Ramón Rubial Cavia (1906-1999). Bilbao, 15/out./2018. Fonte: Acervo pessoal de Valdeci dos Santos.

METÁFORA POÉTICA 31: LAMBADA

Chorando se foi quem um dia só me fez chorar
Chorando se foi quem um dia só me fez chorar
Chorando estará, ao lembrar de um amor
Que um dia não soube cuidar
Chorando estará, ao lembrar de um amor
Que um dia não soube cuidar
A recordação vai estar com ele aonde for
A recordação vai estar pra sempre aonde eu for
Dança, sol e mar, guardarei no olhar
O amor faz perder encontrar
Lambando estarei ao lembrar que este amor
Por um dia um instante foi rei

LAMBADA. Intérprete: Kaoma. Compositor: Gonzalo Hermosa Gonzales; Ulises Hermosa Gonzales. *In*: WORLD BEAT. Intérprete: Kaoma. Rio de Janeiro. KP&P – Lambada, 1989. (3min28s).

Fotografia 194 – Projeto 'Voos e sobrevoos em solos estrangeiros'. Espanha. Valdeci dos Santos visitando Santillana Del Mar. Santillana Del Mar, 16/out./2018. Fonte: Acervo pessoal de Valdeci dos Santos.

Fotografia 195 – Projeto 'Voos e sobrevoos em solos estrangeiros'. Espanha. Valdeci dos Santos visitando Pereda Walk Santander. Santander, 16/out./2018. Fonte: Acervo pessoal de Valdeci dos Santos.

Fotografia 196 – Projeto 'Voos e sobrevoos em solos estrangeiros'. Espanha. Valdeci dos Santos visitando a Basílica de Nossa Senhora de Covadonga. Astúrias, 16/out./2018. Fonte: Acervo pessoal de Valdeci dos Santos.

Fotografia 197 – Projeto 'Voos e sobrevoos em solos estrangeiros'. Espanha. Valdeci dos Santos visitando Oviedo. Oviedo, 16/out./2018. Fonte: Acervo pessoal de Valdeci dos Santos.

METÁFORA POÉTICA 32: VEJO FLORES EM VOCÊ

De todo o meu passado
Boas e más recordações
Quero viver meu presente
E lembrar tudo depois
Nessa vida passageira
Eu sou eu, você é você
Isso é o que mais me agrada
Isso é o que me faz dizer
Que vejo flores em você

VEJO FLORES EM VOCÊ. Intérprete: Ira! Compositor: Edgard José Scandurra Pereira. *In*: VIVENDO e não aprendendo. Intérprete: Ira! Rio de Janeiro: Warner-Elektra-Atlantic (WEA), 1986. (1min55s).

Fotografia 198 – Projeto 'Voos e sobrevoos em solos estrangeiros'. Espanha. Valdeci dos Santos visitando Corunha, Rias Altas. Corunha, 17/out./2018. Fonte: Acervo pessoal de Valdeci dos Santos.

Fotografia 199 – Projeto 'Voos e sobrevoos em solos estrangeiros'. Espanha. Valdeci dos Santos visitando Corunha, Rias Altas. Corunha, 17/out./2018. Fonte: Acervo pessoal de Valdeci dos Santos.

Fotografia 200 – Projeto 'Voos e sobrevoos em solos estrangeiros'. Espanha. Valdeci dos Santos visitando a Igreja de São Francisco, em Betanzos. Betanzos – Galicia – Corunha, 17/out./2018. Fonte: Acervo pessoal de Valdeci dos Santos.

Fotografia 201 – Projeto 'Voos e sobrevoos em solos estrangeiros'. Espanha. Valdeci dos Santos visitando a Torre de Hércules. Farol Romano construído no século II; Patrimônio da Humanidade. Corunha, 17/out./2018. Fonte: Acervo pessoal de Valdeci dos Santos.

METÁFORA POÉTICA 33: A NAVE INTERIOR

Não é de fora que a nave vem,
É de dentro do peito que a nave sai.
É de dentro da gente que a nau inaudita,
Habita, repousa, amor e hidrogênio.
Silêncio, saudade, soluço, selênio.
A nau permanece mesmo quando vai.
Secreta se curva, dá a gota, se agita,
Se eleva no ar, resplandece e cai.
A nave que é mãe
Que é filho e é pai
É tudo e é nada
O povo e ninguém.

A NAVE INTERIOR. Intérprete: Zé Ramalho (part. Pitty). Compositor: José Ramalho Neto (Zé Ramalho); Francisco César Gonçalves (Chico César). *In*: PARCERIA dos viajantes. Intérprete: Zé Ramalho. Rio de Janeiro: Sony Music Entertainment, 2007. © Avohai Editora – EMI – Chita (Indie Publishing) (4min36s).

Fotografia 202 – Projeto 'Voos e sobrevoos em solos estrangeiros'. Espanha. Valdeci dos Santos visitando a Catedral de Santiago de Compostela. Santiago de Compostela, 18/out./2018. Fonte: Acervo pessoal de Valdeci dos Santos.

Fotografia 203 – Projeto 'Voos e sobrevoos em solos estrangeiros'. Espanha. Valdeci dos Santos visitando a Catedral de Santiago de Compostela. Santiago de Compostela, 18/out./2018. Fonte: Acervo pessoal de Valdeci dos Santos.

Fotografia 204 – Projeto 'Voos e sobrevoos em solos estrangeiros'. Espanha. Valdeci dos Santos visitando Santiago de Compostela. Santiago de Compostela, 18/out./2018. Fonte: Acervo pessoal de Valdeci dos Santos.

Fotografia 205 – Projeto 'Voos e sobrevoos em solos estrangeiros'. Espanha. Valdeci dos Santos visitando o Museu das Peregrinações e de Santiago. Santiago de Compostela, 18/out./2018. Fonte: Acervo pessoal de Valdeci dos Santos.

Fotografia 206 – Projeto 'Voos e sobrevoos em solos estrangeiros'. Espanha. Valdeci dos Santos visitando o Museu das Peregrinações e de Santiago. Santiago de Compostela, 18/out./2018. Fonte: Acervo pessoal de Valdeci dos Santos.

Fotografia 207 – Projeto 'Voos e sobrevoos em solos estrangeiros'. Espanha. Valdeci dos Santos visitando o Museu das Peregrinações e de Santiago. Santiago de Compostela, 18/out./2018. Fonte: Acervo pessoal de Valdeci dos Santos.

Fotografia 208 – Projeto 'Voos e sobrevoos em solos estrangeiros'. Espanha. Valdeci dos Santos visitando o Museu das Peregrinações e de Santiago. Santiago de Compostela, 18/out./2018. Fonte: Acervo pessoal de Valdeci dos Santos.

Fotografia 209 – Projeto 'Voos e sobrevoos em solos estrangeiros'. Espanha. Valdeci dos Santos visitando Isla De La Toja (Ilha Da Toxa). Rias Baixas, 19/out./2018. Fonte: Acervo pessoal de Valdeci dos Santos.

Fotografia 210 – Projeto 'Voos e sobrevoos em solos estrangeiros'. Espanha. Valdeci dos Santos passeando de Barco – em estado de GRATIDÃO e FELICIDADE, escutando músicas, bebendo vinho, comendo mexilhões -, pelas Rias Baixas. Galícia, 19/out./2018. Fonte: Acervo pessoal de Valdeci dos Santos.

METÁFORA POÉTICA 34: VOA, LIBERDADE

Voa, voa minha liberdade
Entra se eu servir como morada
Deixa eu voar na sua altura
Agarrado na cintura
Da eterna namorada
Voa, feito um sonho desvairado
Desses que a gente sonha acordado
Feito um pássaro gigante
Contra os ventos do pecado
Voa, nas manhãs ensolaradas
Entra, faz verdade essa ilusão
Voa, no estalo do meu grito
Quero ver teu infinito
Nesse azul sem dimensão

VOA, LIBERDADE. Intérprete: Jessé. Compositor: Mario Lucio da Rocha e Silva, Eunice Barbosa da Silva, Mário Lúcio Rodrigues dos Santos. *In*: JESSÉ. Intérprete: Jessé. Rio de Janeiro: Som Livre, 1980. (3min44s).

Fotografia 211 – Projeto 'Voos e sobrevoos em solos estrangeiros'. Espanha. Valdeci dos Santos passeando de Barco – em estado de GRATIDÃO e FELICIDADE, escutando músicas, bebendo vinho, comendo mexilhões -, pelas Rias Baixas. Galícia, 19/out./2018. Fonte: Acervo pessoal de Valdeci dos Santos.

Fotografia 212 – Projeto 'Voos e sobrevoos em solos estrangeiros'. Espanha. Valdeci dos Santos passeando de Barco – em estado de GRATIDÃO e FELICIDADE, escutando músicas, bebendo vinho, comendo mexilhões -, pelas Rias Baixas. Galícia, 19/out./2018. Fonte: Acervo pessoal de Valdeci dos Santos.

Fotografia 213 – Projeto 'Voos e sobrevoos em solos estrangeiros'. Espanha. Valdeci dos Santos passeando de Barco – em estado de GRATIDÃO e FELICIDADE, escutando músicas, bebendo vinho, comendo mexilhões -, pelas Rias Baixas. Galícia, 19/out./2018. Fonte: Acervo pessoal de Valdeci dos Santos.

Fotografia 214 – Projeto 'Voos e sobrevoos em solos estrangeiros'. Espanha. Valdeci dos Santos concluindo o passeio de Barco pelas Rias Baixas. Galícia, 19/out./2018. Fonte: Acervo pessoal de Valdeci dos Santos.

Fotografia 215 – Projeto 'Voos e sobrevoos em solos estrangeiros'. Espanha. Valdeci dos Santos visitando o Miradouro de "A Granxa". Galícia, 19/out./2018. Fonte: Acervo pessoal de Valdeci dos Santos.

PORTUGAL – MOMENTO 2

Com o encerramento dos roteiros turísticos, no dia 20 de outubro de 2018, retornei a Portugal, hospedando-me, na cidade de **Lanhelas**, em na casa da Amiga Fernanda Harumi Kamonseki (Fotografia: 216), no período de 20 a 28 de outubro de 2018. Expresso ETERNA GRATIDÃO, pelas experiências e aprendizados significativos, nas vivências fraternas de diálogos, passeios, músicas e partilhas sobre a incrível dinâmica de construção/(des)construção/(re)construção do EXISTIR (Fotografias: 217, 218, 229, 230, 231, 232, 233, 234, 235, 236, 237, 238, 239, 240 e 241). Ainda, no período, reencontrei, os companheiros de viagem, os quais conheci no circuito turístico da Itália: Olga Maria Alves Martins e José Alberto Caeiro Costa (*In memoriam*). Visitamos as cidades do Porto e de Braga (Fotografias: 219, 220, 221, 222, 223, 224, 225, 226, 227 e 228).

ETERNA GRATIDÃO, aos amigos Fernanda Harumi Kamonseki (Brasil), Olga Maria Alves Martins (Portugal) e José Alberto Caeiro Costa (Portugal) (*In memoriam*) pelo acolhimento fraterno em Portugal. Eles disponibilizaram-se, posteriormente, para serem referências de contatos no processo de pedido de 'Visto de Residência' para moradia em Portugal', junto ao Consulado Português.

No período de 28 de outubro a 8 de novembro de 2018, na cidade **Coimbra**, hospedei-me na Casa 'Obra de Santa Zita'. Dediquei-me, dentre outros, a conhecer: Universidade de Coimbra; Sé Velha de Coimbra; Sé Nova de Coimbra (29/out./2018); Museu Nacional de Machado de Castro (30/out./2018); Portugal dos Pequenitos; Mosteiro de Santa Clara-a-Velha (31/out./2018); Praceta Fernando Pessoa (1/nov./2018); Penedo da Saudade (2/nov./2018); Praça 8 de maio; Mosteiro de Santa Cruz; Aqueduto de São Sebastião; Jardim da Manga (3/nov./2018); Jardim Botânico Universidade de Coimbra (4/nov./2018); Igreja de Santo Antônio dos Olivais; Fado de Coimbra – Café Santa Cruz (6/nov./2018); Mosteiro de Santa Clara-a-Nova (7/out./2018) (Fotografias: 242, 243, 244, 245, 246, 247, 248, 249, 250, 251, 252 e 253).

No dia 8 de novembro de 2018, desloquei-me de Coimbra, rumo a Lisboa, capital de Portugal. Hospedei-me na Casa Provincial dos Missionários Combonianos em Portugal. Realizei entrevista com o escritor e Missionário Comboniano Padre **Manuel dos Anjos Martins**. Ele foi designado, em 1968, para servir em Moçambique. Resultou do convívio e escuta sensível da história oral do povo, dois livros de sua autoria: 1. **Elementos de língua nyungwe: gramatica e dicionário (nyungwe – português – nyungwe)**; 2. **Elementos da língua ndau (sofala – moçambique): gramatica, literatura oral e dicionário (ndau – português – ndau)** (Fotografias: 255 e 256).

ETERNA GRATIDÃO, aos Missionários Combonianos em Portugal, pelo acolhimento fraterno em sua Casa Provincial na cidade de Lisboa em dois momentos do meu circuito turístico: 4 a 17 de setembro e; 8 a 9 de novembro de 2018. Aprendi!

No dia 9 de novembro de 2018, saí de **Lisboa**, em **Portugal**, às 23h20min, pela empresa **TAP Air Portugal**, em voo direto, com destino ao **Brasil**; chegando ao Aeroporto de Guarulhos, na cidade de São Paulo, no Estado de São Paulo, às 07h20min, do dia 10 de novembro.

METÁFORA POÉTICA 35: CORAÇÃO SELVAGEM

Meu bem, o meu lugar é onde você quer que ele seja
Não quero o que a cabeça pensa eu quero o que a alma deseja
Arco-íris, anjo rebelde, eu quero o corpo tenho pressa de viver
Mas quando você me amar, me abrace e me beije bem devagar
Que é para eu ter tempo, tempo de me apaixonar

CORAÇÃO SELVAGEM. Intérprete: Belchior. Compositor: Belchior. *In*: CORAÇÃO selvagem. Intérprete: Belchior. Rio de Janeiro: Warner Music Brasil, 1977. (4min52s).

Fotografia 216 – Projeto 'Voos e sobrevoos em solos estrangeiros'. Portugal. Valdeci dos Santos chegando ao lar (20 a 28/out./2018) da Amiga Fernanda Harumi Kamonseki. Lanhelas, 20/out./2018. Fonte: Acervo pessoal de Valdeci dos Santos.

METÁFORA POÉTICA 36: FREVO MULHER

Quantos aqui ouvem
Os olhos eram de fé
Quantos elementos
Amam aquela mulher.

FREVO MULHER. Intérprete: Zé Ramalho. Compositor: José Ramalho Neto (Zé Ramalho). *In*: A PELEJA do diabo com o dono do céu. Intérprete: Zé Ramalho. Rio de Janeiro: Sony Music Entertainment, 1979. (4min38s). © Editora Warner Chappell.

Fotografia 217 – Projeto 'Voos e sobrevoos em solos estrangeiros'. Portugal. Valdeci dos Santos visitando a Capela de São Bento. Seixas – Viana do Castelo, 21/out./2018. Fonte: Acervo pessoal de Valdeci dos Santos.

Fotografia 218 – Projeto 'Voos e sobrevoos em solos estrangeiros'. Portugal. Valdeci dos Santos visitando a Igreja Matiz de Vila Nova de Cerveira/Igreja de São Cipriano. Vila Nova de Cerveira, 21/out./2018. Fonte: Acervo pessoal de Valdeci dos Santos.

METÁFORA POÉTICA 37: ORQUÍDEA NEGRA

Você é a orquídea negra
Que brotou da máquina selvagem
E o anjo do impossível
Plantou como nova paisagem

ORQUÍDEA NEGRA. Intérprete: Zé Ramalho. Compositor: Jorge Mautner. *In*: ORQUÍDEA negra. Intérprete: Zé Ramalho. Rio de Janeiro: Sony Music Entertainment, 1983. (5min23s). © Sony Music Publishing.

Fotografia 219 – Projeto 'Voos e sobrevoos em solos estrangeiros'. Portugal. Valdeci dos Santos, Olga Maria Alves Martins e José Alberto Caeiro Costa (In memoriam) visitando o monumento ao rei de Portugal D. Pedro IV. Porto, 23/out./2018. Fonte: Acervo pessoal de Valdeci dos Santos.

Fotografia 220 – Projeto 'Voos e sobrevoos em solos estrangeiros'. Portugal. Valdeci dos Santos, Olga Maria Alves Martins e José Alberto Caeiro Costa (In memoriam) visitando a Câmara Municipal do Porto. Porto, 23/out./2018. Fonte: Acervo pessoal de Valdeci dos Santos.

Fotografia 221 – Projeto 'Voos e sobrevoos em solos estrangeiros'. Portugal. Valdeci dos Santos visitando a Igreja São Lourenço/Igreja dos Grilos. Porto, 23/out./2018. Fonte: Acervo pessoal de Valdeci dos Santos.

Fotografia 222 – Projeto 'Voos e sobrevoos em solos estrangeiros'. Portugal. Valdeci dos Santos visitando o Palácio da Justiça do Porto. Porto, 23/out./2018. Fonte: Acervo pessoal de Valdeci dos Santos.

Fotografia 223 – Projeto 'Voos e sobrevoos em solos estrangeiros'. Portugal. Valdeci dos Santos visitando azulejos da Capela das Almas/Capela de Santa Catarina. Porto, 23/out./2018. Fonte: Acervo pessoal de Valdeci dos Santos.

Fotografia 224 – Projeto 'Voos e sobrevoos em solos estrangeiros'. Portugal. Valdeci dos Santos visitando a Avenida dos Aliados. Porto, 23/out./2018. Fonte: Acervo pessoal de Valdeci dos Santos.

Fotografia 225 – Projeto 'Voos e sobrevoos em solos estrangeiros'. Portugal. Valdeci dos Santos visitando o Jardim de João Chagas/Jardim da Cordoaria. Escultura "Os treze a rir uns dos outros" (Juan Muñoz). Porto, 23/out./2018. Fonte: Acervo pessoal de Valdeci dos Santos.

Fotografia 226 – Projeto 'Voos e sobrevoos em solos estrangeiros'. Portugal. Valdeci dos Santos, Olga Maria Alves Martins e José Alberto Caeiro Costa (In memoriam) visitando o painel de azulejos "O Infante Dom Henrique na conquista de Ceuta", na Estação de São Bento. Porto, 23/out./2018. Fonte: Acervo pessoal de Valdeci dos Santos.

Fotografia 227 – Projeto 'Voos e sobrevoos em solos estrangeiros'. Portugal. Valdeci dos Santos agradecendo à amiga Olga Maria Alves Martins pelo acolhimento em seu país, Portugal. Conhecemo-nos na Itália. Ela disponibilizou-se, posteriormente, para ser referência de contato no processo de pedido de 'Visto de Residência em Portugal', junto ao Consulado Português. ETERNA GRATIDÃO. Porto, 23/out./2018. Fonte: Acervo pessoal de Valdeci dos Santos.

Fotografia 228 – Projeto 'Voos e sobrevoos em solos estrangeiros'. Portugal. Valdeci dos Santos agradecendo ao amigo José Alberto Caeiro Costa (In memoriam) pelo acolhimento em seu país, Portugal. Conhecemo-nos na Itália. Ele disponibilizou-se, posteriormente, para ser referência de contato no processo de pedido de 'Visto de Residência em Portugal', junto ao Consulado Português. ETERNA GRATIDÃO. Porto, 23/out./2018. Fonte: Acervo pessoal de Valdeci dos Santos.

METÁFORA POÉTICA 38: MUDANÇAS

Hoje eu vou mudar
Vasculhar minhas gavetas
Jogar fora sentimentos
E ressentimentos tolos.
Fazer limpeza no armário
Retirar traças e teias
E angústias da minha mente
Parar de sofrer
Por coisas tão pequeninas
Deixar de ser menina
Pra ser mulher!
Hoje eu vou mudar
Por na balança a coragem
Me entregar no que acredito
Pra ser o que sou sem medo.
Dançar e cantar por hábito
E não ter cantos escuros
Pra guardar os meus segredos
Parar de dizer:
"Não tenho tempo pra vida
Que grita dentro de mim
Me libertar!

MUDANÇAS. Intérprete: Vanusa. Compositor: Vanusa, Sérgio Sá. *In*: VIVA Vanusa. Intérprete: Vanusa. Rio de Janeiro: Sony Music Entertainment, 1979. (4min34s).

Fotografia 229 – Projeto 'Voos e sobrevoos em solos estrangeiros'. Portugal. Valdeci dos Santos e Fernanda Harumi Kamonseki visitando a Freguesia Vila Praia de Âncora (Distrito: Viana do Castelo; Município: Caminha). Vila Praia de Âncora, 24/out./2018. Fonte: Acervo pessoal de Valdeci dos Santos.

Fotografia 230 – Projeto 'Voos e sobrevoos em solos estrangeiros'. Portugal. Valdeci dos Santos visitando a Freguesia Vila Praia de Âncora (Distrito: Viana do Castelo; Município: Caminha). Vila Praia de Âncora, 24/out./2018. Fonte: Acervo pessoal de Valdeci dos Santos.

Fotografia 231 – Projeto 'Voos e sobrevoos em solos estrangeiros'. Portugal. Valdeci dos Santos visitando a Freguesia Vila Praia de Âncora (Distrito: Viana do Castelo; Município: Caminha). Vila Praia de Âncora, 24/out./2018. Fonte: Acervo pessoal de Valdeci dos Santos.

Fotografia 232 – Projeto 'Voos e sobrevoos em solos estrangeiros'. Portugal. Valdeci dos Santos visitando a Freguesia Vila Praia de Âncora (Distrito: Viana do Castelo; Município: Caminha). Vila Praia de Âncora, 24/out./2018. Fonte: Acervo pessoal de Valdeci dos Santos.

METÁFORA POÉTICA 39: PAVÃO MYSTERIOZO

Pavão misterioso, pássaro formoso
Tudo é mistério nesse teu voar
Mas se eu corresse assim
Tantos céus assim
Muita história eu tinha pra contar

PAVÃO MYSTERIOZO. Intérprete: Ednardo. Compositor: José Ednardo Soares Costa Sousa (Ednardo). *In*: O ROMANCE do pavão mysteriozo. Intérprete: Ednardo. São Paulo: RCA Records Label, 1974. (4min20s).

Fotografia 233 – Projeto 'Voos e sobrevoos em solos estrangeiros'. Espanha. Valdeci dos Santos e Fernanda Harumi Kamonseki visitando o Castro de Santa Trega – Sítio Arqueológico. A Guarda (Província: Pontevedra), 26/out./2018. Fonte: Acervo pessoal de Valdeci dos Santos.

Fotografia 234 – Projeto 'Voos e sobrevoos em solos estrangeiros'. Espanha. Valdeci dos Santos visitando o Castro de Santa Trega – Sítio Arqueológico. A Guarda (Província: Pontevedra), 26/out./2018. Fonte: Acervo pessoal de Valdeci dos Santos.

Fotografia 235 – Projeto 'Voos e sobrevoos em solos estrangeiros'. Espanha. Valdeci dos Santos visitando o Castro de Santa Trega – Sítio Arqueológico. A Guarda (Província: Pontevedra), 26/out./2018. Fonte: Acervo pessoal de Valdeci dos Santos.

Fotografia 236 – Projeto 'Voos e sobrevoos em solos estrangeiros'. Espanha. Valdeci dos Santos visitando o Castro de Santa Trega – Sítio Arqueológico. A Guarda (Província: Pontevedra), 26/out./2018. Fonte: Acervo pessoal de Valdeci dos Santos.

Fotografia 237 – Projeto 'Voos e sobrevoos em solos estrangeiros'. Espanha. Valdeci dos Santos visitando o Castro de Santa Trega – Sítio Arqueológico. A Guarda (Província: Pontevedra), 26/out./2018. Fonte: Acervo pessoal de Valdeci dos Santos.

Fotografia 238 – Projeto 'Voos e sobrevoos em solos estrangeiros'. Espanha. Valdeci dos Santos visitando o Castro de Santa Trega – Sítio Arqueológico. A Guarda (Província: Pontevedra), 26/out./2018. Fonte: Acervo pessoal de Valdeci dos Santos.

Fotografia 239 – Projeto 'Voos e sobrevoos em solos estrangeiros'. Espanha. Valdeci dos Santos visitando o Castro de Santa Trega – Sítio Arqueológico. A Guarda (Província: Pontevedra), 26/out./2018. Fonte: Acervo pessoal de Valdeci dos Santos.

METÁFORA POÉTICA 40: SUTILMENTE

E quando eu estiver triste
Simplesmente me abrace
E quando eu estiver louco
Subitamente se afaste
E quando eu estiver bobo
Sutilmente disfarce yeah
Mas quando eu estiver morto
Suplico que não me mate, não
Dentro de ti, dentro de ti

SUTILMENTE. Intérprete: Skank. Compositor: José Fernando Gomes dos Reis (Nando Reis); Samuel Rosa de Alvarenga. *In*: ESTANDARTE. Intérprete: Skank. Rio de Janeiro: Sony BMG Music Entertainment, 2005. (4min02s).

Fotografia 240 – Projeto 'Voos e sobrevoos em solos estrangeiros'. Portugal. Valdeci dos Santos visitando o Rio Minho. Lanhelas, 27/out./2018. Fonte: Acervo pessoal de Valdeci dos Santos.

Fotografia 241 – Projeto 'Voos e sobrevoos em solos estrangeiros'. Portugal. Valdeci dos Santos visitando o Rio Minho. Lanhelas, 27/out./2018. Fonte: Acervo pessoal de Valdeci dos Santos.

METÁFORA POÉTICA 41: CONTO DE AREIA

Contam que toda tristeza
Que tem na Bahia
Nasceu de uns olhos morenos
Molhados de mar

Não sei se é conto de areia
Ou se é fantasia
Que a luz da candeia alumia
Pra gente contar

Um dia morena enfeitada
De rosas e rendas
Abriu seu sorriso moça
E pediu pra dançar

A noite emprestou as estrelas
Bordadas de prata
E as águas de Amaralina
Eram gotas de luar

Era um peito só
Cheio de promessa era só
Era um peito só cheio de promessa
Era um peito só cheio de promessa

CONTO DE AREIA. Intérprete: Clara Nunes. Compositor: Romildo S. Bastos, Toninho. *In*: ALVORECER. Intérprete: Clara Nunes. Rio de Janeiro: Odeon Records, 1974. (3min42s).

Fotografia 242 – Projeto 'Voos e sobrevoos em solos estrangeiros'. Portugal. Valdeci dos Santos visitando a Universidade de Coimbra. Coimbra, 29/out./2018. Fonte: Acervo pessoal de Valdeci dos Santos.

Fotografia 243 – Projeto 'Voos e sobrevoos em solos estrangeiros'. Portugal. Valdeci dos Santos visitando o Portal da Capela de São Miguel, da Universidade de Coimbra. Coimbra, 29/out./2018. Fonte: Acervo pessoal de Valdeci dos Santos.

Fotografia 244 – Projeto 'Voos e sobrevoos em solos estrangeiros'. Portugal. Valdeci dos Santos visitando o Museu da Ciência da Universidade de Coimbra: Laboratório Chimico. Coimbra, 29/out./2018. Fonte: Acervo pessoal de Valdeci dos Santos.

Fotografia 245 – Projeto 'Voos e sobrevoos em solos estrangeiros'. Portugal. Valdeci dos Santos visitando o Museu da Ciência da Universidade de Coimbra: Laboratório Chimico. Coimbra, 29/out./2018. Fonte: Acervo pessoal de Valdeci dos Santos.

Fotografia 246 – Projeto 'Voos e sobrevoos em solos estrangeiros'. Portugal. Valdeci dos Santos visitando o Museu da Ciência da Universidade de Coimbra: Laboratório Chimico. Coimbra, 29/out./2018. Fonte: Acervo pessoal de Valdeci dos Santos.

Fotografia 247 – Projeto 'Voos e sobrevoos em solos estrangeiros'. Portugal. Valdeci dos Santos visitando o Museu da Ciência da Universidade de Coimbra: Laboratório Chimico. Coimbra, 29/out./2018. Fonte: Acervo pessoal de Valdeci dos Santos.

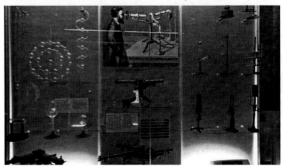

METÁFORA POÉTICA 42: QUE ME VENHA ESSE HOMEM

Que me venha esse homem
Depois de alguma chuva
Que me prenda de tarde
Em sua teia de veludo
Que me fira com os olhos
E me penetre em tudo
Que me venha esse homem
De músculos exatos
Com um desejo agreste
Com um cheiro de mato
Que me prenda de noite
Em sua rede de braços
Que me venha com força
Com gosto de desbravar
Que me faça de mata
Pra percorrer devagar
Que me faça de rio
Pra se deixar naufragar
Que me salve esse homem
Com sua febre de fogo

QUE ME VENHA ESSE HOMEM. Intérprete: Amelinha. Compositor: David Tygel, Bruna Lombardi. *In*: FREVO mulher. Intérprete: Amelinha. Rio de Janeiro: CBS, 1979. (3min50s).

Fotografia 248 – Projeto 'Voos e sobrevoos em solos estrangeiros'. Portugal. Valdeci dos Santos visitando a Sé Velha de Coimbra. Coimbra, 29/out./2018. Fonte: Acervo pessoal de Valdeci dos Santos.

Fotografia 249 – Projeto 'Voos e sobrevoos em solos estrangeiros'. Portugal. Valdeci dos Santos visitando o Museu Nacional de Machado de Castro. Coimbra, 30/out./2018. Fonte: Acervo pessoal de Valdeci dos Santos.

METÁFORA POÉTICA 43: VAMOS FAZER UM FILME

Achei um 3x4 teu e não quis acreditar
Que tinha sido há tanto tempo atrás
Um bom exemplo de bondade e respeito
Do que o verdadeiro amor é capaz
A minha escola não tem personagem
A minha escola tem gente de verdade
Alguém falou do fim-do-mundo
O fim-do-mundo já passou
Vamos começar de novo
Um por todos, todos por um
O sistema é mau, mas minha turma é legal
Viver é foda, morrer é difícil
Te ver é uma necessidade
Vamos fazer um filme

VAMOS FAZER UM FILME. Intérprete: Legião Urbana. Compositor: Renato Manfredini Júnior (Renato Russo). *In*: O DESCOBRIMENTO do Brasil. Intérprete: Legião Urbana. Curitiba: EMI Brazil, 1993. (4min21s).

Fotografia 250 – Projeto 'Voos e sobrevoos em solos estrangeiros'. Portugal. Valdeci dos Santos visitando o 'Portugal dos Pequenitos'. Coimbra, 31/out./2018. Fonte: Acervo pessoal de Valdeci dos Santos.

Fotografia 251 – Projeto 'Voos e sobrevoos em solos estrangeiros'. Portugal. Valdeci dos Santos visitando o Mosteiro de Santa Cruz. Coimbra, 3/nov./2018. Fonte: Acervo pessoal de Valdeci dos Santos.

Fotografia 252 – Projeto 'Voos e sobrevoos em solos estrangeiros'. Portugal. Valdeci dos Santos visitando o Jardim da Manga. Coimbra, 3/nov./2018. Fonte: Acervo pessoal de Valdeci dos Santos.

METÁFORA POÉTICA 44: SERÁ

Eu posso estar sozinho
Mas eu sei muito bem aonde estou
Você pode até duvidar
Acho que isso não é amor

SERÁ. Intérprete: Legião Urbana. Compositor: Renato Manfredini Júnior (Renato Russo); Dado Villa-Lobos; Marcelo Bonfá. *In*: LEGIÃO Urbana. Intérprete: Legião Urbana. Curitiba: EMI Music, 1985. (2min31s).

Fotografia 253 – Projeto 'Voos e sobrevoos em solos estrangeiros'. Portugal. Valdeci dos Santos visitando o Jardim Botânico da Universidade de Coimbra. Coimbra, 4/nov./2018. Fonte: Acervo pessoal de Valdeci dos Santos.

METÁFORA POÉTICA 45: O QUE É, O QUE É?

Eu fico
Com a pureza
Da resposta das crianças
É a vida, é bonita
E é bonita.
Viver!
E não ter a vergonha
De ser feliz
Cantar e cantar e cantar
A beleza de ser
Um eterno aprendiz.
Ah meu Deus!
Eu sei, eu sei
Que a vida devia ser
Bem melhor e será
Mas isso não impede
Que eu repita
É bonita, é bonita
E é bonita.
E a vida!
E a vida o que é?
Diga lá, meu irmão
Ela é a batida
De um coração
Ela é uma doce ilusão
Hê! Hô!.
E a vida
Ela é maravilha
Ou é sofrimento?
Ela é alegria
Ou lamento?
O que é? O que é?
Meu irmão.
Há quem fale
Que a vida da gente
É um nada no mundo
É uma gota, é um tempo
Que nem dá um segundo.
Há quem fale
Que é um divino
Mistério profundo
É o sopro do criador
Numa atitude repleta de amor.

O QUE É, O QUE É? Intérprete: Gonzaguinha. Compositor: Luiz Gonzaga do Nascimento Júnior (Gonzaguinha). *In*: RAÍZES do samba. Intérprete: Gonzaguinha. Curitiba: EMI Records, 1999. (4min20s).

Fotografia 254 – Projeto 'Voos e sobrevoos em solos estrangeiros'. Portugal. Valdeci dos Santos em andanças por Lisboa. Lisboa, 9/nov./2018. Fonte: Acervo pessoal de Valdeci dos Santos.

Fotografia 255 – Projeto 'Voos e sobrevoos em solos estrangeiros'. Portugal. O escritor e Missionário Comboniano Padre 'Manuel dos Anjos Martins'. Ele foi designado, em 1968, para servir em Moçambique. Resultou do convívio e escuta sensível da história oral do povo, dois livros de sua autoria: 1. Elementos de língua nyungwe: gramatica e dicionário (nyungwe – português – nyungwe); 2. Elementos da língua ndau (sofala – moçambique): gramatica, literatura oral e dicionário (ndau – português – ndau). Foto tirada por Valdeci dos Santos, na Casa Provincial dos Missionários Combonianos em Portugal. Lisboa – Portugal, 9/nov./2018. Fonte: Acervo pessoal de Valdeci dos Santos.

Fotografia 256 – Projeto 'Voos e sobrevoos em solos estrangeiros'. Portugal. Valdeci dos Santos e o escritor e Missionário Comboniano Padre 'Manuel dos Anjos Martins' (In memoriam). Lisboa – Portugal, 9/nov./2018. Fonte: Acervo pessoal de Valdeci dos Santos.

BRASIL: CHEGADA AO LAR PÓS-VIAGEM A EUROPA

Saindo de **Lisboa**, em **Portugal**, no dia 9 de novembro de 2018, às 23h20min, pela empresa **TAP Air Portugal**, em voo direto, rumo ao **Brasil**; chegando ao Aeroporto de Guarulhos, na cidade de São Paulo, no Estado de São Paulo, às 07h20min, no dia 10 de novembro. Permaneci, na cidade, no período de 10 a 13 de novembro de 2018, visitando Amigos.

Cheguei, ao meu LAR, na cidade de Feira de Santana, no dia 13 de novembro de 2018, concluindo, assim, o primeiro momento, do projeto '**Voos e sobrevoos em solos estrangeiros**' (Fotografia: 257). Meu LAR, espaço de identidade e construções, sobretudo, emocionais. Lugar de aromas, sabores, cores, experiências e aprendizados significativos, em especial, o desnudar-me para reconhecer limites e possibilidades. O período fora do meu LAR foi um *locus* fecundo em experiências e aprendizados que, certamente, tem contribuído para o MOVIMENTO de construção/(des) construção/(re) construção da minha caminhada existencial.

Trasbordando de Gratidão, ao Deus, da minha compreensão/concepção, habitante em meu corpo-mente-espírito; segui implicando-me com demandas e enfrentamentos que dizem da minha singularidade na jornada existencial; dentre elas: 1. Construção do processo de pedido de 'Visto de Residência' para moradia em Portugal (Fotografia: 262). 2. Encaminhamentos para a celebração festiva do meu aniversário de 57 anos, em 22 de dezembro de 2018. A festa foi cancelada em contexto emergencial, devido falecimento, morte prematura, da minha cunhada **Rafaela Germano da Conceição dos Santos (*In Memoriam*)** (Fotografia: 258), em 17 de dezembro de 2018. 3. Recepção e acolhimento do casal Thelma Percy Couto Gonçalves de Souza e Márcio C. Gonçalves de Souza, que conheci, na cidade de Lisboa, Portugal, no mês de setembro de 2018. Eles vieram celebrar o meu aniversário de 57 anos, juntamente com suas filhas Sílvia e Luísa. Construímos um vínculo de Amizade e Gratidão. Recepção e acolhimento da Amiga Maria Silva Santos. ETERNA GRATIDÃO, pela Amizade e significativa contribuição fraterna em momento de luto (Fotografias: 259, 260 e 261).

Fotografia 257 – Projeto 'Voos e sobrevoos em solos estrangeiros'. Brasil. Valdeci dos Santos chegando a seu lar pós-viagem a Europa. Feira de Santana – Bahia, 13/nov./2018. Fonte: Acervo pessoal de Valdeci dos Santos.

Fotografia 258 – Rafaela Germano da Conceição dos Santos (In Memoriam). Fonte: Acervo pessoal de Rafaela Germano da Conceição dos Santos.

Fotografia 259 – Brasil. Valdeci dos Santos celebrando aniversário de 57 anos, com sua mãe Maria Sebastiana dos Santos e, os amigos: Thelma Percy Couto Gonçalves de Souza, Márcio C. Gonçalves de Souza, Osvaldo Rubens Santos Oliveira, Sílvia Couto Gonçalves de Souza, Luísa Couto Gonçalves de Souza, e Maria Silva Santos. Salvador – Bahia, 21/dez./2018. Fonte: Acervo pessoal de Valdeci dos Santos.

Fotografia 260 – Brasil. Valdeci dos Santos celebrando aniversário de 57 anos, com os amigos: Thelma Percy Couto Gonçalves de Souza, Márcio C. Gonçalves de Souza, Osvaldo Rubens Santos Oliveira, Luísa Couto Gonçalves de Souza, Maria Silva Santos, e Maria Celeste Costa Valverde. Feira de Santana – Bahia, 22/dez./2018. Fonte: Acervo pessoal de Valdeci dos Santos.

Fotografia 261 – Brasil. Valdeci dos Santos celebrando aniversário de 57 anos, com os amigos: Thelma Percy Couto Gonçalves de Souza, Márcio C. Gonçalves de Souza, Osvaldo Rubens Santos Oliveira, Luísa Couto Gonçalves de Souza, e Maria Silva Santos. Salvador – Bahia, 24/dez./2018. Fonte: Acervo pessoal de Valdeci dos Santos.

Fotografia 262 – Projeto 'Voos e sobrevoos em solos estrangeiros'. Brasil. Valdeci dos Santos vivenciando o processo de tramitação do processo de pedido de 'Visto de Residência' para moradia em Portugal. Feira de Santana – Bahia – Brasil, 14/jan./2019. Fonte: Acervo pessoal de Valdeci dos Santos.

Capítulo

3

PROJETO 'MORADIA EM SOLO ESTRANGEIRO'

MORADIA EM PORTUGAL

As experiências e aprendizados, dos meus VOOS E SOBREVOOS EM SOLOS ESTRANGEIROS, em 2018, mobilizaram o desejo de **fixar residência em Portugal**.

Parti, sozinha, em 23 de março de 2019, do seu lar no Brasil rumo à moradia em Portugal, conforme 'Visto de Residência' do Consulado Português no Brasil; e, processo de regularização do 'Título de Residência' no Serviço de Estrangeiros e Fronteiras (SEF).

As memórias das itinerâncias do movimento de construção/(des)construção/(re)construção do PROJETO 'MORADIA EM SOLO ESTRANGEIRO' encontram-se simbolizadas nas narrativas fotobiográficas de Valdeci dos Santos, implícitas e explícitas expressas nas fotografias (263 a 474).

METÁFORA POÉTICA 46: DIAS DE LUTA

Só depois de muito tempo comecei a refletir
Nos meus dias de paz
Nos meus dias de luta
Se sou eu ainda jovem passando por cima de tudo
Se hoje canto essa canção, o que cantarei depois?

DIAS DE LUTA. Intérprete: Ira! Compositor: Edgard José Scandurra Pereira. *In*: MTV ao vivo. Gravado ao vivo, no Memorial da América Latina Intérprete: Ira! São Paulo: Deckdisc; Abril Music, 2000. (4min27s).

Fotografia 263 – Brasil. Valdeci dos Santos em partida do seu lar no Brasil rumo à moradia em Portugal, conforme 'Visto de Residência' do Consulado Português no Brasil. E, regularização do 'Título de Residência' no Serviço de Estrangeiros e Fronteiras (SEF). Feira de Santana – Bahia – Brasil, 23/mar./2019.
Fonte: Acervo pessoal de Valdeci dos Santos.

Fotografia 264 – Moradia em Portugal. Valdeci dos Santos chegando em Portugal, pelo Aeroporto de Lisboa Humberto Delgado. Missão inicial: Escolher cidade para fixar residência e iniciar regularização do 'Título de Residência em Portugal' no Serviço de Estrangeiros e Fronteiras (SEF), conforme 'Visto de Residência' do Consulado Português no Brasil. Lisboa, 24/mar./2019. Fonte: Acervo pessoal de Valdeci dos Santos.

Fotografia 265 – Moradia em Portugal. Valdeci dos Santos visitando cidades para definir local de moradia. Jardim Botânico da Universidade de Coimbra. Coimbra, 28/mar./2019. Fonte: Acervo pessoal de Valdeci dos Santos.

METÁFORA POÉTICA 47: FLOR DE CHEIRO

Flor De Cheiro
No Caminho, Na Beira De Um Rio Limpinho
Seu Odor, Seu Amor
Voa Como Qualquer Passarinho
Eu Queria Que Esse Cheiro Seu
Perfumasse A América Do Sul
Fecundasse As Flores Dessa América
Que Esmola Novo Céu Azul
Eu Queria Que Esse Cheiro Seu
Perfumasse A América Do Sul
Fecundasse As Flores Dessa América
Que Esmola Novo Céu Azul

FLOR DE CHEIRO. Intérprete: Nando Cordel. Compositor: Fernando Manoel Correia (Nando Cordel). *In*: FOLHA, rama, cheiro e flores. Intérprete: Nando Cordel. São Paulo: Ariola, 1982. (3min15s).

Fotografia 266 – Moradia em Portugal. Valdeci dos Santos visitando cidades para definir local de moradia. Braga, 1/abr./2019. Fonte: Acervo pessoal de Valdeci dos Santos.

Fotografia 267 – Moradia em Portugal. Valdeci dos Santos visitando cidades para definir local de moradia. Braga, 1/abr./2019. Fonte: Acervo pessoal de Valdeci dos Santos.

Fotografia 268 – Moradia em Portugal. Valdeci dos Santos visitando cidades para definir local de moradia. Encontro com a amiga Fernanda Harumi Kamonseki. Braga, 1/abr./2019. Fonte: Acervo pessoal de Valdeci dos Santos.

Fotografia 269 – Moradia em Portugal. Valdeci dos Santos visitando cidades para definir local de moradia. Braga, 1/abr./2019. Fonte: Acervo pessoal de Valdeci dos Santos.

Fotografia 270 – Moradia em Portugal. Valdeci dos Santos visitando cidades para definir local de moradia. Coimbra, 2/abr./2019. Fonte: Acervo pessoal de Valdeci dos Santos.

Fotografia 271 – Moradia em Portugal. Valdeci dos Santos visitando cidades para definir local de moradia. Viseu, 3/abr./2019. Fonte: Acervo pessoal de Valdeci dos Santos.

Fotografia 272 – Moradia em Portugal. Valdeci dos Santos visitando cidades para definir local de moradia. Viseu, 4/abr./2019. Fonte: Acervo pessoal de Valdeci dos Santos.

Fotografia 273 – Moradia em Portugal. Valdeci dos Santos visitando cidades para definir local de moradia. Aveiro, 5/abr./2019. Fonte: Acervo pessoal de Valdeci dos Santos.

Fotografia 274 – Moradia em Portugal. Valdeci dos Santos visitando cidades para definir local de moradia. Primeiras leitoras: Obra de Santa Zita. Coimbra, 10/abr./2019. Fonte: Acervo pessoal de Valdeci dos Santos.

METÁFORA POÉTICA 48: LENHA

Eu não sei dizer
O que quer dizer
O que vou dizer
Eu amo você
Mas não sei o que
Isso quer dizer
Eu não sei por que
Eu teimo em dizer
Que amo você
Se eu não sei dizer
O que quer dizer
O que vou dizer
Se eu digo "Pare"
Você não repare
No que possa parecer
Se eu digo: "Siga"
O que quer que eu diga
Você não vai entender

LENHA. Intérprete: Zeca Baleiro. Compositor: José de Ribamar Coelho Santos (Zeca Baleiro). *In*: VÔ IMBOLÁ. Intérprete: Zeca Baleiro. Rio de Janeiro: MZA Music, 1999. (4min09s).

Fotografia 276 – Moradia em Portugal. Valdeci dos Santos recebeu vista da Sra. Maria Fernanda Henriques Pereira. Viseu, 14/abr./2019. Fonte: Acervo pessoal de Valdeci dos Santos.

Fotografia 275 – Moradia em Portugal. Valdeci dos Santos rumo ao 'novo lar' na cidade de Viseu. Estação Rodoviária de Coimbra. Coimbra, 10/abr./2019. Fonte: Acervo pessoal de Valdeci dos Santos.

Fotografia 277 – Moradia em Portugal. Valdeci dos Santos participando da missa de páscoa. Viseu, 21/abr./2019. Fonte: Acervo pessoal de Valdeci dos Santos.

Fotografia 278 – Moradia em Portugal. Valdeci dos Santos visitando o monumento em homenagem ao escritor Aquilino Ribeiro. Viseu, 21/abr./2019. Fonte: Acervo pessoal de Valdeci dos Santos.

Fotografia 281 – Moradia em Portugal. Valdeci dos Santos visitando o Museu do Quartzo: Centro de Ciência de Viseu. Viseu, 23/maio/2019. Fonte: Acervo pessoal de Valdeci dos Santos.

Fotografia 279 – Moradia em Portugal. Valdeci dos Santos visitando o Museu do Quartzo: Centro de Ciência de Viseu. Viseu, 23/maio/2019. Fonte: Acervo pessoal de Valdeci dos Santos.

Fotografia 282 – Moradia em Portugal. Valdeci dos Santos visitando o Museu do Quartzo: Centro de Ciência de Viseu. Viseu, 23/maio/2019. Fonte: Acervo pessoal de Valdeci dos Santos.

Fotografia 280 – Moradia em Portugal. Valdeci dos Santos visitando o Museu do Quartzo: Centro de Ciência de Viseu. Viseu, 23/maio/2019. Fonte: Acervo pessoal de Valdeci dos Santos.

Fotografia 283 – Moradia em Portugal. Valdeci dos Santos visitando o Museu do Quartzo: Centro de Ciência de Viseu. Viseu, 23/maio/2019. Fonte: Acervo pessoal de Valdeci dos Santos.

Fotografia 284 – Moradia em Portugal. Valdeci dos Santos visitando a Casa de Lavoura e Oficina do Linho – Museu Etnográfico Museu de Várzea de Calde. Viseu, 24/maio/2019. Fonte: Acervo pessoal de Valdeci dos Santos.

Fotografia 285 – Moradia em Portugal. Valdeci dos Santos visitando a Casa de Lavoura e Oficina do Linho – Museu Etnográfico Museu de Várzea de Calde. Viseu, 24/maio/2019. Fonte: Acervo pessoal de Valdeci dos Santos.

Fotografia 286 – Moradia em Portugal. Valdeci dos Santos visitando a Casa de Lavoura e Oficina do Linho – Museu Etnográfico Museu de Várzea de Calde. Viseu, 24/maio/2019. Fonte: Acervo pessoal de Valdeci dos Santos.

Fotografia 287 – Moradia em Portugal. Valdeci dos Santos visitando a Casa de Lavoura e Oficina do Linho – Museu Etnográfico Museu de Várzea de Calde. Viseu, 24/maio/2019. Fonte: Acervo pessoal de Valdeci dos Santos.

Fotografia 288 – Moradia em Portugal. Valdeci dos Santos visitando o Jardim das Mães. Viseu, 27/maio/2019. Fonte: Acervo pessoal de Valdeci dos Santos.

Fotografia 289 – Moradia em Portugal. Valdeci dos Santos recebeu dois belíssimos presentes. A visita da Lurdes Anciaes e, mimos traduzidos em uma linda caixa de cerejas, diretamente, do seu pomar. Nunca imaginei que comeria cerejas in natura. Uma explosão de sabores, cores e odores. Memórias de bem-estar, amizade e acolhimento fraterno. Viseu, 31/maio/2019. Fonte: Acervo pessoal de Valdeci dos Santos.

Fotografia 290 – Moradia em Portugal. Valdeci dos Santos recebendo visita de Lurdes Anciaes. Sobre amizade e cerejas. Viseu, 31/maio/2019. Fonte: Acervo pessoal de Valdeci dos Santos.

Fotografia 291 – Moradia em Portugal. Valdeci dos Santos visitando o Jardim Botânico da Universidade de Coimbra. Coimbra, 4/jun./2019. Fonte: Acervo pessoal de Valdeci dos Santos. Fotógrafa: Valdeci dos Santos.

METÁFORA POÉTICA 49: MORENA TROPICANA

Da manga rosa
Quero gosto e o sumo
Melão maduro, sapoti, juá
Jaboticaba, teu olhar noturno
Beijo travoso de umbu cajá
Pele macia
É carne de caju!
Saliva doce, doce mel
Mel de uruçu
Linda morena
Fruta de vez temporana
Caldo de cana caiana
Vou te desfrutar!
Linda morena
Fruta de vez temporana
Caldo de cana caiana
Vem me desfrutar!

MORENA TROPICANA. Intérprete: Alceu Valença. Compositor: Vicente Moreira Barreto; Alceu Paiva Valença. *In*: CAVALO de pau. Intérprete: Alceu Valença. Rio de Janeiro: Universal Music, 1982. (3min53s).

Fotografia 292 – Moradia em Portugal. Valdeci dos Santos visitando o Jardim Botânico da Universidade de Coimbra. Coimbra, 4/jun./2019. Fonte: Acervo pessoal de Valdeci dos Santos.

Fotografia 293 – Moradia em Portugal. Valdeci dos Santos visitando o Jardim Botânico da Universidade de Coimbra. Coimbra, 4/jun./2019. Fonte: Acervo pessoal de Valdeci dos Santos.

Fotografia 294 – Moradia em Portugal. Valdeci dos Santos visitando o Jardim Botânico da Universidade de Coimbra. Coimbra, 4/jun./2019. Fonte: Acervo pessoal de Valdeci dos Santos.

Fotografia 295 – Moradia em Portugal. Valdeci dos Santos visitando o Jardim Botânico da Universidade de Coimbra. Coimbra, 4/jun./2019. Fonte: Acervo pessoal de Valdeci dos Santos.

Fotografia 296 – Moradia em Portugal. Valdeci dos Santos visitando o Jardim Botânico da Universidade de Coimbra. Coimbra, 4/jun./2019. Fonte: Acervo pessoal de Valdeci dos Santos.

Fotografia 297 – Moradia em Portugal. Valdeci dos Santos visitando o Jardim Botânico da Universidade de Coimbra. Coimbra, 4/jun./2019. Fonte: Acervo pessoal de Valdeci dos Santos.

Fotografia 298 – Moradia em Portugal. Valdeci dos Santos visitando o Jardim Botânico da Universidade de Coimbra. Coimbra, 4/jun./2019. Fonte: Acervo pessoal de Valdeci dos Santos.

Fotografia 299 – Moradia em Portugal. Valdeci dos Santos visitando o Jardim Botânico da Universidade de Coimbra. Coimbra, 4/jun./2019. Fonte: Acervo pessoal de Valdeci dos Santos.

Fotografia 300 – Moradia em Portugal. Valdeci dos Santos visitando o Jardim Botânico da Universidade de Coimbra. Coimbra, 4/jun./2019. Fonte: Acervo pessoal de Valdeci dos Santos.

Fotografia 301 – Moradia em Portugal. Valdeci dos Santos no Serviço de Estrangeiros e Fronteiras – SEF para regularização do 'Título de Residência em Portugal', conforme 'Visto de Residência' do Consulado Português no Brasil. Coimbra, 5/jun./2019. Fonte: Acervo pessoal de Valdeci dos Santos.

Fotografia 302 – Moradia em Portugal. Valdeci dos Santos visitando o Santuário de Nossa Senhora do Rosário de Fátima. Fátima, 6/jun./2019. Fonte: Acervo pessoal de Valdeci dos Santos.

Fotografia 303 – Moradia em Portugal. Valdeci dos Santos visitando o Santuário de Nossa Senhora do Rosário de Fátima. Fátima, 6/jun./2019. Fonte: Acervo pessoal de Valdeci dos Santos.

METÁFORA POÉTICA 50: QUASE SEM QUERER

Quantas chances desperdicei
Quando o que eu mais queria
Era provar pra todo o mundo
Que eu não precisava provar nada pra ninguém
Me fiz em mil pedaços pra você juntar
E queria sempre achar explicação pro que eu sentia
Como um anjo caído, fiz questão de esquecer
Que mentir pra si mesmo é sempre a pior mentira

QUASE SEM QUERER. Intérprete: Legião Urbana. Compositor: Renato Manfredini Júnior (Renato Russo); Eduardo Dutra Villa Lobos; Renato da Silva Rocha. *In*: DOIS. Intérprete: Legião Urbana. Curitiba: EMI Brazil, 1986. (4min40s).

Fotografia 304 — Moradia em Portugal. Valdeci dos Santos visitando o Santuário de Nossa Senhora do Rosário de Fátima. Fátima, 6/jun./2019. Fonte: Acervo pessoal de Valdeci dos Santos.

Fotografia 306 — Moradia em Portugal. Valdeci dos Santos visitando o Santuário de Nossa Senhora do Rosário de Fátima. Fátima, 6/jun./2019. Fonte: Acervo pessoal de Valdeci dos Santos.

Fotografia 305 — Moradia em Portugal. Valdeci dos Santos visitando o Santuário de Nossa Senhora do Rosário de Fátima. Fátima, 6/jun./2019. Fonte: Acervo pessoal de Valdeci dos Santos.

Fotografia 307 — Moradia em Portugal. Valdeci dos Santos visitando o Santuário de Nossa Senhora do Rosário de Fátima. Fátima, 6/jun./2019. Fonte: Acervo pessoal de Valdeci dos Santos.

Fotografia 308 – Moradia em Portugal. Valdeci dos Santos visitando o Santuário de Nossa Senhora do Rosário de Fátima. Fátima, 6/jun./2019. Fonte: Acervo pessoal de Valdeci dos Santos.

Fotografia 310 – Moradia em Portugal. Valdeci dos Santos visitando o Santuário de Nossa Senhora do Rosário de Fátima. Fátima, 6/jun./2019. Fonte: Acervo pessoal de Valdeci dos Santos.

Fotografia 309 – Moradia em Portugal. Valdeci dos Santos visitando o Santuário de Nossa Senhora do Rosário de Fátima. Fátima, 6/jun./2019. Fonte: Acervo pessoal de Valdeci dos Santos.

Fotografia 311 – Moradia em Portugal. Valdeci dos Santos visitando o Santuário de Nossa Senhora do Rosário de Fátima. Fátima, 6/jun./2019. Fonte: Acervo pessoal de Valdeci dos Santos.

Fotografia 312 – Moradia em Portugal. Valdeci dos Santos visitando a Espanha. Catedral de Santiago de Compostela. Santiago de Compostela, 8/jun./2019. Fonte: Acervo pessoal de Valdeci dos Santos.

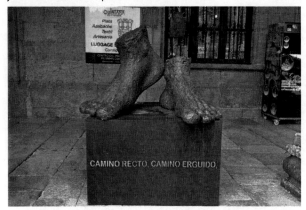

Fotografia 314 – Moradia em Portugal. Valdeci dos Santos visitando a Espanha. Cabo Finisterra: Costa da Morte. Os romanos pensavam que este era o ponto mais ocidental da terra e, portanto, era aqui que o mundo acabava. Era o "finis terrae". Porque razão alguém viria ao fim do mundo? Talvez porque o Cabo Finisterra esconde o verdadeiro segredo da COSTA DA MORTE: paisagens agrestes e praias impressionantes, umas (ao abrigo do cabo) de águas tranquilas e outras de forte ondulação, como a MAR DE FORA, uma das praias mais selvagens da Galiza. E a grande atração de todos os tempos: o pôr-do-sol sobre a imensidão do oceano, o mar do fim do mundo. Galícia, 9/jun./2019. Fonte: Acervo pessoal de Valdeci dos Santos.

Fotografia 313 – Moradia em Portugal. Valdeci dos Santos visitando a Espanha. Catedral de Santiago de Compostela. Santiago de Compostela, 8/jun./2019. Fonte: Acervo pessoal de Valdeci dos Santos.

Fotografia 315 – Moradia em Portugal. Valdeci dos Santos visitando a Espanha. Carnota: Costa da Morte. Galícia, 9/jun./2019. Fonte: Acervo pessoal de Valdeci dos Santos.

Fotografia 316 – Moradia em Portugal. Valdeci dos Santos visitando a Espanha. Universidad Pontifícia de Salamanca. Salamanca, 22/jun./201

Fotografia 317 – Moradia em Portugal. Valdeci dos Santos visitando a Espanha. Universidad Pontifícia de Salamanca. Salamanca, 22/jun./2019. Fonte: Acervo pessoal de Valdeci dos Santos.

Fotografia 318 – Moradia em Portugal. Valdeci dos Santos visitando a Espanha. Universidad Pontifícia de Salamanca. Salamanca, 22/jun./2019. Fonte: Acervo pessoal de Valdeci dos Santos.

Fotografia 319 – Moradia em Portugal. Valdeci dos Santos visitando a Espanha. Universidad Pontifícia de Salamanca. Salamanca, 22/jun./2019. Fonte: Acervo pessoal de Valdeci dos Santos.

Fotografia 320 – Moradia em Portugal. Valdeci dos Santos visitando a Espanha. Universidad Pontifícia de Salamanca. Salamanca, 22/jun./2019. Fonte: Acervo pessoal de Valdeci dos Santos.

Fotografia 321 – Moradia em Portugal. Valdeci dos Santos visitando a Espanha. Biblioteca Pública "Casa das Conchas". Salamanca, 22/jun./2019. Fonte: Acervo pessoal de Valdeci dos Santos.

Fotografia 322 – Moradia em Portugal. Valdeci dos Santos visitando a Espanha. Biblioteca Pública "Casa das Conchas". Salamanca, 22/jun./2019. Fonte: Acervo pessoal de Valdeci dos Santos.

Fotografia 323 – Moradia em Portugal. Valdeci dos Santos visitando a Espanha. Biblioteca Pública "Casa das Conchas". Salamanca, 22/jun./2019. Fonte: Acervo pessoal de Valdeci dos Santos.

Fotografia 324 – Moradia em Portugal. Valdeci dos Santos visitando a Espanha. Biblioteca Pública "Casa das Conchas". Salamanca, 22/jun./2019. Fonte: Acervo pessoal de Valdeci dos Santos.

Fotografia 325 – Moradia em Portugal. Valdeci dos Santos visitando a Espanha. Museu da História do Automóvel. Salamanca, 23/jun./2019. Fonte: Acervo pessoal de Valdeci dos Santos.

Fotografia 326 – Moradia em Portugal. Valdeci dos Santos visitando a Espanha. Procissão de Corpus Christi. Salamanca, 23/jun./2019. Fonte: Acervo pessoal de Valdeci dos Santos.

Fotografia 327 – Moradia em Portugal. Valdeci dos Santos visitando a Espanha. Procissão de Corpus Christi. Salamanca, 23/jun./2019. Fonte: Acervo pessoal de Valdeci dos Santos.

Fotografia 328 – Moradia em Portugal. Valdeci dos Santos visitando a Espanha. Procissão de Corpus Christi. Salamanca, 23/jun./2019. Fonte: Acervo pessoal de Valdeci dos Santos.

Fotografia 329 – Moradia em Portugal. Valdeci dos Santos visitando a Espanha. Procissão de Corpus Christi. Salamanca, 23/jun./2019. Fonte: Acervo pessoal de Valdeci dos Santos.

Fotografia 330 – Moradia em Portugal. Valdeci dos Santos visitando a Espanha. Procissão de Corpus Christi. Salamanca, 23/jun./2019. Fonte: Acervo pessoal de Valdeci dos Santos.

Fotografia 331 – Moradia em Portugal. Valdeci dos Santos visitando a Espanha. Procissão de Corpus Christi. Salamanca, 23/jun./2019. Fonte: Acervo pessoal de Valdeci dos Santos.

Fotografia 332 – Moradia em Portugal. Valdeci dos Santos visitando a Espanha. Procissão de Corpus Christi. Salamanca, 23/jun./2019. Fonte: Acervo pessoal de Valdeci dos Santos.

Fotografia 333 – Moradia em Portugal. Valdeci dos Santos visitando a Espanha. Procissão de Corpus Christi. Salamanca, 23/jun./2019. Fonte: Acervo pessoal de Valdeci dos Santos.

Fotografia 334 – Moradia em Portugal. Valdeci dos Santos visitando a Espanha. Procissão de Corpus Christi. Salamanca, 23/jun./2019. Fonte: Acervo pessoal de Valdeci dos Santos.

Fotografia 335 – Moradia em Portugal. Valdeci dos Santos visitando a Espanha. Procissão de Corpus Christi. Salamanca, 23/jun./2019. Fonte: Acervo pessoal de Valdeci dos Santos.

Fotografia 336 – Moradia em Portugal. Valdeci dos Santos visitando a Espanha. Procissão de Corpus Christi. Salamanca, 23/jun./2019. Fonte: Acervo pessoal de Valdeci dos Santos.

Fotografia 339 – Moradia em Portugal. Valdeci dos Santos visitando a Espanha. Procissão de Corpus Christi. Salamanca, 23/jun./2019. Fonte: Acervo pessoal de Valdeci dos Santos.

Fotografia 337 – Moradia em Portugal. Valdeci dos Santos visitando a Espanha. Procissão de Corpus Christi. Salamanca, 23/jun./2019. Fonte: Acervo pessoal de Valdeci dos Santos.

Fotografia 340 – Moradia em Portugal. Valdeci dos Santos visitando a Espanha. Museo Taurino. Salamanca, 25/jun./2019. Fonte: Acervo pessoal de Valdeci dos Santos.

Fotografia 338 – Moradia em Portugal. Valdeci dos Santos visitando a Espanha. Procissão de Corpus Christi. Salamanca, 23/jun./2019. Fonte: Acervo pessoal de Valdeci dos Santos.

Fotografia 341 – Moradia em Portugal. Valdeci dos Santos visitando a Espanha. Museo Taurino. Salamanca, 25/jun./2019. Fonte: Acervo pessoal de Valdeci dos Santos.

Fotografia 342 – Moradia em Portugal. Valdeci dos Santos visitando a Espanha. Monumento a Alberto Churriguera e ao Conde Francos. Salamanca, 25/jun./2019. Fonte: Acervo pessoal de Valdeci dos Santos.

Fotografia 344 – Moradia em Portugal. Valdeci dos Santos visitando a Espanha. Catedral Nova de Salamanca. Salamanca, 25/jun./2019. Fonte: Acervo pessoal de Valdeci dos Santos.

Fotografia 343 – Moradia em Portugal. Valdeci dos Santos visitando a Espanha. Praça Maior. Salamanca, 25/jun./2019. Fonte: Acervo pessoal de Valdeci dos Santos.

Fotografia 345 – Moradia em Portugal. Valdeci dos Santos visitando a Espanha. Fachada da Universidad de Salamanca. Salamanca, 25/jun./2019. Fonte: Acervo pessoal de Valdeci dos Santos.

Fotografia 346 – Moradia em Portugal. Valdeci dos Santos visitando a Sé Catedral do Porto. Porto, 30/jun./2019. Fonte: Acervo pessoal de Valdeci dos Santos.

Fotografia 347 – Moradia em Portugal. Encontro de Valdeci Dos Santos, Maria Cecília de Paula Silva (Brasil) e Olga Maria Alves Martins (Portugal). Porto, 30/jun./2019. Fonte: Acervo pessoal de Valdeci dos Santos.

Fotografia 348 – Moradia em Portugal. Valdeci dos Santos participando do Encontro Científico Educação e Formação de Jovens e Adultos em Diferentes Espaços de Vida: Diálogos Luso-Brasileiros. Faculdade de Psicologia e de Ciências da Educação da Universidade de Coimbra. Coimbra, 1-2/jul./2019. Fonte: Acervo pessoal de Valdeci dos Santos.

Fotografia 349 – Moradia em Portugal. Valdeci dos Santos participando do Encontro Científico Educação e Formação de Jovens e Adultos em Diferentes Espaços de Vida: Diálogos Luso-Brasileiros. Faculdade de Psicologia e de Ciências da Educação da Universidade de Coimbra. Coimbra, 1-2/jul./2019. Fonte: Acervo pessoal de Valdeci dos Santos.

Fotografia 350 – Moradia em Portugal. Valdeci dos Santos participando do Encontro Científico Educação e Formação de Jovens e Adultos em Diferentes Espaços de Vida: Diálogos Luso-Brasileiros. Faculdade de Psicologia e de Ciências da Educação da Universidade de Coimbra. Coimbra, 1-2/jul./2019. Fonte: Acervo pessoal de Valdeci dos Santos.

Fotografia 351 – Moradia em Portugal. Valdeci dos Santos participando do Encontro Científico Educação e Formação de Jovens e Adultos em Diferentes Espaços de Vida: Diálogos Luso-Brasileiros. Faculdade de Psicologia e de Ciências da Educação da Universidade de Coimbra. Coimbra, 1-2/jul./2019. Fonte: Acervo pessoal de Valdeci dos Santos.

Fotografia 352 – Moradia em Portugal. Valdeci dos Santos participando do Encontro Científico Educação e Formação de Jovens e Adultos em Diferentes Espaços de Vida: Diálogos Luso-Brasileiros. Faculdade de Psicologia e de Ciências da Educação da Universidade de Coimbra. Coimbra, 1-2/jul./2019. Fonte: Acervo pessoal de Valdeci dos Santos.

Fotografia 353 – Moradia em Portugal. Valdeci dos Santos em andanças por Coimbra. Parque de Santa Cruz/Jardim da Sereia. Coimbra, 1-2/jul./2019. Fonte: Acervo pessoal de Valdeci dos Santos.

Fotografia 354 – Moradia em Portugal. Valdeci dos Santos em andanças por Coimbra. Parque de Santa Cruz/Jardim da Sereia. Coimbra, 1-2/jul./2019. Fonte: Acervo pessoal de Valdeci dos Santos.

Fotografia 355 – Moradia em Portugal. Valdeci dos Santos participando do Encontro Científico Educação e Formação de Jovens e Adultos em Diferentes Espaços de Vida: Diálogos Luso-Brasileiros. Faculdade de Psicologia e de Ciências da Educação da Universidade de Coimbra. Visita ao Estabelecimento Prisional de Coimbra. Coimbra, 1-2/jul./2019. Fonte: Acervo pessoal de Valdeci dos Santos.

Fotografia 356 – Moradia em Portugal. Parque de Santa Cruz/Jardim da Sereia. Valdeci dos Santos com 'companheiras brasileiras' participantes do Encontro Científico Educação e Formação de Jovens e Adultos em Diferentes Espaços de Vida: Diálogos Luso-Brasileiros. Faculdade de Psicologia e de Ciências da Educação da Universidade de Coimbra. Coimbra, 1-2/jul./2019. Fonte: Acervo pessoal de Valdeci dos Santos.

Fotografia 357 – Moradia em Portugal. Valdeci dos Santos participando do Encontro Científico Educação e Formação de Jovens e Adultos em Diferentes Espaços de Vida: Diálogos Luso-Brasileiros. Faculdade de Psicologia e de Ciências da Educação da Universidade de Coimbra. Coimbra, 1-2/jul./2019. Fonte: Acervo pessoal de Valdeci dos Santos.

Fotografia 358 – Moradia em Portugal. Bate-Papo. Valdeci dos Santos participando do Encontro Científico Educação e Formação de Jovens e Adultos em Diferentes Espaços de Vida: Diálogos Luso-Brasileiros. Faculdade de Psicologia e de Ciências da Educação da Universidade de Coimbra. Coimbra, 1-2/jul./2019. Fonte: Acervo pessoal de Valdeci dos Santos.

Fotografia 359 – Moradia em Portugal. Valdeci dos Santos participando do Encontro Científico Educação e Formação de Jovens e Adultos em Diferentes Espaços de Vida: Diálogos Luso-Brasileiros. Faculdade de Psicologia e de Ciências da Educação da Universidade de Coimbra. Jantar de Confraternização. Coimbra, 1-2/jul./2019.

Fotografia 360 – Moradia em Portugal. Companheiras da Obra de Santa Zita de Coimbra. Coimbra, 3/jul./2019. Fonte: Acervo pessoal de Valdeci dos Santos.

Fotografia 361 – Moradia em Portugal. Despedida de Valdeci dos Santos e a da amiga Maria Cecília de Paula Silva (Brasil), na Estação Ferroviária de Coimbra. Coimbra, 3/jul./2019. Fonte: Acervo pessoal de Valdeci dos Santos.

Fotografia 362 – Moradia em Portugal. Despedida de Valdeci dos Santos e a da amiga Maria Cecília de Paula Silva (Brasil), na Estação Ferroviária de Coimbra. Coimbra, 3/jul./2019. Fonte: Acervo pessoal de Valdeci dos Santos.

Fotografia 364 – Moradia em Portugal. Valdeci dos Santos visitando o monumento a Joaquim António de Aguiar. Coimbra, 3/jul./2019. Fonte: Acervo pessoal de Valdeci dos Santos.

Fotografia 363 – Moradia em Portugal. Valdeci dos Santos visitando a Igreja de Santiago (Construção românica, dos finais do século XII, sagrada em 1206.), em Coimbra. Coimbra, 3/jul./2019. Fonte: Acervo pessoal de Valdeci dos Santos.

Fotografia 365 – Moradia em Portugal. Valdeci dos Santos em andanças por Coimbra. Coimbra, 3/jul./2019. Fonte: Acervo pessoal de Valdeci dos Santos.

Fotografia 366 – Moradia em Portugal. Valdeci dos Santos visitando Coimbra. Coimbra, 3/jul./2019. Fonte: Acervo pessoal de Valdeci dos Santos.

Fotografia 367 – Moradia em Portugal. Andanças em Coimbra. Coimbra, 3/jul./2019. Fonte: Acervo pessoal de Valdeci dos Santos.

Fotografia 368 – Moradia em Portugal. Andanças em Coimbra. Coimbra, 3/jul./2019. Fonte: Acervo pessoal de Valdeci dos Santos.

Fotografia 369 – Moradia em Portugal. Valdeci dos Santos assistiu celebração da missa do 'Dia De Rainha Santa Isabel', na Igreja da Rainha Santa Isabel do Mosteiro de Santa Clara-A-Nova. Coimbra, 4/jul./2019. Fonte: Acervo pessoal de Valdeci dos Santos.

Fotografia 370 – Moradia em Portugal. Valdeci dos Santos assistiu celebração da missa do 'Dia De Rainha Santa Isabel', na Igreja da Rainha Santa Isabel do Mosteiro de Santa Clara-A-Nova. Coimbra, 4/jul./2019. Fonte: Acervo pessoal de Valdeci dos Santos.

Fotografia 371 – Moradia em Portugal. Valdeci dos Santos e o Padre José de Oliveira Moço (In memoriam), residente na casa da Obra de Santa Zita em Coimbra. Coimbra, 4/jul./2019. Fonte: Acervo pessoal de Valdeci dos Santos.

Fotografia 372 – Moradia em Portugal. Valdeci dos Santos recebeu a visita dos amigos Fernanda Harumi Kamonseki e Ricardo, diretamente da cidade de Braga, trazendo fluxo de amorosidade e alegria inerentes à AMIZADE. Um sábado divertido. Fizemos andanças em Viseu. Visitamos parques, igrejas museus, shopping, etc. Eis o movimento do existir. Conheci a Fernanda em junho de 2018, no Brasil. E, ela tornou-se minha Família brasileira em Portugal, minha "irmã-de-coração". Sou GRATA pelo acolhimento fraterno e aprendizados. Viseu, 28/jul./2019. Fonte: Acervo pessoal de Valdeci dos Santos.

Fotografia 373 – Moradia em Portugal. Valdeci dos Santos apresentando Viseu à amiga Fernanda Harumi Kamonseki e Ricardo. Viseu, 28/jul./2019. Fonte: Acervo pessoal de Valdeci dos Santos.

Fotografia 374 – Moradia em Portugal. Valdeci dos Santos apresentando Viseu à amiga Fernanda Harumi Kamonseki e Ricardo. Viseu, 28/jul./2019. Fonte: Acervo pessoal de Valdeci dos Santos.

Fotografia 375 – Moradia em Portugal. Valdeci dos Santos apresentando Viseu à amiga Fernanda Harumi Kamonseki e Ricardo. Viseu, 28/jul./2019. Fonte: Acervo pessoal de Valdeci dos Santos.

Fotografia 376 – Moradia em Portugal. Valdeci dos Santos visitando o Parque Urbano de Santiago. Viseu, 1/ago./2019. Fonte: Acervo pessoal de Valdeci dos Santos.

Fotografia 379 – Moradia em Portugal. Valdeci dos Santos visitando o Parque Urbano de Santiago. Viseu, 1/ago./2019. Viseu, 1/ago./2019. Fonte: Acervo pessoal de Valdeci dos Santos.

Fotografia 377 – Moradia em Portugal. Valdeci dos Santos visitando o Parque Urbano de Santiago. Viseu, 1/ago./2019. Fonte: Acervo pessoal de Valdeci dos Santos.

Fotografia 380 – Moradia em Portugal. Valdeci dos Santos visitando o Museu Quinta da Cruz: Centro de Arte Contemporânea de Viseu. Uma visita fantástica, repleta de cores, sons, aromas, beleza, acolhimento fraterno. Sou GRATA a Sra. Glória Cardoso pela escuta sensível e acolhimento fraterno. Viseu, 1/ago./2019. Fonte: Acervo pessoal de Valdeci dos Santos.

Fotografia 378 – Moradia em Portugal. Valdeci dos Santos visitando o Parque Urbano de Santiago. Viseu, 1/ago./2019. Fonte: Acervo pessoal de Valdeci dos Santos.

Fotografia 381 – Moradia em Portugal. Valdeci dos Santos visitando o Museu Quinta da Cruz: Centro de Arte Contemporânea de Viseu. Viseu, 1/ago./2019. Fonte: Acervo pessoal de Valdeci dos Santos.

Fotografia 382 – Moradia em Portugal. Valdeci dos Santos visitando o Museu Quinta da Cruz: Centro de Arte Contemporânea de Viseu. Viseu, 1/ago./2019. Fonte: Acervo pessoal de Valdeci dos Santos.

Fotografia 383 – Moradia em Portugal. Valdeci dos Santos visitando o Museu Quinta da Cruz: Centro de Arte Contemporânea de Viseu. Viseu, 1/ago./2019. Fonte: Acervo pessoal de Valdeci dos Santos.

Fotografia 384 – Moradia em Portugal. Valdeci dos Santos visitando o Museu Quinta da Cruz: Centro de Arte Contemporânea de Viseu. Viseu, 1/ago./2019. Fonte: Acervo pessoal de Valdeci dos Santos.

Fotografia 385 – MORADIA EM PORTUGAL. MUSEU CASA DO MIRADOURO: COLEÇÃO ARQUEOLÓGICA JOSÉ COELHO. Viseu, 2/ago./2019. Fonte: Acervo pessoal de Valdeci dos Santos.

Fotografia 386 – Moradia em Portugal. Valdeci dos Santos admirando peras (Pyrus sp) no jardim do Museu Casa do Miradouro: Coleção Arqueológica José Coelho. Viseu, 2/ago./2019. Fonte: Acervo pessoal de Valdeci dos Santos.

Fotografia 387 – Moradia em Portugal. Valdeci dos Santos visitando o Museu Casa do Miradouro: Coleção Arqueológica José Coelho. Viseu, 2/ago./2019. Fonte: Acervo pessoal de Valdeci dos Santos.

Fotografia 388 – Moradia em Portugal. Valdeci dos Santos visitando o Museu Casa do Miradouro: Coleção Arqueológica José Coelho. Viseu, 2/ago./2019. Fonte: Acervo pessoal de Valdeci dos Santos.

Fotografia 390 – Moradia em Portugal. Valdeci dos Santos visitando o jardim do Museu Casa do Miradouro: Coleção Arqueológica José Coelho. Viseu, 2/ago./2019. Fonte: Acervo pessoal de Valdeci dos Santos.

Fotografia 389 – Moradia em Portugal. Valdeci dos Santos visitando o Museu Casa do Miradouro: Coleção Arqueológica José Coelho. Viseu, 2/ago./2019. Fonte: Acervo pessoal de Valdeci dos Santos.

Fotografia 391 – Moradia em Portugal. Valdeci dos Santos visitando o Museu Casa do Miradouro: Coleção Arqueológica José Coelho. Viseu, 2/ago./2019. Fonte: Acervo pessoal de Valdeci dos Santos.

RETORNO AO BRASIL PARA 'TRATAMENTO DE SAÚDE'

METÁFORA POÉTICA 51: TENTE OUTRA VEZ

Veja!
Não diga que a canção
Está perdida
Tenha fé em Deus
Tenha fé na vida
Tente outra vez!

TENTE OUTRA VEZ. Intérprete: Raul Seixas. Compositor: Raul Seixas; Marcelo Motta; Paulo Coelho. *In*: NOVO aeon. Intérprete: Raul Seixas. Rio de Janeiro: Philips, 1975. (2min22s).

Fotografia 392 – Moradia em Portugal. Valdeci dos Santos no Aeroporto Francisco Sá Carneiro/Aeroporto do Porto, retornando ao Brasil para 'tratamento de saúde'. Porto, 8/ago./2019. Fonte: Acervo pessoal de Valdeci dos Santos.

Fotografia 393 – Moradia em Portugal. Valdeci dos Santos em solo brasileiro para 'tratamento de saúde'. Cheguei a solo brasileiro, no dia 8 de agosto de 2019, para consultas médicas especializadas, na cidade de São Paulo. Gratidão, em especial, a amada amiga Biomédica Elaine Motta, pela fluidez fraterno-profissional nos encaminhamentos de agendamento de consultas. Gratidão, igualmente, a todos os amigos e familiares que reconhecerem minha demanda por proteção e acolhimento, estando "SEMPRE ALERTA PARA SERVIR". Grata pelo acolhimento na chegada a São Paulo, pela poesia sobre AMOR/AMIZADE/CARINHO/PROTEÇÃO traduzida em bolos, pães de queijo, sucos, diálogos, encontros e reencontros e, naturalmente, sessão de memórias – Fotografias. São Paulo – São Paulo – Brasil, 8/ago./2019. Fonte: Acervo pessoal de Valdeci dos Santos.

Fotografia 394 – Moradia em Portugal. Valdeci dos Santos em solo brasileiro para 'tratamento de saúde'. Chegada em São Paulo, no Aeroporto Internacional Governador André Franco Montoro/Aeroporto de Guarulhos. Acolhimento dos amigos: Luciene Maria de Jesus, Silvio Cavalcante e Anelice Brito. São Paulo – São Paulo – Brasil, 8/ago./2019. Fonte: Acervo pessoal de Valdeci dos Santos.

Fotografia 395 – Moradia em Portugal. Valdeci dos Santos em solo brasileiro para 'tratamento de saúde'. Acolhimento de Amigos, dentre tantos, Missionários Combonianos – Padre Enzo Santangelo; Luciene Maria de Jesus, Silvio Cavalcante, Helionice Freittas e Anelice Brito. São Paulo – São Paulo – Brasil, 8/ago./2019. Fonte: Acervo pessoal de Valdeci dos Santos.

Fotografia 396 – Moradia em Portugal. Valdeci dos Santos em solo brasileiro para 'tratamento de saúde'. Acolhimento de Amigos, dentre tantos, Missionários Combonianos – Padre Enzo Santangelo, Luciene Maria de Jesus, Silvio Cavalcante, Helionice Freittas e Anelice Brito. São Paulo – São Paulo – Brasil, 8/ago./2019. Fonte: Acervo pessoal de Valdeci dos Santos.

Fotografia 397 – Moradia em Portugal. Valdeci dos Santos em solo brasileiro para 'tratamento de saúde'. Acolhimento de Amigos, dentre tantos, Missionários Combonianos – Padre Enzo Santangelo, Padre Alcides Costa. São Paulo – São Paulo – Brasil, 8/ago./2019. Fonte: Acervo pessoal de Valdeci dos Santos.

Fotografia 399 – Moradia em Portugal. Valdeci dos Santos em solo brasileiro para 'tratamento de saúde'. Valdeci dos Santos e Mariza Augusta da Silva. Um encontro: um recado de Deus. São Paulo – São Paulo – Brasil, 9/ago./2019. Fonte: Acervo pessoal de Valdeci dos Santos.

Fotografia 398 – Moradia em Portugal. Valdeci dos Santos em solo brasileiro para 'tratamento de saúde'. Acolhimento de Amigos, dentre tantos, Missionários Combonianos – Padre Enzo Santangelo, Padre Alcides -, Luciene Maria de Jesus, Silvio Cavalcante, Helionice Freittas e Anelice Brito. São Paulo – São Paulo – Brasil, 8/ago./2019. Fonte: Acervo pessoal de Valdeci dos Santos.

UM ENCONTRO: UM RECADO DE DEUS. Deus é bondade e misericórdia. Andava, ontem (9/ago/2019), em ruas da cidade de São Paulo – Brasil, resolvendo demandas pós-consulta médica. Pedia amorosamente à Deus, Fé para compreender a tessitura da minha jornada existencial. Sim, Fé. Por orientações "erradas" dirigir-me ao Shopping Santa Cruz. Ao adentrar no espaço, uma voz ecoou cheia de alegria: "Val, é você?" Era a amada amiga Mariza. Amiga que há muito tempo ora por minha existência e, nos últimos dias participava de campanhas de orações pro minha saúde do corpo-mente-espírito. A emoção transbordou em meu Ser. Estávamos emocionadas. Um Senhor que acompanhava a cena, em gesto de acolhimento registrou posteriormente nossas memórias. Compreendi e aceitei a narrativa da amiga Mariza com um amoroso recado de Deus. Sou GRATA à amada amiga por aceitar ser mensageira de gestos que curam. Votos de Sol, Serenidade e Sabedoria. Beijo de luz em seu coração. Val

METÁFORA POÉTICA 52: NOITES TRAIÇOEIRAS

E ainda se vier noites traiçoeiras
Se a cruz pesada for, Cristo estará contigo
O mundo pode até fazer você chorar
Mas Deus te quer sorrindo
Seja qual for o seu problema
Fale com Deus, Ele vai ajudar você
Após a dor vem a alegria
Pois Deus é amor e não te deixará sofrer
Deus te trouxe aqui
Para aliviar o seu sofrimento
É Ele o autor da Fé
Do princípio ao fim
Em todos os seus tormentos

NOITES TRAIÇOEIRAS. Intérprete: Padre Marcelo Rossi. Compositor: Carlos Pappae. *In*: MINHA benção. Intérprete: Padre Marcelo Rossi. Rio de Janeiro: Sony BMG Music Entertainment, 2006. (4min14s).

Fotografia 400 – Moradia em Portugal. Valdeci dos Santos em solo brasileiro para 'tratamento de saúde'. Ida ao teatro: Valdeci dos Santos, Silvio Cavalcante, Luciene Maria de Jesus, Marta Miriam, Mariza Augusta da Silva, Elizabeth Alves de Oliveira, Helena e Equipe da ONG Teatro. São Paulo – São Paulo – Brasil, 11/ago./2019. Fonte: Acervo pessoal de Valdeci dos Santos.

Fotografia 401 – Moradia em Portugal. Valdeci dos Santos em solo brasileiro para 'tratamento de saúde'. Ida ao teatro: Valdeci dos Santos, Silvio Cavalcante, Luciene Maria de Jesus, Marta Miriam, Mariza Augusta da Silva, Elizabeth Alves de Oliveira, Helena e Equipe da ONG Teatro. São Paulo – São Paulo – Brasil, 11/ago./2019. Fonte: Acervo pessoal de Valdeci dos Santos.

Fotografia 402 – Moradia em Portugal. Valdeci dos Santos em solo brasileiro para 'tratamento de saúde'. Valdeci dos Santos, Dejacy Fernandes dos Santos, Dalva Fernandes, Diva Fernandes Lima e Maria Silva Santos, em confraternização na casa da Dejacy. São Paulo – São Paulo – Brasil, 14/ago./2019. Fonte: Acervo pessoal de Valdeci dos Santos.

Fotografia 403 – Moradia em Portugal. Valdeci dos Santos em solo brasileiro para 'tratamento de saúde'. Valdeci dos Santos, Dejacy Fernandes dos Santos, Dalva Fernandes, Diva Fernandes Lima e Maria Silva Santos, em confraternização na casa da Dejacy. São Paulo – São Paulo – Brasil, 14/ago./2019. Fonte: Acervo pessoal de Valdeci dos Santos.

Fotografia 404 – Moradia em Portugal. Valdeci dos Santos em solo brasileiro para 'tratamento de saúde'. Valdeci dos Santos, Dejacy Fernandes dos Santos, Dalva Fernandes, Diva Fernandes Lima e Maria Silva Santos, em confraternização na casa da Dejacy. São Paulo – São Paulo – Brasil, 14/ago./2019. Fonte: Acervo pessoal de Valdeci dos Santos.

Fotografia 405 – Moradia em Portugal. Valdeci dos Santos em solo brasileiro para 'tratamento de saúde'. Confraternização com amigos da Biodança de São Paulo: Mariza Augusta da Silva, Elisete Barreiro (In memoriam), Helionice Freittas, Cícero, Elizabeth Alves de Oliveira, Luciene Maria de Jesus, Cidinha Silva e Silvio Cavalcante. São Paulo – São Paulo – Brasil, 17/ago./2019. Fonte: Acervo pessoal de Valdeci dos Santos.

Fotografia 406 – Moradia em Portugal. Valdeci dos Santos em solo brasileiro para 'tratamento de saúde'. Confraternização com amigos da Biodança de São Paulo: Mariza Augusta da Silva, Elisete Barreiro (In memoriam), Helionice Freittas, Cícero, Elizabeth Alves de Oliveira, Luciene Maria de Jesus, Cidinha Silva e Silvio Cavalcante. São Paulo – São Paulo – Brasil, 17/ago./2019. Fonte: Acervo pessoal de Valdeci dos Santos.

Fotografia 407 – Moradia em Portugal. Valdeci dos Santos em solo brasileiro para 'tratamento de saúde'. Confraternização com amigos da Biodança de São Paulo: Mariza Augusta da Silva, Elisete Barreiro (In memoriam), Helionice Freittas, Cícero, Elizabeth Alves de Oliveira, Luciene Maria de Jesus, Cidinha Silva e Silvio Cavalcante. São Paulo – São Paulo – Brasil, 17/ago./2019. Fonte: Acervo pessoal de Valdeci dos Santos.

Fotografia 408 – Moradia em Portugal. Valdeci dos Santos em solo brasileiro para 'tratamento de saúde'. Confraternização com amigos da Biodança de São Paulo: Elisete Barreiro (In memoriam). São Paulo – São Paulo – Brasil, 17/ago./2019. Fonte: Acervo pessoal de Valdeci dos Santos.

METÁFORA POÉTICA 53: ENTRE A SERPENTE E A ESTRELA

Há um brilho de faca
Onde o amor vier
E ninguém tem o mapa
Da alma da mulher.
Ninguém sai com o coração sem sangrar
Ao tentar revelar
Um ser maravilhoso
Entre a serpente e a estrela.
Um grande amor do passado
Se transforma em aversão
E os dois lado a lado
Corroem o coração.
Não existe saudade mais cortante
Que a de um grande amor ausente
Dura feito um diamante
Corta a ilusão da gente
Toco a vida prá frente
Fingindo não sofrer
Mas o peito dormente
Espera um bem querer
E sei que não será surpresa
Se o futuro me trouxer
O passado de volta
Num semblante de mulher
O passado de volta
Num semblante de mulher

ENTRE A SERPENTE E A ESTRELA (Amarillo by morning). Intérprete: Zé Ramalho. Compositor: Terry Stafford; P. Frazer; Aldir Blanc (versão). *In*: FREVOADOR. Intérprete: Zé Ramalho. Rio de Janeiro: Sony Music Entertainment, 1992. (2min59s). © Terry Sttaford Music – Warner Chappell.

Fotografia 409 – Moradia em Portugal. Valdeci dos Santos em solo brasileiro para 'tratamento de saúde'. Visita ao Instituto Butantan com Amigos Portugueses – Laurentina, Lurdes Anciaes, Abel Roque e Padre Vitor Anciaes. São Paulo – São Paulo – Brasil, 21/ago./2019. Fonte: Acervo pessoal de Valdeci dos Santos.

Fotografia 410 – Moradia em Portugal. Valdeci dos Santos em solo brasileiro para 'tratamento de saúde'. Visita ao Instituto Butantan com Amigos Portugueses – Laurentina, Lurdes Anciaes, Abel Roque e Padre Vitor Anciaes. São Paulo – São Paulo – Brasil, 21/ago./2019. Fonte: Acervo pessoal de Valdeci dos Santos.

Fotografia 411 – Moradia em Portugal. Valdeci dos Santos em solo brasileiro para 'tratamento de saúde'. Visita ao Instituto Butantan com Amigos Portugueses – Laurentina, Lurdes Anciaes, Abel Roque e Padre Vitor Anciaes. São Paulo – São Paulo – Brasil, 21/ago./2019. Fonte: Acervo pessoal de Valdeci dos Santos.

Fotografia 412 – Moradia em Portugal. Valdeci dos Santos em solo brasileiro para 'tratamento de saúde'. Visita ao Instituto Butantan com Amigos Portugueses – Laurentina, Lurdes Anciaes, Abel Roque e Padre Vitor Anciaes. São Paulo – São Paulo – Brasil, 21/ago./2019. Fonte: Acervo pessoal de Valdeci dos Santos.

Fotografia 413 – Moradia em Portugal. Valdeci dos Santos em solo brasileiro para 'tratamento de saúde'. Visita ao Santuário Nacional de Nossa Senhora Aparecida com Amigos Portugueses – Laurentina, Lurdes Anciaes, Abel Roque e Padre Vitor Anciaes. Aparecida – São Paulo – Brasil, 22/ago./2019. Fonte: Acervo pessoal de Valdeci dos Santos.

Fotografia 414 – Moradia em Portugal. Valdeci dos Santos em solo brasileiro para 'tratamento de saúde'. Visita ao Santuário Nacional de Nossa Senhora Aparecida com Amigos Portugueses – Laurentina, Lurdes Anciaes, Abel Roque e Padre Vitor Anciaes. Aparecida – São Paulo – Brasil, 22/ago./2019. Fonte: Acervo pessoal de Valdeci dos Santos.

Fotografia 415 – Moradia em Portugal. Valdeci dos Santos em solo brasileiro para 'tratamento de saúde'. Visita ao Santuário Nacional de Nossa Senhora Aparecida com Amigos Portugueses – Laurentina, Lurdes Anciaes, Abel Roque e Padre Vitor Anciaes. Aparecida – São Paulo – Brasil, 22/ago./2019. Fonte: Acervo pessoal de Valdeci dos Santos.

Fotografia 416 – Moradia em Portugal. Valdeci dos Santos em solo brasileiro para 'tratamento de saúde'. Celebrando o Título de Doutora em Ciências, da Amiga Maria Elizângela Ramos Junqueira, pelo Programa de Pós-Graduação em Saúde Pública, Área de Concentração Epidemiologia da Faculdade de Saúde Pública da Universidade de São Paulo – USP. São Paulo – São Paulo – Brasil, 30/ago./2019. Fonte: Acervo pessoal de Valdeci dos Santos.

Fotografia 417 – Moradia em Portugal. Valdeci dos Santos em solo brasileiro para 'tratamento de saúde'. Celebrando o Título de Doutora em Ciências, da Amiga Maria Elizângela Ramos Junqueira, pelo Programa de Pós-Graduação em Saúde Pública, Área de Concentração Epidemiologia da Faculdade de Saúde Pública da Universidade de São Paulo – USP. São Paulo – São Paulo – Brasil, 30/ago./2019. Fonte: Acervo pessoal de Valdeci dos Santos.

Fotografia 418 – Moradia em Portugal. Valdeci dos Santos em solo brasileiro para 'tratamento de saúde'. Um encontro inesquecível: Valdeci dos Santos, Edna Maria de Souza, Mariza Augusta da Silva, Helionice Freittas. São Paulo – São Paulo, 31/ago./2019. Fonte: Acervo pessoal de Valdeci dos Santos.

Fotografia 420 – Moradia em Portugal. Valdeci dos Santos em solo brasileiro para 'tratamento de saúde'. No meu LAR brasileiro. Visitas de acolhimento das amigas AMORC: Edna, Ezelvir, Maria do Resgate, Mara Montenegro e Jacione Cedraz Cordeiro. Comes e bebes + fotos + bate-papo. Um dia fecundo em experiências e aprendizados significativos. Feira de Santana – Bahia, 11/set./2019. Fonte: Acervo pessoal de Valdeci dos Santos.

Fotografia 419 – Moradia em Portugal. Valdeci dos Santos em solo brasileiro para 'tratamento de saúde'. Um encontro inesquecível: Valdeci dos Santos, Edna Maria de Souza, Mariza Augusta da Silva, Helionice Freittas. São Paulo – São Paulo, 31/ago./2019. Fonte: Acervo pessoal de Valdeci dos Santos.

Fotografia 421 – Moradia em Portugal. Valdeci dos Santos em solo brasileiro para 'tratamento de saúde'. Visita à Basílica Menor Nossa Senhora da Imaculada Conceição e Santa Ifigênia, com o Amigo Missionário Comboniano Pe. Francisco de Assis Colombi. São Paulo – São Paulo – Brasil, 16/out./2019. Fonte: Acervo pessoal de Valdeci dos Santos.

METÁFORA POÉTICA 54: COMENTÁRIOS A RESPEITO DE JOHN

Saia do meu caminho, eu prefiro andar sozinho
Deixem que eu decido a minha vida
Não preciso que me digam, de que lado nasce o sol
Porque bate lá o meu coração.

COMENTÁRIOS A RESPEITO DE JOHN. Intérprete: Belchior. Compositor: José Luís Penna, Antônio Carlos Gomes Belchior Fontenelle Fernandes (Belchior). *In*: ELDORADO. Intérprete: Larbanois & Carrero, Laura Canoura, Belchior. São Paulo: Movieplay Digital, 1992. (5min00s).

Fotografia 422 – Moradia em Portugal. Valdeci dos Santos em solo brasileiro para 'tratamento de saúde'. Igreja Senhor dos Passos. Feira de Santana – Bahia, 23/set./2019. Fonte: Acervo pessoal de Valdeci dos Santos.

Fotografia 423 – Moradia em Portugal. Valdeci dos Santos em solo brasileiro para 'tratamento de saúde'. ENTREVISTA com o folheteiro e cordelista Jurivaldo Alves da Silva; e com o Poeta, Cordelista, Declamador, Escritor e Músico Francisco Pedrosa Galvão, mais conhecido como *Chico Pedrosa* (83 anos), no Mercado de Arte Popular de Feira de Santana. Feira de Santana – Bahia, 23/set./2019. Fonte: Acervo pessoal de Valdeci dos Santos.

Fotografia 424 – Moradia em Portugal. Valdeci dos Santos em solo brasileiro para 'tratamento de saúde'. O amado primo-amigo Antonio Balbino dos Santos Miranda (In memoriam) vitimado pela doença COVID-19, em 5 de junho de 2021. Feira de Santana – Bahia, 23/set./2019. Fonte: Acervo pessoal de Valdeci dos Santos.

Fotografia 425 – Moradia em Portugal. Valdeci dos Santos em solo brasileiro para 'tratamento de saúde'. Visita ao Museu de Arte Contemporânea Raimundo de Oliveira – MAC. Gratidão a Sra. Ana Cláudia (funcionária do MAC), pelo registro da memória iconográfica Feira de Santana – Bahia – Brasil, 24/set./2019. Fonte: Acervo pessoal de Valdeci dos Santos.

Fotografia 426 – Moradia em Portugal. Valdeci dos Santos em solo brasileiro para 'tratamento de saúde'. Valdeci dos Santos, Poeta Solange Durães da Silva Barbosa e Ana Lúcia Murici, na abertura da 12ª Edição FLIFS – Feira do Livro/Festival Literário e Cultural de Feira de Santana. Feira de Santana – Bahia – Brasil, 24/set./2019. Fonte: Acervo pessoal de Valdeci dos Santos.

Fotografia 427 – Moradia em Portugal. Valdeci dos Santos em solo brasileiro para 'tratamento de saúde'. Visita do amigo biólogo André Moreira. Honrada pelo presente recebido: o livro 'Tolstói: a biografia', de Rosamund Bartlett (2013). Feira de Santana – Bahia, 31/out./2019. Fonte: Acervo pessoal de Valdeci dos Santos.

Fotografia 428 – Moradia em Portugal. Valdeci dos Santos em solo brasileiro para 'tratamento de saúde'. Celebração do aniversário da amiga Maria Celeste Costa Valverde. Feira de Santana – Bahia – Brasil, 4/nov./2019. Fonte: Acervo pessoal de Valdeci dos Santos.

METÁFORA POÉTICA 55: MULHER NOVA, BONITA E CARINHOSA FAZ O HOMEM GEMER SEM SENTIR DOR

Mulher nova bonita e carinhosa
Faz um homem gemer sem sentir dor
A mulher tem na face dois brilhantes
Condutores fiéis do seu destino
Quem não ama o sorriso feminino
Desconhece a poesia de Cervantes
A bravura dos grandes navegantes
Enfrentando a procela em seu furor

Se não fosse a mulher mimosa flor
A história seria mentirosa
Mulher nova, bonita e carinhosa
Faz o homem gemer sem sentir dor

MULHER NOVA, BONITA E CARINHOSA FAZ O HOMEM GEMER SEM SENTIR DOR. Intérprete: Amelinha. Compositor: Jose Ramalho Neto, Otacílio Guedes Patriota. *In*: MULHER nova, bonita e carinhosa faz o homem gemer sem sentir dor. Intérprete: Amelinha. Rio de Janeiro: CBS, 1982. (5min55s).

Fotografia 429 – Moradia em Portugal. Valdeci dos Santos em solo brasileiro para 'tratamento de saúde'. II Sarau Beneficente do 'Versos de Mulher'. Feira de Santana – Bahia – Brasil, 8/nov./2019. Fonte: Acervo pessoal de Valdeci dos Santos.

Fotografia 430 – Moradia em Portugal. Valdeci dos Santos em solo brasileiro para 'tratamento de saúde'. Valdeci dos Santos foi homenageada com o título 'Mulher Fenomenal', II Sarau Beneficente do 'Versos de Mulher'. Certificado entregue pela Poeta Solange Durães da Silva Barbosa. Feira de Santana – Bahia – Brasil, 8/nov./2019. Fonte: Acervo pessoal de Valdeci dos Santos.

Fotografia 431 – Moradia em Portugal. Valdeci dos Santos em solo brasileiro para 'tratamento de saúde'. Valdeci dos Santos foi homenageada com o título 'Mulher Fenomenal', II Sarau Beneficente do 'Versos de Mulher'. Fundadora/Presidente do 'Versos de Mulher' Advogada Fabiana Machado e, a Poeta Solange Durães da Silva Barbosa. Feira de Santana – Bahia – Brasil, 8/nov./2019. Fonte: Acervo pessoal de Valdeci dos Santos.

Fotografia 432 – Moradia em Portugal. Valdeci dos Santos em solo brasileiro para 'tratamento de saúde'. Valdeci dos Santos foi homenageada com o título 'Mulher Fenomenal', II Sarau Beneficente do 'Versos de Mulher'. Jussara Souza. Feira de Santana – Bahia – Brasil, 8/nov./2019. Fonte: Acervo pessoal de Valdeci dos Santos.

Fotografia 433 – Moradia em Portugal. Valdeci dos Santos em solo brasileiro para 'tratamento de saúde'. Valdeci dos Santos foi homenageada com o título 'Mulher Fenomenal', II Sarau Beneficente do 'Versos de Mulher'. Luciene Lima e Lima, Valdemiro Lopes Marinho, Jecineide Mendes, Vandelice Gonzaga Barbosa, Arlene Rocha, Elizabeth Cerqueira. Feira de Santana – Bahia – Brasil, 8/nov./2019. Fonte: Acervo pessoal de Valdeci dos Santos.

Fotografia 434 – Moradia em Portugal. Valdeci dos Santos em solo brasileiro para 'tratamento de saúde'. Valdeci dos Santos foi homenageada com o título 'Mulher Fenomenal', II Sarau Beneficente do 'Versos de Mulher'. Laura Ribeiro da Silva. Feira de Santana – Bahia – Brasil, 8/nov./2019. Fonte: Acervo pessoal de Valdeci dos Santos.

Fotografia 435 – Moradia em Portugal. Valdeci dos Santos em solo brasileiro para 'tratamento de saúde'. Valdeci dos Santos foi homenageada com o título 'Mulher Fenomenal', II Sarau Beneficente do 'Versos de Mulher'. Jecineide Mendes, Vandelice Gonzaga Barbosa, Arlene Rocha, Elizabeth Cerqueira. Feira de Santana – Bahia – Brasil, 8/nov./2019. Fonte: Acervo pessoal de Valdeci dos Santos.

Fotografia 436 – Moradia em Portugal. Valdeci dos Santos em solo brasileiro para 'tratamento de saúde'. Valdeci dos Santos foi homenageada com o título 'Mulher Fenomenal', II Sarau Beneficente do 'Versos de Mulher'. Evani Leal Sampaio Rocha (In memoriam), Antonio Carlos Lucena Rocha. Feira de Santana – Bahia – Brasil, 8/nov./2019. Fonte: Acervo pessoal de Valdeci dos Santos.

Fotografia 437 – Moradia em Portugal. Valdeci dos Santos em solo brasileiro para 'tratamento de saúde'. Valdeci dos Santos foi homenageada com o título 'Mulher Fenomenal', II Sarau Beneficente do 'Versos de Mulher'. Evani Leal Sampaio Rocha (In memoriam), Antonio Carlos Lucena Rocha. Feira de Santana – Bahia – Brasil, 8/nov./2019. Fonte: Acervo pessoal de Valdeci dos Santos.

Fotografia 438 – Moradia em Portugal. Valdeci dos Santos em solo brasileiro para 'tratamento de saúde'. Valdeci dos Santos foi homenageada com o título 'Mulher Fenomenal', II Sarau Beneficente do 'Versos de Mulher'. Luciene Lima e Lima, Gilberto, Sueli Oliveira. Feira de Santana – Bahia – Brasil, 8/nov./2019. Fonte: Acervo pessoal de Valdeci dos Santos.

Fotografia 439 – Moradia em Portugal. Valdeci dos Santos em solo brasileiro para 'tratamento de saúde'. Valdeci dos Santos 'gestando voos' de retorno a Portugal. Feira de Santana – Bahia – Brasil, 28/nov./2019. Fonte: Acervo pessoal de Valdeci dos Santos.

Fotografia 440 – Moradia em Portugal. Valdeci dos Santos em solo brasileiro para 'tratamento de saúde'. Feira de Santana – Bahia, 30/nov./2019. Fonte: Acervo pessoal de Valdeci dos Santos.

RETORNO A PORTUGAL

METÁFORA POÉTICA 56: O SOL

Ei, dor
Eu não te escuto mais
Você não me leva a nada
Ei, medo
Eu não te escuto mais
Você não me leva a nada
E se quiser saber
Pra onde eu vou
Pra onde tenha Sol
É pra lá que eu vou
E se quiser saber
Pra onde eu vou
Pra onde tenha Sol
É pra lá que eu vou

O SOL. Intérprete: Jota Quest. Compositor: Antônio Júlio Nastácia. *In*: QUINZE. Intérprete: Jota Quest. Rio de Janeiro: Sony Music Entertainment Brasil ltda., 2011. (4min18s).

CEIA NATALINA NA OBRA DE SANTA ZITA DE VISEU. CELEBRAÇÃO DO ANIVERSÁRIO DE 58 ANOS DE VALDECI DOS SANTOS

Amados Companheiros de Existência – Amigos e Leitores,

Namastê!

Na condição de moradora do país Portugal, conforme 'Visto de Residência' do Consulado Português no Brasil, e regularização do 'Título de Residência' no Serviço de Estrangeiros e Fronteiras – SEF, com residência fixada em Viseu, **retornei** a Portugal, em 4 de dezembro de 2019, após período (8/ago./2019 a 3/dez./2019) de estadia no Brasil para tratamento de saúde.

Fui acolhida pela Equipe da Obra de Santa Zita, na cidade de Viseu. Expresso GRATIDÃO à 'Família' Obra de Santa Zita, representada pela Equipe de Viseu, pelo acolhimento fraterno e ambiência para a reconstrução da minha história de vida, longe da minha Terra Brasil.

Num cenário fraterno de encontros e reencontros, participei do ritual da CEIA NATALINA, na Obra de Santa Zita, na cidade de Viseu, no dia 21 de dezembro de 2019; celebrando, antecipadamente, meu aniversário de 58 anos, que aconteceria no dia seguinte, 22 de dezembro de 2019, com a presença da amiga Fernanda Harumi Kamonseki e do Ricardo.

A festividade foi precedida pela Eucaristia com cânticos e Homilia. O Conego Orlando Soares de Paiva destacou a importância do ofertório da Vida e do Amor em prol do Emanuel, em especial, através de ações de acolhimento fraterno aos irmãos em situação de vulnerabilidade social e espiritual.

Como destacou a Sra. Laurinda do Espírito Santo Costa, diretora da Obra de Santa Zita, na cidade de Viseu:

> "Jesus, através do mistério da Encarnação que comemoramos a cada Natal, é proclamado, contemplado, anunciado, aceitado e glorificado como o Emanuel, Deus que caminha conosco, companheiro de cada, Irmão, Senhor e Salvador de todos e de tudo".

Uma tessitura cujos fios emanam do fluxo de amorosidade Divina que habita cada Ser. Olhares, sorrisos, abraços e diálogos de bem-estar inundaram o salão da casa. Celebrávamos o Emanuel.

O cenário da ceia nos transportava ao aconchego do Presépio, uma mescla de simplicidade e nobreza. Os matizes de cores dos alimentos e roupas, a explosão aromática dos perfumes, bebidas e comidas, e sons de louvor e alegria do Grupo Folclórico de Figueiró davam conta que o homenageado é verdadeiramente IRMÃO, SENHOR e SALVADOR de todos aqueles que creem que Jesus é o Emanuel, DEUS conosco.

Fotografia 441 – Moradia em Portugal. Ceia natalina na Obra de Santa Zita, de Viseu. Celebração do Aniversário de 58 anos de Valdeci dos Santos. Viseu, 21/dez./2019. Fonte: Acervo pessoal de Valdeci dos Santos. Fotógrafa: Valdeci dos Santos.

Os diálogos com senhores e senhoras pertencentes ao 'MOVIMENTO POR UM LAR CRISTÃO' criou-se ambiência para o registro iconográfico de memórias do evento. As fotos tiradas, com consentimento dos participantes, por Valdeci dos Santos, registram expressões da tessitura da tríade amizade/companheirismo/resiliência que diz da construção do núcleo fecundo em experiências e aprendizados chamado FAMÍLIA.

As 'concessões de uso de imagens', em futuras obras de Valdeci dos Santos, foram autorizadas verbalmente.

O acervo de fotos tiradas foi encaminhado, via WhatsApp, para a Direção da Obra de Santa Zita, na cidade de Viseu.

Na obra A POETISA 'ARRETADA' QUE ATRAVESSOU O OCEANO: UMA NARRATIVA FOTOBIOGRÁFICA, usa-se 17 (dezessete) Fotografias (438 B, 438 C, 438 D, 438 E, 438 F, 438 G, 438 H, 438 I, 438 J, 438 L, 438 M, 438 N, 438 O, 438 P, 438 Q, 438 R e 438 S) referentes ao evento: CEIA NATALINA, na Obra de Santa Zita, na cidade de Viseu.

Fotografia 442 – Moradia em Portugal. Ceia natalina na Obra de Santa Zita, de Viseu. Celebração do Aniversário de 58 anos de Valdeci dos Santos. Viseu, 21/dez./2019. Fonte: Acervo pessoal de Valdeci dos Santos. Fotógrafa: Valdeci dos Santos.

Fotografia 443 – Moradia em Portugal. Ceia natalina na Obra de Santa Zita, de Viseu. Celebração do Aniversário de 58 anos de Valdeci dos Santos. Laurinda do Espírito Santo Costa. Viseu, 21/dez./2019. Fonte: Acervo pessoal de Valdeci dos Santos. Fotógrafa: Valdeci dos Santos.

Fotografia 444 – Moradia em Portugal. Ceia natalina na Obra de Santa Zita, de Viseu. Celebração do Aniversário de 58 anos de Valdeci dos Santos. Viseu, 21/dez./2019. Fonte: Acervo pessoal de Valdeci dos Santos. Fotógrafa: Valdeci dos Santos.

Fotografia 445 – Moradia em Portugal. Ceia natalina na Obra de Santa Zita, de Viseu. Celebração do Aniversário de 58 anos de Valdeci dos Santos. Recebi a visita da amiga Fernanda Harumi Kamonseki e do Ricardo. Viseu, 21/dez./2019. Fonte: Acervo pessoal de Valdeci dos Santos.

Fotografia 446 – Moradia em Portugal. Ceia natalina na Obra de Santa Zita, de Viseu. Celebração do Aniversário de 58 anos de Valdeci dos Santos. Viseu, 21/dez./2019. Fonte: Acervo pessoal de Valdeci dos Santos. Fotógrafa: Valdeci dos Santos.

Fotografia 447 – Moradia em Portugal. Ceia natalina na Obra de Santa Zita, de Viseu. Celebração do Aniversário de 58 anos de Valdeci dos Santos. Viseu, 21/dez./2019. Fonte: Acervo pessoal de Valdeci dos Santos. Fotógrafa: Valdeci dos Santos.

Fotografia 448 – Moradia em Portugal. Ceia natalina na Obra de Santa Zita, de Viseu. Celebração do Aniversário de 58 anos de Valdeci dos Santos. Viseu, 21/dez./2019. Fonte: Acervo pessoal de Valdeci dos Santos. Fotógrafa: Valdeci dos Santos.

Fotografia 449 – Moradia em Portugal. Ceia natalina na Obra de Santa Zita, de Viseu. Celebração do Aniversário de 58 anos de Valdeci dos Santos. Viseu, 21/dez./2019. Fonte: Acervo pessoal de Valdeci dos Santos. Fotógrafa: Valdeci dos Santos.

Fotografia 450 – Moradia em Portugal. Ceia natalina na Obra de Santa Zita, de Viseu. Celebração do Aniversário de 58 anos de Valdeci dos Santos. Viseu, 21/dez./2019. Fonte: Acervo pessoal de Valdeci dos Santos. Fotógrafa: Valdeci dos Santos.

Fotografia 451 – Moradia em Portugal. Ceia natalina na Obra de Santa Zita, de Viseu. Celebração do Aniversário de 58 anos de Valdeci dos Santos. Viseu, 21/dez./2019. Fonte: Acervo pessoal de Valdeci dos Santos. Fotógrafa: Valdeci dos Santos.

Fotografia 452 – Moradia em Portugal. Ceia natalina na Obra de Santa Zita, de Viseu. Celebração do Aniversário de 58 anos de Valdeci dos Santos. Viseu, 21/dez./2019. Fonte: Acervo pessoal de Valdeci dos Santos. Fotógrafa: Valdeci dos Santos.

Fotografia 453 – Moradia em Portugal. Ceia natalina na Obra de Santa Zita, de Viseu. Celebração do Aniversário de 58 anos de Valdeci dos Santos. Viseu, 21/dez./2019. Fonte: Acervo pessoal de Valdeci dos Santos. Fotógrafa: Valdeci dos Santos.

Fotografia 454 – Moradia em Portugal. Ceia natalina na Obra de Santa Zita, de Viseu. Celebração do Aniversário de 58 anos de Valdeci dos Santos. Viseu, 21/dez./2019. Fonte: Acervo pessoal de Valdeci dos Santos. Fotógrafa: Valdeci dos Santos.

Fotografia 455 – Moradia em Portugal. Ceia natalina na Obra de Santa Zita, de Viseu. Celebração do Aniversário de 58 anos de Valdeci dos Santos. Viseu, 21/dez./2019. Fonte: Acervo pessoal de Valdeci dos Santos. Fotógrafa: Valdeci dos Santos.

Fotografia 456 – Moradia em Portugal. Ceia natalina na Obra de Santa Zita, de Viseu. Celebração do Aniversário de 58 anos de Valdeci dos Santos. Viseu, 21/dez./2019. Fonte: Acervo pessoal de Valdeci dos Santos. Fotógrafa: Valdeci dos Santos.

Fotografia 457 – Moradia em Portugal. Ceia natalina na Obra de Santa Zita, de Viseu. Celebração do Aniversário de 58 anos de Valdeci dos Santos. Viseu, 21/dez./2019. Fonte: Acervo pessoal de Valdeci dos Santos. Fotógrafa: Valdeci dos Santos.

Fotografia 458 – Moradia em Portugal. Ceia natalina na Obra de Santa Zita, de Viseu. Celebração do Aniversário de 58 anos de Valdeci dos Santos. Viseu, 21/dez./2019. Fonte: Acervo pessoal de Valdeci dos Santos. Fotógrafa: Valdeci dos Santos.

Desejo-lhes, que DEUS de vossas compreensões/concepções, habitante em vossos corpos-mentes-espíritos, possa, através da FÉ, propiciar-lhes Saúdes (física, espiritual, familiar, intelectual, social, profissional e financeira), Serenidade, Sabedoria e ânimos para os enfrentamentos que dizem de vossas singularidades no MOVIMENTO do EXISTIR.

Beijo de luz em vossos corações.

Valdeci dos Santos
http://www.valdecidossantos.com

METÁFORA POÉTICA 57: ESQUADROS

Passeio pelo escuro
Eu presto muita atenção no que meu irmão ouve
E como uma segunda pele, um calo, uma casca
Uma cápsula protetora
Ah, eu quero chegar antes
Pra sinalizar o estar de cada coisa
Filtrar seus graus
Eu ando pelo mundo divertindo gente
Chorando ao telefone
E vendo doer a fome nos meninos que têm fome.

ESQUADROS. Intérprete: Adriana Calcanhotto. Compositor: Adriana da Cunha Calcanhotto. *In*: SENHAS. Intérprete: Adriana Calcanhotto. Rio de Janeiro: Sony Music Entertainment (Brasil) I.C.L., 1992. (3min09s).

Fotografia 459 – Moradia em Portugal. Valdeci dos Santos retornou para Portugal. A saúde em condição ótima. Celebrando aniversário de 58 anos. Feliz pela existência. Viseu, 22/dez./2019. Fonte: Acervo pessoal de Valdeci dos Santos.

Fotografia 460 – Moradia em Portugal. Valdeci dos Santos retornou para Portugal. A saúde em condição ótima. Celebrando aniversário de 58 anos com o amigo Poeta/Ator/Escritor "Zé dos Rios". Feliz pela existência. Viseu, 22/dez./2019. Fonte: Acervo pessoal de Valdeci dos Santos.

Fotografia 461 – Moradia em Portugal. Valdeci dos Santos retornou para Portugal. A saúde em condição ótima. Celebrando aniversário de 58 anos. Feliz pela existência. Viseu, 22/dez./2019. Fonte: Acervo pessoal de Valdeci dos Santos.

Fotografia 462 – Moradia em Portugal. Valdeci dos Santos retornou para Portugal. A saúde em condição ótima. Celebrando aniversário de 58 anos. Feliz pela existência. Viseu, 22/dez./2019. Fonte: Acervo pessoal de Valdeci dos Santos.

Fotografia 463 – Moradia em Portugal. Valdeci dos Santos retornou para Portugal. A saúde em condição ótima. Celebrando aniversário de 58 anos. Feliz pela existência. Viseu, 22/dez./2019. Fonte: Acervo pessoal de Valdeci dos Santos.

Fotografia 464 – Moradia em Portugal. Valdeci dos Santos retornou para Portugal. A saúde em condição ótima. Celebrando aniversário de 58 anos. Feliz pela existência. Viseu, 22/dez./2019. Fonte: Acervo pessoal de Valdeci dos Santos.

Fotografia 465 – Moradia em Portugal. Valdeci dos Santos retornou para Portugal. A saúde em condição ótima. Celebrando aniversário de 58 anos. Feliz pela existência. Viseu, 22/dez./2019. Fonte: Acervo pessoal de Valdeci dos Santos.

Fotografia 466 – Moradia em Portugal. Valdeci dos Santos (58 anos) PÓS-MISSA DO GALO, com amigas da Obra de Santa Zita de Viseu – Laurinda do Espírito Santo Costa. Missa do Galo é o nome dado pelos católicos à missa celebrada na Véspera de Natal que começa à meia noite do dia 24 para o dia 25 de dezembro. Viseu, 25/dez./2019. Fonte: Acervo pessoal de Valdeci dos Santos.

Fotografia 467 – Moradia em Portugal. Valdeci dos Santos (58 anos) PÓS-MISSA DO GALO. Missa do Galo é o nome dado pelos católicos à missa celebrada na Véspera de Natal que começa à meia noite do dia 24 para o dia 25 de dezembro. Viseu, 25/dez./2019. Fonte: Acervo pessoal de Valdeci dos Santos.

Fotografia 468 – Moradia em Portugal. Valdeci dos Santos em andanças no centro de Viseu. Viseu, 26/dez./2019. Fonte: Acervo pessoal de Valdeci dos Santos.

Fotografia 469 – Moradia em Portugal. Valdeci dos Santos em andanças no centro de Viseu. Viseu, 26/dez./2019. Fonte: Acervo pessoal de Valdeci dos Santos.

Fotografia 470 – Moradia em Portugal. Valdeci dos Santos em andanças no centro de Viseu. Viseu, 26/dez./2019. Fonte: Acervo pessoal de Valdeci dos Santos.

Fotografia 471 – Moradia em Portugal. Valdeci dos Santos em andanças no centro de Viseu. Viseu, 26/dez./2019. Fonte: Acervo pessoal de Valdeci dos Santos.

Fotografia 472 – Moradia em Portugal. Valdeci dos Santos em andanças no centro de Viseu. Visita a Catedral de Viseu – Igreja Paroquial de Santa Maria ou Igreja de Nossa Senhora da Assunção. Viseu, 26/dez./2019. Fonte: Acervo pessoal de Valdeci dos Santos.

Fotografia 473 – Moradia em Portugal. Valdeci dos Santos em andanças no centro de Viseu. Igreja da Misericórdia de Viseu/Igreja da Santa Casa da Misericórdia de Viseu. Viseu, 26/dez./2019. Fonte: Acervo pessoal de Valdeci dos Santos.

Fotografia 474 – Moradia em Portugal. Valdeci dos Santos em andanças no centro de Viseu. Decoração natalina. Viseu, 26/dez./2019. Fonte: Acervo pessoal de Valdeci dos Santos.

Capítulo 4

EM TEMPOS DE PANDEMIA DA DOENÇA COVID-19

Residia em Portugal, conforme 'visto de residência', em 8 de março de 2019, do Consulado Português no Brasil; e, regularização do 'TÍTULO DE RESIDÊNCIA' no Serviço de Estrangeiros e Fronteiras (SEF) de Portugal.

Cheguei ao Brasil, em 31 de dezembro de 2019, para visitar a minha Família. Chegada emocionante!

No Aeroporto Internacional de Salvador – Deputado Luís Eduardo Magalhães, na cidade do Salvador – Bahia – Brasil, às 23h30min, fui acolhida pelo casal de amigos: Marlon da Silva Barbosa e Marilene Ferreira dos Santos que aceitaram a incrível missão fraterna de me conduzirem a Feira de Santana, em plena passagem/virada do ano 2019, para 2020. Viagem inesquecível!

Na escuridão da BR 324, víamos a beleza de explosões de fogos de artifícios anunciadores de um ANO NOVO, fecundo em possibilidades. Falávamos sobre sonhos e desejos a se realizarem em 2020. Tínhamos certeza: o MUNDO ESTAVA ABERTO às nossas experiências e aprendizados significativos, através de aventuras pessoais e coletivas. FELIZ ANO!

A chegada a Feira de Santana, no raiar do novo ano, 1º de janeiro de 2020, mobilizou emoções e sentimentos de bem-estar. Meu corpo-mente-espírito estava inundado de luzes de possibilidades, aromas de movimentos, sons de felicidades, paladar de novidades, e tato aberto aos abraços de acolhimentos. O mosaico objetivo-subjetivo: 'cheguei/partirei em breve' era marcante. Era certo que retornaria à minha residência em Portugal, para continuar o meu deslocamento no planeta; seguir o fluxo do MOVIMENTO de construção/(des)construção/(re)construção da minha História de Vida.

Fotografia 475 – BRASIL. Valdeci dos Santos chegando ao seu LAR brasileiro. Feira de Santana, 1 de janeiro de 2020. Fonte: Acervo pessoal de Valdeci dos Santos.

Fotografia 476 – BRASIL. Valdeci dos Santos, em seu LAR, recebendo visita das amigas amadas: Ir Lígia Dallacorte, Cleide Santos Oliveira, Jozenizia de Lima e Telma Costa Lima. Comes e bebes + fotos + bate-papo. Um dia fecundo em experiências e aprendizados significativos. Feira de Santana, 4 de janeiro de 2020. Fonte: Acervo pessoal de Valdeci dos Santos.

O acompanhamento de reportagens, no mês de janeiro de 2020, sobre o avanço geográfico do novo coronavírus (Sars-Cov-2), e da doença COVID-19, em especial, numa escuta sensível na condição de bióloga; acionou-me o alerta de que poderia ser algo gravíssimo.

A Organização Mundial da Saúde (OMS), em 31 de dezembro de 2019, foi alertada sobre vários casos de pneumonia na cidade de Wuhan, província de Hubei, na República Popular da China. Tratava-se de uma nova cepa (tipo) de coronavírus que não havia sido identificada antes em seres humanos. Uma semana depois, em 7 de janeiro de 2020, as autoridades chinesas confirmaram que haviam identificado um novo tipo de coronavírus, o qual recebeu, em 11 de fevereiro de 2020, o nome de SARS-CoV-2. Em 30 de janeiro de 2020, a OMS visando aprimorar a coordenação, a cooperação e a solidariedade global para interromper a propagação do vírus responsável por causar a doença COVID-19, declarou que o surto do novo coronavírus constituía-se uma EMERGÊNCIA DE SAÚDE PÚBLICA DE IMPORTÂNCIA INTERNACIONAL. Em 11 de março de 2020, a COVID-19 foi caracterizada pela OMS como uma pandemia.

Fotografia 477 – NOVO CORONAVÍRUS (SARS-CoV-2). Fonte: OMS, imagem capturada na Internet, 2020.

O que é COVID-19? A COVID-19 é uma doença causada pelo novo coronavírus, denominado SARS-CoV-2, descoberto na China, em 31 de dezembro de 2019. Ela ganhou *status* de PANDEMIA, conforme declaração da Organização Mundial de Saúde (OMS), em 11 de março de 2020. O novo coronavírus (Sars-Cov-2) pertence a uma família de vírus que causa infecções respiratórias, e apresenta um espectro clínico; variando de infecções assintomáticas, a quadros graves.

[...] De acordo com a Organização Mundial de Saúde, a maioria (cerca de 80%) dos pacientes com COVID-19 podem ser assintomáticos ou oligossintomáticos (poucos sintomas), e aproximadamente 20% dos casos detectados requer atendimento hospitalar por apresentarem dificuldade respiratória, dos quais aproximadamente 5% podem necessitar de suporte ventilatório (In: https://coronavirus.saude.gov.br/sobre-a-doenca#o-que-e-covid).

[...] Os sintomas da COVID-19 podem variar de um resfriado, a uma Síndrome Gripal-SG (presença de um quadro respiratório agudo, caracterizado por, pelo menos dois dos seguintes sintomas: sensação febril ou febre associada a dor de garganta, dor de cabeça, tosse, coriza) até uma pneumonia severa. Sendo os sintomas mais comuns: Tosse, Febre, Coriza, Dor de garganta, Dificuldade para respirar, Perda de olfato (anosmia), Alteração do paladar (ageusia), Distúrbios gastrintestinais (náuseas/vômitos/diarreia), Cansaço (astenia), Diminuição do apetite (hiporexia), Dispnéia (falta de ar) (In: https://coronavirus.saude.gov.br/sobre-a-doenca#o-que-e-covid).

Na busca de prevenção da contaminação pelo novo coronavírus (Sars-Cov-2) e suas múltiplas variantes; instalaram-se novos hábitos às rotinas da humanidade. Incorporou-se isolamento social, uso de máscaras protegendo boca e nariz, circulação de *Fake News* negativas às pesquisas científicas e produção de vacinas contra a COVID-19; incertezas sobre a distribuição das vacinas; discursos contra a Ciência e incertezas pós-vacinação e os efeitos adversos das vacinas contra a COVID-19; insuficiência de leitos adaptados para internamentos de portadores da COVID-19; quadros de ansiedade, vinculados, sobretudo, aos lutos antecipatórios; o marcante número de mortos; o distanciamento dos familiares nos processos de acompanhamentos das internações e sepultamentos; incertezas e incertezas.

Fotografia 478 – Valdeci dos Santos a favor da campanha de vacinação contra a doença COVID- 19. Brasil, 15/jan./2021. Fonte: Acervo pessoal de Valdeci dos Santos.

Como a pandemia da doença COVID-19 alterou o movimento de construção/(des)construção/(re)construção da minha jornada existencial?

Na vivência de implicações objetivo-subjetivas de emoções e sentimentos relacionadas às incertezas dos desdobramentos sanitário-bio-afetivo-psico-sócio-econômico-político-cultural oriundos do impacto da circulação do novo coronavírus (Sars-Cov-2), e da doença COVID-19, no planeta Terra, **decidi cancelar, temporariamente, meus voos e sobrevoos em solos estrangeiros**. Optei por estar no ninho fraterno. Decidi fixar residência em meu país, o Brasil.

O morar em Portugal cedeu espaço à prioridade de criar ambiência de bem-estar para os enfrentamentos singulares do movimento de construção/(des)construção/(re)construção do meu PROJETO DE VIDA, sobretudo, atenta aos efeitos psicoemocionais do prolongado isolamento social e ao processo cotidiano de prevenção à contaminação pelo novo coronavírus (Sars-Cov-2).

Minha mochila, e calçado (uma belíssima bota) que acolheu, confortavelmente, meus pés na caminhada em solos estrangeiros; companheiros de jornada no MUNDO – um mundo que, quando habitante da 'lagoa da exclusão', circunscrita pela tríade: preconceito/estereótipo/estigmas parecia-me inatingível -, estão recolhidos; temporariamente, na **'sacola subjetiva de sonhos e desejos'** e protegidos contra danos materiais, e à espera de **novos voos e sobrevoos**, rumo a OCEANOS objetivo-subjetivos.

A decisão de ESTAR no Brasil, EM TEMPOS DE PANDEMIA, contribuiu para MOVIMENTO de construção/(des)construção/(re)construção do meu PROJETO DE VIDA, nomeando-o de: **Projeto 'Flores na pandemia'** (2020-2022); e, posteriormente, na dinâmica de ressignificações da minha jornada existencial, renomeado como **Projeto 'Poemas de ressignificação'**. Ele expressa singularidades da minha missão: criar ambiência, para auxiliar na cura das dores psíquicas, epistêmicas, físicas, emocionais e sociais MINHAS e do Outro; exercitando serenidade e sabedoria; socializando conhecimento científico; destacando a importância do movimento de construção/(des)construção/(re)construção da História de Vida, na caminhada existencial; através de diálogos, aulas, palestras, livros, análise, mensagens, respiração, e ações fraternas; na condição de Ser Humano.

A ressignificação do meu projeto de vida na turbulência de uma PANDEMIA mobilizou inúmeras reflexões, em especial, a consciência do pertencimento fraterno com a história da humanidade e de minha linhagem parental.

Minha consciência de pertencimento fraterno com a história da humanidade e de minha linhagem parental tem trilha sonora, a música Exodus.

EXODUS (CANÇÃO DO ÊXODO) – Ernest Gold/ Pat Boone: versão Almeida Rego

Eu vou pisar o chão que Deus me deu
A terra que em sonhos vi
O sol do amanhecer
Mostrou o vale em flor
Ele é todo meu
Assim Deus prometeu

Vem meu amor, a terra conquistar
Aqui os nossos vão crescer
Bem junto a ti eu sou
Um homem, nada mais
Mas se Deus quiser
Um forte eu hei de ser

Vem meu amor, a terra conquistar
Aqui os nossos vão viver
Bem junto a ti eu sou
Um homem, nada mais
Mas se Deus quiser
Um forte eu hei de ser

Aqui, farei meu lar
Se Deus quiser que eu morra
Eu morro sem chorar
Pois afinal, vou ter meu lar

Qual a importância da música EXODUS (Canção do Êxodo) em minha história de vida?

Missionários de uma religião, que desconheço a designação, chegaram à rua onde residia na cidade Feira de Santana (Bahia – Brasil), numa noite dos anos de 1970. A vizinhança aglomerou. Queríamos ver a novidade. Eles traziam algo inimaginável para todos: um projetor de slides. Projetavam imagens de slides na parede de uma casa. Incrível! Era imagens com a história de Jesus, o Cristo. Conhecia algumas das imagens através de calendários religiosos, que chamávamos de folhinha. A projeção reproduzia uma história emocionante de DORES e AMOR. Os Missionários permaneceram em silêncio até o fim da projeção. Fazíamos inúmeros comentários sobre a violência contra Jesus.

O segundo momento de sensibilização foi impactante. Eles retiraram de uma bolsa, uma radiola e um LP. Meu Deus! Quantas novidades num dia qualquer da minha vida. Num tom solene, pediram silêncio e colocou a tocar a música Exodus.

Aquela música impactou meu jovem corpo-mente-espírito. Uma emoção indescritível.

A música Exodus é integrante da trilha sonora criada pelo compositor austro-estadunidense Ernest Gold (1921-1999) para o filme Exodus (1960). Venceu o Oscar de melhor trilha sonora na edição de 1961 por Exo-dus. A música tema de Exodus foi tão marcante que ganhou inúmeras versões.

O cantor Pat Boone, inspirado na música Exodus, história do filme e na busca dos judeus por um país, escreveu uma letra e gravou *This land is mine* (Esta terra é minha). O tema de Exodus foi o maior sucesso comercial da dupla de pianistas Ferrante & Teicher. A releitura da principal música escrita por Ernest Gold para o filme Exodus, também, foi realizada pelo saxofonista Eddie Harris lançando em 1961, o LP Exodus To Jazz, o primeiro disco de ouro da história do jazz.

No Brasil, conforme o Instituto Moreira Salles, a primeira versão brasileira da música Exodus (Canção do Êxodo) foi composta por Almeida Rego (Ernest Gold/Pat Boone/Almeida Rego [Versão]), e gravada em 26 de junho de 1961 pelo intérprete João Dias. A versão foi gravada, dentre outros, por Altemar Dutra no LP Enamorado (1974) com o título Canção do Êxodo (The Exodus Song).

Na minha história de vida, a música Exodus tornou-se *locus* de reflexões e consciência de que SOMOS IRMÃOS EM HUMANIDADE, em especial, no período em que exerci a função profissional como Auxiliar de Enfermagem na Santa Casa de Misericórdia de Feira de Santana – Hospital Dom Pedro de Alcântara (1981-1984) e no Hospital Regional Clériston Andrade (1984-1986).

Nesse período, também, fui despertada para escuta de músicas clássicas. Era hábito, ao retornar para o meu lar, tomar banho, preparar uma máscara facial com pepino ralado e água gelada, colocar um dos LPs de clássicos na radiola e deitar no sofá para escutar/relaxar e refletir sobre experiências e aprendizados do dia e, **revisitar meus sonhos e desejos, dentre eles, ser PROFESSORA e escrever livros.**

A escuta de músicas clássicas era uma abertura para um universo desconhecido na história familiar. Sentia-me sensibilizada por emoções e sentimentos despertados pela harmonia dos instrumentos musicais e vozes. Era uma porta de nadar nos OCEANOS da imaginação.

Meu acervo era composto por LPs de obras, dentre outros, do: *alemão Ludwig van BEETHOVEN* (1770–1827) – Sinfonia n. 5 e Sinfonia n. 9; italiano Antonio Lucio VIVALDI (1678-1741) – Le quattro stagioni; alemão Johann Sebastian BACH (1685-1750) – *Jesu Joy of Man's Desiring,* Cantata 147; *italiano Giuseppe* Fortunino Francesco *VERDI* (1813-1901) – *La Traviata;* austríaco Wolfgang Amadeus MOZART (1756–1791) – Rondo Alla Turca *(Sonata para piano n. 11);* austríaco Johann STRAUSS II (1825-1899) – The Blue Danube Valse; *italiano Gioachino* Antonio *ROSSINI* (1792-1868) – *O Barbeiro de Sevilha; russo* Piotr Ilitch TCHAIKOVSKI (1840-1893) – Valse From String Serenade, O lago dos cisnes; alemão Wilhelm Richard WAGNER (1813-1883) – Marcha Nupcial (Wedding); Frédéric François CHOPIN (1810-1849) – *Marcha Fúnebre*.

O segundo encontro marcante com música Exodus deu-se na década de 1980, quando ingressei (1985) na Educação Superior, na Universidade Estadual de Feira de Santana (UEFS), após sete submissões cognitivas em exames vestibulares.

Na condição de integrante Soprano do Coral UEFS (Soprano é o naipe feminino mais agudo e com maior alcance vocal de todos os tipos de vozes.), cantar a música Exodus reafirmava seu impacto no meu corpo--mente-espírito. Sentia um indescritível fluxo de luminosidade/amorosidade divina e bem-estar.

Outro momento pontual da presença da música Exodus em minha trajetória existencial foi nos anos de 1999 a 2001, quando residia na cidade de São Paulo, no período que cursava o Mestrado em Educação na Universidade de São Paulo (USP). Tinha aulas particulares do idioma Francês com o Professor-Doutor Renné Alegria. Dentre as atividades, lia, escutava e cantava músicas francesas, oportunidade na qual, tive contato com a versão de Exodus[1], da cantora Édith Piaf.

EXODUS – versão da Édith Piaf

Ils sont partis dans un soleil d'hiver
Ils sont partis courir la mer
Pour éffacer la peur
Pour écraser la peur
Que la vie a clouée au fond du cœur

Ils sont partis en croyant aux moissons
Du vieux pays de leurs chansons
Le cœur chantant d'éspoir
Le cœur hurlant d'éspoir
Ils ont repris le chemin de leur mémoire

Ils ont pleuré les larmes de la mer
Ils ont versé tant de prières
"Délivrez-nous, nos frères !
Délivrez-nous, nos frères !"
Que leurs frères les ont tirés vers la lumière

Ils sont là-bas dans un pays nouveau
Qui flotte au mât de leur bateau
Le cœur brisé d'amour
Le cœur perdu d'amour
Ils ont retrouvé la terre de l'amour

EXODUS[1]

Eles saíram sob um sol de inverno
Eles foram correndo ao mar

---

[1]TRADUÇÃO da música EXODUS, na versão da Édith Piaf.

Para apagar o medo
Para esmagar o medo
Que a vida pregou no fundo de seus corações

Eles partiram crentes na colheita
Do velho país de suas canções
O coração cantava de esperança
O coração gritava de esperança
Eles retomaram o caminho de suas memórias

Eles choraram as lágrimas do mar
Fizeram tantas orações
"Livrai-nos, nossos irmãos!
Livrai-nos, nossos irmãos! "
Que seus irmãos os puxaram para a luz

Eles estão lá abaixo, em um novo país
Que flutua ao mastro de seu barco
O coração partido de amor
O coração perdido de amor
Eles descobriram a terra do amor

A música Exodus foi inspiração para a decisão de construção de um grupo nomeado Linhagem Parental (no WhatsApp), no ano de 2018, com membros da minha linhagem parental paterna e materna.

O grupo tornou-se um espaço fecundo em experiências e aprendizados significativos. Exercitamos a construção de um lugar de pertencimento objetivo--subjetivo designado ESPAÇO IDENTITÁRIO DE LINHAGEM PARENTAL da descendência de Trajano Pereira da Silva/Ana Rosa de Jesus e Bento Pereira dos Santos/Celestina Pereira Lima, através de experiências e aprendizados de fala e escuta sensível de diálogos no Grupo Linhagem Parental.

Os sobrenomes da linhagem parental têm como matriz nuclear de vinculação familiar, cinco sobrenomes: Santos, Silva, Pereira, Jesus e Lima. SANTOS significa "todos os santos". O sobrenome Santos se originou a partir do latim *Sanctorum*, que significa literalmente "dos santos", em português. Este nome era uma abreviatura de "Todos os Santos", e começou por ser atribuído às pessoas nascidas no dia 1º de novembro, data comemorada pelo cristianismo como dia de Todos os Santos. O sobrenome Santos é considerado um dos mais antigos de Portugal, tendo surgido mesmo antes da criação do Reino. SILVA significa "floresta", "selva" ou "bosque". Silva é um sobrenome português, que se originou a partir do latim *silva*, que significa "floresta", "mata" ou "selva". O sobrenome Silva, além de ser fortemente presente nas famílias de origem portuguesa, também é usado na Espanha e na Itália, mas com menor expressão. PEREIRA significa "árvore que produz peras". O nome Pereira é de origem portuguesa e é usado como sobrenome. JESUS significa "Javé é salvação" ou "Jeová é salvação". O nome Jesus é a versão em português do grego *Iesous*, que é uma adaptação do aramaico *Yeshu'a*, que por sua vez é a forma contraída do nome *Yehoshu'a*, que se traduz no português como Josué, equivalente a Jesus em significado. LIMA significa "aquele que pertence ao Rio Limia" ou "aquele que atravessou o rio do esquecimento". Lima é considerado um sobrenome na língua portuguesa, derivado do latim *limia, q*ue significa "esquecimento".

Os membros do Grupo Linhagem Parental, em tempos de pandemia da doença COVID-19, tem aprofundado o relacionamento, em especial, com dinâmicas de mensagens, eventos virtuais e desafios visando diálogos de acolhimento fraterno, dentre outros; I Encontro virtual de linhagem parental; I Karaoke virtual de linhagem parental; I Campanha contra a doença COVID-19: desafio das máscaras; e, Construção de mosaicos iconográficos de descendentes de Trajano Pereira da Silva/Ana Rosa de Jesus e Bento Pereira dos Santos/Celestina Pereira Lima.

UM SONHO, EM TEMPOS DE PANDEMIA, INTITULADO 'SERPENTES'

Sonhei que vivenciava TEMPOS DE PANDEMIA. Encontrava-me num profundo fosso quadrado, apoiada em diminutas tábuas apodrecidas que dificultavam meu acesso à superfície, e me expunham ao perigo de cair na profundidade. Alguns senhores deslocavam-se indiferentes a minha dificuldade. Pedi-lhes ajuda, para chegar à superfície, mas fui ignorada. Consegui chegar à superfície, após apoiar-me em buracos da parede do fosso. Estava com o corpo maltratado, sentia dores. Deparei-me com um ambiente semelhante a um laboratório. O espaço estava repleto de inúmeras espécies de serpentes peçonhentas de alta periculosidade – *Crotalus* (cascavéis, responsáveis por 8% dos acidentes com cobras peçonhentas), *Bothrops* (jararacas em geral, urutus, cotiaras, caiçacas, responsáveis por quase 90% dos acidentes), *Lachesis* (surucucu pico-de-jaca, a maior de todas, com até 4,5 metros de comprimento e responsáveis por 3% dos acidentes) e *Micrurus* (coral-verdadeira, com 1% dos acidentes). As serpentes de tamanhos diversos ocupavam espaços improváveis; sobretudo, as serpentes menores. Tentei criar estratégias, para sair do espaço, sem ser picada. Mas, fui picada na face "ventral" do braço esquerdo, à altura do punho, por uma diminuta serpente de cor preta, a qual desconhecia a espécie. O local da picada apresentou inchaço/edema e dor. Pedi ajuda, para ser socorrida. Uma senhora alertou que o veneno daquela serpente era letal. O prognóstico era a morte. Compreendia sua fala, mas insistia no pedido de ajuda.

Como resolver a questão? Uma amiga bióloga, especialista em animais peçonhentos, chegou ao laboratório com um recipiente de vidro contendo duas serpentes – a serpente diminuta que havia me picado e uma serpente de porte maior – uma Píton Bola (*Python regius*), semelhante ao espécime em exposição, no Museu Biológico do Instituto Butantan. Ela marcou um X na serpente Píton Bola e me disse: 'essa é a versão adulta' da serpente preta; porém, não posso ajudar você. ACORDEI.

Associei o sonho ao contexto que estava vivenciando há cerca de um ano; no tocante à minha saúde. Sentia dores na região torácica, no lado direito, e certo grau de dificuldade na respiração (uma respiração 'encurtada'), com sensação de redução do espaço interno do tórax. Idas e vindas, aos serviços de saúde; exames de imagens; consultas com A, B, C, etc. As dores intensificavam-se a cada dia, apesar dos exercícios diários em prol do bem-estar do corpo-mente-espírito.

Recorri a um pneumologista. Ele solicitou Ressonância Magnética da Coluna Torácica e Tomografia Computadorizada do Tórax.

O laudo da Tomografia Computadorizada do Tórax acusou 'Opacidade centrolobulares em vidro fosco, no subsegmento basal medial do lobo inferior esquerdo; inespecífica, sugestiva de processo inflamatório/infeccioso centrado em pequenas vias aéreas. E, nódulos não calcificados e calcificados em ambos os pulmões'. O resultado impactou meu corpo-mente-espírito, desdobrando-se no referido sonho.

Senti o MEDO, que estava escondido; sobretudo, por minha condição de sobrevivente de um câncer. Um medo igualado ao MEDO que senti quando da condição de suspeita de portadora da doença COVID-19 em 5 de dezembro de 2020.

Quanto à interpretação do sonho, considerando que a diminuta serpente preta (pequenos nódulos pulmonares calcificados e imagens nodulares não calcificadas esparsas por ambos os pulmões) tem como versão adulta da serpente Píton Bola (*Python regius*), compreendi que tais nódulos não eram malignos. Visto que, Píton Bola (*Python regius*) é uma serpente não peçonhenta. Vale destacar que todas as cobras produzem veneno, num par de glândulas salivares modificadas; mas nem todas são capazes de inoculá-lo. Por isso, costuma-se separá-las em: **peçonhentas** e **não peçonhentas**.

A suspeita diagnóstica que poderia estar com a doença COVID-19 levou-me a um estado emocional mais crítico que o momento no qual descobri ser portadora de um câncer em 2012.

Reconheci que a TRISTEZA havia inundado o meu corpo-mente-espírito. Chorava a dor de um luto mesclado de medo, ansiedade, angustia e impotência. Luto pela humanidade, por amigos e familiares vitimados pela doença COVID-19.

Fotografia 479 – Píton Bola (Python regius) – Museu Biológico do Instituto Butantan. Fonte: Acervo pessoal de Valdeci dos Santos. Foto tirada, em 10 de agosto de 2019.

No dia que sonhara o sonho, que o intitulei SERPENTES, somava-se a perda de doze membros da minha linhagem parental materna e paterna. Aqueles familiares faleceram num prazo de um mês, vitimados pela doença COVID-19. Onze deles deixaram órfãos/órfãs (crianças, adolescentes e jovens), viúvas/viúvos e os impactantes desdobramentos da realidade sanitário--bio-afetivo-psico-sócio-econômico-político-cultural.

PROJETO 'FLORES NA PANDEMIA'/ PROJETO 'POEMAS DE RESSIGNIFICAÇÃO'

A ambiência intersubjetiva do MOVIMENTO de construção/(des)construção/(re)construção do meu PROJETO DE VIDA, em tempos de pandemia da doença COVID-19, nomeado/renomeado: **Projeto 'Flores na pandemia'** (2020-2022)/**Projeto 'Poemas de ressignificação'** inclui, dentre outros: Saúde do Corpo-Mente-Espírito; Reforma do Lar; Visita dos Amigos Portugueses – Lurdes Martins e João Paulo Martins; Parceria com 'Versos de Mulher'; Aventuras Biológicas; Leitura do Romance 'O Amor nos Tempos de Cólera'; Isolamento Social; Reconstrução do Jardim Namastê/Gratidão; Criação e Socialização de Vídeos-Mensagens; Primeiro 'Encontro Virtual de Linhagem Parental'; Primeiro 'Karaokê Virtual de Linhagem Parental'; Desafio Educativo sobre a importância do uso de máscaras; Construção de Ikebana, como expressão de gratidão aos antepassados; Celebração do Aniversário de 59 Anos, de Valdeci dos Santos, em 'Festa Virtual à Fantasia'; Elaboração de Lutos; Gratidão aos Amigos do Rio Grande do Norte; Escrita do Sétimo Livro/Filho Epistêmico: SIMPLESMENTE OLHARES DE RESSIGNIFICAÇÃO (ISBN 978-65-00-25096-1); Celebração do Aniversário de 61 Anos, de Valdeci dos Santos, em Festa Presencial.

SAÚDE DO CORPO-MENTE-ESPÍRITO

O exercitar cotidiano em prol da saúde do corpo-mente-espírito. Inclusão, na rotina diária, de ciberespaços de evangelização das redes sociais. O exercitar da construção de um **lugar de pertencimento objetivo-subjetivo**, designado 'espaço identitário de linhagem parental', através de experiências e aprendizados de fala, escuta sensível e diálogos com minha 'linhagem parental': materna e paterna através do grupo de WhatsApp 'Linhagem Parental'.

REFORMA DO LAR

Minha decisão de permanecer no Brasil, durante o período da Pandemia da doença COVID-19, implicou-me com a **reforma do meu lar** (Fotografias: 480, 481, 482, 483, 484, 485, 486, 487, 488, 489, 490, 491, 492, 493, 494, 495, 496 e 497).

Fotografia 480 – Projeto 'Flores na pandemia'/Projeto 'Poemas de ressignificação'. Reforma do lar de Valdeci dos Santos. Feira de Santana – Bahia – Brasil, 2020. Fonte: Acervo pessoal de Valdeci dos Santos.

Fotografia 481 – Projeto 'Flores na pandemia'/Projeto 'Poemas de ressignificação'. Reforma do lar de Valdeci dos Santos. Feira de Santana – Bahia – Brasil, 2020. Fonte: Acervo pessoal de Valdeci dos Santos.

Fotografia 482 – Projeto 'Flores na pandemia'/Projeto 'Poemas de ressignificação'. Reforma do lar de Valdeci dos Santos. Feira de Santana – Bahia – Brasil, 2020. Fonte: Acervo pessoal de Valdeci dos Santos.

Fotografia 483 – Projeto 'Flores na pandemia'/Projeto 'Poemas de ressignificação'. Reforma do lar de Valdeci dos Santos. Feira de Santana – Bahia – Brasil, 2020. Fonte: Acervo pessoal de Valdeci dos Santos.

Fotografia 484 – Projeto 'Flores na pandemia'/Projeto 'Poemas de ressignificação'. Reforma do lar de Valdeci dos Santos. Feira de Santana – Bahia – Brasil, 2020. Fonte: Acervo pessoal de Valdeci dos Santos.

Fotografia 485 – Projeto 'Flores na pandemia'/Projeto 'Poemas de ressignificação'. Reforma do lar de Valdeci dos Santos. Feira de Santana – Bahia – Brasil, 2020. Fonte: Acervo pessoal de Valdeci dos Santos.

Fotografia 486 – Projeto 'Flores na pandemia'/Projeto 'Poemas de ressignificação'. Reforma do lar de Valdeci dos Santos. Feira de Santana – Bahia – Brasil, 2020. Fonte: Acervo pessoal de Valdeci dos Santos.

Fotografia 487 – Projeto 'Flores na pandemia'/Projeto 'Poemas de ressignificação'. Reforma do lar de Valdeci dos Santos. Feira de Santana – Bahia – Brasil, 2020. Fonte: Acervo pessoal de Valdeci dos Santos.

Fotografia 488 – Projeto 'Flores na pandemia'/Projeto 'Poemas de ressignificação'. Reforma do lar de Valdeci dos Santos. Feira de Santana – Bahia – Brasil, 2020. Fonte: Acervo pessoal de Valdeci dos Santos.

Fotografia 489 – Projeto 'Flores na pandemia'/Projeto 'Poemas de ressignificação'. Reforma do lar de Valdeci dos Santos. Feira de Santana – Bahia – Brasil, 2020. Fonte: Acervo pessoal de Valdeci dos Santos.

Fotografia 490 – Projeto 'Flores na pandemia'/Projeto 'Poemas de ressignificação'. Reforma do lar de Valdeci dos Santos. Feira de Santana – Bahia – Brasil, 2020. Fonte: Acervo pessoal de Valdeci dos Santos.

Fotografia 491 – Projeto 'Flores na pandemia'/Projeto 'Poemas de ressignificação'. Reforma do lar de Valdeci dos Santos. Feira de Santana – Bahia – Brasil, 6/maio/2020. Fonte: Acervo pessoal de Valdeci dos Santos.

Fotografia 492 – Projeto 'Flores na pandemia'/Projeto 'Poemas de ressignificação'. Reforma do lar de Valdeci dos Santos. Feira de Santana – Bahia – Brasil, 6/maio/2020. Fonte: Acervo pessoal de Valdeci dos Santos.

Fotografia 493 – Projeto 'Flores na pandemia'/Projeto 'Poemas de ressignificação'. Reforma do lar de Valdeci dos Santos. Feira de Santana – Bahia – Brasil, 7/maio/2020. Fonte: Acervo pessoal de Valdeci dos Santos.

Fotografia 494 – Projeto 'Flores na pandemia'/Projeto 'Poemas de ressignificação'. Reforma do lar de Valdeci dos Santos. Feira de Santana – Bahia – Brasil, 7/maio/2020. Fonte: Acervo pessoal de Valdeci dos Santos.

Fotografia 495 – Projeto 'Flores na pandemia'/Projeto 'Poemas de ressignificação'. Reforma do lar de Valdeci dos Santos. Feira de Santana – Bahia – Brasil, 12/maio/2020. Fonte: Acervo pessoal de Valdeci dos Santos.

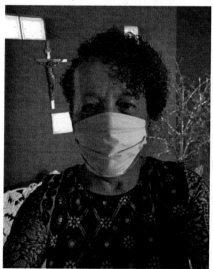

Fotografia 496 – Projeto 'Flores na pandemia'/Projeto 'Poemas de ressignificação'. Reforma do lar de Valdeci dos Santos. Feira de Santana – Bahia – Brasil, 12/maio/2020. Fonte: Acervo pessoal de Valdeci dos Santos.

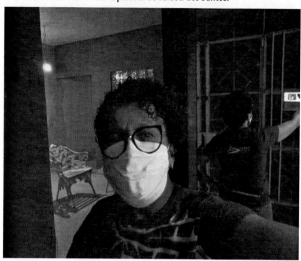

Fotografia 497 – Projeto 'Flores na pandemia'/Projeto 'Poemas de ressignificação'. Reforma do lar de Valdeci dos Santos. Valdeci dos Santos retornando ao lar. Feira de Santana – Bahia – Brasil, 17 de maio de 2022. Fonte: Acervo pessoal de Valdeci dos Santos.

VISITA DOS AMIGOS PORTUGUESES – LURDES MARTINS E JOÃO PAULO MARTINS

Fotografia 498 – Projeto 'Flores na pandemia'/Projeto 'Poemas de ressignificação'. Valdeci dos Santos recebeu um maravilhoso e incrível presente: a visita dos amigos portugueses – Lurdes Martins e João Paulo Martins. Feira de Santana – Bahia – Brasil, 19/fev./2020. Fonte: Acervo pessoal de Valdeci dos Santos.

Fotografia 499 – Projeto 'Flores na pandemia'/Projeto 'Poemas de ressignificação'. Valdeci dos Santos recebeu um maravilhoso e incrível presente: a visita dos amigos portugueses – Lurdes Martins e João Paulo Martins. Feira de Santana – Bahia – Brasil, 19/fev./2020. Fonte: Acervo pessoal de Valdeci dos Santos.

PARCERIA COM 'VERSOS DE MULHER'

Fotografia 500 – Projeto 'Flores na pandemia'/Projeto 'Poemas de ressignificação'. Valdeci dos Santos, em parceria com 'Versos de Mulher' na campanha de arrecadação de alimentos em prol de famílias em vulnerabilidade social, em especial, no período da pandemia da doença COVID-19. Feira de Santana – Bahia – Brasil, 2/abr./2020. Fonte: Acervo pessoal de Valdeci dos Santos.

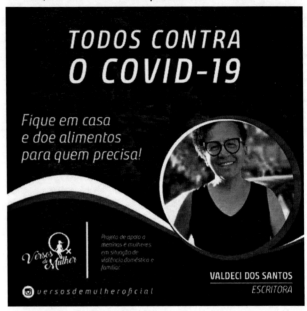

AVENTURAS BIOLÓGICAS

Aventuras biológicas com os sobrinhos-amigos Ícaro (sete anos) e Lourival (sete anos) (Fotografias: 501, 502, 503 e 504).

Fotografia 501 – Projeto 'Flores na pandemia'/Projeto 'Poemas de ressignificação'. Valdeci dos Santos e os sobrinhos-amigos Ícaro (sete anos) e Lourival (sete anos), em aventuras biológicas. Feira de Santana – Bahia – Brasil, 30/out./2020. Fonte: Acervo pessoal de Valdeci dos Santos.

Fotografia 502 – Projeto 'Flores na pandemia'/Projeto 'Poemas de ressignificação'. Valdeci dos Santos e os sobrinhos-amigos Ícaro (sete anos) e Lourival (sete anos), em aventuras biológicas. Feira de Santana – Bahia – Brasil, 1/nov./2020. Fonte: Acervo pessoal de Valdeci dos Santos.

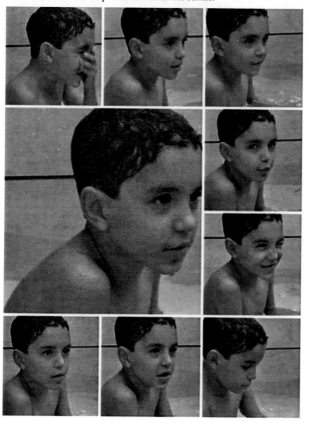

Fotografia 504 – Projeto 'Flores na pandemia'/Projeto 'Poemas de ressignificação'. Valdeci dos Santos e os sobrinhos-amigos Ícaro (sete anos) e Lourival (sete anos), em aventuras biológicas. Feira de Santana – Bahia – Brasil, 1/nov./2020. Fonte: Acervo pessoal de Valdeci dos Santos.

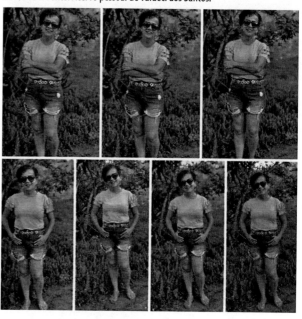

LEITURA DO ROMANCE 'O AMOR NOS TEMPOS DE CÓLERA'

Fotografia 503 – Projeto 'Flores na pandemia'/Projeto 'Poemas de ressignificação'. Valdeci dos Santos e os sobrinhos-amigos Ícaro (sete anos) e Lourival (sete anos), em aventuras biológicas. Feira de Santana – Bahia – Brasil, 1/nov./2020. Fonte: Acervo pessoal de Valdeci dos Santos.

Fotografia 505 – Projeto 'Flores na pandemia'/Projeto 'Poemas de ressignificação'. Valdeci dos Santos realizando leitura do romance 'O amor nos tempos de cólera', de Gabriel Garcia Marquéz. Feira de Santana – Bahia – Brasil, 10/abr./2020. Fonte: Acervo pessoal de Valdeci dos Santos.

ISOLAMENTO SOCIAL

Registros iconográficos de Valdeci dos Santos, em tempos de isolamento social, decorrente da pandemia da doença COVID-19 (Fotografias: 506, 507, 508, 509, 510, 511, 512, 513, 514, 515, 516, 517, 518, 519, 520, 521, 522, 523, 524, 525, 526 e 527).

Fotografia 506 – Projeto 'Flores na pandemia'/Projeto 'Poemas de ressignificação'. Valdeci dos Santos em enfrentamentos, dentre tantos, o isolamento social. Dia Internacional da Mulher. Homenagem do Grupo 'Versos de Mulher'. Feira de Santana – Bahia – Brasil, 8/mar./2020. Fonte: Acervo pessoal de Valdeci dos Santos.

Fotografia 507 – Projeto 'Flores na pandemia'/Projeto 'Poemas de ressignificação'. Valdeci dos Santos em enfrentamentos, dentre tantos, o isolamento social. Feira de Santana – Bahia – Brasil, 27/abr./2020. Fonte: Acervo pessoal de Valdeci dos Santos.

Fotografia 508 – Projeto 'Flores na pandemia'/Projeto 'Poemas de ressignificação'. Valdeci dos Santos em enfrentamentos, dentre tantos, o isolamento social. Feira de Santana – Bahia – Brasil, 5/maio/2020. Fonte: Acervo pessoal de Valdeci dos Santos.

Fotografia 509 – Projeto 'Flores na pandemia'/Projeto 'Poemas de ressignificação'. Valdeci dos Santos grata por vivenciar o indescritível processo de envelhecimento. Feira de Santana – Bahia – Brasil, 7/maio/2020. Fonte: Acervo pessoal de Valdeci dos Santos.

Fotografia 510 – Projeto 'Flores na pandemia'/Projeto 'Poemas de ressignificação'. Valdeci dos Santos em enfrentamentos, dentre tantos, o isolamento social. Feira de Santana – Bahia – Brasil, 11/maio/2020. Fonte: Acervo pessoal de Valdeci dos Santos.

Fotografia 512 – Projeto 'Flores na pandemia'/Projeto 'Poemas de ressignificação'. Valdeci dos Santos, galinhas e quintais. Feira de Santana – Bahia – Brasil, 18/maio/2020. Fonte: Acervo pessoal de Valdeci dos Santos.

Fotografia 511 – Projeto 'Flores na pandemia'/Projeto 'Poemas de ressignificação'. Valdeci dos Santos e o lúdico no enfrentamento de lutos. Feira de Santana – Bahia – Brasil, 14/maio/2020. Fonte: Acervo pessoal de Valdeci dos Santos.

Fotografia 513 – Projeto 'Flores na pandemia'/Projeto 'Poemas de ressignificação'. Valdeci dos Santos e a planta comestível taioba (Xanthosoma sagittifolium). Feira de Santana – Bahia – Brasil, 19/maio/2020. Fonte: Acervo pessoal de Valdeci dos Santos.

Fotografia 514 – Projeto 'Flores na pandemia'/Projeto 'Poemas de ressignificação'. Valdeci dos Santos, nos arredores do seu lar. Feira de Santana – Bahia – Brasil, 25/maio/2020. Fonte: Acervo pessoal de Valdeci dos Santos.

Fotografia 516 – Projeto 'Flores na pandemia'/Projeto 'Poemas de ressignificação'. Valdeci dos Santos em processo de capinagem. Feira de Santana – Bahia – Brasil, 12/jun./2020. Fonte: Acervo pessoal de Valdeci dos Santos.

Fotografia 515 – Projeto 'Flores na pandemia'/Projeto 'Poemas de ressignificação'. Valdeci dos Santos e a poesia do existir. Feira de Santana – Bahia – Brasil, 10/jun.2020. Fonte: Acervo pessoal de Valdeci dos Santos.

Fotografia 517 – Projeto 'Flores na pandemia'/Projeto 'Poemas de ressignificação'. Valdeci dos Santos e o simbólico são João em tempo de pandemia. Feira de Santana – Bahia – Brasil, 23 jun./2020. Fonte: Acervo pessoal de Valdeci dos Santos.

Fotografia 518 – Projeto 'Flores na pandemia'/Projeto 'Poemas de ressignificação'. Valdeci dos Santos revisitando memórias no cajueiro (Anacardium occidentale). Feira de Santana – Bahia – Brasil, 26/jun./2020. Fonte: Acervo pessoal de Valdeci dos Santos.

Fotografia 520 – Projeto 'Flores na pandemia'/Projeto 'Poemas de ressignificação'. Valdeci dos Santos e a beleza das 'ervas daninhas'. Feira de Santana – Bahia – Brasil, 6/ago./2020. Fonte: Acervo pessoal de Valdeci dos Santos.

Fotografia 519 – Projeto 'Flores na pandemia'/Projeto 'Poemas de ressignificação'. Valdeci dos Santos em limpeza de terreno. Feira de Santana – Bahia – Brasil, 11/jul./2020. Fonte: Acervo pessoal de Valdeci dos Santos.

Fotografia 521 – Projeto 'Flores na pandemia'/Projeto 'Poemas de ressignificação'. Valdeci dos Santos coletando na horta de Edna/Edvaldo. Feira de Santana – Bahia – Brasil, 25/ago./2020. Fonte: Acervo pessoal de Valdeci dos Santos.

Fotografia 522 – Projeto 'Flores na pandemia'/Projeto 'Poemas de ressignificação'. Valdeci dos Santos e o cajueiro (Anacardium occidentale). Feira de Santana – Bahia – Brasil, 18/out./2020. Fonte: Acervo pessoal de Valdeci dos Santos.

Fotografia 523 – Projeto 'Flores na pandemia'/Projeto 'Poemas de ressignificação'. Valdeci dos Santos e o lírio do campo (Hippeastrum striatum). Feira de Santana – Bahia – Brasil, 31/out./2020. Fonte: Acervo pessoal de Valdeci dos Santos.

Fotografia 524 – Projeto 'Flores na pandemia'/Projeto 'Poemas de ressignificação'. Valdeci dos Santos em raríssima visita ao shopping. Feira de Santana – Bahia – Brasil, 26/nov./2020. Fonte: Acervo pessoal de Valdeci dos Santos.

Fotografia 525 – Projeto 'Flores na pandemia'/Projeto 'Poemas de ressignificação'. Valdeci dos Santos em raríssima visita ao centro da cidade. Feira de Santana – Bahia – Brasil, 1/dez./2020. Fonte: Acervo pessoal de Valdeci dos Santos.

Fotografia 526 – Projeto 'Flores na pandemia'/Projeto 'Poemas de ressignificação'. Valdeci dos Santos e o fruta-pão (Artocarpus altilis). Feira de Santana – Bahia – Brasil, 1/fev.2021. Fonte: Acervo pessoal de Valdeci dos Santos.

Fotografia 527 – Projeto 'Flores na pandemia'/Projeto 'Poemas de ressignificação'. Valdeci dos Santos expressando gratidão pela vida. Feira de Santana – Bahia – Brasil, 14/mar./2022. Fonte: Acervo pessoal de Valdeci dos Santos.

Fotografia 528 – Projeto 'Flores na pandemia'/Projeto 'Poemas de ressignificação'. Jardim Namastê/Gratidão. Valdeci dos Santos podando a videira (Vitis sp). Feira de Santana – Bahia – Brasil, 3/jul./2020. Fonte: Acervo pessoal de Valdeci dos Santos.

RECONSTRUÇÃO DO JARDIM NAMASTÊ/GRATIDÃO

Reconstrução do Jardim Namastê/Gratidão, em parceria com Amigos, que ao saberem da minha **decisão de permanecer no Brasil**, durante o período da Pandemia da doença COVID-19, implicou-se, inclusive, com doações financeiras para aquisições de plantas para a revitalização do nosso espaço doméstico denominado Jardim Namastê/Gratidão. Expresso GRATIDÃO, em especial, à: Cleide Mércia Soares da Silva Pereira; Denilza Ferreira da Silva e Silva; Enoque Reis dos Santos; Fátima Sales; Leticia Nobre da Conceição; Luciano Souza da Silva; Lucineide Borges dos Santos; Marcela Rilda Rocha Santos; Maria Celeste Costa Valverde; Maria Elizangela Ramos Junqueira; Maria Sebastiana dos Santos; Marlene Caribé da Silva; Natalina de Almeida Bastos; Rosangela Nobre da Conceição; Selma dos Santos; Sônia Alves Pereira; Telma Silva de Sá Santos; Thelma Percy Couto Gonçalves de Souza (Fotografias: 528, 529, 530, 531, 532, 533, 534, 535, 536, 537, 538, 539, 540, 541, 542, 543, 544, 545, 546, 547, 548, 549, 550, 551, 552, e 553).

Fotografia 529 – Projeto 'Flores na pandemia'/Projeto 'Poemas de ressignificação'. Jardim Namastê/Gratidão. Valdeci dos Santos e o Veludo (Celosia cristata). Feira de Santana – Bahia – Brasil, 11/jul./2020. Fonte: Acervo pessoal de Valdeci dos Santos.

Fotografia 530 – Projeto 'Flores na pandemia'/Projeto 'Poemas de ressignificação'. Reforma do Lar de Valdeci dos Santos. Ressignificando o Jardim Namastê/Gratidão. Feira de Santana – Bahia – Brasil, 16/jul./2020. Fonte: Acervo pessoal de Valdeci dos Santos.

Fotografia 532 – Projeto 'Flores na pandemia'/Projeto 'Poemas de ressignificação'. Jardim Namastê/Gratidão. Valdeci dos Santos e a justicia-vermelha/capota-vermelha/manto-vermelho (Megaskepasma erythrochlamis). Feira de Santana – Bahia – Brasil, 20/ago./2020. Fonte: Acervo pessoal de Valdeci dos Santos.

Fotografia 531 – Projeto 'Flores na pandemia'/Projeto 'Poemas de ressignificação'. Reforma do Lar de Valdeci dos Santos. Ressignificando o Jardim Namastê/Gratidão. Feira de Santana – Bahia – Brasil, 14/ago./2020. Fonte: Acervo pessoal de Valdeci dos Santos.

Fotografia 533 – Projeto 'Flores na pandemia'/Projeto 'Poemas de ressignificação'. Jardim Namastê/Gratidão. Valdeci dos Santos e a dália (Dahlia sp). Feira de Santana – Bahia – Brasil, 24/ago./2020. Fonte: Acervo pessoal de Valdeci dos Santos.

Fotografia 534 – Projeto 'Flores na pandemia'/Projeto 'Poemas de ressignificação'. Jardim Namastê/Gratidão. Morango (Fragaria sp). Feira de Santana – Bahia – Brasil, 10/set./2020. Fonte: Acervo pessoal de Valdeci dos Santos.

Fotografia 536 – Projeto 'Flores na pandemia'/Projeto 'Poemas de ressignificação'. Jardim Namastê/Gratidão. Lágrima de cristo (Clerodendrum thomsoniae). Feira de Santana – Bahia – Brasil, 22/set./2020. Fonte: Acervo pessoal de Valdeci dos Santos.

Fotografia 535 – Projeto 'Flores na pandemia'/Projeto 'Poemas de ressignificação'. Jardim Namastê/Gratidão. Azulzinha (Evolvulus glomeratus). Feira de Santana – Bahia – Brasil, 20/set./2020. Fonte: Acervo pessoal de Valdeci dos Santos.

Fotografia 537 – Projeto 'Flores na pandemia'/Projeto 'Poemas de ressignificação'. Jardim Namastê/Gratidão. Antúrio (Anthurium sp). Feira de Santana – Bahia – Brasil, 23/set./2020. Fonte: Acervo pessoal de Valdeci dos Santos.

Fotografia 538 – Projeto 'Flores na pandemia'/Projeto 'Poemas de ressignificação'. Jardim Namastê/Gratidão. Amarílis (Amaryllis sp). Feira de Santana – Bahia – Brasil, 29/set./2020. Fonte: Acervo pessoal de Valdeci dos Santos.

Fotografia 539 – Projeto 'Flores na pandemia'/Projeto 'Poemas de ressignificação'. Jardim Namastê/Gratidão. Ruélia azul (Ruellia coerulea). Feira de Santana – Bahia – Brasil, 3/out./2020. Fonte: Acervo pessoal de Valdeci dos Santos.

Fotografia 540 – Projeto 'Flores na pandemia'/Projeto 'Poemas de ressignificação'. Jardim Namastê/Gratidão. Lírio da paz (Spathiphyllum sp). Feira de Santana – Bahia – Brasil, 5/out./2020. Fonte: Acervo pessoal de Valdeci dos Santos.

Fotografia 541 – Projeto 'Flores na pandemia'/Projeto 'Poemas de ressignificação'. Jardim Namastê/Gratidão. Orquídeas (Cymbidium sp; Dendrobium sp; Phalaenopsis sp). Feira de Santana – Bahia – Brasil, 9/out./2020. Fonte: Acervo pessoal de Valdeci dos Santos.

Fotografia 542 – Projeto 'Flores na pandemia'/Projeto 'Poemas de ressignificação'. Jardim Namastê/Gratidão. Colheita de uvas. Pérola Rafaella. Feira de Santana - Bahia - Brasil, 30/dez./2020.

Fotografia 544 – Projeto 'Flores na pandemia'/Projeto 'Poemas de ressignificação'. Jardim Namastê/Gratidão. Alecrim (Rosmarinus officinalis). Feira de Santana – Bahia – Brasil, 6/nov./2020. Fonte: Acervo pessoal de Valdeci dos Santos.

Fotografia 543 – Projeto 'Flores na pandemia'/Projeto 'Poemas de ressignificação'. Jardim Namastê/Gratidão. Arrebenta-boi/cega-olho/jasmim-da-itália (Hippobroma longiflora). Feira de Santana – Bahia – Brasil, 30/out./2020. Fonte: Acervo pessoal de Valdeci dos Santos.

Fotografia 545 – Projeto 'Flores na pandemia'/Projeto 'Poemas de ressignificação'. Jardim Namastê/Gratidão. Aroeira/aroeira-vermelha/pimenta-rosa (Schinus terebinthifolia). Feira de Santana – Bahia – Brasil, 21/nov./2020. Fonte: Acervo pessoal de Valdeci dos Santos.

Fotografia 546 – Projeto 'Flores na pandemia'/Projeto 'Poemas de ressignificação'. Jardim Namastê/Gratidão. Manacá-de-cheiro/manacá-de-jardim/romeu e julieta (Brunfelsia uniflora). Feira de Santana – Bahia – Brasil, 21/nov./2020. Fonte: Acervo pessoal de Valdeci dos Santos.

Fotografia 548 – Projeto 'Flores na pandemia'/Projeto 'Poemas de ressignificação'. Jardim Namastê/Gratidão. Inflorescências de espada de São Jorge (Sansevieria trifasciata). Feira de Santana – Bahia – Brasil, 24/nov./2020. Fonte: Acervo pessoal de Valdeci dos Santos.

Fotografia 547 – Projeto 'Flores na pandemia'/Projeto 'Poemas de ressignificação'. Jardim Namastê/Gratidão. Rolinhas e videiras (Vitis sp). Feira de Santana – Bahia – Brasil, 23/nov./2020. Fonte: Acervo pessoal de Valdeci dos Santos.

Fotografia 549 – Projeto 'Flores na pandemia'/Projeto 'Poemas de ressignificação'. Jardim Namastê/Gratidão. Carambola (Averrhoa carambola). Feira de Santana – Bahia – Brasil, 2/dez./2020. Fonte: Acervo pessoal de Valdeci dos Santos.

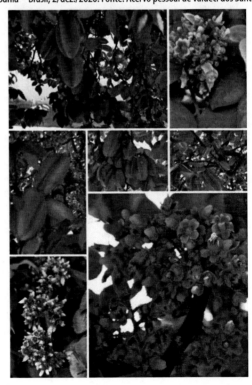

Fotografia 550 – Projeto 'Flores na pandemia'/Projeto 'Poemas de ressignificação'. Jardim Namastê/Gratidão. Acerola (Malpighia emarginata). Feira de Santana – Bahia – Brasil, 7/dez./2020. Fonte: Acervo pessoal de Valdeci dos Santos.

Fotografia 552 – Projeto 'Flores na pandemia'/Projeto 'Poemas de ressignificação'. Jardim Namastê/Gratidão. Veludo (Celosia cristata). Feira de Santana – Bahia – Brasil, 15/fev./2021. Fonte: Acervo pessoal de Valdeci dos Santos.

Fotografia 551 – Projeto 'Flores na pandemia'/Projeto 'Poemas de ressignificação'. Jardim Namastê/Gratidão. Recebi visita da amiga Cleide Mércia. Ela presenteou-me com uma muda de Flor-de-cera (Hoya carnosa). Feira de Santana – Bahia – Brasil, 9/fev./2021. Fonte: Acervo pessoal de Valdeci dos Santos.

Fotografia 553 – Projeto 'Flores na pandemia'/Projeto 'Poemas de ressignificação'. Jardim Namastê/Gratidão. Íris caminhante (Neomarica sp). Feira de Santana – Bahia – Brasil, 21/fev./2021. Fonte: Acervo pessoal de Valdeci dos Santos.

CRIAÇÃO E SOCIALIZAÇÃO DE VÍDEOS-MENSAGENS

Socialização de vídeos-mensagens, criados por Valdeci dos Santos, destinados à Humanidade, como: abertura para diálogos e espaços de reflexões sobre singularidades dos sujeitos, resiliência, limites/possibilidades, acolhimento fraterno, amizade, fraternidade, e gratidão na dinâmica de enfrentamentos de impactos objetivo-subjetivos, advindos da pandemia da doença COVID-19 e, destaques sobre a importância do conhecimento científico; associados às singularidades de espécies de plantas oriundas do **Jardim Namastê/Gratidão**. Os vídeos-mensagens foram difundidos nas redes sociais (WhatsApp, E-mail, canal do YouTube 'Escritora Valdeci dos Santos', site https://www.valdecidossantos.com, Instagram e Facebook) com a hashtag #projetoFLORESnaPANDEMIA. O acervo de plantas relacionadas aos **vídeos-mensagens** são: Acerola (*Malpighia emarginata*); Alecrim (*Rosmarinus officinalis*); Amarílis (*Amaryllis* sp); Antúrio (*Anthurium* sp); Aroeira/Aroeira-vermelha/Pimenta-rosa (*Schinus terebinthifolia*); Arrebenta-boi/Cega-olho/Jasmim-da-Itália (*Hippobroma longiflora*); Azulzinha (*Evolvulus glomeratus*); Beijo-de-frade (*Impatiens balsamina*); Boa-noite (*Catharanthus roseus*); Calandiva (Híbrido da *Kalanchoe blossfeldiana*); Carambola (*Averrhoa carambola*); Chapéu-de-couro (*Zinnia* sp); Chuva de prata (*Leucophyllum frutescens*); Clorofito (*Chlorophytum comosum*); Coroa-de-cristo (*Euphorbia milii*); Cróton (*Codiaeum* sp); Dipladênia (*Mandevilla* sp); Echeveria (*Echeveria* sp); Gerânio (*Pelargonium* sp); Gérbera (*Gerbera jamesonii*); Íris Caminhante (*Neomarica* sp); Jasmim do caribe/Buquê-de-noiva (*Plumeria pudica*); Jasmim-café (*Tabernaemontana divaricata*); Justicia-vermelha/Capota-vermelha/Manto-vermelho (*Megaskepasma erythrochlamis*); Kalanchoe (*Kalanchoe blossfeldiana*); Kalanchoe (*Kalanchoe delagoensis*); Kalanchoe (*Kalanchoe marnieriana*); Lágrima de Cristo (*Clerodendrum thomsoniae*); Lança de São Jorge (*Sansevieria* sp); Espada de São Jorge (*Sansevieria trifasciata*); Levante (*Mentha viridis*); Lírio da paz (*Spathiphyllum* sp); Lírio do campo (*Hippeastrum striatum*); Mãe-de-mil (*Kalanchoe diagremontiana*); Mãe-de-milhares (*Kalanchoe laetivirens*); Manacá-de-cheiro/Manacá-de-jardim/Romeu e Julieta (*Brunfelsia uniflora*); Manjericão (*Ocimum basilicum*); Moisés-no-berço/Abacaxi-roxo (*Tradescantia spathacea*); Morango (*Fragaria* sp); Onze-horas (*Portulaca* sp); Orquídeas (*Cymbidium* sp; *Dendrobium* sp; *Phalaenopsis* sp); Perpétua (*Gomphrena globosa*); Primavera/Três-Marias (*Bougainvillea glabra*); Rabo-de-burro (*Sedum morganianum*); Rosa (*Rosa* sp); Rosa Graxa (*Hibiscus* sp); Rúcula (*Eruca sativa*); Ruélia Azul (*Ruellia coerulea*); Seriguela/Serigueleira/Ciruela mexicana/Ameixa-da-espanha (*Spondias purpurea*); Taioba (*Xanthosoma sagittifolium*); Tinhorão (*Caladium bicolor*); Veludo (*Celosia cristata*); Videiras (*Vitis* sp); Zamioculca (*Zamioculcas* sp).

ENCONTRO VIRTUAL

Realização do **Primeiro 'Encontro Virtual de Linhagem Parental'**, em 7 de setembro de 2020 (Fotografia: 554).

Fotografia 554 – Projeto 'Flores na pandemia'/Projeto 'Poemas de ressignificação'. Primeiro encontro virtual de linhagem parental. Feira de Santana – Bahia – Brasil, 7/set./2020. Fonte: Acervo pessoal de Valdeci dos Santos.

KARAOKÊ VIRTUAL

Realização do **Primeiro 'Karaokê Virtual de Linhagem Parental'**, em 19 de setembro de 2020 (Fotografia: 555).

Fotografia 555 – Projeto 'Flores na pandemia'/Projeto 'Poemas de ressignificação'. Primeiro karaokê virtual de linhagem parental. Feira de Santana – Bahia – Brasil, 19/set./2020. Fonte: Acervo pessoal de Valdeci dos Santos.

DESAFIO EDUCATIVO SOBRE USO DE MÁSCARAS

Desafio educativo sobre a importância do uso de máscaras, em tempos de 'Pandemia da doença COVID-19' (Fotografias: 556, 557 e 558).

Fotografia 556 – Projeto 'Flores na pandemia'/Projeto 'Poemas de ressignificação'. Desafio: sobre a importância do uso de máscaras no processo de prevenção da doença COVID-19. Regina; Antonio Geraldo da Silva Sá Barreto; Vagna Benevides; Jacira Lima; Steleyjanes Galdino Rodrigues; Claúdia Regina Teixeira de Souza; Maria Jerônima Fonseca Rego. Ambiente Virtual. Feira de Santana – Bahia – Brasil, 24/set./2020. Fonte: Acervo pessoal de Valdeci dos Santos.

Fotografia 557 – Projeto 'Flores na pandemia'/Projeto 'Poemas de ressignificação'. Desafio: sobre a importância do uso de máscaras no processo de prevenção da doença COVID-19. Valdeci dos Santos, Edna dos Santos, Lourival dos Santos Oliveira e Pérola Rafaella. Feira de Santana – Bahia – Brasil, 24/set./2020. Fonte: Acervo pessoal de Valdeci dos Santos.

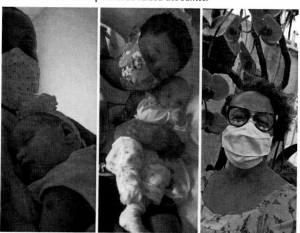

Fotografia 558 – Projeto 'Flores na pandemia'/Projeto 'Poemas de ressignificação'. Desafio: sobre a importância do uso de máscaras no processo de prevenção da doença COVID-19. Edivan Ferraz Silva, Itana Ferraz Silva, Beatriz Ferraz Silva, Melissa Ferraz Silva. Feira de Santana – Bahia – Brasil, 24/set./2020. Fonte: Acervo pessoal de Edivan Ferraz Silva

IKEBANA 1

Construção de Ikebana, como EXPRESSÃO DE GRATIDÃO AOS ANTEPASSADOS, em 24 de outubro de 2020, durante LIVE (Vivência em Gratidão aos Antepassados) da MOKITI OKADA (Fotografia: 559).

Fotografia 559 – Projeto 'Flores na pandemia'/Projeto 'Poemas de ressignificação'. Valdeci dos Santos partilha Ikebana em GRATIDÃO AOS ANTEPASSADOS, construída em 24 de outubro de 2020, durante LIVE (Vivência em GRATIDÃO AOS ANTEPASSADOS) da MOKITI OKADA. Feira de Santana – Bahia – Brasil, 24/out./2020. Fonte: Acervo pessoal de Valdeci dos Santos.

Expresso gratidão aos antepassados que, deixaram à descendência seus legados éticos, morais, fraternos e a terra (terrenos), para que tivéssemos um norteador ético e espaços de construção dos nossos lares. Demarco meu respeito aos antepassados e convoco a nova linhagem a transitar nos espaços da memória passada e atual, para que possamos construir um legado de identidade parental e acolhimento fraterno às futuras gerações. Honro suas memórias através da IKEBANA constituída por: Folhas e gavinhas de videira (*Vitis* sp); Uvas (*Vitis* sp); Flor de orquídea (*Phalaenopsis* sp); Ramo de alecrim (*Rosmarinus officinalis*); Haste de clorofito (*Chlorophytum comosum*); Água; Vaso TERNURA e VIDA. Homenageio-os, com os meus filhos epistêmicos (livros), a ancestralidade analfabeta, que reconhecia a importância da **Honra/Ética**, da **Amizade**, da **Fraternidade**, do **Conhecimento**, do **Estudo** e do **Labor**.

IKEBANA 2

Construção de Ikebana, como EXPRESSÃO DE GRATIDÃO AOS ANTEPASSADOS, em 2 de novembro de 2020 (Fotografia: 560).

Fotografia 560 – Projeto 'Flores na pandemia'/Projeto 'Poemas de ressignificação'. Dia de finados. Ikebana em gratidão aos antepassados feita por Valdeci dos Santos. Feira de Santana – Bahia – Brasil, 2/nov./2020. Fonte: Acervo pessoal de Valdeci dos Santos.

A Ikebana em GRATIDÃO AOS ANTEPASSADOS, elaborada em 2 de novembro de 2020 (Dia de Finados/Dia dos Mortos), com plantas que dizem de memórias de alegrias, brincadeiras, felicidade, amor, diálogos sobre resiliência, experiências e aprendizados significativos de vivências, em especial, com meus avôs materno Genésio/Joana e, paterno Bento/Celestina.

Minha avó materna Joana (Jana) casou-se com Genésio e tiveram 22 (vinte e dois) filhos, dos quais sobreviveram 8 (oito) filhos.

Amava minha vovó Jana. Amo sua memória.

Ela era a rezadeira local, cultivava um rico acervo de plantas medicinais, seu quintal era um maravilhoso livro de Botânica para quaisquer crianças, sem contar seu colorido jardim de dálias – *Dhalia sp*.

Dona Jana era reconhecida pela sabedoria dos comentários e pela disponibilidade para acolhimentos de quaisquer uns que estivessem em dificuldades. Sua casa era frequentada por inúmeras pessoas em busca de acolhimento afetivo e terapêutico, sobretudo, de receitas de plantas conhecidas por suas ações terapêuticas. Os ritos e rituais de cura através de diálogos, orações, rezas e chás presenciados na casa de minha avó foram significativamente importantes, especialmente, na constituição do meu olhar para objetos de estudos na área da Etnobiologia.

Dos poucos diálogos com meu avô Bento, sobre o **RACISMO** e suas chaves de exclusão (preconceito, estereótipo e estigmas).

As dores de exclusão narrada por meu avô Bento, ainda ecoam. Chegamos ao Brasil, do século XXI, no dia 20 de novembro de 2020, DIA DA CONSCIÊNCIA NEGRA, reafirmando que VIDAS NEGRAS IMPORTAM.

Na véspera do dia da Consciência Negra, 19 de novembro de 2020, um cidadão brasileiro foi coautor de um episódio de discussão numa rede internacional de supermercado. Fato que se desdobrou numa cena de violência e barbárie. Uma sessão de espancamento por mais de cinco minutos, protagonizada por seguranças do estabelecimento, sentenciou sua morte. A vítima era um cidadão negro. O crime foi denunciado como um ATO DE RACISMO.

Rememoro a música chamada ASSIM ASSADO, de autoria do João Ricardo, gravada pelo grupo SECOS & MOLHADOS, em 1973, que aborda sobre "sutilezas" do racismo e assassinatos de negros. Ela diz:

São duas horas da madrugada de um dia assim
Um velho anda de terno velho assim assim
Quando aparece o guarda belo
Quando aparece o guarda belo

É posto em cena fazendo cena um treco assim
Bem apontado nariz chato assim assim
Quando aparece a cor do velho
Quando aparece a cor do velho

Mas guarda belo não acredita na cor assim
Ele decide o terno velho assim assim
Porque ele quer o velho assado
Porque ele quer o velho assado

Mas mesmo assim o velho morre assim assim
E o guarda belo é o herói assim assado
Por que é preciso ser assim assado
Por que é preciso ser assim assado

A cultura do ASSIM ASSADO e as chaves de exclusão (preconceito, estereótipo e estigmas) são mecanismos marcantes de uma Humanidade que desconsidera a condição UNO – SOMOS IRMÃOS EM HUMANIDADE.

Creio que a *Brunfelsia uniflora* (conhecida popularmente como: manacá-de-cheiro, manacá-de-jardim, Romeu e Julieta, ontem-hoje-amanhã e primavera) possa ser um símbolo para refletir sobre o racismo e suas chaves de exclusão (preconceito, estereótipo e estigmas). Ela apesar de expressar flores: azul roxo, rosa lilás e branco, em diferentes estágios do desenvolvimento, a espécie continua a mesma. O homem, independente dos marcadores da cor da pele permanece *Homo sapiens sapiens*. O racismo nega essa condição.

Honro essas memórias através da IKEBANA constituída por: Cajueiro (*Anacardium occidentale* – o caju é tido como o fruto do cajueiro, trata-se de um pseudofruto. Ele é o pedúnculo floral que sustenta fruto propriamente dito, a castanha.), Pleomele (*Dracaena reflexa*), Dracena tricolor (*Dracaena marginata*), Espada de São Jorge (*Sansevieria trifasciata*), Vaso de cristal verde simbolizando SAÚDE/CURA e, Água, a expressão da VIDA.

O cajueiro foi/é um lugar de AMOROSIDADE. A minha avó materna apelidada como Dona Jana colocava balanços (chamados, também, de gangorras) para os netos brincarem. Amava/amo os odores que exalam das flores, das folhas, do fruto chamado castanha, do pseudofruto chamado caju, dos voos dos pássaros para bicarem os cajus, do SOM que ressoa ao pisarmos nas folhas secas caídas ao chão, das borboletas e abelhas que visitam as flores. Ainda, ecoam os alertas de cuidados relacionados às taturanas, chamadas de lagarta de fogo, fase larval de mariposas, que provocam queimaduras.

O Pleomele com suas curvas destaca a elegância e a simplicidade do EXISTIR.

A Dracena tricolor rememora a explosão de sonhos, desejo e possibilidades que fecundam a caminhada existencial, os OCEANOS.

A espada de São Jorge marca os diálogos com meu avô paterno Bento sobre a importância da resiliência na jornada da vida. Ele ressaltava sobre limites impostos à sua condição de NEGRO/PRETO. Quem foi seu pai? Quem foi sua mãe? Desconheço sua linhagem. Não existem memórias sobre meus bisavôs paternos. Seus relatos davam conta de feridas sociais. Meu avô tinha uma certeza: seus netos estudariam e não se deixariam serem humilhados.

Reconheço a importância dos antepassados na estruturação da Linhagem Parental e o meu compromisso de contribuir para a saúde dos relacionamentos fraternos: Sinto Muito, Me Perdoe, Te Amo, Sou Grata.

SOU GRATA, ao meu pai, LOURIVAL PEREIRA DOS SANTOS (Seu Fulô) (*In memoriam*), por ter, juntamente com minha mãe MARIA SEBASTIANA DOS SANTOS (Dona. Nita), construído um Núcleo Familiar ancorado no Princípio de Autonomia, tornando-nos dependentes de múltiplas possibilidades para um trânsito significativo no Existir. Como se não bastasse esse rico circuito de aprendizados, disponibilizou-me o mais singular de todos os aprendizados: **a finitude da sua vida.**

Que DEUS possa, através da FÉ, aninhar-se em vossos corpos-mentes-espíritos, propiciando-lhes saúdes (física, espiritual, intelectual, familiar, social, profissional e financeira), serenidade, sabedoria e ânimos para os enfrentamentos que dizem de vossas singularidades no movimento do EXISTIR.

Beijo de luz em vossos corações.

Valdeci dos Santos
Feira de Santana – Bahia –
Brasil, 21 de novembro de 2020

ANIVERSÁRIO DE 59 ANOS

Eu, Valdeci dos Santos, expresso GRATIDÃO, aos amigos amados que celebraram meu aniversário de 59 anos, em 'Festa Virtual à Fantasia', no dia 22 de dezembro de 2020, em especial à: Cleiziane Bispo da Silva (UEFS); Crispina Lima (Linhagem Parental); Cristiane Lima (Linhagem Parental); Daniela Batista Santos (UNEB); Eliene Coutinho (SEPHIA); Helionice Freittas (Biodança SP); Jaciara Miranda (UEFS); José Dantas Ribeiro (Biodança BA); José Ferro (Linhagem Parental); Judite Sant'Anna Lima (UNEB); Larissa Correia Silva (Linhagem Parental); Laura Ribeiro da Silva (UEFS); Leila Moreira (amiga/cabeleireira/mãe afetiva); Luciene Maria de Jesus (Biodança SP); Maria Celeste Costa Valverde (UEFS); Maria Eliza Dionísio (UNEB); Marinalva Lopes Ribeiro (Biodança BA); Queila Moreira (UEFS); Regina Pacheco (Biomagnetismo SP); Valdemiro Lopes Marinho (UEFS); Vera Lúcia Chalegre de Freitas (UFRN/UFP); e, Vitor Anciaes (Missionários Combonianos) (Fotografias: 561, 562, 563, 564, 565, 566, 567 e 568).

Fotografia 561 – Projeto 'Flores na pandemia'/Projeto 'Poemas de ressignificação'. Valdeci dos Santos celebrando o aniversário de 59 anos de existência, com amigos, em 'confraternização virtual' à fantasia. Feira de Santana – Bahia – Brasil, 22/dez./2020. Fonte: Acervo pessoal de Valdeci dos Santos.

Fotografia 562 – Projeto 'Flores na pandemia'/Projeto 'Poemas de ressignificação'. Valdeci dos Santos celebrando o aniversário de 59 anos de existência, com amigos, em 'confraternização virtual' à fantasia. ETERNA GRATIDÃO, à Amiga Amada Leila Moreira, pelo acolhimento fraterno-espiritual, desde 1984; em especial, quando vivenciei as turbulências do câncer (2012). Que o DEUS, de sua compreensão/concepção, habitante em seu corpo-mente-espírito, propicie-lhe saúdes, serenidade, sabedoria e, ânimos para os enfrentamentos que dizem da sua singularidade no MOVIMENTO do EXISTIR. Beijo de luz em seu coração. 'Feira de Santana – Bahia – Brasil, 22/dez./2020. Fonte: Acervo pessoal de Valdeci dos Santos.

Fotografia 563 – 'EM TEMPO'. Leila Moreira acolhendo Valdeci dos Santos, pós-cirurgia de câncer, em setembro de 2012. Feira de Santana – Bahia – Brasil, 25/set./2012. Fonte: Acervo pessoal de Valdeci dos Santos.

Fotografia 564 – Projeto 'Flores na pandemia'/Projeto 'Poemas de ressignificação'. Valdeci dos Santos celebrando o aniversário de 59 anos de existência, com amigos, em 'confraternização virtual' à fantasia. Feira de Santana – Bahia – Brasil, 22/dez./2020. Fonte: Acervo pessoal de Valdeci dos Santos.

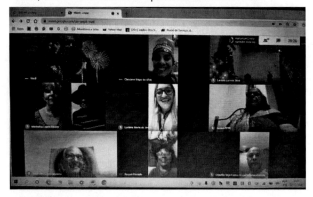

Fotografia 565 – Projeto 'Flores na pandemia'/Projeto 'Poemas de ressignificação'. Valdeci dos Santos celebrando o aniversário de 59 anos de existência, com amigos, em 'confraternização virtual' à fantasia. Feira de Santana – Bahia – Brasil, 22/dez./2020. Fonte: Acervo pessoal de Valdeci dos Santos.

Fotografia 566 – Projeto 'Flores na pandemia'/Projeto 'Poemas de ressignificação'. Valdeci dos Santos celebrando o aniversário de 59 anos de existência, com amigos, em 'confraternização virtual' à fantasia. Feira de Santana – Bahia – Brasil, 22/dez./2020. Fonte: Acervo pessoal de Valdeci dos Santos.

Fotografia 567 – Projeto 'Flores na pandemia'/Projeto 'Poemas de ressignificação'. Valdeci dos Santos celebrando o aniversário de 59 anos de existência, com amigos, em 'confraternização virtual' à fantasia. Feira de Santana – Bahia – Brasil, 22/dez./2020. Fonte: Acervo pessoal de Valdeci dos Santos.

Fotografia 568 – Projeto 'Flores na pandemia'/Projeto 'Poemas de ressignificação'. Valdeci dos Santos celebrando o aniversário de 59 anos de existência, com amigos, em 'confraternização virtual' à fantasia. Feira de Santana – Bahia – Brasil, 22/dez./2020. Fonte: Acervo pessoal de Valdeci dos Santos.

ELABORAÇÃO DE LUTOS

HOMENAGEM AO AMIGO FRANCIS BATISTA CARVALHO (In memoriam)

À Amiga Aldeniza Cardoso de Lima/FAMÍLIA e Amigos,

Namastê!

Expresso meu PROFUNDO PESAR pela perda (falecimento) do Amigo FRANCIS BATISTA CARVALHO (esposo da Amiga Aldeniza Cardoso de Lima – UFAM), vitimado pala COVID-19.

Fotografia 569 – Projeto 'Flores na pandemia'/Projeto 'Poemas de ressignificação'. Valdeci dos Santos expressando luto pelo amigo Francis Batista Carvalho (In memoriam), vitimado pela doença COVID-19. Manaus – Amazonas – Brasil, 11/jan./2021. Fonte: Acervo pessoal de Valdeci dos Santos.

A notícia da morte do Amigo Francis gerou profundo impacto emocional. Hoje, por volta das 10h38min, enviei-lhe uma mensagem de ânimos, na expectativa que estivesse recebido Alta Hospitalar. A Amiga Aldeniza respondeu a mensagem, por volta das 17h07min, informando que ele estava intubado na UTI. Fui informada da morte às 18h00min. O Existir é efêmero.

Nosso último encontro presencial foi no período de 10 a 13 de dezembro de 2018, em meu LAR. Recebi como presente de aniversário, a visita do casal. Ritos de Amizade/Alegria/Gratidão.

Fotografia 570 – Valdeci dos Santos, Aldeniza Cardoso de Lima e Francis Batista Carvalho (In memoriam) passeando em Feira de Santana. Feira de Santana – Bahia – Brasil, 11/dez./2018. Fonte: Acervo pessoal de Valdeci dos Santos.

Fotografia 571 – Valdeci dos Santos, Aldeniza Cardoso de Lima, Francis Batista Carvalho (In memoriam) e Celeste Maria Pacheco de Andrade em celebração de acolhimento no lar de Valdeci dos santos. Feira de Santana – Bahia – Brasil, 12/dez./2018. Fonte: Acervo pessoal de Valdeci dos Santos.

Que sua FAMÍLIA e Amigos revitalizem seus corpos-mentes-espíritos para os enfrentamentos necessários no movimento do Existir, sobretudo, no processo de LUTO oriundo da perda do Outro do vínculo afetivo.

O Amigo FRANCIS BATISTA CARVALHO ensinou sobre AMIZADE, FÉ, AMOR, FAMÍLIA, ÉTICA, GARRA. Ele COMBATEU O BOM COMBATE do existir digno.

O Amigo FRANCIS foi/é EXEMPLO de experiências e aprendizados significativos. Aprendi. Sou GRATA. Homenageio-o com o poema de Rabindranath Tagore:

> Já posso partir! Que meus irmãos se despeçam de mim!
> Saudações a todos vocês; começo minha partida.
> Devolvo aqui as chaves da porta e abro mão dos meus direitos na casa.
> Palavras de bondade é o que peço a vocês, por último.
> Estivemos juntos tanto tempo, mas recebi mais do que pude dar.
> Eis que o dia clareou e a lâmpada que iluminava o meu canto escuro se apagou.
> A ordem chegou e estou pronto para minha viagem.

Que DEUS fecundo em Misericórdia e Bondade acolha-o, com seu MANTO DE LUZ, curando suas dores e chagas.

Beijo de luz em vossos corações.

Val/Valdeci dos Santos

HOMENAGEM AO AMIGO ZÉ DOS RIOS – JOSÉ DE OLIVEIRA LUIZ (*In memoriam*)

À Família e Amigos de Zé dos Rios,

Namastê!

Expresso meu PROFUNDO PESAR pela perda (falecimento) do amado amigo ZÉ DOS RIOS – JOSÉ DE OLIVEIRA LUIZ, em 7 de março de 2022, na cidade Viseu, no país Portugal.

Fotografia 572 – Projeto 'Flores na pandemia'/Projeto 'Poemas de ressignificação'. Valdeci dos Santos expressando luto pelo amigo Zé dos Rios – José de Oliveira Luiz (In memoriam). Morte ocorrida na cidade de Viseu, em Portugal, no dia 7 de março de 2022. Fonte: Acervo pessoal de Valdeci dos Santos.

Que sua FAMÍLIA e Amigos, revitalizem seus corpos-mentes-espíritos para os enfrentamentos necessários no movimento do Existir, sobretudo, no processo de LUTO oriundo da perda do Outro do vínculo afetivo.

A notícia da morte do Amigo ZÉ DOS RIOS gerou impacto emocional. Nosso último ENCONTRO presencial no dia 30 de dezembro de 2019.

Vivíamos em Viseu, Portugal. Nosso encontro foi inevitável; frequentávamos as atividades culturais da cidade. Um encontro muitíssimo significativo: celebrávamos as preciosidades nomeadas de VIDA, EXISTIR, AMIZADE, POESIA, LIBERDADE, FRATERNIDADE. Amava suas ligações matinais para anunciar que continuava um VIVO HABITANTE do Planeta Terra. Era nosso mútuo vínculo de acolhimento fraterno.

Fotografia 573 – Moradia em Portugal. Valdeci dos Santos retornou para Portugal. A saúde em condição ótima. Celebrando aniversário de 58 anos com o amigo Poeta/Ator/Escritor "Zé dos Rios". Feliz pela existência. Viseu, 22/dez./2019. Fonte: Acervo pessoal de Valdeci dos Santos.

ZÉ DOS RIOS definiu sua ROTA DE VIDA: desejava VIVER, VOAR com asas de POESIA, CONSCIÊNCIA SOCIAL, AMIZADE, AMOR, FAMÍLIA, GARRA. E, driblando os inóspitos desdobramentos que impactaram o corpo físico COMBATEU O BOM COMBATE DO DESEJO. Findou sua MISSÃO, deixando exemplos e SAUDADES.

ZÉ DOS RIOS foi/é EXEMPLO de experiências e aprendizados significativos. Aprendi com Ele. Sou GRATA.

Homenageio-o com o poema de Rabindranath Tagore:

> Já posso partir! Que meus irmãos se despeçam de mim!
> Saudações a todos vocês; começo minha partida.
> Devolvo aqui as chaves da porta e abro mão dos meus direitos na casa.
> Palavras de bondade é o que peço a vocês, por último.
> Estivemos juntos tanto tempo, mas recebi mais do que pude dar.
> Eis que o dia clareou e a lâmpada que iluminava o meu canto escuro se apagou.
> A ordem chegou e estou pronto para minha viagem.

Que DEUS da sua compreensão, habitante em seu corpo-mente-espírito, fecundo em Misericórdia e Bondade acolha-o, com seu MANTO DE LUZ, curando suas dores e chagas.

Beijo de luz em vossos corações.

Valdeci dos Santos

HOMENAGEM AO PRIMO-AMIGO ANTONIO BALBINO MIRANDA (*In memoriam*)

Encontra-se disponível, no YouTube, na página 'Escritora Valdeci dos Santos', o vídeo **"Dedico a Balbino Miranda"**, com duração de 11min03seg, gravado em 5 de junho de 2021. Ele é uma homenagem ao primo-amigo Antonio Balbino Miranda (*In memoriam*), vitimado pela doença de COVID-19.

GRATIDÃO AOS AMIGOS DO RIO GRANDE DO NORTE

Namastê!

Na busca de ambiência terapêutica, EM TEMPOS DE PANDEMIA da doença COVID-19, por cinco meses, no período de agosto a dezembro de 2021, residi na cidade de Natal, no Estado do Rio Grande do Norte.

Vivenciava lutos, ansiedade, angústia e, medos, dentre outros, os relacionados a possibilidades de 'recidiva de câncer' (reaparecimento do câncer após o término de um tratamento com intenção de curar, podendo acontecer no mesmo lugar onde o câncer apareceu primeiro, próximo ao lugar ou em órgãos mais distantes).

Expresso GRATIDÃO, aos companheiros de existência que se constituíram e consolidaram AMIGOS, em especial, nomeio:

- Equipe do Serviço de Medicina Nuclear da Liga Norteriograndense Contra o Câncer, em especial, ao Médico Dr. Arthur Villarim Neto; e, as Senhoras: Neide Gomes, Leidianlene Morais e, Beth (Fotografia 574).
- Psicóloga Mônica Cataldo, pela caminhada fraterno-epistêmico-profissional, na jornada de CURA do meu corpo-mente-espírito.
- Maria José Gadelha, pela presença fraterna desde 2004 e expressão de AMIZADE.
- Maria do Rosário de Fátima de Carvalho, pela presença fraterno-epistêmica e diálogos fecundos.
- Vera Lúcia Chalegre de Freitas, pela presença fraterno-epistêmico-profissional desde 2004, expressão de AMIZADE e, ensinamentos fecundos em dias de visita.

- Membros da 'Família Malibú' (Fotografias: 575 e 576), pela ambiência fraterna e acolhedora, pelas reuniões de socialização de lanches noturnos e bate-papos.

Fotografia 574 – Projeto 'Flores na pandemia'/Projeto 'Poemas de ressignificação'. Equipe do Serviço de Medicina Nuclear da Liga Norteriograndense Contra o Câncer, em especial, ao Médico Dr. Arthur Villarim Neto; e, as Senhoras: Neide Gomes, Leidianlene Morais e, Beth Natal – Rio Grande do Norte – Brasil, 2/set./2021. Fonte: Acervo pessoal de Valdeci dos Santos.

Fotografia 575 – Projeto 'Flores na pandemia'/Projeto 'Poemas de ressignificação'. Valdeci dos Santos com amigos 'Família Malibú'. Natal – Rio Grande do Norte – Brasil, 8/ago./2021 a 26/dez./2021. Fonte: Acervo pessoal de Valdeci dos Santos.

Fotografia 576 – Projeto 'Flores na pandemia'/Projeto 'Poemas de ressignificação'. Valdeci dos Santos com amigos 'Família Malibú' celebrando o aniversário de 60 anos de existência, em 'confraternização presencial', na cidade de Natal. Natal – Rio Grande do Norte – Brasil, 22/dez./2021. Fonte: Acervo pessoal de Valdeci dos Santos.

- Família: Silvana Maria Batista de Souza Medeiros, Sr. Lucimar Vieira de Medeiros e Samara de Souza Vieira, pelo acolhimento fraterno, traduzidos em diálogos; chás, jantares e lanches, extraordinariamente, aromáticos e saborosos; pela xícara-memória BIÓLOGA.
- Samara de Souza Vieira, pela juventude e delicadeza poética na ressignificação sua jornada existencial; pela amorosidade na realização da decoração do meu LAR temporário para a celebração dos meus 60 (sessenta) anos de EXISTÊNCIA; pelo quadro-memória: **"Amigos tornam as risadas mais altas; as conversas mais gostosas e a vida mais feliz"**.
- Família: Francineide Baldino e Sr. Pereira, pelo acolhimento fraterno, traduzidos em percepções e encaminhamentos para tornar o 'meu apartamento' adaptado as minhas demandas como escritora e dona de casa; dentre tantas ações, que aqueceram meu coração, o uso da lavadora de roupas, a compra de geladeira e cadeira especial; pela xícara-memória FELIZ EXISTÊNCIA.
- Nazaré, pelos bate-papos através da janela e, caminhadas na praia rumo à atividade de 'hidroginástica na praia' com o Educador Físico Milton França "Tartazul"; pelo KIT aromático Taty, com votos de ânimos de bem-estar e poesia.

- Gina, pelos encontros e bate-papos, nas andanças na praia e, exercícios na piscina da 'Família Malibú'; pelas partilhas fraternas; pelo belíssimo pijama com poemas de delicadezas.
- Sóror Francisca, pela delicadeza do silêncio que acolhe e inspira; pelo sorriso tímido traduzido em AMIZADE; pelo chaveiro símbolo 'voos e sobrevoos' pelo Planeta Terra.
- Leonardo Prata, pelos breves diálogos, na lavanderia e lanches coletivos; pelo expressivo e delicado anjo de porcelana como símbolo de PROTEÇÃO. Sucesso, sempre, na vida, em especial, na vida profissional de Ator.
- Família: Joelma Maria, Sr. Giancarlo Passos de Camargo, João Lucas e Juliana Passos de Camargo, pelas ações de afetos positivos e presença fraterna.
- Sr. Leandro, pela presença fraterna, em especial, pela contribuição nas atividades que necessitavam de "braço forte" e "mão amiga".
- Família: Alitiene Dantas, Aysla Dantas, Alana Heloisa Dantas, Álvaro Henrique, Maria e Ana Helena, pela singularidade da Família; pelas inúmeras experiências e aprendizados de afeto positivo. Um honra, apresentar elementos da Biologia Marinha para a criança Álvaro Henrique; talvez, a Humanidade, tenha o privilegio de 'ganhar', futuramente, um BIÓLOGO e/ou quaisquer outros áreas do conhecimento humano e científico. Sinto-me Tia das crianças e da jovem Alana Heloisa.
- Sr. Tavares, pelos singulares aprendizados sobre o processo de envelhecimento e Família.

Que o DEUS de vossas compreensões/concepções, habitante em vossos corpos-mentes-espíritos, propicie-lhes: saúdes, serenidade, sabedoria, e ânimos para os enfretamentos que dizem de vossas singularidades no MOVIMENTO do EXITIR.

Vida Longa! Rumo aos 120 anos.

Valdeci dos Santos/Val

ESCRITA DO SÉTIMO LIVRO/FILHO EPISTÊMICO

A obra **Simplesmente olhares de ressignificação** (ISBN 978-65-00-25096-1), que está no prelo, é meu sétimo livro/filho epistêmico, escrita no período de enfrentamentos de impactos objetivo-subjetivos, advindos da pandemia da doença COVID-19 (2020-2023). É uma *escrita sobre si*, uma **narrativa (auto)biográfica**, que apresenta singularidades da história de vida da menina Val, da jovem Valdeci e da adulta Doutora Valdeci dos Santos, numa temporalidade de sessenta e um anos de existência.

Contempla a revisita de memórias do macramê de implicações psicoafetiva, histórico-existencial, e estrutural-profissional da minha jornada pessoal-acadêmico-profissionais; subjacente às temáticas nucleares: o lidar com limites e possibilidades; a escuta sensível de sonhos, desejos e a dinâmica do real e da realidade; a singularidade do sujeito; **a importância do olhar do Outro, na constituição do sujeito**; resiliência; acolhimento fraterno; elogio à amizade; fraternidade e gratidão.

A obra é prefaciada por: Antônio Geraldo da Silva Sá Barreto, Carmem Patrícia Cerqueira Gomes Gouveia, Célia Maria Lira Jannuzz, Enzo Santangelo, Gracineide Selma Santos de Almeida, Magda Nascimento Medeiros de Sousa, Paulo Rossi Rocha de Amorim, Tatiene Silva de Souza Lima, Vera Lúcia Chalegre de Freitas e, Yvone Matos Cerqueira.

CELEBRAÇÃO DO ANIVERSÁRIO DE 61 ANOS DE VALDECI DOS SANTOS.

Fotografia 577 – Projeto 'Flores na pandemia'/Projeto 'Poemas de ressignificação'. Valdeci dos Santos celebrando 61 anos de existência, com amigos, em 'confraternização presencial'. Feira de Santana – Bahia – Brasil, 22/dez./2022. Fonte: Acervo pessoal de Valdeci dos Santos.

Fotografia 578 – Projeto 'Flores na pandemia'/Projeto 'Poemas de ressignificação'. Valdeci dos Santos celebrando 61 anos de existência, com amigos, em 'confraternização presencial'. Feira de Santana – Bahia – Brasil, 22/dez./2022. Fonte: Acervo pessoal de Valdeci dos Santos.

Fotografia 579 – Projeto 'Flores na pandemia'/Projeto 'Poemas de ressignificação'. Valdeci dos Santos celebrando 61 anos de existência, com amigos, em 'confraternização presencial'. Almir Júnior; Bianca; Carina; Cássio; Cristiane Joana; Danilo; Edna; Elisa; Gabriela; Ìcaro; Livia Daniela; Lourival; Marco Antonio; Pérola Rafaella; Tatiane; Telma. Feira de Santana – Bahia – Brasil, 22/dez./2022. Fonte: Acervo pessoal de Valdeci dos Santos.

Fotografia 580 – Projeto 'Flores na pandemia'/Projeto 'Poemas de ressignificação'. Valdeci dos Santos celebrando 61 anos de existência, com amigos, em 'confraternização presencial'. Almir Júnior; Bianca; Carina; Cássio; Danilo; Elisa; Gabriela; Ìcaro; Lourival; Marco Antonio; Pérola Rafaella; Feira de Santana – Bahia – Brasil, 22/dez./2022. Fonte: Acervo pessoal de Valdeci dos Santos.

Fotografia 581 – Projeto 'Flores na pandemia'/Projeto 'Poemas de ressignificação'. Valdeci dos Santos celebrando 61 anos de existência, com amigos, em 'confraternização presencial'. Elisa; Ìcaro; Lourival; Nikolas; Pérola Rafaella. Feira de Santana – Bahia – Brasil, 22/dez./2022. Fonte: Acervo pessoal de Valdeci dos Santos.

Fotografia 582 – Projeto 'Flores na pandemia'/Projeto 'Poemas de ressignificação'. Valdeci dos Santos celebrando 61 anos de existência, com amigos, em 'confraternização presencial'. Equipe Marcela Rilda, e Fotógrafo Vicente Santos. Feira de Santana – Bahia – Brasil, 22/dez./2022. Fonte: Acervo pessoal de Valdeci dos Santos.

Fotografia 583 – Projeto 'Flores na pandemia'/Projeto 'Poemas de ressignificação'. Valdeci dos Santos celebrando 61 anos de existência, com amigos, em 'confraternização presencial'. Cantor Abraão Simões e Músico Baterista Ângelo Daniel Pinho. Feira de Santana – Bahia – Brasil, 22/dez./2022. Fonte: Acervo pessoal de Valdeci dos Santos.

Fotografia 584 – Projeto 'Flores na pandemia'/Projeto 'Poemas de ressignificação'. Valdeci dos Santos celebrando 61 anos de existência, com amigos, em 'confraternização presencial'. Helionice Freittas. Feira de Santana – Bahia – Brasil, 22/dez./2022. Fonte: Acervo pessoal de Valdeci dos Santos.

Fotografia 585 – Projeto 'Flores na pandemia'/Projeto 'Poemas de ressignificação'. Valdeci dos Santos celebrando 61 anos de existência, com amigos, em 'confraternização presencial'. Helionice Freittas. Feira de Santana – Bahia – Brasil, 22/dez./2022. Fonte: Acervo pessoal de Valdeci dos Santos.

Fotografia 586 – Projeto 'Flores na pandemia'/Projeto 'Poemas de ressignificação'. Valdeci dos Santos celebrando 61 anos de existência, com amigos, em 'confraternização presencial'. Feira de Santana – Bahia – Brasil, 22/dez./2022. Fonte: Acervo pessoal de Valdeci dos Santos.

Fotografia 587 – Projeto 'Flores na pandemia'/Projeto 'Poemas de ressignificação'. Valdeci dos Santos celebrando 61 anos de existência, com amigos, em 'confraternização presencial'. Feira de Santana – Bahia – Brasil, 22/dez./2022. Fonte: Acervo pessoal de Valdeci dos Santos.

Fotografia 588 – Projeto 'Flores na pandemia'/Projeto 'Poemas de ressignificação'. Valdeci dos Santos celebrando 61 anos de existência, com amigos, em 'confraternização presencial'. Feira de Santana – Bahia – Brasil, 22/dez./2022. Fonte: Acervo pessoal de Valdeci dos Santos.

Fotografia 589 – Projeto 'Flores na pandemia'/Projeto 'Poemas de ressignificação'. Valdeci dos Santos celebrando 61 anos de existência, com amigos, em 'confraternização presencial'. Cantora Rosimeire Sales Nogueira Santos; Músico Violão Ziraldo de Souza Santos; Músico Baterista Ângelo Daniel Pinho. Feira de Santana – Bahia – Brasil, 22/dez./2022. Fonte: Acervo pessoal de Valdeci dos Santos.

Fotografia 590 – Projeto 'Flores na pandemia'/Projeto 'Poemas de ressignificação'. Valdeci dos Santos celebrando 61 anos de existência, com amigos, em 'confraternização presencial'. Livya Maria dos Santos Silva. Feira de Santana – Bahia – Brasil, 22/dez./2022. Fonte: Acervo pessoal de Valdeci dos Santos.

Fotografia 591 – Projeto 'Flores na pandemia'/Projeto 'Poemas de ressignificação'. Valdeci dos Santos celebrando 61 anos de existência, com amigos, em 'confraternização presencial'. Maria Sebastiana dos Santos; Regina Dantas. Feira de Santana – Bahia – Brasil, 22/dez./2022. Fonte: Acervo pessoal de Valdeci dos Santos.

Fotografia 592 – Projeto 'Flores na pandemia'/Projeto 'Poemas de ressignificação'. Valdeci dos Santos celebrando 61 anos de existência, com amigos, em 'confraternização presencial'. Vilma Rios; Inês Neves; e Conceição Meireles. Feira de Santana – Bahia – Brasil, 22/dez./2022. Fonte: Acervo pessoal de Valdeci dos Santos.

Fotografia 593 – Projeto 'Flores na pandemia'/Projeto 'Poemas de ressignificação'. Valdeci dos Santos celebrando 61 anos de existência, com amigos, em 'confraternização presencial'. Marilene; Helionice Freittas; Mário Leal; Vagna Benevides; Vilma Rios; Inês Neves; e Conceição Meireles. Feira de Santana – Bahia – Brasil, 22/dez./2022. Fonte: Acervo pessoal de Valdeci dos Santos.

Fotografia 594 – Projeto 'Flores na pandemia'/Projeto 'Poemas de ressignificação'. Valdeci dos Santos celebrando 61 anos de existência, com amigos, em 'confraternização presencial'. Fabiana Machado; Solange Duraes; e Ana Maria. Feira de Santana – Bahia – Brasil, 22/dez./2022. Fonte: Acervo pessoal de Valdeci dos Santos.

Fotografia 595 – Projeto 'Flores na pandemia'/Projeto 'Poemas de ressignificação'. Valdeci dos Santos celebrando 61 anos de existência, com amigos, em 'confraternização presencial'. Cristiane Lima; Solange Duraes; Fabiana Machado; Ana Maria; Pedro Novaes. Feira de Santana – Bahia – Brasil, 22/dez./2022. Fonte: Acervo pessoal de Valdeci dos Santos.

Fotografia 596 – Projeto 'Flores na pandemia'/Projeto 'Poemas de ressignificação'. Valdeci dos Santos celebrando 61 anos de existência, com amigos, em 'confraternização presencial'. Liz Anielle; Leonor Teixeira; Liza. Feira de Santana – Bahia – Brasil, 22/dez./2022. Fonte: Acervo pessoal de Valdeci dos Santos.

Fotografia 597 – Projeto 'Flores na pandemia'/Projeto 'Poemas de ressignificação'. Valdeci dos Santos celebrando 61 anos de existência, com amigos, em 'confraternização presencial'. Dilton; Marilene; Tamires Costa Santos; Maria Sebastiana dos Santos. Feira de Santana – Bahia – Brasil, 22/dez./2022. Fonte: Acervo pessoal de Valdeci dos Santos.

Fotografia 598 – Projeto 'Flores na pandemia'/Projeto 'Poemas de ressignificação'. Valdeci dos Santos celebrando 61 anos de existência, com amigos, em 'confraternização presencial'. Vagna Benevides, Jaciara Miranda, Mário Leal, Solidalva Araújo Pelosi, Eutides Pires. Feira de Santana – Bahia – Brasil, 22/dez./2022. Fonte: Acervo pessoal de Valdeci dos Santos.

Fotografia 599 – Projeto 'Flores na pandemia'/Projeto 'Poemas de ressignificação'. Valdeci dos Santos celebrando 61 anos de existência, com amigos, em 'confraternização presencial'. Ezelvir e Carlos Passos. Feira de Santana – Bahia – Brasil, 22/dez./2022. Fonte: Acervo pessoal de Valdeci dos Santos.

Fotografia 600 – Projeto 'Flores na pandemia'/Projeto 'Poemas de ressignificação'. Valdeci dos Santos celebrando 61 anos de existência, com amigos, em 'confraternização presencial'. Marlene Caribé da Silva; Margarida Ferreira Soares; Cristiane Daltro; Helionice Freittas; Livya Maria dos Santos Silva; Jandira Santana Alves; Vagna Benevides; Solidalva Araújo Pelosi; Eutides Pires. Feira de Santana – Bahia – Brasil, 22/dez./2022. Fonte: Acervo pessoal de Valdeci dos Santos.

Fotografia 601 – Projeto 'Flores na pandemia'/Projeto 'Poemas de ressignificação'. Valdeci dos Santos celebrando 61 anos de existência, com amigos, em 'confraternização presencial'. Margarida Ferreira Soares; Cristiane Daltro; John Kleydson Ferreira Soares. Feira de Santana – Bahia – Brasil, 22/dez./2022. Fonte: Acervo pessoal de Valdeci dos Santos.

Fotografia 602 – Projeto 'Flores na pandemia'/Projeto 'Poemas de ressignificação'. Valdeci dos Santos celebrando 61 anos de existência, com amigos, em 'confraternização presencial'. Ocsicnarf; Illa; José Raimundo. Feira de Santana – Bahia – Brasil, 22/dez./2022. Fonte: Acervo pessoal de Valdeci dos Santos.

Fotografia 603 – Projeto 'Flores na pandemia'/Projeto 'Poemas de ressignificação'. Valdeci dos Santos celebrando 61 anos de existência, com amigos, em 'confraternização presencial'. Neemias Silva e Família. Feira de Santana – Bahia – Brasil, 22/dez./2022. Fonte: Acervo pessoal de Valdeci dos Santos.

Fotografia 604 – Projeto 'Flores na pandemia'/Projeto 'Poemas de ressignificação'. Valdeci dos Santos celebrando 61 anos de existência, com amigos, em 'confraternização presencial'. Vagna Benevides; Solidalva Araújo Pelosi; Eutides Pires; Jaciara Miranda; e Isadora Pires. Feira de Santana – Bahia – Brasil, 22/dez./2022. Fonte: Acervo pessoal de Valdeci dos Santos.

Fotografia 605 – Projeto 'Flores na pandemia'/Projeto 'Poemas de ressignificação'. Valdeci dos Santos celebrando 61 anos de existência, com amigos, em 'confraternização presencial'. Vanda; Arlene Rocha; Rita Rocha; Jecineide Santos. Feira de Santana – Bahia – Brasil, 22/dez./2022. Fonte: Acervo pessoal de Valdeci dos Santos.

Fotografia 606 – Projeto 'Flores na pandemia'/Projeto 'Poemas de ressignificação'. Valdeci dos Santos celebrando 61 anos de existência, com amigos, em 'confraternização presencial'. Sandra Moreira Venas da Silva; Osmar Vieira da Silva; e Maria Eduarda Venas Silva. Feira de Santana – Bahia – Brasil, 22/dez./2022. Fonte: Acervo pessoal de Valdeci dos Santos.

Fotografia 607 – Projeto 'Flores na pandemia'/Projeto 'Poemas de ressignificação'. Valdeci dos Santos celebrando 61 anos de existência, com amigos, em 'confraternização presencial'. Othoniel e Rita Souza. Feira de Santana – Bahia – Brasil, 22/dez./2022. Fonte: Acervo pessoal de Valdeci dos Santos.

Fotografia 608 – Projeto 'Flores na pandemia'/Projeto 'Poemas de ressignificação'. Valdeci dos Santos celebrando 61 anos de existência, com amigos, em 'confraternização presencial'. Mário Leal. Feira de Santana – Bahia – Brasil, 22/dez./2022. Fonte: Acervo pessoal de Valdeci dos Santos.

Fotografia 609 – Projeto 'Flores na pandemia'/Projeto 'Poemas de ressignificação'. Valdeci dos Santos celebrando 61 anos de existência, com amigos, em 'confraternização presencial'. Jandira Santana Alves e Edivaldo Rodrigues de Araújo. Feira de Santana – Bahia – Brasil, 22/dez./2022. Fonte: Acervo pessoal de Valdeci dos Santos.

Fotografia 611 – Projeto 'Flores na pandemia'/Projeto 'Poemas de ressignificação'. Valdeci dos Santos celebrando 61 anos de existência, com amigos, em 'confraternização presencial'. Luciene Cristina Lima e Lima; Gilberto Alves Lima. Feira de Santana – Bahia – Brasil, 22/dez./2022. Fonte: Acervo pessoal de Valdeci dos Santos.

Fotografia 610 – Projeto 'Flores na pandemia'/Projeto 'Poemas de ressignificação'. Valdeci dos Santos celebrando 61 anos de existência, com amigos, em 'confraternização presencial'. Marlene Caribé da Silva e Rafael Peixoto Caribé. Feira de Santana – Bahia – Brasil, 22/dez./2022. Fonte: Acervo pessoal de Valdeci dos Santos.

Fotografia 612 – Projeto 'Flores na pandemia'/Projeto 'Poemas de ressignificação'. Valdeci dos Santos celebrando 61 anos de existência, com amigos, em 'confraternização presencial'. Marilene Borges dos Santos. Feira de Santana – Bahia – Brasil, 22/dez./2022. Fonte: Acervo pessoal de Valdeci dos Santos.

Fotografia 613 – Projeto 'Flores na pandemia'/Projeto 'Poemas de ressignificação'. Valdeci dos Santos celebrando 61 anos de existência, com amigos, em 'confraternização presencial'. Cleide Santos Oliveira e Ian Laert Oliveira da Visitação. Feira de Santana – Bahia – Brasil, 22/dez./2022. Fonte: Acervo pessoal de Valdeci dos Santos.

Fotografia 615 – Projeto 'Flores na pandemia'/Projeto 'Poemas de ressignificação'. Valdeci dos Santos celebrando 61 anos de existência, com amigos, em 'confraternização presencial'. Crispina Lima; Cristiane Lima e Nikolas Christian Lima. Feira de Santana – Bahia – Brasil, 22/dez./2022. Fonte: Acervo pessoal de Valdeci dos Santos.

Fotografia 614 – Projeto 'Flores na pandemia'/Projeto 'Poemas de ressignificação'. Valdeci dos Santos celebrando 61 anos de existência, com amigos, em 'confraternização presencial'. Almir dos Santos Júnior; Gabrielle; Elisa. Feira de Santana – Bahia – Brasil, 22/dez./2022. Fonte: Acervo pessoal de Valdeci dos Santos.

Fotografia 616 – Projeto 'Flores na pandemia'/Projeto 'Poemas de ressignificação'. Valdeci dos Santos celebrando 61 anos de existência, com amigos, em 'confraternização presencial'. Gleice Santana Silva dos Santos e Elival Moreira dos Santos. Feira de Santana – Bahia – Brasil, 22/dez./2022. Fonte: Acervo pessoal de Valdeci dos Santos.

Fotografia 617 – Projeto 'Flores na pandemia'/Projeto 'Poemas de ressignificação'. Valdeci dos Santos celebrando 61 anos de existência, com amigos, em 'confraternização presencial'. Gisele Oliveira de Jesus e Jailton Santos. Feira de Santana – Bahia – Brasil, 22/dez./2022. Fonte: Acervo pessoal de Valdeci dos Santos.

Fotografia 619 – Projeto 'Flores na pandemia'/Projeto 'Poemas de ressignificação'. Valdeci dos Santos celebrando 61 anos de existência, com amigos, em 'confraternização presencial'. Marilene Conceição de Souza. Feira de Santana – Bahia – Brasil, 22/dez./2022. Fonte: Acervo pessoal de Valdeci dos Santos.

Fotografia 618 – Projeto 'Flores na pandemia'/Projeto 'Poemas de ressignificação'. Valdeci dos Santos celebrando 61 anos de existência, com amigos, em 'confraternização presencial'. Joselita Passos dos Santos. Feira de Santana – Bahia – Brasil, 22/dez./2022. Fonte: Acervo pessoal de Valdeci dos Santos.

Fotografia 620 – Projeto 'Flores na pandemia'/Projeto 'Poemas de ressignificação'. Valdeci dos Santos celebrando 61 anos de existência, com amigos, em 'confraternização presencial'. Valdecy Araújo; Eduardo Araújo Moreira; e Jennifer Bastos. Feira de Santana – Bahia – Brasil, 22/dez./2022. Fonte: Acervo pessoal de Valdeci dos Santos.

RESPIRANDO AMOR, AMIZADE, FRATERNIDADE, GRATIDÃO.

Fotografia 621 – Projeto 'Poemas de ressignificação'. Sobre AMIZADE e GRATIDÃO. Valdeci dos Santos expressa GRATIDÃO, aos amigos MISSIONÁRIOS COMBONIANOS, pelo acolhimento fraterno, sobretudo, nos momentos de turbulência em sua caminhada existencial. Nomeio-os, dentre outros, através do: Ir. João Paulo Martins; Pe. Alcides Costa; Pe. Amaxsandro Feitosa; Pe. Danilo Cimitam; Pe. Dário Bossi; Pe. Domingos Sávio Oliveira; Pe. Elias Arroyo; Pe. Enrique Ibarra Hernandez; Pe. Enzo Santangelo; Pe. Florêncio de Souza Paz (In memoriam); Pe. Francisco de Assis Colombi; Pe. Giovanni Munari; Pe. José Stella Narduolo; Pe. Lionel Eméric Dofonnou; Pe. Luciano Marini; Pe. Manuel dos Anjos (In memoriam); Pe. Raimundo Nonato Rocha dos Santos; e, Pe. Vitor Anciães. Que DEUS inunde vossos corpos-mentes-espíritos com AMOR e ÂNIMOS para os singulares enfrentamentos na MISSÃO de SERVIR A HUMANIDADE através de acolhimentos espiritual/social/político/evangelizador. São Paulo – São Paulo – Brasil, set./2022. Fonte: Acervo Institucional dos Missionários Combonianos no Brasil – Assembleia, set./2022.

Fotografia 623 – Projeto 'Poemas de ressignificação'. Sobre AMIZADE e GRATIDÃO. Encontro de Valdeci dos Santos com amigos da década de 1970, do Centro Integrado de Educação Assis Chateaubriand – CIEAC: Évila Campos Lima; Elaida de Fátima Oliveira Campos Lima, Maria Cristina Carvalho Bezerra; e Jucélia Nascimento. Feira de Santana – Bahia – Brasil, 27/out./2023. Fonte: Acervo pessoal de Valdeci dos Santos.

Fotografia 622 – Projeto 'Poemas de ressignificação'. Sobre AMIZADE e GRATIDÃO. Encontro de Valdeci dos Santos com amigos da década de 1970, do Centro Integrado de Educação Assis Chateaubriand – CIEAC: Roberto; Rita de Cássia Santos Silva Malatesta; Maria Cristina Carvalho Bezerra; e Jucélia Nascimento. Feira de Santana – Bahia – Brasil, 27/out./2023. Fonte: Acervo pessoal de Valdeci dos Santos.

Fotografia 624 – Projeto 'Poemas de ressignificação'. Um encontro que diz de GRATIDÃO/AMIZADE/AMOR FRATERNO: Valdeci dos Santos, Dejacy Fernandes dos Santos, Mariza Augusta da Silva e Silvio Cavalcante. São Paulo – São Paulo – Brasil, 8/jan./2024. Fonte: Acervo pessoal de Valdeci dos Santos.

Fotografia 625 – Projeto 'Poemas de ressignificação'. Sobre AMIZADE e GRATIDÃO. Valdeci dos Santos, Helionice Freittas e Laura Conceição Pereira Oliveira, em visita a Basílica de Nossa Senhora do Rosário de Fátima – Arautos do Evangelho. Cotia – São Paulo – Brasil, 16/jan./2024. Fonte: Acervo pessoal de Valdeci dos Santos.

Fotografia 626 – Projeto 'Flores na pandemia'/Projeto 'Poemas de ressignificação'. Num rito sobre a metáfora 'possibilidades/amizade/poesia/fraternidade/amor' – Valdeci dos Santos (62 anos), Prizelina Gonçalves (99 anos), Antônio Pereira e Ademir Pereira. Cotia – São Paulo – Brasil, 16/jan./2024. Fonte: Acervo pessoal de Valdeci dos Santos.

Fotografia 627 – Projeto 'Poemas de ressignificação'. Um encontro que diz de GRATIDÃO/AMIZADE/AMOR FRATERNO: Valdeci dos Santos, Laura Conceição Pereira Oliveira, e os amigos MISSIONÁRIOS COMBONIANOS: Ir. João Paulo Martins, Pe. Enzo Santangelo e Pe. Danilo Cimitan. Casa Provincial dos Missionários Combonianos no Brasil. São Paulo – São Paulo – Brasil, 16/jan./2024. Fonte: Acervo pessoal de Valdeci dos Santos.

Fotografia 628 – Projeto 'Poemas de ressignificação'. Um encontro que diz de GRATIDÃO/AMIZADE/AMOR FRATERNO: Valdeci dos Santos, Pe. Enzo Santangelo e Lenita. Casa Provincial dos Missionários Combonianos no Brasil. São Paulo – São Paulo – Brasil, 19/jan./2024. Fonte: Acervo pessoal de Valdeci dos Santos.

Fotografia 629 – Projeto 'Poemas de ressignificação'. LAR de Valdeci dos Santos. Feira de Santana – Bahia – Brasil, 22 de dezembro de 2024. Fonte: Acervo pessoal de Valdeci dos Santos.

Capítulo 5

PÓS-PANDEMIA, EM MOVIMENTO DE CONSTRUÇÃO/ (DES)CONSTRUÇÃO/ (RE)CONSTRUÇÃO

A Organização Mundial da Saúde – OMS decretou o fim da pandemia da doença COVID-19, em 5 de maio de 2023, após 40 (quarenta) meses, pouco mais de três anos e três meses depois, com quase 7 (sete) milhões de mortes relatadas no mundo; e, um aviso de que, o numero real de mortes possa ter alcançado cerca de 20 (vinte) milhões.

A pandemia da doença COVID-19 alterou o movimento de construção/(des)construção/(re)construção do meu projeto de vida pós-aposentadoria, impondo-me uma dinâmica de ressignificação de singularidades imersas em minha 'sacola subjetiva de sonhos e desejos'; dentre outras: o cancelamento do projeto 'Voos e sobrevoos em solos estrangeiros'; cancelamento do projeto 'Moradia em solo estrangeiro'; cancelamento de 'atendimento presencial', na condição de psicanalista clínica.

EM MOVIMENTO de construção/(des)construção/(re)construção, aos 62 anos de existência (2024), considerando as experiências e aprendizados implícitos e explícitos construídas/constitutivas do período da pandemia da doença COVID-19, dentre outros: lapsos de memória/memórias.

Ressignificando meu projeto de vida, sigo, atenta às evoluções para o bem-estar de desdobramento de sequelas orgânicas advindas da minha condição de pessoa vitimada, em dois momentos, pela doença COVID-19. Dentre as evoluções para o bem-estar do corpo-mente-espírito, a escrita tem contribuído para **concentração e 'acesso' a memórias de vivências**.

A caminhada fraterno-epistêmico-profissional, na jornada de CURA do meu corpo-mente--espírito, sobretudo, em tempos de pandemia da doença COVID-19, junto aos profissionais da psicologia, psicanalise e neurologia; assim como, execução do Projeto 'Flores na pandemia' (2020-2022) – renomeado a partir de 2023 como Projeto 'Poemas de ressignificação' -; e a escrita do meu sétimo livro/filho epistêmico **'Simplesmente olhares de ressignificação'** (ISBN 978-65-00-25096-1), (que está no prelo), no período de enfrentamentos de impactos objetivo-subjetivos, advindos da pandemia da doença COVID-19 (2020-2023), contribuíram significativamente, para em 2024, retomasse o exercício profissional como psicanalista clínica (Fotografias: 630 e 631) e reativasse o **projeto 'Voos e sobrevoos em solos estrangeiros'**, comprando, via Internet, pela Empresa Lusoviagens, circuito turístico de 21 dias (Fotografias: 632 e 633), para o período de 1 a 22 de junho de 2024, via terrestre pela Empresa Europamundo, e via marítima, por oito países europeus: França, Bélgica, Países Baixos, Suíça, Principado de Mônaco, Itália, Espanha e Inglaterra.

Fotografia 630 – Cartão (Frente) da Psicanalista Dra. Valdeci dos Santos. Fonte: Acervo pessoal de Valdeci dos Santos.

Fotografia 631 – Cartão (Verso) da Psicanalista Dra. Valdeci dos Santos. Fonte: Acervo pessoal de Valdeci dos Santos.

Fotografia 632 – Mapa do circuito turístico realizado por Valdeci dos Santos (2024). Fonte: Imagem capturada na Internet.

Fotografia 633 – Bandeiras dos países visitados

Saí sozinha, do **Brasil**, no dia 1 de junho de 2024, pelo Aeroporto Internacional de Salvador – Deputado Luís Eduardo Magalhães, na cidade do Salvador às 11h50min., em voo com escala no Aeroporto de Virapocos, na cidade de Campinas – São Paulo, pela empresa AZUL, rumo a **França**; chegando à cidade de **Paris**, no Aeroporto de Orly, em 2 de junho às 10h05min. (Fotografias: 634 e 635). Fotógrafa: Valdeci dos Santos.

Fotografia 634 – Brasil. Valdeci dos Santos rumo à Paris (França) para realizar circuito turístico de 21 dias na Europa (França, Bélgica, Países Baixos, Suíça, Principado de Mônaco, Itália, Espanha e Inglaterra). Aeroporto Internacional de Salvador – Deputado Luís Eduardo Magalhães. Salvador – Bahia – Brasil, 1/jun./2024. Fonte: Acervo pessoal de Valdeci dos Santos.

Fotografia 635 – Brasil. Valdeci dos Santos rumo à Paris (França) para realizar circuito turístico de 21 dias na Europa (França, Bélgica, Países Baixos, Suíça, Principado de Mônaco, Itália, Espanha e Inglaterra). Aeroporto Internacional de Salvador – Deputado Luís Eduardo Magalhães. Salvador – Bahia – Brasil, 1/jun./2024. Fonte: Acervo pessoal de Valdeci dos Santos.

A escolha da **França**, como país para inaugurar o circuito turístico de 21 dias pela Europa deve-se a vínculos de memórias afetivas relacionados à: minha iniciação na língua francesa quando cursei a 6ª série do 1º grau, no ano de 1974; estudos realizados com bibliografias francesas, nas áreas da Biologia (Aranhas e Escorpiões) e Educação; e desejo de conhecer a cultura francesa.

Na cidade de **Paris** (França), no período de 2 a 5 de junho de 2024, primeiro a quarto dias, do circuito turístico de 21 dias pela Europa, visitei: Champ de Mars – Torre Eiffel (Fotografia: 636); Bairro de Montmartre (Fotografias: 637 e 638); Arco do Triunfo (Fotografia: 639); Museu do Louvre (Fotografias: 640, 641, 642, 643, 644, 645, 646, 647, 648, 649 e 650); Palácio de Versalhes (Fotografias: 651, 652 e 653); Catedral de Notre Dame (Fotografia: 654); Cruzeiro no Rio Sena (Fotografia: 655); Champs-Elysées; Madelaine; Place de la Concorde; Ópera; Torre St. Jacques; Prefeitura; Panteão; Universidade de Sorbonne; Jardins de Luxemburgo; Invalides; Escola Militar; passeio pelo Quartier Latin.

Fotografia 636 – Projeto 'Voos e sobrevoos em solos estrangeiros'. França. Valdeci dos Santos visitando a Torre Eiffel. Paris, 3/jun./2024. Fonte: Acervo pessoal de Valdeci dos Santos. Fotógrafa: Valdeci dos Santos.

Fotografia 637 – Projeto 'Voos e sobrevoos em solos estrangeiros'. França. Valdeci dos Santos visitando o bairro Montmartre. Paris, 3/jun./2024. Fonte: Acervo pessoal de Valdeci dos Santos. Fotógrafa: Valdeci dos Santos.

Fotografia 638 – Projeto 'Voos e sobrevoos em solos estrangeiros'. França. Valdeci dos Santos visitando a Basílica do Sagrado Coração de Jesus de Montmatre (Basilique Du Sacré-Cœur). Paris, 3/jun./2024. Fonte: Acervo pessoal de Valdeci dos Santos.

Fotografia 639 – Projeto 'Voos e sobrevoos em solos estrangeiros'. França. Valdeci dos Santos visitando o Arco do Triunfo. Paris, 3/jun./2024. Fonte: Acervo pessoal de Valdeci dos Santos. Fotógrafa: Valdeci dos Santos

Visitar o **Museu do Louvre** (Paris – França), o maior museu do mundo, mobilizou uma emoção indescritível (Fotografia: 640, 641, 642, 643, 644, 645, 646, 647, 648, 649 e 650).

O Museu do Louvre mede cerca de 73.000 m². Abriga mais de 380.000 objetos, sendo que 35.000 deles estão em exibição para o público. É dividido em três alas: Richelleu, Sully, Denon; e um total de cinco andares, dois no subsolo, e três acima do chão. A coleção é dividida em 8 seções: 1. Antiguidades do Oriente Médio; 2. Arte Islâmica; 3. Antiguidades Egípcias; 4. Antiguidades Gregas, Etruscas e Romanas; 5. Pinturas; 6. Esculturas; 7. Artes Decorativas; 8. Impressões e Desenhos. Dentre as obras do Museu do Louvre, encontram-se: 1. A Vitória de Samotrácia; 2. A Vênus de Milo; 3. A Mona Lisa (Leonardo da Vinci); 4. Bodas de Caná (Paolo Veronese); 5. A Sagração de Napoleão (Jacques Louis David); 6. A balsa da medusa (Théodore Géricault); 7. A Liberdade Guiando o Povo (Eugène Delacroix); 8. A Estátua de Aïn Ghazal; 9. A Grande esfinge de Tanis; 10. Os Touros alados de Khorsabad; 11. Código de Hamurabi; 12. Escravo Moribundo e Escravo Rebelde; 13. O Escriba Sentado.

Fotografia 640 – Vista Panorâmica do Museu do Louvre (Paris – França). Fonte: Imagem capturada na Internet.

Fotografia 641 – Projeto 'Voos e sobrevoos em solos estrangeiros'. França. Valdeci dos Santos visitando o Museu do Louvre. Paris, 3/jun./2024. Fonte: Acervo pessoal de Valdeci dos Santos.

Fotografia 642 – Projeto 'Voos e sobrevoos em solos estrangeiros'. França. Valdeci dos Santos visitando o Museu do Louvre. Paris, 3/jun./2024. Fonte: Acervo pessoal de Valdeci dos Santos. Fotógrafa: Valdeci dos Santos.

Fotografia 643 – Projeto 'Voos e sobrevoos em solos estrangeiros'. França. Valdeci dos Santos visitando o Museu do Louvre. Paris, 3/jun./2024. Fonte: Acervo pessoal de Valdeci dos Santos.

Fotografia 644 – Projeto 'Voos e sobrevoos em solos estrangeiros'. França. Valdeci dos Santos visitando o Museu do Louvre. Paris, 3/jun./2024. Fonte: Acervo pessoal de Valdeci dos Santos.

Fotografia 645 – Projeto 'Voos e sobrevoos em solos estrangeiros'. França. Valdeci dos Santos visitando o Museu do Louvre. Paris, 3/jun./2024. Fonte: Acervo pessoal de Valdeci dos Santos. Fotógrafa: Valdeci dos Santos.

Fotografia 647 – Projeto 'Voos e sobrevoos em solos estrangeiros'. França. Valdeci dos Santos visitando o Museu do Louvre. Paris, 3/jun./2024. Fonte: Acervo pessoal de Valdeci dos Santos.

Fotografia 646 – Projeto 'Voos e sobrevoos em solos estrangeiros'. França. Valdeci dos Santos visitando o Museu do Louvre. Escultura 'O Escravo Morto', de Michelangelo. Paris, 3/jun./2024. Fonte: Acervo pessoal de Valdeci dos Santos. Fotógrafa: Valdeci dos Santos.

Fotografia 648 – Projeto 'Voos e sobrevoos em solos estrangeiros'. França. Valdeci dos Santos visitando o Museu do Louvre. Quadro 'Mona Lisa', Pintura a óleo sobre madeira de álamo, de Leonardo Da Vinci. Paris, 3/jun./2024. Fonte: Acervo pessoal de Valdeci dos Santos. Fotógrafa: Valdeci dos Santos.

Fotografia 649 – Projeto 'Voos e sobrevoos em solos estrangeiros'. França. Valdeci dos Santos visitando o Museu do Louvre. Paris, 3/jun./2024. Fonte: Acervo pessoal de Valdeci dos Santos. Fotógrafa: Valdeci dos Santos.

Fotografia 650 – Projeto 'Voos e sobrevoos em solos estrangeiros'. França. Valdeci dos Santos visitando o Museu do Louvre. Estátua do Imperador Romano Lúcio Élio Aurélio Cómodo (161-192). Paris, 3/jun./2024. Fonte: Acervo pessoal de Valdeci dos Santos. Fotógrafa: Valdeci dos Santos

No terceiro dia, 4 de junho de 2024, hospedados em **Paris**, pela manhã, visitamos o **Palácio de Versalhes** – castelo real localizado na cidade de Versalhes, uma aldeia rural à época de sua construção, mas atualmente um subúrbio de Paris. Desde 1682, quando Luís XIV se mudou de Paris, até a família real ser forçada a voltar à capital em 1789, a Corte de Versalhes foi o centro do poder do Antigo Regime na França (Fotografias: 651, 652 e 653).

Almoçamos em Paris. Realizamos passeio, de ônibus e a pé, pelo **Quartier Latin,** considerado o mais turístico dentre os bairros de Paris. Ele é marcado por duas tradições: uma religiosa por ter várias igrejas e outra acadêmica por abrigar as mais tradicionais universidades e escolas da Europa. O passeio, dentre outros, incluiu: **Universidade Sorbonne**; **Praça de São Miguel** com um icônico monumento de estátua-fonte do arcanjo Miguel ferindo Satanás, construído em 1860; **Jardim de Luxemburgo**; **Jardim das Plantas – Museu de História Natural de Paris**; **Panthéon**, onde se encontra os restos mortais de representantes da intelectualidade francesa, a exemplo de: Voltraire, Jean-Jacques Rousseau, Marie Curie, René Descartes; **Igrejas:** Saint-Sulpice (2 Rue Palatine, 75006), Saint-Séverin (3 Rue des Prêtres Saint-Séverin, 75005), Saint-Julien-le-Pauvre (79 Rue Galande, 75005), Capela da Sorbonne (1 Rue Victor Cousin, 75005), Catedral Notre-Dame--du-Liban – Catedral de Nossa Senhora do Líbano (17 Rue d'Ulm, 75005), Saint-Éphrem-le-Syriaque (17 Rue des Carmes, 75005), Notre-Dame du Val-de-Grâce: (1 Place Alphonse Laveran, 75005), Sainte Etienne du Mont (Place Sainte-Geneviève: 75005), Saint-Nicolas-du-Chardonnet (23 Rue des Bernardins, 75005); **Livraria Skakespeare and company**; **Museu de Cluny,** dedicado à história medieval e guarda vestígios da época romana; **Instituto do Mundo Árabe**; **Grande Mesquita de Paris.**

Encerramos a visita na **Cathédrale Notre-Dame de Paris** (6 Parvis Notre-Dame, Place Jean--Paul II, 75004) (Fotografia: 654). Dali, prosseguimos o passeio, de ônibus, rumo ao cais do Port de la Conférence, para partida ao 'Cruzeiro Bateaux Mouches', no Rio Sena (Fotografia: 655).

Fotografia 651 – Projeto 'Voos e sobrevoos em solos estrangeiros'. França. Valdeci dos Santos visitando o jardim do Palácio de Versalhes. Versalhes, 4/jun./2024. Fonte: Acervo pessoal de Valdeci dos Santos.

Fotografia 652 – Projeto 'Voos e sobrevoos em solos estrangeiros'. França. Valdeci dos Santos visitando o jardim do Palácio de Versalhes. Versalhes, 4/jun./2024. Fonte: Acervo pessoal de Valdeci dos Santos.

Fotografia 653 – Projeto 'Voos e sobrevoos em solos estrangeiros'. França. Valdeci dos Santos visitando o Palácio de Versalhes. Versalhes, 4/jun./2024 Versalhes, 4/jun./2024. Fonte: Acervo pessoal de Valdeci dos Santos. Fotógrafa: Valdeci dos Santos.

Fotografia 654 – Projeto 'Voos e sobrevoos em solos estrangeiros'. França. Valdeci dos Santos visitando a Catedral de Notre-Dame. Paris, 4/jun./2024. Fonte: Acervo pessoal de Valdeci dos Santos.

Fotografia 655 – Projeto 'Voos e sobrevoos em solos estrangeiros'. França. Valdeci dos Santos em passeio de barco no Rio Sena. Paris, 4/jun./2024. Fonte: Acervo pessoal de Valdeci dos Santos.

No quarto dia, 5 de junho de 2024, pela manhã, deslocamo-nos de **Paris**, rumo a **Londres**, capital da **Inglaterra**. O percurso marítimo e terrestre contemplou: a saída de Paris rumo ao Porto de **Calais** (Fotografia: 634), cidade do norte da França, para procedimentos aduaneiros e fronteiriços e, travessia de *ferry-boat*, através do '**Canal da Mancha**' (Fotografia: 634), para o **Reino Unido**, com chegada ao Porto de **Dover**, cidade situada no ponto do '**Canal da Mancha**' em que a Inglaterra está mais próxima da França.

Fotografia 656 – Projeto 'Voos e sobrevoos em solos estrangeiros'. Valdeci dos Santos rumo a travessia do Canal da Mancha. Calais – França rumo a Dover – Inglaterra, em ferryboat. Canal da Mancha, 5/jun./2024. Fonte: Acervo pessoal de Valdeci dos Santos.

Fotografia 657 – O ponto mais estreito do Canal da Mancha separa as cidades de Dover, na Inglaterra, e Calais, na França. Fonte: Imagem capturada na Internet

Vale destacar que realizar a travessia do **Canal da Mancha**, mobilizou uma significativa mescla de emoções de alegria/gratidão/felicidade/possibilidades. No ano de 2016, sonhei um sonho, no qual atravessava, a nado, seus 33 km; partindo de Calais, na França para Dover, na Inglaterra, numa aventura esportiva, na modalidade 'natação de águas abertas'. Era a primeira mulher idosa, de 60 anos, a realizar tal aventura. Interpretei que o sonho estava relacionado à minha resistência para frequentar espaços aquáticos, sobretudo, piscinas, após experiência de 'quase-afogamento', em piscina, no ano de 2010, tendo como desdobramento sequela nos pulmões.

A travessia do Canal da Mancha, de *ferry boat*, saindo de Calais (França) rumo a Dover (Inglaterra), em 5 de junho de 2024, propiciou-me ânimos para ressignificação de sonhos e desejos, dentre outros, os referentes à disponibilidade para experiências e aprendizados em ambiente aquático (Fotografias: 658 e 660).

Fotografia 658 – Projeto 'Voos e sobrevoos em solos estrangeiros'. Valdeci dos Santos, em travessia do Canal da Mancha. Calais – França rumo a Dover – Inglaterra, em ferryboat. Canal da Mancha, 5/jun./2024. Fonte: Acervo pessoal de Valdeci dos Santos.

Fotografia 659 – Projeto 'Voos e sobrevoos em solos estrangeiros'. Valdeci dos Santos, em travessia do Canal da Mancha. Calais – França rumo a Dover – Inglaterra, em ferryboat. Canal da Mancha, 5/jun./2024. Fonte: Acervo pessoal de Valdeci dos Santos. Fotógrafa: Valdeci dos Santos

Do porto de Dover, seguimos de ônibus, para **Cantuária** (Canterbury), cidade do sudeste da Inglaterra, principal centro religioso do Reino Unido por abrigar o líder espiritual da Igreja Anglicana (Fotografias: 660, 661 e 662).

Fotografia 660 – Projeto 'Voos e sobrevoos em solos estrangeiros'. Inglaterra. Valdeci dos Santos visitando o Museu e Mirante Westgate Towers. Cantuária (Canterbury), 5/jun./2024. Fonte: Acervo pessoal de Valdeci dos Santos.

Fotografia 661 – Projeto 'Voos e sobrevoos em solos estrangeiros'. Inglaterra. Valdeci dos Santos visitando o Portão da Igreja de Cristo para a Catedral de Cantuária. Cantuária (Canterbury), 5/jun./2024. Fonte: Acervo pessoal de Valdeci dos Santos.

Fotografia 662 – Projeto 'Voos e sobrevoos em solos estrangeiros'. Inglaterra. Valdeci dos Santos visitando a estátua do escritor, filósofo, cortesão e diplomata inglês Geoffrey Chaucer (1343–1400). Cantuária (Canterbury), 5/jun./2024. Fonte: Acervo pessoal de Valdeci dos Santos.

Percorrendo, de ônibus, cerca de 450 km, com cenário de planícies na França e colinas verdes na Inglaterra, chegamos à noite, a **Londres**.

No quinto dia, 6 de junho de 2024, dediquei-me a conhecer pontos turísticos em Londres, a exemplos de: Hyde Park, Oxford St, City, St Pauls Cathedral, Torre de Londres, Tâmisa, Piccadilly Circus, Parlamento, Abadia de Westminster, Palácio de Buckingham (Fotografia: 663), Leicester Square, China Town e Soho. E, uma visita ao Castelo de Windsor (Fotografias: 664, 665 e 666).

Fotografia 663 – Projeto 'Voos e sobrevoos em solos estrangeiros'. Inglaterra. Valdeci dos Santos visitando o Victoria Memorial ou Memorial da Rainha Vitória. É um monumento em homenagem a monarca britânica Rainha Vitória, localizado à frente do Palácio de Buckingham. Londres, Inglaterra – Reino Unido, 6/jun./2024. Fonte: Acervo pessoal de Valdeci dos Santos.

Fotografia 664 – Projeto 'Voos e sobrevoos em solos estrangeiros'. Inglaterra. Valdeci dos Santos visitando o Castelo de Windsor. Berkshire, 6/jun./2024. Fonte: Acervo pessoal de Valdeci dos Santos. Fotógrafa: Valdeci dos Santos.

Fotografia 665 – Projeto 'Voos e sobrevoos em solos estrangeiros'. Inglaterra. Valdeci dos Santos visitando o Castelo de Windsor. Berkshire, 6/jun./2024. Fonte: Acervo pessoal de Valdeci dos Santos. Fotógrafa: Valdeci dos Santos.

Fotografia 666 – Projeto 'Voos e sobrevoos em solos estrangeiros'. Inglaterra. Valdeci dos Santos visitando o Castelo de Windsor. Berkshire, 6/jun./2024. Fonte: Acervo pessoal de Valdeci dos Santos. Fotógrafa: Valdeci dos Santos

No sexto dia, 7 de junho de 2024, dediquei-me a realizar um **'sonho/desejo'**: conhecer o **Museu de História Natural de Londres**.

O desejo de visitar o **Museu de História Natural de Londres** (Londres – Inglaterra – Reino Unido) foi gestado quando do meu ingresso, no 1º ano do 2º grau, aos 15 anos, em 1977 e, ter acesso a obra **Biological Science Curriculum Study** (BSCS) – volume 1, da versão azul (versão traduzida e adaptada em dois volumes, no ano de 1967, pelas brasileiras Myriam Krasilchik, Nícia Wendel de Magalhães e Norma Maria Cleffi).

BSCS destacava a importância do conhecimento científico, em especial, do conhecimento das Ciências Biológicas. Os conteúdos referentes aos estudos e viagem no Beagle (1831-1836), de **Charles Darwin** (12/dez./1809-19/abr./1882), publicados em **A origem das espécies** (1859) e a singular *pedagogia pró-conhecimento científico*, mobilizada pela Profa. Maria do Socorro Pitombo, docente da disciplina Biologia foram singularmente importantes para a escolha da minha área de formação e atuação profissional. Saber da existência do livro **A origem das espécies** criou expectativas cognitivas: desejava lê-lo e conhecer o pensamento de Charles Darwin. Quando ingressei na Educação Superior (1985) procurei formar um grupo de estudos objetivando: ler e discutir os livros **A origem das espécies**, de autoria de Charles Darwin e **Teoria da evolução: de Darwin a teoria sintética**, de autoria de Newton Freire-Maia. O grupo de estudos não foi constituído por falta de adesões de docentes e discentes. Realizei meu desejo solitariamente.

Licenciei-me em Ciências com Habilitação Plena em Biologia, em 27 de dezembro de 1990, numa turma composta por duas pessoas (Eu e Vanilda) da turma original de cinquenta alunos (Fotografia: 667). Nomeei-a de **Turma 'Charles Darwin'**, escolhendo o *Callithrix sp* (sagui) e o *Syagrus coronata* (ouricuri) como símbolos biológicos. Autorizava-me como bióloga/professora-bióloga.

Fotografia 667 – Formatura de Valdeci dos Santos, no Curso de Licenciatura Plena em Ciências com Habilitação em Biologia, na Universidade Estadual de Feira de Santana. Valdeci dos Santos e Família. Feira de Santana, Bahia – Brasil, 27/dez./1990. Fonte: Acervo pessoal de Valdeci dos Santos.

No movimento de construção/(des)construção/(re)construção da minha 'teia epistêmica" pessoal-acadêmico-profissional, como **sujeito desejante**, que um dia desejou visitar (1977) um espaço singular transitado por Charles Darwin, **realizei, em 7 de junho de 2024, após 47 anos, com indescritível emoção/sentimento, meu 'sonho/desejo' de visitar o Museu de História Natural de Londres** (Fotografias: 668, 669, 670, 671, 672, 673, 674, 675, 676, 677, 678, 679, 680 e 681).

Fotografia 668 – Museu de História Natural de Londres. Fonte: Acervo público do Museu de História Natural de Londres, na Internet.

Fundado em 1881 como departamento do Museu Britânico, no prédio cujo nome é Waterford Building, o **Museu de História Natural de Londres** só passou a ser conhecido por seu nome atual no ano de 1992. Vale destacar que, em 1866, uma petição assinada por naturalistas como **Charles Darwin, Alfred Russel Wallace** e **Thomas Henry Huxley** pedia para que o museu ganhasse independência, o que acalorou as discussões sobre o assunto por dezenas de anos. Foi somente com o **British Museum Act 1963** que o museu se tornou independente, embora só fosse mudar seu nome para Museu de História Natural de Londres em 1992 com o **Museums and Galleries Act 1992**.

O **Museu de História Natural de Londres** abriga cerca de 80 milhões de itens de Ciências Naturais e da Terra, e tem seus itens divididos em cinco coleções: botânica, entomologia, mineralogia, paleontologia e zoologia. Dentre suas exposições mais historicamente valiosas estão espécies coletadas por **Charles Darwin**. As galerias são agrupadas por zonas. A zona **vermelha**: área que explora a evolução do planeta e as forças que dão forma a Terra, como vulcões e terremotos. Em exibição também mostra sobre a evolução humana. A zona **verde**: destaque para a evolução do planeta, com mostras sobre pássaros, insetos e aranhas, minerais, fósseis marítimos e uma exposição sobre pedras preciosas. A zona **azul**: área dedicada à diversidade da vida, onde encontramos de dinossauros a mamíferos, passando por peixes, anfíbios, répteis e animais invertebrados. E, a zona **laranja**: onde se encontra o **Darwin Center**, um anexo em forma de casulo que abriga laboratórios, salas de exibição e uma exposição de plantas e insetos da extensa coleção do museu.

Fotografia 669 – Zonas do Museu de História Natural de Londres. Fonte: Acervo público do Museu de História Natural de Londres.

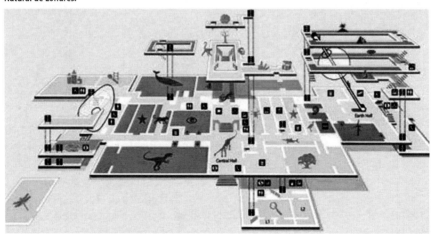

Fotografia 670 – Projeto 'Voos e sobrevoos em solos estrangeiros'. Inglaterra. Valdeci dos Santos visitando o Museu de História Natural de Londres. Estátua de Charles Darwin. Londres, 7/jun./2024. Fonte: Acervo pessoal de Valdeci dos Santos.

Fotografia 671 – Projeto 'Voos e sobrevoos em solos estrangeiros'. Inglaterra. Valdeci dos Santos visitando o Museu de História Natural de Londres. Estátua de Alfred Russel Wallace. Londres, 7/jun./2024. Fonte: Acervo pessoal de Valdeci dos Santos.

Fotografia 672 – Projeto 'Voos e sobrevoos em solos estrangeiros'. Inglaterra. Valdeci dos Santos visitando o Museu de História Natural de Londres. Londres, 7/jun./2024. Fonte: Acervo pessoal de Valdeci dos Santos.

Fotografia 673 – Projeto 'Voos e sobrevoos em solos estrangeiros'. Inglaterra. Valdeci dos Santos visitando o Museu de História Natural de Londres. Londres, 7/jun./2024. Fonte: Acervo pessoal de Valdeci dos Santos.

Fotografia 674 – Projeto 'Voos e sobrevoos em solos estrangeiros'. Inglaterra. Valdeci dos Santos visitando o Museu de História Natural de Londres. Londres, 7/jun./2024. Fonte: Acervo pessoal de Valdeci dos Santos.

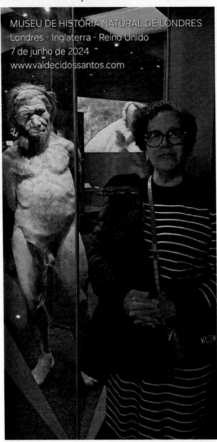

Fotografia 675 – Projeto 'Voos e sobrevoos em solos estrangeiros'. Inglaterra. Valdeci dos Santos visitando o Museu de História Natural de Londres. Londres, 7/jun./2024. Fonte: Acervo pessoal de Valdeci dos Santos.

Fotografia 676 – Projeto 'Voos e sobrevoos em solos estrangeiros'. Inglaterra. Valdeci dos Santos visitando o Museu de História Natural de Londres. Londres, 7/jun./2024. Fonte: Acervo pessoal de Valdeci dos Santos.

Fotografia 677 – Projeto 'Voos e sobrevoos em solos estrangeiros'. Inglaterra. Valdeci dos Santos visitando o Museu de História Natural de Londres. Londres, 7/jun./2024. Fonte: Acervo pessoal de Valdeci dos Santos.&&

Fotografia 678 – Projeto 'Voos e sobrevoos em solos estrangeiros'. Inglaterra. Valdeci dos Santos visitando o Museu de História Natural de Londres. Londres, 7/jun./2024. Fonte: Acervo pessoal de Valdeci dos Santos.

Fotografia 679 – Projeto 'Voos e sobrevoos em solos estrangeiros'. Inglaterra. Valdeci dos Santos visitando o Museu de História Natural de Londres. Londres, 7/jun./2024. Fonte: Acervo pessoal de Valdeci dos Santos. Fotógrafa: Valdeci dos Santos.

Fotografia 680 – Projeto 'Voos e sobrevoos em solos estrangeiros'. Inglaterra. Valdeci dos Santos visitando o Museu de História Natural de Londres. Londres, 7/jun./2024. Fonte: Acervo pessoal de Valdeci dos Santos.

Fotografia 681 – Projeto 'Voos e sobrevoos em solos estrangeiros'. Inglaterra. Valdeci dos Santos visitando o Museu de História Natural de Londres. Londres, 7/jun./2024. Fonte: Acervo pessoal de Valdeci dos Santos.

No sétimo dia, 8 de junho de 2024, pela manhã, saímos de **Londres** rumo a **Bruxelas**, capital da **Bélgica,** conhecida por ser **a principal sede da União Europeia**, por sua bela arquitetura histórica, sua emblemática Grand Place, bem como por seus deliciosos chocolates e cervejas. A trajetória consistiu do deslocamento de Londres, rumo ao Porto de **Dover**, para travessia do Canal da Mancha, de *ferry boat*, com chegada ao Porto de **Calais**. Do porto de Calais, seguimos para **Bruges**, a encantadora cidade belga dos canais, uma das cidades medievais mais bem preservadas do mundo, capital da província de Flandres Ocidental. Nesse dia, percorremos, de ônibus, cerca de 330 km, chegando à noite, a **Bruxelas**.

No oitavo dia, 9 de junho de 2024, pela manhã, realizamos passeio panorâmico pela cidade de **Bruxelas**, visitando: residência Laaken, Parque de Bruxelas, Parlamento, Palácio Real, Praça Real, Igreja e Jardins Petit Sablon, Palácio da Justiça.

Partimos de **Bruxelas** rumo a **Amsterdã**, capital dos **Países Baixos**; com visita a **Delft** (Fotografias: 682 e 683). Percorremos, de ônibus, cerca de 260 km, chegando à noite, a Amsterdã.

Fotografia 682 – Projeto 'Voos e sobrevoos em solos estrangeiros'. Países Baixos. Valdeci dos Santos visitando Delft. Delft, 9/jun./2024. Fonte: Acervo pessoal de Valdeci dos Santos.

Fotografia 683 – Projeto 'Voos e sobrevoos em solos estrangeiros'. Países Baixos. Valdeci dos Santos visitando Delft. Delft, 9/jun./2024. Fonte: Acervo pessoal de Valdeci dos Santos.

No nono dia, 10 de junho de 2024, pela manhã, realizamos passeio panorâmico pela cidade de **Amsterdã**, visitando: Estátua de Rembrandt, moinhos de vento, Centro de Convenções Rai, Museu de Diamantes, Rio Amstel, monumento do Holocausto e a Sinagoga Portuguesa, Igreja de San Nicolas, Povoados de Marken e Volemdam (Fotografias: 684, 685, 686, 687, 688, 689, 690, 691 e 692).

A visita a **Amsterdã** possibilitou-me elaborar uma 'lista de desejos' para o futuro, a exemplo de visitas aos museus: Museu Amstelkring; Museu Casa de Anne Frank; Museu Stedelijk; Museu Van Gogh; Museu Body Worlds; Museu Rijksmuseum; Museu Casa de Rembrandt; Museu do Queijo; Museu do Sexo; Museu da Cannabis; Museu da Resistência; Museu Madame Tussauds; Museu de Ciências NEMO; Museu Marítimo Nacional; Museu de História Judaica; Museu da Fotografia (FOAM); e Museu do Filme.

Fotografia 684 – Projeto 'Voos e sobrevoos em solos estrangeiros'. Países Baixos. Valdeci dos Santos visitando Marken e Volendam. Amsterdã, 10/jun./2024. Fonte: Acervo pessoal de Valdeci dos Santos.

Fotografia 685 – Projeto 'Voos e sobrevoos em solos estrangeiros'. Países Baixos. Valdeci dos Santos visitando Marken e Volendam. Amsterdã, 10/jun./2024. Fonte: Acervo pessoal de Valdeci dos Santos.

Fotografia 686 – Projeto 'Voos e sobrevoos em solos estrangeiros'. Países Baixos. Valdeci dos Santos visitando Marken e Volendam. Amsterdã, 10/jun./2024. Fonte: Acervo pessoal de Valdeci dos Santos. Fotógrafa: Valdeci dos Santos.

Fotografia 687 – Projeto 'Voos e sobrevoos em solos estrangeiros'. Países Baixos. Valdeci dos Santos visitando Marken e Volendam. Amsterdã, 10/jun./2024. Fonte: Acervo pessoal de Valdeci dos Santos. Fotógrafa: Valdeci dos Santos.

Fotografia 688 – Projeto 'Voos e sobrevoos em solos estrangeiros'. Países Baixos. Valdeci dos Santos visitando Marken e Volendam. Amsterdã, 10/jun./2024. Fonte: Acervo pessoal de Valdeci dos Santos.

Fotografia 689 – Projeto 'Voos e sobrevoos em solos estrangeiros'. Países Baixos. Valdeci dos Santos visitando Moinho de Vento. Amsterdã, 10/jun./2024. Fonte: Acervo pessoal de Valdeci dos Santos.

Fotografia 690 – Projeto 'Voos e sobrevoos em solos estrangeiros'. Países Baixos. Valdeci dos Santos visitando Coster Diamonds. Amsterdã, 10/jun./2024. Fonte: Acervo pessoal de Valdeci dos Santos. Fotógrafa: Valdeci dos Santos.

Fotografia 691 – Projeto 'Voos e sobrevoos em solos estrangeiros'. Países Baixos. Valdeci dos Santos visitando Coster Diamonds. Amsterdã, 10/jun./2024. Fonte: Acervo pessoal de Valdeci dos Santos. Fotógrafa: Valdeci dos Santos.

Fotografia 692 – Projeto 'Voos e sobrevoos em solos estrangeiros'. Países Baixos. Valdeci dos Santos com companheiros Claudiane Santos, Lilia Goden Rivero, Raul Florida Gutiérrez, Franco, Catalina, (Argentina, Brasil, Chile, Colômbia, Costa Rica, El Salvador, Guatemala, México, Panamá, República Dominicana) conhecidos no circuito turístico de 21 dias na Europa (França, Bélgica, Países Baixos, Suíça, Principado de Mônaco, Itália, Espanha e Inglaterra). Amsterdã, 10/jun./2024. Fonte: Acervo pessoal de Valdeci dos Santos.

No décimo dia, 11 de junho de 2024, pela manhã, partimos de **Amsterdã** (Países Baixos) rumo a **Paris** (França). O itinerário incluiu visitas a **Haia** (Países Baixos) e **Gante** (Bélgica).

A visita a **Haia** (Fotografia: 693) – terceira maior cidade dos Países Baixos, sede do Parlamento e residência da família real -, foi permeada de memórias de bem-estar/alegria/garra/ressignificação/gratidão/resiliência. Memórias relacionadas ao processo do meu pedido de 'visto de residência' para moradia em Portugal, no ano de 2019, quando realizei 'apostilamento de documentos' conforme a 'Convenção da Apostila da Haia' (firmada em Haia, em 5 de outubro de 1961, entre países signatários). A 'apostila da Haia' é um certificado que autentica a origem de um documento público, para sua utilização em outro país. Ela é uma garantia que o país estrangeiro tem de que a documentação apresentada por alguém é original e válida no país que a emitiu. No Brasil, o Conselho Nacional de Justiça (CNJ) é o responsável por coordenar e regulamentar a aplicação da 'Convenção da Apostila da Haia'.

Fotografia 693 – Projeto 'Voos e sobrevoos em solos estrangeiros'. Países Baixos. Valdeci dos Santos visitando Haia, com companheiros (Argentina, Brasil, Chile, Colômbia, Costa Rica, El Salvador, Guatemala, México, Panamá, República Dominicana) conhecidos no circuito turístico de 21 dias na Europa (França, Bélgica, Países Baixos, Suíça, Principado de Mônaco, Itália, Espanha e Inglaterra). Haia, 11/jun./2024. Fonte: Acervo pessoal de Valdeci dos Santos.

Prosseguindo de **Haia** (Países Baixos), chegamos a **Gante** (Bélgica), cidade histórica de **Flandres,** uma região geográfica e histórica no noroeste da Europa. Atualmente a maior parte do território de Flandres histórica constitui a Bélgica, enquanto que a parte sudoeste pertence à França e a extremidade norte aos Países Baixos. Almoçamos e passeamos pelo magnífico centro histórico (Fotografias: 694, 695, 696 e 697).

Partimos de **Gante** (Bélgica) às 16h30min. Chegamos às 20h15min, a **Paris** (França).

Fotografia 694 – Projeto 'Voos e sobrevoos em solos estrangeiros'. Bélgica. Valdeci dos Santos visitando a Torre Belfort. Gante, 11/jun./2024. Fonte: Acervo pessoal de Valdeci dos Santos.

Fotografia 696 – Projeto 'Voos e sobrevoos em solos estrangeiros'. Bélgica. Valdeci dos Santos visitando a Prefeitura de Gante. Gante, 11/jun./2024. Fonte: Acervo pessoal de Valdeci dos Santos.

Fotografia 695 – Projeto 'Voos e sobrevoos em solos estrangeiros'. Bélgica. Valdeci dos Santos visitando a Igreja de São Nicolau. Gante, 11/jun./2024. Fonte: Acervo pessoal de Valdeci dos Santos.

Fotografia 697 – Projeto 'Voos e sobrevoos em solos estrangeiros'. Bélgica. Valdeci dos Santos visitando a Prefeitura de Gante. Gante, 11/jun./2024. Fonte: Acervo pessoal de Valdeci dos Santos.

No décimo primeiro dias, 12 de junho de 2024, pela manhã, partimos de **Paris** (França) rumo a **Aosta** (Itália), com visita a **Genebra** (Suíça). Percorremos uma distância de 670 km, entre paisagens de 'tirar o fôlego'.

A paisagem, pela manhã, brindou-nos com grandes planícies do centro da França, rumo a **Genebra**, na Suíça. Chegamos, à tarde, em **Genebra** às margens do **Lago Genebra**; cidade localizada no oeste do país, figurando como a segunda mais populosa cidade suíça, depois de Zurique – e a mais populosa da região da Romandia, a parte francófona da Suíça. Situada onde o rio Ródan o deixa o Lago Lemano, no chamado Pequeno Lago ou Lago de Genebra (Fotografias: 698, 699 e 700).

O trajeto de **Genebra**, à tarde, rumo a **Aosta**, na Itália, propiciou um mosaíco de imagens de paisagens montanhosas com altos picos alpinos nevados. Atravessamos a região de Chamonix, uma cidade alpina ao lado do Mont Blanc (o pico mais alto dos Alpes e da Europa), com paisagens nevadas das montanhas circundantes. Chamonix-Mont-Blanc é uma comuna francesa do departamento da Alta Saboia, na região de Auvérnia-Ródano-Alpes. Denominada na língua corrente apenas Chamonix, é uma das mais importantes estâncias turísticas de inverno da Europa, tendo o imponente Monte Branco na parte meridional de seu território. Passamos para a Itália através do túnel sob o Monte Branco. Chegamos, à noite, a **Aosta** para pernoitar.

Fotografia 698 – Projeto 'Voos e sobrevoos em solos estrangeiros'. Suíça. Valdeci dos Santos visitando Genebra. Genebra, 12/jun./2024. Fonte: Acervo pessoal de Valdeci dos Santos.

Fotografia 699 – Projeto 'Voos e sobrevoos em solos estrangeiros'. Suíça. Valdeci dos Santos visitando Genebra. Genebra, 12/jun./2024. Fonte: Acervo pessoal de Valdeci dos Santos. Fotógrafa: Valdeci dos Santos.

Fotografia 700 – Projeto 'Voos e sobrevoos em solos estrangeiros'. Suíça. Valdeci dos Santos visitando Genebra. Genebra, 12/jun./2024. Fonte: Acervo pessoal de Valdeci dos Santos.

No décimo segundo dias, 13 de junho de 2024, partimos, pela manhã, de **Aosta** (Itália) rumo a **Veneza** (Itália), percorrendo uma distância de 465 km, por planícies (Planície Padana, também, conhecida como Vale do Pó) do norte da Itália.

Chegamos ao terminal Tronchetto, de **Veneza**, à tarde, seguindo em barco navegando ao longo do canal Giudecca, rumo ao centro histórico de Veneza. Dediquei-me a andanças e revisitar espaços conhecidos quando da viagem em 2018. Entre eles: **Praça de São Marcos** – conhecida pela impressionante arquitetura, é o coração de Veneza e abriga a Basílica e o Campanário de São Marcos e o Palácio Ducal; **Basílica de São Marcos** – possui uma fachada decorada e interiores ornamentados com mosaicos dourados; **Palácio Ducal** – antiga residência dos Doges de Veneza. Ele abriga museus e exibe artefatos históricos e artísticos; **Grande Canal** – a via navegável mais importante da cidade. Ao longo de suas margens, encontram-se palácios históricos, igrejas e museus; **Ponte de Rialto** – uma das quatro pontes que atravessam o Grande Canal. Visita a uma oficina de 'Vidro de Murano'. E, **passeio de gôndola** nos canais venezianos, uma experiência e aprendizado significativamente emocionante/poética (Fotografias: 701, 702, 703 e 704).

Fotografia 701 – Projeto 'Voos e sobrevoos em solos estrangeiros'. Itália. Valdeci dos Santos visitando Veneza. Veneza, 13/jun./2024. Fonte: Acervo pessoal de Valdeci dos Santos. Fotógrafa: Valdeci dos Santos.

Fotografia 702 – Projeto 'Voos e sobrevoos em solos estrangeiros'. Itália. Valdeci dos Santos visitando Veneza. Veneza, 13/jun./2024. Fonte: Acervo pessoal de Valdeci dos Santos. Fotógrafa: Valdeci dos Santos.

Fotografia 703 – Projeto 'Voos e sobrevoos em solos estrangeiros'. Itália. Valdeci dos Santos visitando Veneza. Veneza, 13/jun./2024. Fonte: Acervo pessoal de Valdeci dos Santos.

Fotografia 704 – Projeto 'Voos e sobrevoos em solos estrangeiros'. Itália. Valdeci dos Santos com companheiros Lilia Goden Rivero, Raul Florida Gutiérrez, Terezinha Feuser, Marli, Amarilys, Franco, Catalina, Margarita, Sandra, Angelika, Hector (Argentina, Brasil, Chile, Colômbia, Costa Rica, El Salvador, Guatemala, México, Panamá, República Dominicana) conhecidos no circuito turístico de 21 dias na Europa (França, Bélgica, Países Baixos, Suíça, Principado de Mônaco, Itália, Espanha e Inglaterra). Veneza, 13/jun./2024. Fonte: Acervo pessoal de Valdeci dos Santos.

No décimo terceiro dias, 14 de junho de 2024, percorremos a distância de 540 km, de belas paisagens cruzando os Apeninos. A cordilheira dos **Apeninos** estende-se por 1000 km ao longo da Itália central e costa leste, formando a coluna dorsal do país. As montanhas são verdes e arborizadas, apesar de um lado do pico mais elevado, o Corno Grande (2912 m), ser parcialmente coberto pela geleira mais meridional da Europa. As elevações mais a leste, perto do mar Adriático, são abruptas, enquanto que as do oeste formam uma planície onde se localizam a maior parte das cidades históricas italianas, entre outras, **Siena, Florença e Pisa.**

Partimos, pela manhã, de **Veneza** (Itália) rumo a **Roma** (Itália); visitando as cidades de **Ravena** (Itália) e **Assis** (Itália).

Na cidade de **Ravena**, conhecemos monumentos, a exemplo de: a Basilica di San Vitale; o Mausoleo di Galla Placidia; a Basilica di Sant'Apollinare Nuovo; o Battistero Neoniano; o Museo Arcivescovile e a Cappella di Sant'Andrea.

A 'Basílica de São Vital' é o monumento mais famoso de Ravena, um dos exemplos mais importantes de arte bizantina na Europa Ocidental. A basílica é uma das oito construções dos monumentos paleocristãos de Ravena, consideradas Património Cultural da Humanidade pela UNESCO. É dedicada a Vital de Milão.

Na cidade de **Assis**, almoçamos e visitamos a Basílica de São Francisco (Fotografia: 705).

Chegamos a **Roma,** capital da Itália, às 21h00min. Vale enfatizar que: o Império Romano foi uma das maiores civilizações da história ocidental. Durou cerca de **cinco séculos**, começando em **27 a.C.** e terminando em **476 d.C.** O império se estendia desde o Rio Reno até o Egito, incluindo a Grã-Bretanha e a **Ásia Menor**, conectando a Europa, a Ásia e a África.

Fotografia 705 – Projeto 'Voos e sobrevoos em solos estrangeiros'. Itália. Valdeci dos Santos visitando a Basílica de São Francisco de Assis. Assis, 14/jun./2024. Fonte: Acervo pessoal de Valdeci dos Santos.

No décimo quarto dias, 15 de junho de 2024, na cidade de **Roma** (Itália), realizamos passeio panorâmico com um guia local, visitando: Coliseu (Fotografias: 706 e 707); Arco de Constantino; Teatro Marcelo; Capitólio; Fóruns Romanos; Circo Máximo; Igreja de Santa Maria em Cosmedin com a Boca da Verdade; Templos Republicanos; Termas de Caracala; Muro Aureliano; Basílica de Santa Maria Maggiore e São João de Latrão; Igreja de Santa Maria em Dominica (Navicella); Pirâmide de Cestia; Portão de São Paulo; Avenida Lungo Tevere com a Sinagoga Judaica de estilo babilônico; Ilha Tibre; Castelo de Santo Ângelo.

Fotografia 706 – Itália. Valdeci dos Santos e Lilia Goden River (México) visitando o Coliseu (Anfiteatro Flaviano). Roma, 15/jun./2024. Fonte: Acervo pessoal de Valdeci dos Santos.

Fotografia 707 – Projeto 'Voos e sobrevoos em solos estrangeiros'. Itália. Valdeci dos Santos com companheiros Lilia Goden Rivero, Raul Florida Gutiérrez, Sandra e Família (Argentina, Brasil, Chile, Colômbia, Costa Rica, El Salvador, Guatemala, México, Panamá, República Dominicana) conhecidos no circuito turístico de 21 dias na Europa (França, Bélgica, Países Baixos, Suíça, Principado de Mônaco, Itália, Espanha e Inglaterra). Visitando o Coliseu (Anfiteatro Flaviano). Roma, 15/jun./2024. Fonte: Acervo pessoal de Valdeci dos Santos.

Ainda, no décimo quarto dias, do circuito turístico, 15 de junho de 2024, no passeio à **Cidade-Estado do Vaticano** – *sede da Igreja Católica, cujo território consiste de um enclave murado dentro da cidade de Roma, capital da Itália. Com aproximadamente 44 hectares e com uma população estimada de 1 000 habitantes, é a menor entidade territorial do mundo administrada por um Estado* -, recebi um incrível presente que diz de construção de AMIZADE: a visita da amiga italiana Bianca Zucchelli, que conheci através da prima-amiga Alda Santana, em 2018, quando da minha visita à cidade de Milão. Bianca Zucchelli veio de Milão, juntamente, com suas amigas: Anna Di Domenico e Dusolina Paone para uma breve visita de acolhimento fraterno. Nosso encontro, na Praça de São Pedro, foi emocionante/festivo/alegre/divertido/fraterno. Desfrutamos do contexto fraterno dialogando em italiano e português. As amigas italianas socializaram informações artístico-culturais referentes à Itália (Fotografias: 708, 709, 710, 711, 712 e 713).

Fotografia 708 – Projeto 'Voos e sobrevoos em solos estrangeiros'. Cidade-Estado do Vaticano (Cercada por Roma – Itália). Valdeci dos Santos visitando a Praça de São Pedro. Praça de São Pedro, 15/jun./2024. Fonte: Acervo pessoal de Valdeci dos Santos.

Fotografia 709 – Projeto 'Voos e sobrevoos em solos estrangeiros'. Cidade-Estado do Vaticano (Cercada por Roma – Itália). Valdeci dos Santos visitando a Praça de São Pedro. Praça de São Pedro, 15/jun./2024. Fonte: Acervo pessoal de Valdeci dos Santos.

Fotografia 710 – Projeto 'Voos e sobrevoos em solos estrangeiros'. Cidade-Estado do Vaticano (Cercada por Roma – Itália). Valdeci dos Santos visitando a Praça de São Pedro. Praça de São Pedro, 15/jun./2024. Fonte: Acervo pessoal de Valdeci dos Santos. Fotógrafa: Valdeci dos Santos.

Fotografia 711 – Projeto 'Voos e sobrevoos em solos estrangeiros'. Cidade-Estado do Vaticano (Cercada por Roma – Itália). Anna Di Domenico, Bianca Zucchelli, Dusolina Paone e, Valdeci dos Santos visitando a Praça de São Pedro. Praça de São Pedro, 15/jun./2024. Fonte: Acervo pessoal de Valdeci dos Santos.

Fotografia 712 – Projeto 'Voos e sobrevoos em solos estrangeiros'. Cidade-Estado do Vaticano (Cercada por Roma – Itália). Anna Di Domenico, Bianca Zucchelli, Dusolina Paone e, Valdeci dos Santos visitando a Praça de São Pedro. Praça de São Pedro, 15/jun./2024. Fonte: Acervo pessoal de Valdeci dos Santos.

Fotografia 713 – Projeto 'Voos e sobrevoos em solos estrangeiros'. Cidade-Estado do Vaticano (Cercada por Roma – Itália). Valdeci dos Santos visitando a Praça de São Pedro. Praça de São Pedro, 15/jun./2024. Fonte: Acervo pessoal de Valdeci dos Santos.

No décimo quinto dias, 16 de junho de 2024, ainda, hospedados em **Roma**, comprei excursão para visitar **Nápoles** e **Capri**. Todavia, por demandas de saúde (cansaço), cancelei o passeio, e perdi os Euros pagos à Guia Turística. Aproveitei o dia para relaxar no hotel.

No décimo sexto dias, 17 de junho de 2024, partimos de **Roma** rumo a **Florença** (Itália), percorrendo paisagens agradáveis, aldeias históricas ao longo do caminho, empoleiradas nas colinas dos Apeninos.

Florença é considerada o berço do Renascimento e alguns dos artistas e pensadores mais influentes da história, como: Américo Vespúcio (Florença, 1454); Dante Alighieri (Florença, 1265); Donatello (nascido Donato di Niccoló di Betto Bardi) (Florença, 1386); Filippo Brunelleschi (nascido Filippo di ser Brunellesco Lapi) (Florença, 1377); Giovanni Boccaccio (Florença, 1313); Leonardo da Vinci (arredores de Florença, 1452); Michelangelo (nascido Michelangelo di Lodovico Buonarroti Simoni) (Florença, 1475); Nicolau Maquiavel (Florença, 1469); Rafael (Raffaello Sanzio) (Urbino, 1483. Mudou-se para Florença em 1504); Sandro Botticelli (nascido Alessandro di Mariano di Vanni Filipepi) (Florença, 1445).

Realizamos passeio pela cidade, com um guia local, caminhando pelas ruas do centro. Visitamos: Galeria Uffizi; Galleria dell'Accademia; Catedral de Santa Maria del Fiore; Ponte Vecchio; Palazzo Vecchio; Palazzo Pitti; Basílica de Santa Croce; Piazza della Signoria; Piazzale Michelangelo; Mercado de San Lorenzo; Jardins Bardini: situado acima dos Jardins de Boboli e tem uma vista linda para a cidade; Museu Galileo; Museu Casa de Dante: o local de nascimento do poeta Dante Alighieri, um dos maiores nomes na literatura italiana; Museu Horne: a casa de um colecionador de arte que se transformou em museu devido à riqueza de seu acervo; Museu Interativo Leonardo Da Vinci; Capela Brancacci: um verdadeiro tesouro escondido. A capela é pequena, mas que preserva obras dos artistas: Masaccio, Masolino da Panicale e Filippino Lippi (Fotografias: 714, 715, 716, 717, 718, 719, 720, 721 e 722).

Fotografia 714 – Projeto 'Voos e sobrevoos em solos estrangeiros'. Itália. Valdeci dos Santos visitando Florença. Florença, 17/jun./2024. Fonte: Acervo pessoal de Valdeci dos Santos. Fotógrafa: Valdeci dos Santos.

Fotografia 715 – Projeto 'Voos e sobrevoos em solos estrangeiros'. Itália. Valdeci dos Santos visitando Florença. Florença, 17/jun./2024. Fonte: Acervo pessoal de Valdeci dos Santos.

Fotografia 716 – Projeto 'Voos e sobrevoos em solos estrangeiros'. Itália. Valdeci dos Santos visitando Florença. Florença, 17/jun./2024. Fonte: Acervo pessoal de Valdeci dos Santos.

Fotografia 718 – Projeto 'Voos e sobrevoos em solos estrangeiros'. Itália. Valdeci dos Santos visitando Florença. Florença, 17/jun./2024. Fonte: Acervo pessoal de Valdeci dos Santos.

Fotografia 717 – Projeto 'Voos e sobrevoos em solos estrangeiros'. Itália. Valdeci dos Santos visitando Florença. Florença, 17/jun./2024. Fonte: Acervo pessoal de Valdeci dos Santos. Fotógrafa: Valdeci dos Santos.

Fotografia 719 – Projeto 'Voos e sobrevoos em solos estrangeiros'. Itália. Valdeci dos Santos visitando Florença. Florença, 17/jun./2024. Fonte: Acervo pessoal de Valdeci dos Santos. Fotógrafa: Valdeci dos Santos.

Fotografia 720 – Projeto 'Voos e sobrevoos em solos estrangeiros'. Itália. Valdeci dos Santos visitando Florença. Florença, 17/jun./2024. Fonte: Acervo pessoal de Valdeci dos Santos. Fotógrafa: Valdeci dos Santos.

Fotografia 721 – Projeto 'Voos e sobrevoos em solos estrangeiros'. Itália. Valdeci dos Santos visitando Florença. Florença, 17/jun./2024. Fonte: Acervo pessoal de Valdeci dos Santos. Fotógrafa: Valdeci dos Santos.

Fotografia 722 – Projeto 'Voos e sobrevoos em solos estrangeiros'. Itália. Valdeci dos Santos visitando Florença. Florença, 17/jun./2024. Fonte: Acervo pessoal de Valdeci dos Santos. Fotógrafa: Valdeci dos Santos

No décimo sétimo dia, 18 de junho de 2024, saímos de **Florença** (Itália) rumo a **Costa Azul** com destino a **Nice** (França), percorrendo uma distância total de 450 km, de belas paisagens sobre o Mediterrâneo.

Vale enfatizar que **Costa Azul**, também chamada **Riviera Francesa**, é o nome dado a uma parte da costa mediterrânea no sudeste da França e a todo Mônaco. É um dos centros mundiais de turismo e residência de muitas pessoas famosas, considerada uma das áreas mais luxuosas, caras e sofisticadas do mundo, e que abriga locais emblemáticos como **Monte Carlo**, no **Principado de Mônaco**, Saint Tropez e Cannes, conhecida por seu 'Festival de cinema'.

Partindo de **Florença** (Itália), realizamos primeira parada em **Pisa** (Itália), terra do cientista/físico/matemático/astrônomo/filósofo italiano Galileu Galilei (1564-1642). Visitamos: a Piazza Dei Miracoli ou Praça dos Milagres; a Catedral de Pisa, dedicada à Virgem Maria; a Torre de Pisa; o Batistério; o Cemitério Camposanto. (Fotografia: 723, 724, 725, 726 e 726).

Chamo atenção para o 'Anjo Caído' (Fotografia: 728), uma escultura em bronze de Igor Mitoraj, que está próximo à Torre de Pisa. A obra, com aproximadamente 3 metros de altura, retrata um anjo caído ao chão, com uma das asas fincada no chão e o corpo torcido e ferido. A cabeça está quebrada e o braço esquerdo está faltando. A escultura foi criada em 2012 e doada ao Município de Pisa por uma fundação privada. Mitoraj declarou que a obra é uma alegoria da queda do homem, de sua fragilidade e de sua condição de imperfeição. O significado do Anjo Caído tem sido objeto de diferentes interpretações. Alguns críticos viram na obra uma alegoria da queda do homem, de sua fragilidade e de sua condição de imperfeição. Outros interpretaram o anjo como um símbolo de esperança, que apesar da queda continua a lutar para se levantar novamente.

Partindo de **Pisa** (Itália), continuamos ao longo do Mediterrâneo passando por montanhas de mármore branco (área de Carrara). Vale destacar que o 'Mármore de Carrara' é um tipo de mármore de alta qualidade branco ou de azul-cinza, que é popular para uso em escultura e construção de decoração. Ele é extraído da cidade de Carrara, localizado na província de Massa e Carrara. Deixamos a autoestrada através da área da **Riviera da Ligúria**, um dos lugares mais bonitos do Mediterrâneo. Realizamos a segunda parada em **Sestri Levante** (Itália), encantadora cidadezinha resort à beira-mar. Tempo dedicado para almoço e caminhada (Fotografia: 729, 730, 731 e 732).

Partindo de **Sestri Levante** (Itália), seguimos a Riviera entre paisagens marítimas espetaculares, chegamos a **Monte Carlo** (Principado de Mônaco). **Principado de Mônaco** é uma **cidade-estado soberana**, e, portanto, um microestado, situado ao sul da França. Fazendo costa com o mar Mediterrâneo, o principado, fundado em 1297 pela Casa de Grimaldi – até hoje sua soberana –, fica a menos de 20 km a leste da cidade de Nice e 20 km a oeste da cidade de Ventimiglia. Tem como forma de governo a monarquia constitucional, em que o monarca é Sua Alteza Sereníssima, o Príncipe Alberto II do Mônaco (Fotografia: 733 e 734).

Partindo de **Monte Carlo** (Principado de Mônaco), em direção à **Costa Azul**, chegamos a **Nice** (França).

Fotografia 723 – Projeto 'Voos e sobrevoos em solos estrangeiros'. Itália. Valdeci dos Santos visitando a Catedral de Pisa, dedicada à Virgem Maria, na Piazza Dei Miracoli ou Praça dos Milagres. Pisa, 18/jun./2024. Fonte: Acervo pessoal de Valdeci dos Santos. Fotógrafa: Valdeci dos Santos.

Fotografia 724 – Projeto 'Voos e sobrevoos em solos estrangeiros'. Itália. Valdeci dos Santos visitando a Catedral de Pisa, dedicada à Virgem Maria, na Piazza Dei Miracoli ou Praça dos Milagres. Pisa, 18/jun./2024. Fonte: Acervo pessoal de Valdeci dos Santos. Fotógrafa: Valdeci dos Santos.

Fotografia 726 – Projeto 'Voos e sobrevoos em solos estrangeiros'. Itália. Valdeci dos Santos visitando a Catedral de Pisa, dedicada à Virgem Maria, na Piazza Dei Miracoli ou Praça dos Milagres. Pisa, 18/jun./2024. Fonte: Acervo pessoal de Valdeci dos Santos. Fotógrafa: Valdeci dos Santos.

Fotografia 725 – Projeto 'Voos e sobrevoos em solos estrangeiros'. Itália. Valdeci dos Santos visitando a Torre Sineira (Campanile), na Piazza Dei Miracoli ou Praça dos Milagres. Pisa, 18/jun./2024. Fonte: Acervo pessoal de Valdeci dos Santos.

Fotografia 727 – Projeto 'Voos e sobrevoos em solos estrangeiros'. Itália. Valdeci dos Santos visitando a Catedral de Pisa, dedicada à Virgem Maria, na Piazza Dei Miracoli ou Praça dos Milagres. Pisa, 18/jun./2024. Fonte: Acervo pessoal de Valdeci dos Santos.

Fotografia 728 – Projeto 'Voos e sobrevoos em solos estrangeiros'. Itália. Valdeci dos Santos visitando a Catedral de Pisa, dedicada à Virgem Maria, na Piazza Dei Miracoli ou Praça dos Milagres. Escultura 'Anjo Caído'. Pisa, 18/jun./2024. Fonte: Acervo pessoal de Valdeci dos Santos. Fotógrafa: Valdeci dos Santos.

Fotografia 729 – Projeto 'Voos e sobrevoos em solos estrangeiros'. Itália. Valdeci dos Santos visitando Sestri Levante. Sestri Levante, 18/jun./2024. Fonte: Acervo pessoal de Valdeci dos Santos. Fotógrafa: Valdeci dos Santos.

Fotografia 730 – Projeto 'Voos e sobrevoos em solos estrangeiros'. Itália. Valdeci dos Santos visitando Sestri Levante, com companheiros (Argentina, Brasil, Chile, Colômbia, Costa Rica, El Salvador, Guatemala, México, Panamá, República Dominicana) conhecidos no circuito turístico de 21 dias na Europa (França, Bélgica, Países Baixos, Suíça, Principado de Mônaco, Itália, Espanha e Inglaterra). Sestri Levante, 18/jun./2024. Fonte: Acervo pessoal de Valdeci dos Santos. Fotógrafa: Valdeci dos Santos.

Fotografia 731 – Projeto 'Voos e sobrevoos em solos estrangeiros'. Itália. Valdeci dos Santos visitando Sestri Levante, com companheiros (Argentina, Brasil, Chile, Colômbia, Costa Rica, El Salvador, Guatemala, México, Panamá, República Dominicana) conhecidos no circuito turístico de 21 dias na Europa (França, Bélgica, Países Baixos, Suíça, Principado de Mônaco, Itália, Espanha e Inglaterra). Sestri Levante, 18/jun./2024. Fonte: Acervo pessoal de Valdeci dos Santos.

Fotografia 732 – Projeto 'Voos e sobrevoos em solos estrangeiros'. Itália. Valdeci dos Santos visitando Sestri Levante, com companheiros (Argentina, Brasil, Chile, Colômbia, Costa Rica, El Salvador, Guatemala, México, Panamá, República Dominicana) conhecidos no circuito turístico de 21 dias na Europa (França, Bélgica, Países Baixos, Suíça, Principado de Mônaco, Itália, Espanha e Inglaterra). Sestri Levante, 18/jun./2024. Fonte: Acervo pessoal de Valdeci dos Santos. Fotógrafa: Valdeci dos Santos.

Fotografia 733 – Projeto 'Voos e sobrevoos em solos estrangeiros'. Principado de Mônaco. Valdeci dos Santos visitando Monte Carlo. Escultura Adam et Ève (1981), de Fernando Botero. Monte Carlo, 18/jun./2024. Fonte: Acervo pessoal de Valdeci dos Santos.

Fotografia 734 – Projeto 'Voos e sobrevoos em solos estrangeiros'. Principado de Mônaco. Valdeci Dos Santos visitando Monte Carlo. Escultura de Bezzina (2017), bronze branco, intitulada: Main Divition III "Ludus". Monte Carlo, 18/jun./2024. Fonte: Acervo pessoal de Valdeci dos Santos.

No décimo oitavo dias, 19 de junho de 2024, saímos de **Nice** (França), pela manhã, passando pela Promenade des Anglais e pela Place Massena, rumo a **Barcelona** (Espanha), percorrendo uma distância total de 665 km, de paisagens agradáveis da Provence francesa.

No percurso do trajeto, paramos em **Arles** (França), cidade pequena que fica no sul da França, na região de Provence, com seus impressionantes vestígios romanos e suas ruas cheias de vida mediterrânea, especialmente no verão, testemunham a importância desta cidade ao longo de sua história; para almoço e passeio pelo centro que inspirou o pintor Vincent van Gogh (1853-1890) e tantos outros, por sua luz e força (Fotografias: 735 e 736).

Fotografia 735 – Projeto 'Voos e sobrevoos em solos estrangeiros'. França. Valdeci dos Santos visitando Arles. Arles, 19/jun./2024. Fonte: Acervo pessoal de Valdeci dos Santos. Fotógrafa: Valdeci dos Santos.

Fotografia 736 – Projeto 'Voos e sobrevoos em solos estrangeiros'. França. Valdeci dos Santos visitando Arles. Arles, 19/jun./2024. Fonte: Acervo pessoal de Valdeci dos Santos.

Partindo de **Arles** (França), viajando pelo sul da França, chegamos a **Bracelona** (Espanha).

No décimo nono dias, 20 de junho de 2024, pela manhã, realizamos visita panorâmica em Barcelona (Espanha), com ênfase turística em: Monumento a Colombo; Plaza de Catalunya; Passeig de Gràcia; Diagonal; Catedral Sagrada Família; Montjuich, também, é conhecida como as instalações olímpicas; Plaza de España. A visita termina na área das Ramblas para os participantes caminharem pelo centro histórico – Bairro Gótico (Fotografias: 737, 738, 739, 740 e 741).

Partimos de **Barcelona** (Espanha), à tarde, rumo a **Madri** (Espanha), percorrendo uma distância de 640 km.

Fotografia 737 – Projeto 'Voos e sobrevoos em solos estrangeiros'. Espanha. Valdeci dos Santos visitando jardins em Barcelona – um espécime de barriguda (Ceiba sp). Barcelona, 20/jun./2024. Fonte: Acervo pessoal de Valdeci dos Santos.

Fotografia 738 – Projeto 'Voos e sobrevoos em solos estrangeiros'. Espanha. Valdeci dos Santos visitando a Catedral Sagrada Família. Barcelona, 20/jun./2024. Fonte: Acervo pessoal de Valdeci dos Santos.

Fotografia 739 – Projeto 'Voos e sobrevoos em solos estrangeiros'. Espanha. Valdeci dos Santos visitando a Catedral Sagrada Família. Barcelona, 20/jun./2024. Fonte: Acervo pessoal de Valdeci dos Santos.

Fotografia 740 – Projeto 'Voos e sobrevoos em solos estrangeiros'. Espanha. Barcelona, 20/jun./2024. Fonte: Acervo pessoal de Valdeci dos Santos. Fotógrafa: Valdeci dos Santos.

Fotografia 741 – Projeto 'Voos e sobrevoos em solos estrangeiros'. Espanha. Barcelona, 20/jun./2024. Fonte: Acervo pessoal de Valdeci dos Santos. Fotógrafa: Valdeci dos Santos

No vigésimo dias, 21 de junho de 2024, pela manhã, em **Madrid** (Espanha), realizamos passeio panorâmico, visitando: Praça de Cibeles; Puerta de Alcalá; Parque do Retiro; Calle Serrano; Avenida Castellana; Plaza Colón; Paseo del Prado; Museu do Prado (parte externa); Estação de Atocha. E, o Palácio Real de Madrid, também denominado de Palácio de Oriente (Fotografias: 742 e 743).

Fotografia 742 – Projeto 'Voos e sobrevoos em solos estrangeiros'. Espanha. Valdeci dos Santos visitando a escultura de Jaume Pensa, com doze metros de altura e intitulada Julia, Plaza de Colón. Madrid, 21/jun./2024. Fonte: Acervo pessoal de Valdeci dos Santos.

Fotografia 743 – Projeto 'Voos e sobrevoos em solos estrangeiros'. Espanha. Valdeci dos Santos com companheiros Lilia Goden Rivero, Raul Florida Gutiérrez, Terezinha Feuser, Marli, Amarilys, Franco, Catalina, Margarita, Sandra, Angelika, Hector (Argentina, Brasil, Chile, Colômbia, Costa Rica, El Salvador, Guatemala, México, Panamá, República Dominicana) conhecidos no circuito turístico de 21 dias na Europa (França, Bélgica, Países Baixos, Suíça, Principado de Mônaco, Itália, Espanha e Inglaterra). Madrid, 21/jun./2024. Fonte: Acervo pessoal de Valdeci dos Santos.

No vigésimo primeiro dias, 22 de junho de 2024, pela manhã, em **Madrid** (Espanha) retornei ao Brasil, através do Aeroporto Adolfo Suárez Madrid-Barajas (Fotografia: 744).

Cheguei, à noite, em solo brasileiro, pelo Aeroporto Internacional de Salvador – Deputado Luís Eduardo Magalhães, na cidade do Salvador, no Estado da Bahia (Fotografia: 745 e 746). Deslocando-me para o meu lar, na cidade de Feira de Santana.

Fotografia 744 – Projeto 'Voos e sobrevoos em solos estrangeiros'. Espanha. Brasil. Valdeci dos Santos chegando ao Brasil após circuito turístico de 21 dias na Europa (França, Bélgica, Países Baixos, Suíça, Principado de Mônaco, Itália, Espanha e Inglaterra). Aeroporto Adolfo Suárez Madrid-Barajas. Madrid, 22/jun./2024. Fonte: Acervo pessoal de Valdeci dos Santos.

Fotografia 745 – Brasil. Valdeci dos Santos chegando ao Brasil após circuito turístico de 21 dias na Europa (França, Bélgica, Países Baixos, Suíça, Principado de Mônaco, Itália, Espanha e Inglaterra). Aeroporto Internacional de Salvador – Deputado Luís Eduardo Magalhães. Salvador – Bahia, 22/jun./2024. Fonte: Acervo pessoal de Valdeci dos Santos. Fotógrafa: Valdeci dos Santos.

Fotografia 746 – Brasil. Valdeci dos Santos chegando ao Brasil após circuito turístico de 21 dias na Europa (França, Bélgica, Países Baixos, Suíça, Principado de Mônaco, Itália, Espanha e Inglaterra). Aeroporto Internacional de Salvador – Deputado Luís Eduardo Magalhães. Salvador – Bahia, 22/jun./2024. Fonte: Acervo pessoal de Valdeci dos Santos.

EPÍLOGO

Fotografia 747 – Brasil. Valdeci dos Santos (63 anos). Feira de Santana – Bahia, 22/dez./2024. Fonte: Acervo pessoal de Valdeci dos Santos.

Os leitores foram advertidos que a obra '**A poetisa 'arretada' que atravessou o oceano: uma narrativa fotobiográfica**' vela/desvela questões implícito-explícitas nas memórias fotográficas que permitem reflexões sobre: O que leva uma pessoa a eleger como 'objeto de estudo' sua caminhada pessoal-acadêmico-profissional? Qual a importância da publicação da história de vida de Valdeci dos Santos, tendo como recorte mais pontual, suas experiências e aprendizados numa temporalidade de 2018 a 2024? Qual a contribuição da obra de Valdeci dos Santos para o leitor, o estudo da memória individual e coletiva e, a sociedade?

Os leitores podem ter refletido, ou não, tais questões. Contudo, é possível, inferir que, a obra, talvez, tenha contribuído para revisitarem a tríade lembrança-memória-esquecimento constitutiva de suas histórias de vida; destacando, em especial, a importância das memórias individuais e coletivas que dizem de subjetividades e intersubjetividades da construção da história das culturas, no percurso evolutivo da singularidade humana.

De acordo, com **Izquierdo** (2004):

Memória é a aquisição, conservação e evocação de informações. A aquisição se denomina também *aprendizado*. A evocação também se denomina *recordação* ou *lembrança*. A falta de evocação denomina-se *esquecimento* ou *olvido*. Uma falha geral da evocação de muitas memórias denomina-se *amnésia*. [.]. Memórias têm também os povos, as nações e as cidades; o conjunto dessas memórias denomina-se *História*. [.]. A memória humana ou animal se refere àquilo que se armazena, conserva e evoca de sua própria experiência pessoal (p. 15-16).

Reconhecendo a importância e a singularidade da MEMÓRIA, evoco a memória do meu pai, Lourival Pereira dos Santos. Ele amava conhecer singularidades de experiências e aprendizados dos seus dez filhos. Partilho fragmento de memórias publicado em: '*In memoriam*. **Uma carta dirigida ao meu pai**' (SANTOS, 2008, 2012),

Amado Pai, hoje, 30 de julho de 2008, terminei a escrita da minha tese de Doutorado em Educação. Sim, estou me colocando na condição de pleitear, à academia, o título de Doutora. Sinto-me imensamente feliz por estar cruzando mais um umbral em minha existência. Estou, também, singularmente emocionada, pois a lembrança da primeira ida à escola com o senhor é marcante, uma cena constituída pela memória olfativa composta pelo odor delicioso do lanche que mainha preparara para acompanhar a queijada que o senhor havia comprado na Padaria da Fé – continuo gostando de queijada -, pelo cheiro da colônia Seiva de Alfazema com que mainha perfumou-me; pela memória cromática constituída pela cor rosa da lancheira, pela fita de seda rosa que prendia meus cabelos, pelo azul da sua velha bicicleta; pela memória sonora constituída pelo som das pedaladas da sua bicicleta, latidos de cães – fato que contribuía para aumentar o meu medo de estar indo para o mundo estranho chamado escola -, do seu diálogo-monólogo apresentando-me as vantagens da escola e de se estudar, é pontual o trecho no qual meu choro era intenso e o senhor afirmou-me: "[.] Val, não chore. [.]. Você está indo para a

escola para ser uma *Doutora*.". Tenho clareza que o senhor desconhecia a existência de um título acadêmico designado de Doutor/Doutora, especialmente por pertencermos a uma linhagem de gerações composta por analfabetos e semi-alfabetizados. Neste momento, após quarenta anos, estou chorando. Estou chorando, por tudo que esse movimento/título simboliza para mim – sobretudo, pela *memória da submissão cognitiva* em sete exames vestibulares para poder acessar a academia -, para nossa história parental/familiar, para nossa etnia, para nosso grupo sócio-econômico-cultural. E, enxugando as lágrimas, tenho a certeza de que seus ensinamentos foram/são significativos para minha identidade de sujeito objetivo-subjetivo.

O **existir** é um **movimento** de construção/(des) construção/(re)construção de experiências e aprendizados significativos. O que construímos? O que deixamos? O que levamos?

O que construímos? MEMÓRIAS.

O que deixamos? MEMÓRIAS.

O que levamos? MEMÓRIAS.

REFERÊNCIAS

IZQUIERDO, Iván. **Questões sobre memória.** São Leopoldo: Ed. UNISINOS, 2004. 128 p.

SANTOS, Valdeci dos. *In memoriam.* Uma carta dirigida ao meu pai. In: MENEZES, J. M. F. de; PAIVA, M. M.; AQUINO, M. S. (Orgs.). **História e memória da educação na Bahia:** fortalecendo redes de pesquisa. Salvador: EDUNEB, 2012. p. 293-316. (Coleção Memória da Educação na Bahia, v. 10).

_____. **O discurso formativo do biólogo sobre a morte. Matizes e metáforas do saber que o sujeito não deseja saber.** 2008. 182 f. Tese (Doutorado em Educação) – Programa de Pós-Graduação em Educação do Centro de Ciências Sociais Aplicadas, Universidade Federal do Rio Grande do Norte, Natal, 2008.

DEDICATÓRIA

A obra "A poetisa 'arretada' que atravessou o oceano: uma narrativa fotobiográfica" é dedicada:

Aos 35 (trinta e cinco) amigos participantes do projeto 'Filhos Epistêmicos', na condição de prefaciadores de minhas obras: Aldeniza Cardoso de Lima (Universidade Federal do Amazonas – UFAM) (Fotografia: 748); Antonio Geraldo da Silva Sá Barreto (Universidade do Estado da Bahia – UNEB) (Fotografia: 749); Carmem Patrícia Cerqueira Gomes Gouveia (Secretaria da Educação do Estado da Bahia) (Fotografia: 750); Celeste Maria Pacheco de Andrade (Universidade do Estado da Bahia – UNEB) (Fotografia: 751); Célia Maria Lira Jannuzzi (Universidade Federal Fluminense – UFF) (Fotografia: 752); Claudia Freitas (Prefeitura Municipal de Diadema – São Paulo) (Fotografia: 753); Diogo Luiz Carneiro Rios (Ordem dos Advogados do Brasil – OAB, Subseção Feira de Santana) (Fotografia: 754); Enzo Santangelo (Missionários Combonianos) (Fotografia: 755); Gracineide Selma Santos de Almeida (Universidade do Estado da Bahia – UNEB) (Fotografia: 756); Iraci Gama Santa Luzia (Universidade do Estado da Bahia – UNEB) (Fotografia: 757); Izabela Dórea Brandão de Cerqueira (Sociedade de Estudos Psicanalíticos e Hipnose Aplicada – SEPHIA) (Fotografia: 758); José 'Milton Pinheiro' de Souza (Universidade do Estado da Bahia – UNEB) (Fotografia: 759); Josenilton Nunes Vieira (Universidade do Estado da Bahia – UNEB) (Fotografia: 760); Judite Sant'Anna Lima (Secretaria da Educação do Estado da Bahia. Colégio Estadual Rubem Nogueira) (Fotografia: 761); Jussara Secondino do Nascimento (Diretora do Colégio Ação – Santa Luz – BA. Instituto de Psicanálise e Hipnose Aplicada Ltda. – IPHA) (Fotografia: 762); Magda Nascimento Medeiros de Sousa (Secretaria de Saúde do Estado da Bahia – SESAB. Hospital Especializado Lopes Rodrigues – HELR) (Fotografia: 763); Marcio D'Olne Campos (Universidade Federal do Estado do Rio de Janeiro – UNIRIO/PPGPMUS. Universidade Estadual do Norte Fluminense Darcy Ribeiro – UENF/MAST. Universidade Federal Fluminense – UFF/NUFEP. Universidade Estadual de Campinas – UNICAMP) (Fotografia: 764); Maria Celeste Costa Valverde (Universidade Estadual de Feira de Santana – UEFS) (Fotografia: 765); Maria da Conceição de Almeida (Universidade Federal do Rio Grande do Norte – UFRN) (Fotografia: 766); Neila da Silva Reis (Universidade Federal do Pará – UFPA. Universidade Federal de Alagoas – UFAL) (Fotografia: 767); Paulo Rossi Rocha de Amorim (Colégio Nobre de Feira de Santana. Secretaria da Educação do Estado da Bahia) (Fotografia: 768); Raylane Andreza Dias Navarro Barreto (Universidade Federal de Pernambuco – UFPE) (Fotografia: 769); Regla Toujaguez La Rosa

Massahud (Universidade Federal de Alagoas – UFAL) (Fotografia: 770); Roque da Silva Mota (Associação de Apoio à Pessoa com Câncer – AAPC de Feira de Santana) (Fotografia: 771); Rosely Aparecida Liguori Imbernon (Universidade de São Paulo – USP) (Fotografia: 772); Suzi de Almeida Vasconcelos Barboni (Universidade Estadual de Feira de Santana – UEFS) (Fotografia: 773); Tatiana Maria Lefundes de Souza (Fotografia: 774); Tatiene Silva de Souza Lima (Secretaria da Educação do Estado da Bahia. Centro Territorial de Educação Profissional do Litoral Norte e Agreste Baiano – CETEP/LNAB) (Fotografia: 775); Terezinha Maria Feuser (Universidade Federal do Paraná – UFPR/*Campus* Palotina) (Fotografia: 776); Ubiratan D'Ambrosio (*In memoriam*) (Teórico da Etnomatemática. Universidade Estadual de Campinas – UNICAMP) (Fotografia: 777); Valmir Henrique de Araújo (Universidade Estadual do Sudoeste da Bahia – UESB) (Fotografia: 778); Vera Lúcia Chalegre de Freitas (Universidade de Pernambuco – UPE/*Campus* Garanhuns) (Fotografia: 779); Vicente Deocleciano Moreira (Universidade Estadual de Feira de Santana – UEFS) (Fotografia: 780); Wanderleia Azevedo Medeiros Leitão (Universidade Federal do Pará – UFPA) (Fotografia: 781); Yvone Matos Cerqueira (Sociedade de Estudos Psicanalíticos e Hipnose Aplicada – SEPHIA) (Fotografia: 782); Zoraya Maria de Oliveira Marques (Universidade do Estado da Bahia – UNEB) (Fotografia: 783).

Aos amigos Fernanda Harumi Kamonseki (Brasil/Portugal), Olga Maria Alves Martins (Portugal) e José Alberto Caeiro Costa (Portugal) (*In memoriam*) (Fotografia 782).

E, a amiga escritora cordelista Josinete Maria da Silva (Fotografias: 783, 784, 785, 786, 787, 788, 789, 790, 791 e 792).

PREFACIADORES DO PROJETO 'FILHOS EPISTÊMICOS'.

Fotografia 748 – Projeto 'Filhos Epistêmicos'. Aldeniza Cardoso de Lima. Prefaciadora do livro/filho epistêmico: A poetisa 'arretada' que atravessou o oceano: uma narrativa fotobiográfica (2024). Fonte: Acervo pessoal de Aldeniza Cardoso de Lima.

Fotografia 749 – Projeto 'Filhos Epistêmicos'. Antonio Geraldo da Silva Sá Barreto. Prefaciador dos livros/filhos epistêmicos: Simplesmente olhares de ressignificação (2021); Macramê psicanalítico (2018); e Iconografia de tessituras formativas (2015). Fonte: Acervo pessoal de Antonio Geraldo da Silva Sá Barreto.

Fotografia 750 – Projeto 'Filhos Epistêmicos'. Carmem Patrícia Cerqueira Gomes Gouveia. Prefaciadora do livro/filho epistêmico: Simplesmente olhares de ressignificação (2021). Fonte: Acervo pessoal de Carmem Patrícia Cerqueira Gomes Gouveia.

Fotografia 752 – Projeto 'Filhos Epistêmicos'. Célia Maria Lira Jannuzzi. Prefaciadora do livro/filho epistêmico: Simplesmente olhares de ressignificação (2021). Participação no projeto 'Revista Metáfora Educacional (ISSN 1809-2705) – versão on-line' (2005-2017); na condição de conselheira científica. Fonte: Acervo pessoal de Célia Maria Lira Jannuzzi.

Fotografia 751 – Projeto 'Filhos Epistêmicos'. Celeste Maria Pacheco de Andrade. Prefaciadora do livro/filho epistêmico: Macramê psicanalítico (2018). Participação no projeto 'Revista Metáfora Educacional (ISSN 1809-2705) – versão on-line' (2005-2017); na condição de conselheira científica. Fonte: Acervo pessoal de Celeste Maria Pacheco de Andrade.

Fotografia 753 – Projeto 'Filhos Epistêmicos'. Claudia Freitas. Prefaciadora do livro/filho epistêmico: A poetisa 'arretada' que atravessou o oceano: uma narrativa fotobiográfica (2024). Fonte: Acervo pessoal de Claudia Freitas.

Fotografia 754 – Projeto 'Filhos Epistêmicos'. Diogo Luiz Carneiro Rios. Prefaciador do livro/filho epistêmico: Um caso de assédio moral no trabalho: silêncios ruidosos (2015). Fonte: Acervo pessoal de Diogo Luiz Carneiro Rios.

Fotografia 756 – Projeto 'Filhos Epistêmicos'. Gracineide Selma Santos de Almeida. Prefaciadora do livro/filho epistêmico: Simplesmente olhares de ressignificação (2021). Fonte: Acervo pessoal de Gracineide Selma Santos de Almeida.

Fotografia 755 – Projeto 'Filhos Epistêmicos'. Enzo Santangelo. Prefaciador do livro/filho epistêmico: Simplesmente olhares de ressignificação (2021). Fonte: Acervo pessoal de Enzo Santangelo.

Fotografia 757 – Projeto 'Filhos Epistêmicos'. Iraci Gama Santa Luzia. Prefaciadora do livro/filho epistêmico: A poetisa 'arretada' que atravessou o oceano: uma narrativa fotobiográfica (2024). Fonte: Acervo pessoal de Iraci Gama Santa Luzia.

Fotografia 758 – Projeto 'Filhos Epistêmicos'. Izabela Dórea Brandão de Cerqueira. Prefaciadora do livro/filho epistêmico: Macramê psicanalítico (2018). Fonte: Acervo pessoal de Izabela Dórea Brandão de Cerqueira.

Fotografia 760 – Projeto 'Filhos Epistêmicos'. Josenilton Nunes Vieira. Prefaciador do livro/filho epistêmico: Macramê psicanalítico (2018). Participação no projeto 'Revista Metáfora Educacional (ISSN 1809-2705) – versão on-line' (2005-2017); na condição de conselheiro científico. Fonte: Acervo pessoal de Josenilton Nunes Vieira.

Fotografia 759 – Projeto 'Filhos Epistêmicos'. José 'Milton Pinheiro' de Souza. Prefaciador do livro/filho epistêmico: A poetisa 'arretada' que atravessou o oceano: uma narrativa fotobiográfica (2024). Fonte: Acervo pessoal de José 'Milton Pinheiro' de Souza.

Fotografia 761 – Projeto 'Filhos Epistêmicos'. Judite Sant'Anna Lima. Prefaciadora do livro/filho epistêmico: A poetisa 'arretada' que atravessou o oceano: uma narrativa fotobiográfica (2024). Fonte: Acervo pessoal de Judite Sant'Anna Lima.

Fotografia 762 – Projeto 'Filhos Epistêmicos'. Jussara Secondino do Nascimento. Prefaciadora do livro/filho epistêmico: Macramê psicanalítico (2018). Fonte: Acervo pessoal de Jussara Secondino do Nascimento.

Fotografia 764 – Projeto 'Filhos Epistêmicos'. Marcio D'Olne Campos. Prefaciador do livro/filho epistêmico: Memórias de uma professora-bióloga: desejos, olhares e espelhos (2012). Participação no projeto 'Revista Metáfora Educacional (ISSN 1809-2705) – versão on-line' (2005-2017); na condição de conselheiro científico. Fonte: Acervo pessoal de Marcio D'Olne Campos.

Fotografia 763 – Projeto 'Filhos Epistêmicos'. Magda Nascimento Medeiros de Sousa. Prefaciadora do livro/filho epistêmico: Simplesmente olhares de ressignificação (2021). Fonte: Acervo pessoal de Magda Nascimento Medeiros de Sousa.

Fotografia 765 – Projeto 'Filhos Epistêmicos'. Maria Celeste Costa Valverde. Prefaciadora do livro/filho epistêmico: A poetisa 'arretada' que atravessou o oceano: uma narrativa fotobiográfica (2024). Fonte: Acervo pessoal de Maria Celeste Costa Valverde.

Fotografia 766 – Projeto 'Filhos Epistêmicos'. Maria da Conceição de Almeida. Prefaciadora do livro/filho epistêmico: Iconografia de tessituras formativas (2015). Participação no projeto 'Revista Metáfora Educacional (ISSN 1809-2705) – versão on-line' (2005-2017); na condição de conselheira científica. Fonte: Acervo pessoal de Maria da Conceição de Almeida.

Fotografia 768 – Projeto 'Filhos Epistêmicos'. Paulo Rossi Rocha de Amorim. Prefaciador do livro/filho epistêmico Simplesmente olhares de ressignificação (2021). Fonte: Acervo pessoal de Paulo Rossi Rocha de Amorim.

Fotografia 767 – Projeto 'Filhos Epistêmicos'. Neila da Silva Reis. Prefaciadora do livro/filho epistêmico: A poetisa 'arretada' que atravessou o oceano: uma narrativa fotobiográfica (2024). Fonte: Acervo pessoal de Neila da Silva Reis.

Fotografia 769 – Projeto 'Filhos Epistêmicos'. Raylane Andreza Dias Navarro Barreto. Prefaciadora dos livros/filhos epistêmicos: Bio-tanato-educação: interfaces formativas (2016); Um caso de assédio moral no trabalho: silêncios ruidosos (2015); Memórias de uma professora-bióloga: desejos, olhares e espelhos (2012). Participação no projeto 'Revista Metáfora Educacional (ISSN 1809-2705) – versão on-line' (2005-2017); na condição de conselheira científica. Fonte: Acervo pessoal de Raylane Andreza Dias Navarro Barreto.

Fotografia 770 – Projeto 'Filhos Epistêmicos'. Regla Toujaguez La Rosa Massahud. Prefaciadora do livro/filho epistêmico: Bio-tanato-educação: interfaces formativas (2016). Participação no projeto 'Revista Metáfora Educacional (ISSN 1809-2705) – versão on-line' (2005-2017); na condição de conselheira científica. Fonte: Acervo pessoal de Regla Toujaguez La Rosa Massahud.

Fotografia 772 – Projeto 'Filhos Epistêmicos'. Rosely Aparecida Liguori Imbernon. Prefaciadora do livro/filho epistêmico: Memórias de uma professora-bióloga: desejos, olhares e espelhos (2012). Participação no projeto 'Revista Metáfora Educacional (ISSN 1809-2705) – versão on-line' (2005-2017); na condição de conselheira científica. Fonte: Acervo pessoal de Rosely Aparecida Liguori Imbernon.

Fotografia 771 – Projeto 'Filhos Epistêmicos'. Roque da Silva Mota. Prefaciador do livro/filho epistêmico: A poetisa 'arretada' que atravessou o oceano: uma narrativa fotobiográfica (2024). Fonte: Acervo pessoal de Roque da Silva Mota.

Fotografia 773 – Projeto 'Filhos Epistêmicos'. Suzi de Almeida Vasconcelos Barboni. Prefaciadora do livro/filho epistêmico: A poetisa 'arretada' que atravessou o oceano: uma narrativa fotobiográfica (2024). Fonte: Acervo pessoal de Suzi de Almeida Vasconcelos Barboni.

Fotografia 774 – Projeto 'Filhos Epistêmicos'. Tatiana Maria Lefundes de Souza. Prefaciadora do livro/filho epistêmico: A poetisa 'arretada' que atravessou o oceano: uma narrativa fotobiográfica (2024). Fonte: Acervo pessoal de Tatiana Maria Lefundes de Souza.

Fotografia 776 – Projeto 'Filhos Epistêmicos'. Terezinha Maria Feuser. Prefaciadora do livro/filho epistêmico: A poetisa 'arretada' que atravessou o oceano: uma narrativa fotobiográfica (2024). Fonte: Acervo pessoal de Terezinha Maria Feuser.

Fotografia 775 – Projeto 'Filhos Epistêmicos'. Tatiene Silva de Souza Lima. Prefaciadora dos livros/filhos epistêmicos: A poetisa 'arretada' que atravessou o oceano: uma narrativa fotobiográfica (2024); Simplesmente olhares de ressignificação (2021). Fonte: Acervo pessoal de Tatiene Silva de Souza Lima.

Fotografia 777 – Projeto 'Filhos Epistêmicos'. Ubiratan D'Ambrosio (In memoriam). Prefaciador do livro/filho epistêmico: Memórias de uma professora-bióloga: desejos, olhares e espelhos (2012). Participação no projeto 'Revista Metáfora Educacional (ISSN 1809-2705) – versão on-line' (2005-2017); na condição de conselheiro científico. Fonte: Acervo pessoal de Ubiratan D'Ambrosio (In memoriam).

Fotografia 778 – Projeto 'Filhos Epistêmicos'. Valmir Henrique de Araújo. Prefaciador do livro/filho epistêmico: Iconografia de tessituras formativas (2015). Participação no projeto 'Revista Metáfora Educacional (ISSN 1809-2705) – versão on-line' (2005-2017); na condição de conselheiro científico. Fonte: Acervo pessoal de Valmir Henrique de Araújo.

Fotografia 780 – Projeto 'Filhos Epistêmicos'. Vicente Deocleciano Moreira. Prefaciador do livro/filho epistêmico: Um caso de assédio moral no trabalho: silêncios ruidosos (2015). Participação no projeto 'Revista Metáfora Educacional (ISSN 1809-2705) – versão on-line' (2005-2017); na condição de conselheiro científico. Fonte: Acervo pessoal de Vicente Deocleciano Moreira.

Fotografia 779 – Projeto 'Filhos Epistêmicos'. Vera Lúcia Chalegre de Freitas. Prefaciadora dos livros/filhos epistêmicos: A poetisa 'arretada' que atravessou o oceano: uma narrativa fotobiográfica (2024); Simplesmente olhares de ressignificação (2021); Bio-tanato-educação: interfaces formativas (2016); e Um caso de assédio moral no trabalho: silêncios ruidosos (2015). Participação no projeto 'Revista Metáfora Educacional (ISSN 1809-2705) – versão on-line' (2005-2017); na condição de conselheira científica. Fonte: Acervo pessoal de Vera Lúcia Chalegre de Freitas.

Fotografia 781 – Projeto 'Filhos Epistêmicos'. Wanderleia Azevedo Medeiros Leitão. Prefaciadora dos livros/filhos epistêmicos: A poetisa 'arretada' que atravessou o oceano: uma narrativa fotobiográfica (2024); Macramê psicanalítico (2018); Bio-tanato-educação: interfaces formativas (2016); Iconografia de tessituras formativas (2015). Participação no projeto 'Revista Metáfora Educacional (ISSN 1809-2705) – versão on-line' (2005-2017); na condição de conselheira científica. Fonte: Acervo pessoal de Wanderleia Azevedo Medeiros Leitão.

Fotografia 782 – Projeto 'Filhos Epistêmicos'. Yvone Matos Cerqueira. Prefaciadora dos livros/filhos epistêmicos: Simplesmente olhares de ressignificação (2021); Macramê psicanalítico (2018); Iconografia de tessituras formativas (2015); e, O silencioso homem da lança: o sonho como porta-voz do inconsciente (2015). Fonte: Acervo pessoal de Yvone Matos Cerqueira.

Fotografia 783 – Projeto 'Filhos Epistêmicos'. Zoraya Maria de Oliveira Marques. Prefaciadora dos livros/filhos epistêmicos: Macramê psicanalítico (2018); Bio-tanato-educação: interfaces formativas (2016); e, O silencioso homem da lança: o sonho como porta-voz do inconsciente (2015). Participação no projeto Revista Metáfora Educacional (ISSN 1809-2705) – versão on-line (2005-2017), na condição de conselheira científica. Membro do Grupo de Pesquisa Bio-tanato-educação: interfaces formativas (2009-2018); e, palestrante (1995), no Centro Educacional Biosfera. Fonte: Acervo pessoal de Zoraya Maria de Oliveira Marques

FERNANDA HARUMI KAMONSEKI, OLGA MARIA ALVES MARTINS E JOSÉ ALBERTO CAEIRO COSTA (*In memoriam*)

Fotografia 784 – Portugal. Valdeci dos Santos agradecendo aos amigos Fernanda Harumi Kamonseki (Brasil), Olga Maria Alves Martins (Portugal) e José Alberto Caeiro Costa (Portugal) (In memoriam) pelo acolhimento fraterno em Portugal. Eles disponibilizaram-se, posteriormente, para serem referências de contatos no processo de pedido de 'Visto de Residência em Portugal', junto ao Consulado Português. ETERNA GRATIDÃO. Braga, 23/out./2018. Fonte: Acervo pessoal de Valdeci dos Santos.

ESCRITORA CORDELISTA JOSINETE MARIA DA SILVA

A escritora cordelista **Josinete Maria da Silva** é brasileira, natural da cidade de Miguel Calmon, no Estado da Bahia, filha da senhora Catarina Maria da Silva e do senhor Carmozindo Ferreira da Silva; mãe de Laís da Silva Batista e Rafael da Silva Batista; avó de Valentim Batista Lopes e Lara Nascimento Batista. Possui graduação em Licenciatura em Estudos Sociais pela Universidade Estadual de Feira de Santana (UEFS), Especialização em Métodos e Técnicas da Educação pela Universidade Salgado de Oliveira. Atuou como professora de História na Educação Básica (Ensino Fundamental e Ensino Médio), vinculada à Secretaria da Educação e Cultura do Estado da Bahia, lotada na Escola Edith Machado Boaventura, na cidade de Feira de Santana – Bahia – Brasil.

Creio que a História de Vida, da amiga Josinete Maria da Silva, merece um poema destacando a importância da Literatura de Cordel – gênero literário popular escrito considerando as seguintes características quanto à linguagem e o conteúdo: linguagem coloquial [informal]; uso de humor, ironia e sarcasmo; temas diversos: folclore brasileiro, religiosos, profanos, políticos, episódios históricos, realidade social, etc.; presença de rimas, métrica e oralidade -, no seu processo formativo. Afinal, ela aprendeu a ler através de livros de poesia sertaneja (livros de Cordel), comprados por seu pai.

[.] Passei a admirar, o cordel, desde quando não sabia lê. Meu pai era apreciador da cultura, por ser analfabeto e entender com facilidade ouvindo o outro, ele comprava nas feiras da cidade que morávamos, todas as sextas-feiras, dia da feira livre; ele chegava com um no 'bocapiu' junto com as compras e me intimava. Como ele gostava muito de me bater, eu tremia ao ouvir sua fala. Ele dizia, vou voltar para as minhas atividades na roça, à noite quando eu retornar quero que você Juce, (assim eu era apelidada) leia esse livro, geralmente era história engraçada, retratava a vida dos coronéis, lampião e Maria bonita. E ele falava, quero ver se já sabe o 'b a ba'. Ele queria saber se eu sabia ler corretamente, eu não sabia, fui forçada a aprender, pedia a uma vizinha chamada Valda para fazer a leitura para mim; eu ia gravando e no final eu teria decorado o livrinho todo, até às passagens das páginas eu fazia para não mostrar fraqueza, insegurança, e no finalzinho de tudo isso eu aprendi a ler com facilidade. Sem contar que Valda não fazia isso de graça, queria comer cocada, minha mãe me ensinou como cortar as cocadas ela deixava pronta e me dizia, são tantas, dá tantos de dinheiro, quando chegar que me preste conta do que vendeu. E, agora, que eu tinha que tirar as de Valda? Só me restava uma opção: cortar as cocadas menores, assim eu fazia, geralmente vendia todas se cobrassem era muito pouco, ela não percebia; mas, se percebesse a surra era de matar, mas eu ia apanhar também se eu não soubesse ler o livrinho. Em questão de dias fiquei livre das chantagens de Valda, pois já lia o cordel sem precisar de ajuda. O cordel me levou ao caminho do saber, as dificuldades que eu tinha no aprender a ler tinham sido superadas.

Josinete Maria da Silva (29/mar./2024)

À amiga Josinete Maria da Silva, expresso minha GRATIDÃO pelo vínculo pessoal-acadêmico-profissional constituído a partir de nossos ENCONTROS fraterno-político-sócio-culturais – *locus* de reflexões e acolhimentos fraternos -, pelas implicações objetivo-subjetivas no movimento de construção/(des)construção/(re)construção da minha história de vida. Sinto-me honrada, por: sua PRESENÇA amiga, na minha caminhada existencial; pela lente fraterno-epistêmica, com a qual me enxergas. E, em especial, por sua criação literária que diz, dentre tantos, de: amizade, política, cultura, sociedade, Educação, fraternidade, ressignificações: 1. **A poetisa 'arretada' que atravessou o oceano** (2019); 2. **Um olhar sobre Valdeci dos Santos** (2020); 3. **Feliz aniversário, amiga!** (2021); 4. **Cordeando Valdeci dos Santos** (2024).

Concebo as EXPRESSÕES-SENTIDOS, a mim dedicadas, sujeito epistêmico, Valdeci dos Santos, pela amiga escritora Josinete Maria da Silva, como: expressão de águas límpidas; videiras anunciadoras, de que, o novo SEMPRE vem; oceanos subjetivos, em fecundo movimento de construção/(des)construção/(re)construção, do processo de ressignificação da minha jornada existencial; transmuto-as em um MANTO DE LUZ, amoroso, e fraterno; colocando-o sobre seu ombro amigo.

Partilho, a seguir, 10 (dez) Fotografias (785, 786, 787, 788, 789, 790, 791, 792, 793 e 794) de sua caminhada existencial e de nossos **encontros fraterno-político-sócio-culturais**.

Fotografia 785 – Josinete Maria da Silva. Escritora cordelista. Autora de poemas, dentre outros: A poetisa 'arretada' que atravessou o oceano (2019); Um olhar sobre Valdeci dos Santos (2020); Feliz aniversário, amiga! (2021); Cordeando Valdeci dos Santos (2024). Fonte: Acervo pessoal de Josinete Maria da Silva.

Fotografia 786 – Cordéis construídos por alunos de Josinete Maria da Silva com conhecimentos da disciplina história. Fonte: Acervo pessoal de Josinete Maria da Silva.

Fotografia 787 – Valdeci dos Santos e Josinete Maria da Silva na festa anos 60 de ex-alunos do Centro Integrado de Educação Assis Chateaubriand – CIEAC. Feira de Santana – Bahia – Brasil, 31 de dezembro de 2005. Fonte: Acervo pessoal de Valdeci dos Santos.

Fotografia 790 – Valdeci dos Santos e Josinete Maria da Silva no 13o encontro de ex-alunos do Centro Integrado de Educação Assis Chateaubriand – CIEAC. Feira de Santana – Bahia – Brasil, 9/out./2016. Fonte: Acervo pessoal de Valdeci dos Santos.

Fotografia 788 – Valdeci dos Santos, Josinete Maria da Silva, Edna dos Santos (Irmã de Valdeci dos Santos) e Maria Sebastiana dos Santos (Mãe de Valdeci dos Santos), no 6o encontro de ex-alunos do Centro Integrado de Educação Assis Chateaubriand – CIEAC. Feira de Santana – Bahia – Brasil, 2009. Fonte: Acervo pessoal de Valdeci dos Santos.

Fotografia 791 – Valdeci dos Santos e Josinete Maria da Silva na Feira Literária Internacional de Cachoeira – FLICA. Cachoeira – Bahia – Brasil, 15/out./2016. Fonte: Acervo pessoal de Valdeci dos Santos.

Fotografia 789 – Valdeci dos Santos e Josinete Maria da Silva no 12o encontro de ex-alunos do Centro Integrado de Educação Assis Chateaubriand – CIEAC. Feira de Santana – Bahia – Brasil, 10/out./2015. Fonte: Acervo pessoal de Valdeci dos Santos.

Fotografia 792 – Valdeci dos Santos no DIA NACIONAL DE LUTAS: Ato pela educação: Protesto contra a PEC 241. Feira de Santana – Bahia – Brasil, 11/nov./2016. Fonte: Acervo pessoal de Valdeci dos Santos.

Fotografia 793 – Valdeci dos Santos no DIA NACIONAL DE LUTAS: Ato pela educação: Protesto contra a PEC 241. Feira de Santana – Bahia – Brasil, 11/nov./2016. Fonte: Acervo pessoal de Valdeci dos Santos.

Fotografia 794 – Valdeci dos Santos e Josinete Maria da Silva no DIA NACIONAL DE LUTAS: Ato pela educação: Protesto contra a PEC 241. Feira de Santana – Bahia – Brasil, 11/nov./2016. Fonte: Acervo pessoal de Valdeci dos Santos